por que o amor é importante

A autora

Sue Gerhardt é psicanalista desde 1997. É cofundadora do Oxford Parent Infant Project (OXPIP), organização beneficente que oferece atendimento psicoterápico a centenas de pais e bebês em Oxfordshire e serviu de modelo para muitas instituições semelhantes no Reino Unido. É autora do livro *The Selfish Society* (2010).

G368p Gerhardt, Sue.
Por que o amor é importante : como o afeto molda o cérebro do bebê / Sue Gerhardt ; tradução: Maiza Ritomy Ide ; revisão técnica: Luciana Vellinho Corso. – 2. ed. – Porto Alegre: Artmed, 2017.
xviii, 301 p. : il. ; 21 cm.

ISBN 978-85-8271-349-5

1. Psicologia cognitiva. I. Título.

CDU 159.92

Catalogação na publicação: Poliana Sanchez de Araujo – CRB 10/2094

Sue Gerhardt

por que o amor é importante

como o afeto molda o cérebro do bebê

2ª edição

Tradução
Maiza Ritomy Ide

Revisão técnica
Luciana Vellinho Corso
Professora Adjunta da Faculdade de Educação da Universidade Federal do Rio Grande do Sul (UFRGS)
Mestre em Educação pela Flinders University - Austrália
Doutora em Educação pela UFRGS

2017

Obra originalmente publicada sob o título *Why Love Matters*, 2nd Edition
ISBN 9780415870535

Gerente editorial: *Letícia Bispo de Lima*

Colaboraram nesta edição
Editora: *Priscila Zigunovas*
Assistente editorial: *Paola Araújo de Oliveira*
Preparação de originais: *Grasielly Hanke Angeli*
Leitura final: *Cristine Henderson Severo*
Capa sobre arte original: *Kaéle Finalizando Ideias*
Editoração: *Kaéle Finalizando Ideias*

Reservados todos os direitos de publicação, em língua portuguesa, à
ARTMED EDITORA LTDA., uma empresa do GRUPO A EDUCAÇÃO S.A.
Av. Jerônimo de Ornelas, 670 – Santana
90040-340 – Porto Alegre – RS
Fone: (51) 3027-7000 Fax: (51) 3027-7070

SÃO PAULO
Rua Doutor Cesário Mota Jr., 63 – Vila Buarque
01221-020 – São Paulo – SP
Fone: (11) 3221-9033

SAC 0800 703-3444 – www.grupoa.com.br

IMPRESSO NO BRASIL
PRINTED IN BRAZIL

Para meus filhos, Jessica e Laurence

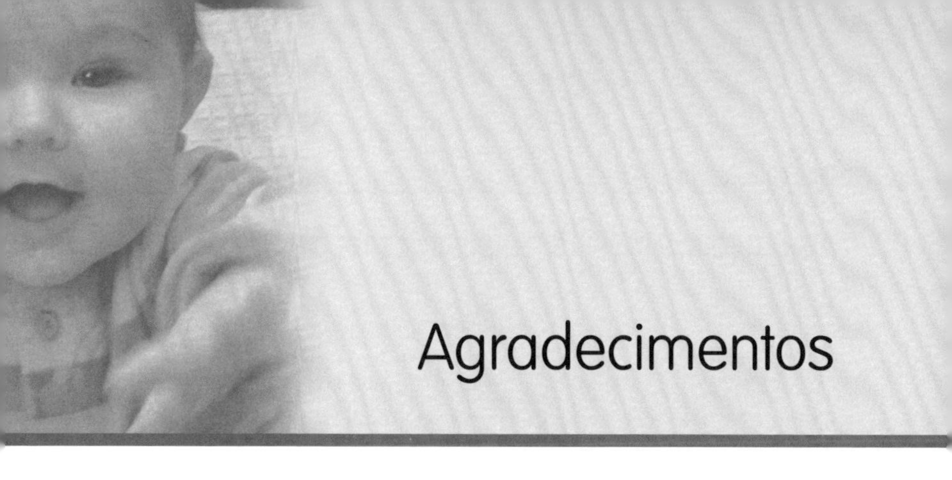

Agradecimentos

Muitas pessoas participaram da elaboração deste livro, algumas que eu talvez nem saiba. Gostaria particularmente de agradecer a todos os meus pacientes, que ao longo dos anos tanto me ensinaram.

Quero agradecer aos amigos que dispenderam seu tempo para ler todo o livro e me deram um inestimável retorno: Jane Henriques, Paul Gerhardt, Diana Goodman, Paul Harris, Mollie Kenyon-Jones, John Miller, John Phibbs, Pascale Torracinta e Andrew West.

Também quero agradecer a Carmine Pariante, Fiona Duxbury, John Edginton, Morten Kringelbach e Allan Schore, pelos úteis comentários em capítulos específicos e, sobretudo, a Vivette Glover, pela orientação sobre questões de pré-natal.

Em meu trabalho como psicoterapeuta, gostaria de agradecer a Daphne Briggs, por sua inspiradora introdução à observação do bebê, que foi o início de tudo. Também quero agradecer a Penny Jaques, por seu apoio constante enquanto eu lutava para desenvolver o trabalho com pais e bebês, e a todos os meus colegas do Oxford Parent Infant Project (OXPIP), que me ajudaram a manter um compromisso com o projeto – particularmente Joanna Tucker. Jean Knox e Graham Music me apoiaram imensamente e me ajudaram a enriquecer meu pensamento sobre as questões do apego.

Nos bastidores, quero agradecer a todos os meus amigos por seu incentivo, mas particularmente a Jane Henriques, Angie Kaye e Nigel Barlow, pelo *brainstorming* e pelo estímulo, a meus filhos, por estarem sempre presentes, e a John Phibbs, por seu apoio nos estágios finais do livro.

E minha maior dívida é com Paul Gerhardt, que esteve ao meu lado a cada passo do caminho e sem o qual eu não poderia ter escrito este livro.

AGRADECIMENTOS ÀS PERMISSÕES DE USO

Texto

"Late Fragment" de *A New Path to the Waterfall* © 1989 Estate of Raymond Carver. Usado com permissão de Grove/Atlantic, Inc. É proibido qualquer uso deste material por terceiros fora desta publicação.

Uma descrição de *Dennis Potter: A Biography*, de Humphrey Carpenter. Cortesia de Faber and Faber Ltd.

Trechos de *Anne Sexton: A Biography* de Diane Wood Middlebrook. Copyright © 1991 Diane Wood Middlebrook. Reproduzido com permissão de Houghton Mifflin Company. Todos os direitos reservados.

Aproximadamente 53 palavras de *The Blank Slate: The Modern Denial of Human Nature*, de Steven Pinker (Viking Penguin, da Penguin Putnam Inc., 2002). Copyright © Steven Pinker, 2002. Reproduzido com permissão de Penguin Books Ltd.

Cerca de 194 palavras de *Of Women Born: Motherhood as Experience and Institution*, de Adrienne Rich. Copyright © 1977 Adrienne Rich. Reproduzido com permissão de Time Warner Books UK.

Trecho de "Anger and Tenderness" de *Of Women Born: Motherhood as Experience and Institution*, de Adrienne Rich. Copyright © 1986, 1976 W.W. Norton & Company, Inc. Usado com permissão de WW Norton & Company, Inc.

Cerca de 200 palavras de *Billy*, de Pamela Stephenson. Copyright © 2002 Pamela Stephenson. Reproduzido com permissão de HarperCollins Publishers Ltd.

Aproximadamente 300 palavras de *Life's Work*, 2001, 2008; de Rachel Cusk. Copyright © 2001/2008 Rachel Cusk. Reproduzido com permissão de HarperCollins Publishers.

"O Tell Me the Truth About Love" copyright © 1940 e renovado em 1968 por W.H. Auden; de *W.H. Auden Collected Poems* de W.H. Auden. Usado com permissão de Random House, uma marca e divisão da Random House LLC. Todos os direitos reservados.

53 palavras de *The Analyst* de John Katzenbach com permissão da Penguin Random House.

Figuras

Figura 4.1 de *Does Stress Damage the Brain? Understanding Trauma-Related Disorders from a Mind-Body Perspective*, de J. Douglas Bremner. Copyright © 2002 J. Douglas Bremner. Usado com permissão de WW Norton & Company, Inc.

Figura 6.1 Propaganda da Depression and Bipolar Support Alliance. Usado com a permissão do DBSA.

Foram feitos todos os esforços possíveis para entrar em contato com os detentores dos direitos autorais, mas, em alguns casos, isso não foi possível. Os casos omissos que contatarem a Routledge serão corrigidos em edições futuras.

Apresentação

O livro *Por que o amor é importante* explica por que relacionamentos afetuosos são essenciais para o desenvolvimento do cérebro nos primeiros anos de vida e como essas interações iniciais podem ter consequências duradouras sobre a futura saúde física e emocional. Esta segunda edição surge na sequência do sucesso da primeira, atualizando as pesquisas científicas, abrangendo descobertas recentes que surgiram na área da genética e da conexão mente/corpo e incluindo um novo capítulo que destaca nossa crescente compreensão de que o período gestacional também é importante no modelamento do futuro bem-estar físico e emocional do bebê.

Sue Gerhardt dá atenção especial aos potentes efeitos do estresse nas fases iniciais da vida sobre o desenvolvimento do sistema nervoso de um bebê ou uma criança pequena. Quando as coisas dão errado nos relacionamentos no início da vida, a criança dependente precisa se adaptar; o que se sabe agora é que seu cérebro também se adapta. Os sistemas emocional e imunológico do cérebro são particularmente afetados pelo estresse nas fases iniciais da vida e podem se tornar menos eficazes. Isso deixa a criança mais vulnerável a uma série de dificuldades posteriores, como depressão, comportamento antissocial, vícios ou anorexia, bem como doenças físicas.

Por que o amor é importante é uma narrativa acessível e animada das descobertas mais recentes em neurociência, desenvolvimento psicológico e neurobiológico – pesquisas que interessam a todos. Trata-se de um guia inestimável e muito popular para pais e profissionais.

A Dra. Sue Gerhardt tem um consultório particular em psicoterapia psicanalítica desde 1997. Ela é cofundadora do Oxford Parent Infant Project, um projeto de caridade pioneiro que hoje provê atendimento psicoterapêutico a centenas de pais e bebês em Oxfordshire, sendo um protótipo de muitos novos “PIPs” no Reino Unido. Ela também é autora do livro *The Selfish Society* (2010).

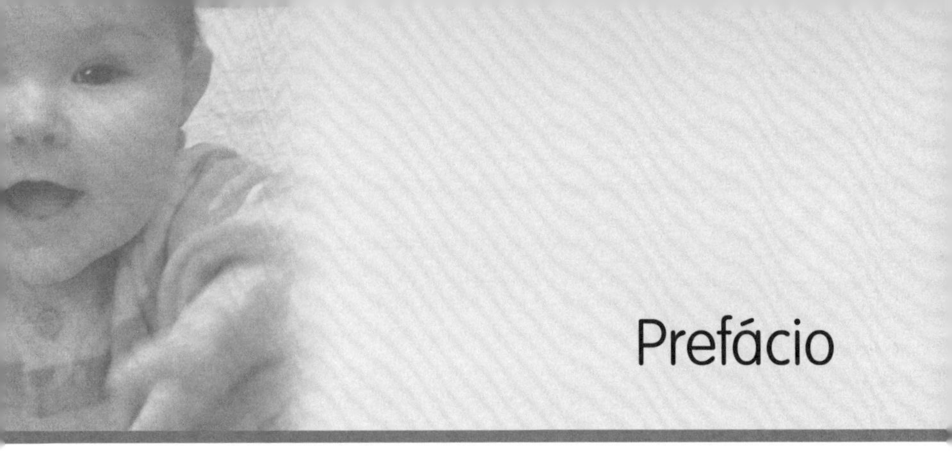

Prefácio

Quando nossos filhos eram pequenos e finalmente iam dormir, nos sentávamos para relaxar assistindo a um filme chamado *Parenthood* (em português, *O tiro que não saiu pela culatra*, de 1989). Nesse filme, o personagem de Steve Martin, um pai perturbado, mas carinhoso, tinha duas fantasias em rápida sucessão, desencadeadas por momentos com seu filho pequeno. Em sua primeira fantasia, seu filho agora crescido está dando seu discurso de graduação como estudante laureado e agradecendo a seu maravilhoso pai por toda a ajuda que ele lhe deu. Ele aponta para seu pai no auditório, e o público o aplaude! Então o pai é empurrado de volta à realidade, com seu filho se comportando mal. E de repente ele se encontra imaginando uma cena muito diferente – o caos em um *campus* com os alunos correndo de um atirador enlouquecido em uma torre alta.

"É o filho dele [personagem de Martin]", eles estão gritando. "Seu pai era um péssimo pai."

Todos nós fazemos isso, eu acho – temos esperança em relação a nossos filhos e também medo. Mas, nas últimas décadas, o lado do medo se tornou uma espécie de erva daninha. É como se os pais nunca tivessem se sentido tão perdidos e, ao mesmo tempo, tão flagelados pelos ditos *especialistas*. Tudo parece ficar mais e mais complexo, e cada vez duvidamos mais de nós mesmos.

Parte do problema, embora quase nunca se admita, é que os próprios especialistas estão confusos. Isso às vezes acontece na ciência, quando velhos modelos não coincidem com os dados encontrados e é necessária uma nova maneira de olhar. Um período de confusão precede um salto repentino para um novo entendimento, e todos dão um suspiro de alívio. Felizmente, acabamos de entrar em um desses momentos. Nos últimos dez anos, ajudados pela enorme tecnologia que nos possibilita olhar dentro do cérebro humano em funcionamento, a neurociência transformou o que sabemos sobre como as crianças pequenas crescem.

Vocês podem estar pensando – bem, se há uma revolução no desenvolvimento da criança, por que não ouvi falar sobre isso?

A razão é esta: primeiro, foram feitos milhares de trabalhos de pesquisa sobre minúsculos fragmentos do problema; em segundo lugar, o tema é realmente difícil de entender. Por exemplo, o melhor livro da área é *Affect Regulation and the Origin of the Self*, de Allan Schore. A partir do cativante título, você já consegue prever que se trata de um livro "tijolão". Sou professor de psicologia, mas ainda não o li inteiro antes de colapsar como Frodo nas encostas da Montanha da Perdição. No entanto, Sue Gerhardt é feita de material resistente. Ao longo de seu trabalho como psicoterapeuta e especialista em relacionamentos entre mães e bebês, Sue se propôs a ler e absorver praticamente tudo o que existe na área da neurociência do desenvolvimento, conversando com pesquisadores, sintetizando tudo para descobrir "Como isso ajuda mães e pais reais, bem como professores e legisladores, etc.?". Ela fez isso porque reconheceu que esse conhecimento mudaria tudo. E ela estava certa.

Em suma, nossos problemas com a vida das crianças e com nossas próprias vidas surgiram porque esquecemos completamente a importância do afeto. Acreditamos que era apenas algo bonito que os pais faziam. Mas, na verdade, ele é a chave para a saúde mental, a inteligência e o funcionamento como ser humano. Se alguém é um grande ser humano, só pode significar uma coisa: ele foi amado.

Os momentos de acalmar, brincar, dar carinho, fazer cócegas, abraçar e segurar no colo que acontecem entre a mãe e o bebê, o marido e a esposa e idosos andando de mãos dadas estimulam o cérebro e constroem conexões que são a base da inteligência, das habilidades e de ser um ser humano decente e maravilhoso. Todo o enriquecimento, educação, dinheiro e recursos, cursos e escolas caras não compensarão o fato de ter pais apressados, tensos e com problemas para resolver com seu bebê ou criança pequena e dificuldades para passar com eles um tempo afetuoso e divertido.

Há surpreendentes descobertas neste livro...

O estresse em uma mãe grávida pode já começar o moldar o cérebro do bebê – afetando o volume de seu hipocampo (uma estrutura do cérebro envolvida na memória) ou amígdala (outra estrutura do cérebro essencial para as reações emocionais).

Um gene chamado MAOA-L faz algumas crianças terem uma probabilidade duas vezes maior de apresentar problemas em controlar impulsos emocionais. (No entanto, esse gene está presente em 40% da população, de modo que a maior parte de nós aprendeu a mantê-lo sob controle.)

As preocupações com dinheiro ou longas horas de trabalho durante a gestação podem afetar uma enzima na placenta que normalmente impede que o cortisol da mãe chegue ao bebê, possibilitando que os hormônios do estresse inundem o feto. O resultado é um bebê que já nasce estressado, que pode ser muito mais difícil de cuidar.

Há também soluções nítidas – para a sociedade e para a nossa própria parentalidade. Se, no início da vida da criança, pudermos desacelerar, minimizar o estresse, valorizar a bondade e o tempo, o divertimento e a ludicidade, e se os governos tornarem isso possível de modo que os novos papais e as novas mamães vejam seu trabalho como pais como valioso e precioso, os benefícios em adultos resilientes, empáticos, bem-humorados e interpessoalmente eficazes serão enormes. Com o conhecimento resumido neste magnífico livro, podemos garantir que nossos filhos e todas as crianças fiquem muito perto dos limites do potencial humano.

Sendo, eu mesmo, um "popularizador", um crítico que não percebe qualquer utilidade no que os pesquisadores descobrem se não pudermos levar a mensagem adiante a todos, admiro muito o feito de Sue. Ela pegou uma das mais complicadas áreas do mundo atual e a tornou acessível.

O amor importa. E temos a ciência para provar isso.

Steve Biddulph

Psicólogo e autor de *O segredo das crianças felizes*

Sumário

Introdução à segunda edição 1

PARTE I Aspectos fundamentais: os bebês e seus cérebros 11

1 Antes que os conheçamos 13

2 Voltando ao início 27

3 Construindo um cérebro 47

4 Cortisol corrosivo 73

Conclusão da Parte I 103

PARTE II Bases trêmulas e suas consequências 105

5 Tentando não sentir: as ligações entre a regulação emocional inicial e o sistema imunológico 113

6 Bebê melancólico: como a experiência inicial pode alterar a química do cérebro, levando à depressão em adultos 133

7 Dano ativo: as ligações entre o trauma na infância e o trauma na vida adulta 155

8 Tormento: as ligações entre os transtornos da personalidade e as experiências iniciais 173

9 Pecado original: como os bebês que são tratados com rispidez podem não desenvolver empatia pelos outros 191

PARTE III Muitas informações, poucas soluções: para onde vamos agora? 217

10 "Se tudo falhar, abrace seu ursinho de pelúcia": reparando os danos 219

11 Nascimento do futuro 237

Referências 251

Índice 295

Introdução à segunda edição

UMA NOVA FORMA DE ENTENDIMENTO

Este livro é o resultado de muitos anos de observações casuais, seguidas de formação e prática como psicoterapeuta, particularmente trabalhando com relacionamentos perturbados ou problemáticos entre bebês e suas mães. Na sequência dos meus palpites a respeito do impacto da relação no início da vida sobre o funcionamento psicológico posterior, comecei a explorar o crescente corpo de pesquisa sobre o desenvolvimento do cérebro em bebês e crianças pequenas. Então me peguei ligando esses dados aos dados sobre adultos psicologicamente perturbados – pessoas que sofrem de uma série de problemas, de depressão leve a psicopatologias físicas e mentais.

No processo, descobri que algo novo e emocionante estava acontecendo e que minha própria exploração se deu em um momento oportuno. Na verdade, chegamos a um momento em que diferentes áreas do conhecimento estão convergindo para produzir uma nova compreensão da vida emocional. Quero oferecer um guia para esses desenvolvimentos e o que podem significar para você como pai, médico ou parceiro. As fontes médicas, científicas e acadêmicas, com frequência densas e escritas tecnicamente sobre o que eu vou relatar, contêm informações vitais que ainda não chegaram a sensibilizar o público tanto quanto merecem. Com certeza, essas informações mudaram drasticamente a minha compreensão da vida emocional. Juntando essas fontes e "traduzindo-as", ofereço aos leitores a oportunidade de fazer esse experimento por si próprios.

A nova perspectiva não é decorrente de um avanço único, mas do notável impacto de muitas coisas acontecendo ao mesmo tempo em neurociência, psicologia, psicanálise e bioquímica. Conforme essas áreas começam a se comunicar e a influenciar uma à outra, oferecem uma compreensão mais profunda de como os seres humanos tornam-se plenamente humanos e como aprendem a se relacionar emocionalmente uns com os outros. Pela primeira vez está sendo disponibilizada uma explicação biológica completa do nosso comportamento social - por meio da compreensão da infância humana e do desenvolvimento do nosso "cérebro social" e dos sistemas biológicos envolvidos na regulação emocional. O desafio agora é colocar esse conhecimento científico da infância humana no centro de nossa compreensão da vida emocional.

Para mim isso é emocionante, mas ao mesmo tempo doloroso. Por um lado, minhas descobertas me levaram à conclusão de que a desinformação dos pais ou sua falta de capacidade de lidar com os cuidados de um bebê poderiam deixar essas crianças incapazes pelo resto de suas vidas, o que potencialmente prejudicaria também os outros. Por outro lado, traços comportamentais, doenças e criminalidade, em geral considerados como carregados pelos genes, de modo predestinado e inevitável, podem ser vistos como evitáveis. E, acima de tudo, minha pesquisa me leva a crer que, se houver vontade e recursos disponíveis, os danos causados a uma geração não precisarão ser transmitidos para a seguinte: a criança prejudicada não necessariamente se tornará um pai prejudicado e prejudicial.

Governos bem-intencionados têm reconhecido a necessidade de apoiar a vida familiar. Puseram em vigor medidas para fazê-lo - de desconto em impostos a palestras para os pais. Os políticos e legisladores conhecem demasiadamente bem o custo para a sociedade de famílias disfuncionais, com suas ligações com o crime, a violência e o abuso de drogas. Embora esse apoio seja essencial para aqueles que o recebem, ele é como parcelas ocasionais de alimentos para os famintos ou, usando outra analogia, como colocar mais dinheiro na manutenção de uma casa mal construída. Os persistentes problemas de umidade, aquecimento precário ou problemas no isolamento acústico persistem em decorrência da má função e podem ser temporariamente aliviados - mas nada pode mudar o fato de a casa não ter sido bem construída, os altos custos de manutenção persistirão. É o mesmo que ocorre com seres humanos cujas fundações não foram bem construídas. Embora dispendiosos reparos possam ser realizados mais tarde na vida, a fase de construção - quando os ajustes podem ser feitos - é em grande parte ruim. Para que a prevenção seja eficaz, é necessário visar ao ponto em que podem fazer a maior diferença.

Essas fundações são estabelecidas durante a gestação e os dois primeiros anos de vida. É nesse período que o "cérebro social" é moldado e quando o estilo emocional e os recursos emocionais do indivíduo são estabelecidos. Na Parte I deste livro, descrevo o desenvolvimento do cérebro social, a parte do cérebro que aprende como gerenciar os sentimentos alinhado às outras pessoas, bem como o desenvolvimento da resposta ao estresse, da resposta imunológica e dos sistemas de neurotransmissores de uma pessoa, que afetam sua vida emocional futura. Esta segunda edição do livro traz novas informações sobre a importância para a vida emocional do desenvolvimento inicial no útero, quando o feto começa o processo de adaptação ao ambiente humano. Ainda no interior do corpo da mãe, os sistemas cerebrais destinados a manter a estabilidade já começam a tomar forma, influenciados não só pela dieta da mãe como também por agentes bioquímicos da emoção que circulam no corpo dela. Esses sistemas enfrentam novos desafios quando o bebê nasce, quando embarca no processo permanente de adaptação à realidade externa. A parentalidade na fase inicial da vida orienta esse processo, mas os sistemas de emoção também são moldados por expectativas sociais e culturais mais amplas.

Quando essas influências são no mínimo benignas, constrói-se a base para enfrentar uma variedade de dificuldades sociais e emocionais posteriores. A Parte II do livro analisa as vias iniciais específicas que podem levar a condições como anorexia, doença psicossomática, vício, comportamento antissocial, transtorno da personalidade ou depressão.

O QUE A CIÊNCIA PODE OFERECER?

A comunidade científica desenvolveu todos os tipos de curas para os nossos males – um comprimido para ajudar dependentes a superar o vício, antidepressivos para o deprimido e assim por diante. No entanto, até relativamente pouco tempo não se havia feito muito para oferecer uma compreensão da vida emocional. O empreendimento científico, iniciado no período do Iluminismo, baseou-se em um tipo específico de conhecimento, que não podia ser aplicado às emoções. Tinha de ser linear e previsível: a causa era seguida pelo efeito, o estímulo pela resposta. Os sentimentos poderiam somente turvar as águas, porque não eram previsíveis nem mensuráveis. Eles pareciam ter pouco a ver com os avanços tecnológicos que a ciência podia fornecer.

Essa abordagem lógica foi o antídoto perfeito para a visão de mundo medieval supersticiosa. O projeto que veio a dominar o século XVII e os seguintes era o impulso para encontrar um caminho além da fome, do desconforto e da morte precoce, por meio da melhoria das condições materiais de vida. Os cientistas e inventores foram notavelmente bem-sucedidos nesse projeto. Mas tomamos essas transformações como certas. Agora, pelo menos nas sociedades afluentes, podemos majoritariamente supor que teremos o suficiente para comer e que vamos sobreviver até envelhecer. Com essas conquistas feitas, temos oportunidades diferentes.

Ironicamente, o fascínio atual do público com a emoção está sendo abastecido por nosso próprio progresso tecnológico recente. A ciência finalmente chegou a um ponto em que pode medir e quantificar a emoção – em certa medida. Nos anos de 1990, surgiram novas e excitantes técnicas de imagem, como a IRMf.* Essas técnicas habilitaram os cientistas a fazer um mapa visual da atividade do cérebro no momento em que as emoções estão sendo experimentadas – tornando possível, pela primeira vez, ter algum tipo de técnica de medição que corresponda à emoção. Na mesma década, neurocientistas como Antonio Damasio e Jaak Panksepp foram os pensadores principais de uma animada corrente de pesquisadores que explorava o que ficou conhecido como "neurociência afetiva". Por volta do mesmo período, na área da bioquímica, a imunologista Candace Pert começou a identificar receptores para algumas das importantes substâncias bioquímicas da emoção, como as endorfinas, enquanto "psicobiólogos", como Megan Gunnar, aprofundaram nossa compreensão da bioquímica do estresse. Então, depois de 300 anos de impasse, a ciência tensa e rígida finalmente renovou seu interesse na emoção.

A psicologia do desenvolvimento também usou a tecnologia para aumentar a nossa compreensão da vida emocional inicial. No começo dos anos de 1970, um psiquiatra chamado Daniel Stern passou a explorar o mundo das mães e seus filhos usando vídeos. Ele filmou as interações entre mães e bebês e, então, começou a analisá-las, quadro a quadro – a criação de uma compreensão do desenvolvimento inicial mais completa do que jamais houvera até então. Seu trabalho foi influenciado pela "teoria do apego", estabelecida pela primeira vez pelo psicanalista John Bowlby e pela psicóloga Mary Ainsworth, em 1960. Eles indicaram o caminho no sentido de tentar integrar os desenvolvimentos científicos

* N. de R.T.: Em português, Ressonância Magnética Funcional: técnica de neuroimagem que usa campos magnéticos para construir uma representação detalhada, em três dimensões, dos níveis de atividade em várias partes do cérebro em um dado momento.

com o pensamento psicanalítico – entender a vida emocional no contexto biológico. Mary Ainsworth pôs em prática um procedimento experimental chamado de teste da situação estranha para medir os apegos emocionais seguro e inseguro entre crianças e seus pais (Ainsworth et al. 1978). No teste, é criada uma situação na qual a criança é brevemente separada de sua mãe sob condições controladas a fim de testar suas reações à saída dos pais e o posterior reencontro, bem como a chegada e a saída de um estranho na sala. Isso provou ser uma medida confiável da qualidade das relações entre pais e filhos, que foi utilizada com segurança como um trampolim para pesquisas futuras desde então.

Com a grande contribuição de Stern, Allan Schore, outro pioneiro, trabalhou na síntese de uma quantidade enorme de informações de todas essas diferentes áreas; e é sua síntese densa e técnica que forma a espinha dorsal deste livro. Seu trabalho abre a possibilidade de entendimento da vida emocional em seus aspectos biológico e social.

REINTEGRAÇÃO DAS EMOÇÕES

O que é surpreendente neste trabalho é o modo como já começou a integrar áreas que por muito tempo foram mantidas em compartimentos rígidos. Experimentei isso ainda adolescente quando quis muito estudar literatura e biologia, mas me foi dito que eu não poderia misturar arte e ciência e teria que escolher uma delas. Escolhi a literatura e, mais tarde, me tornei psicoterapeuta, mas a divisão forçada sempre me pareceu algo que diminuía cada área. Essa recente possibilidade de integrá-las parece dar vida nova a ambas.

Ironicamente, o que foi descoberto agora sobre esses processos científicos é que os "sentimentos vêm em primeiro lugar", como o poeta E. E. Cummings colocou, e que nossa racionalidade, que a ciência em sua criação valoriza tanto, é construída sobre a emoção e não pode existir sem ela. Cada vez se reconhece mais que a cognição depende das emoções, como Damasio argumentou. Como ele apontou, a parte racional do cérebro não funciona por si só, mas apenas ao mesmo tempo que as partes regulatórias e emocionais básicas do cérebro: "A natureza parece ter construído o sistema de racionalidade não apenas no topo dos sistemas regulatórios biológicos como também *a partir* dele e *com* ele" (Damasio 1994: 128). As partes superiores do córtex não conseguem operar independentemente das respostas viscerais mais primitivas. Processos cognitivos elaboram processos emocionais, mas não conseguiriam existir sem eles. O cérebro constrói representações dos estados corporais internos, ligando-os a outras representações armazenadas, e, então, sinaliza de volta ao corpo em um processo de *feedback* interno, que pode então desencadear mais sentimentos corporais em um processo cíclico.

Isso sem dúvida seria um choque para os filósofos do Iluminismo e cientistas que afirmavam o poder da racionalidade, envolvidos em tratar as emoções como uma coisa à parte – não porque não eram interessantes, mas em grande parte porque não havia um jeito de compreendê-las cientificamente naquele momento. Também havia razões pragmáticas para dividir a mente e o corpo. Ao estabelecê-los como territórios separados, as poderosas autoridades religiosas poderiam ser persuadidas a tolerar a dissecção científica dos corpos, o que Candace Pert chamou de "acordo de território com o Papa" (Pert 1998: 18). Dessacralizar o corpo era um importante ponto de virada para a medicina e a religião. Esse acordo tornou possível o surgimento de uma cultura mais racional, de livre-pensamento. Como resultado desse pacto, a ciência e a tecnologia foram liberadas para explodir na era industrial dos séculos XVIII e XIX, com correções técnicas para muitos aspectos da vida humana. No entanto, a vida emocional não poderia ser "consertada" pela tecnologia, e assim se tornou uma via secundária – algo a ser explorado no campo da ficção, não no da realidade.

Em alguma medida, as emoções também eram um obstáculo para o ímpeto prático de produzir mais e mais, que resultou em tais melhorias drásticas na qualidade de vida material em países industrializados. Sem dúvida, o modo de vida industrial foi enormemente bem-sucedido em alcançar níveis de conforto, alfabetização, entretenimento, comunicação de massa e longevidade sem precedentes, mas uma grande parcela do sentimento humano também foi varrida pela implacável expansão do capitalismo. A maior parte dos danos evidentes foram sentidos pelos menos poderosos, mas essas mudanças afetaram a vida emocional de todas as classes e sexos. Em particular, o ímpeto de maximizar a produção incentivou os donos de fábricas a tratar seus trabalhadores como extensões de suas máquinas, e não como pessoas com sentimentos. Em pé durante horas em seus teares, elas não eram autorizadas nem a conversar umas com as outras. Nós nos afastamos desses extremos, mas talvez não tão longe como pensamos. As condições de exploração do capitalismo em sua fase inicial foram agora exportadas para o terceiro mundo, onde as mercadorias são fabricadas para consumo pelos ocidentais, enquanto aqueles do mundo desenvolvido frequentemente precisam colocar seus *selves* emocionais de lado durante a maior parte do dia, mesmo que não trabalhem mais em fábricas.

Por volta do início do século XX, Sigmund Freud percebeu que estávamos pagando um alto preço por essa nova "civilização", com a repressão de muitas de nossas fortes emoções. No entanto, como um homem de sua época, ele acreditava que isso era um preço que valia a pena pagar e dedicou suas energias em gerenciar esses sentimentos poderosos de um modo mais racional. Seu objetivo era fornecer uma alternativa para acobertar a repressão de sentimentos agressivos ou sexuais proibidos. A sua "cura pela fala" ofereceu um reconhecimento mais sofisticado e consciente desses sentimentos e a capacidade de convencer a si mesmo em relação a eles. Os primeiros psicanalistas acreditavam que isso curaria a "neurose" e o comportamento estranho, histérico.

No entanto, na época em que esses procedimentos psicanalíticos estavam na moda, e as pessoas estavam se tornando cada vez mais dispostas a falar sobre seus sentimentos sexuais, o sistema econômico já estava começando a avançar. Com novas técnicas de produção em massa, tornou-se cada vez mais importante criar mercados e consumidores dispostos. O saldo passou de uma força de trabalho firmemente controlada, cujos valores se centravam no autocontrole e na poupança para o futuro, em direção a uma sociedade de consumo de massa cujos desejos deveriam ser atendidos. A comercialização de novos produtos foi inspirada pela introspecção psicanalítica à onipresença e pelo poder dos sentimentos e desejos inconscientes. Em particular, os anunciantes recorreram não só aos impulsos sexuais das pessoas como também ao desejo de serem amadas, admiradas e aceitas pelos demais, o que as propagandas sugeriam que poderia ser conquistado vestindo as roupas certas, dirigindo o carro correto, comendo os alimentos apropriados ou comprando o mobiliário adequado. Claramente, seria importante que essas pessoas não controlassem seus impulsos com muita força se estivessem indo gastar dinheiro em busca de satisfazer seus desejos.

As restrições no comportamento sexual foram exaltadas e incrementadas década após década. O comportamento formal e controles rígidos sobre o desejo eram cada vez mais substituídos por um maior reconhecimento dos sentimentos sexuais. Pode parecer que os sentimentos estavam sendo reintegrados à cultura. Contudo, a divisão entre a "mente" e o "corpo" se mantinha na ciência. A exclusão da emoção da ciência médica, com as suas origens na análise das partes componentes do corpo, como a circulação do sangue ou o processo de infecção, em grande parte continua até hoje, com médicos e empresas farmacêuticas persistindo em procurar uma cura rápida para os sintomas de mau funcionamento, em vez de buscar compreender como o organismo humano funciona como um todo.

O NOVO PARADIGMA

No entanto, uma nova perspectiva, um novo paradigma, está à espreita há algum tempo e pode estar dando os primeiros passos sob os holofotes. Esse paradigma tem sido variavelmente descrito como "ecológico", "sistêmico", "cibernético" e "holístico". Ganhou terreno em várias áreas, mas ainda não se tornou o modo dominante de ver o mundo. Em alguma medida, a luta para estabelecer esse paradigma sistêmico tem sido uma luta entre a "nova ciência" e a "velha ciência". Suas origens estão no mesmo período dos anos de 1920 e 1930, em que houve um relaxamento no controle dos sentimentos. Durante esse período, houve também descobertas revolucionárias na física que desafiaram nosso já consagrado senso de percepção humana. A teoria quântica, de Max Planck, revelou que o assunto não era tão sólido e estático quanto achávamos que fosse, mas que poderia ser mais bem descrito como um tipo de relação que opera em um certo ritmo durante um determinado período. A teoria da relatividade, de Albert Einstein, mostrou que o espaço e o tempo formam um *continuum* que se curva e se dobra em torno de si mesmo. Essas noções radicais revelaram as limitações do equipamento sensorial humano: "O mundo como o vemos é uma função do nosso tamanho", conforme coloca Bryan Appleyard (1992).

Dadas as limitações na percepção humana, tornou-se claro que os pressupostos da velha ciência não podiam mais se sustentar. Alguns cientistas, como Werner Heisenberg, começaram a afirmar que "a concepção da realidade objetiva se evaporou". A realidade que você vê depende de onde você está. O elétron é uma onda ou uma partícula, dependendo de seu ponto de vista. Mesmo quando estamos observando a realidade, nos envolvemos em persuadir sobre a situação que estamos observando.

Assim, explicações lineares da velha ciência de que X causa Y podem não ser de todo verdade.

Em vez disso, uma nova e mais interativa perspectiva foi desenvolvida, inicialmente na ciência da computação. Um matemático chamado Norbert Wiener identificou pela primeira vez a importância do *feedback* na manutenção dos sistemas. Embora sua teoria tenha sido desenvolvida no trabalho com foguetes e mísseis, logo foi considerada mais amplamente pelo antropólogo aventureiro Gregory Bateson, entre outros, para ajudar a explicar sistemas humanos, como a família, ou até mesmo o funcionamento do organismo humano em si. O que eles descobriram foi que os sistemas trabalham para permanecer estáveis, apenas se adaptando constantemente às novas condições. E o meio que usavam para conseguir isso era utilizar o *feedback* sobre o que funcionou e o que não funcionou. Isso significa que, se você olhar para o sistema como um todo, perceberá que ele é circular, não linear. Em vez de quebrar um sistema em partes identificáveis e tratar essas partes como se elas funcionassem isoladamente, você precisa compreender que cada sistema está interligado a outros sistemas e que eles se influenciam reciprocamente. O modo como uma pessoa se comporta afeta o modo como a outra se comporta, e seu comportamento influencia, então, a pessoa inicial, em um processo circular. A causa e o efeito dependem do seu ponto de vista, de onde você começa no círculo e de quanta informação você inclui ou exclui. Não há uma verdade, mas várias verdades possíveis.

Essa abordagem sistêmica penetrou em muitas áreas. Na biologia, há a ecologia e a etologia. Na psicologia, houve John Bowlby, que reconheceu que, para entender as pessoas, precisa-se compreender seu ambiente, assim como um viveirista precisa fazer um estudo científico do solo e da atmosfera. Ao longo do tempo, suas percepções gradualmente contribuíram para uma abordagem mais interativa dentro da psicoterapia e um maior reconhecimento de que o paciente e o analista estão em uma área de atividade mútua, um sistema influenciando o outro, em vez de assumir que a influência é unidirecional.

Minha visão da vida emocional é também uma visão sistêmica. Meu entendimento é de que os seres humanos são sistemas abertos, permeados por outras pessoas, bem como por plantas, ar e água. Somos moldados não só pelo que respiramos e comemos, mas também pelas nossas interações com outras pessoas. Vivemos em um mundo social, em que dependemos de complexas cadeias de interação social para trazer comida à nossa mesa, colocar roupas em nossos corpos e um teto sobre nossas cabeças, bem como para nos unir em torno de uma cultura que nos dá um senso compartilhado de significado. Nós não podemos sobreviver sozinhos. Mas, mais do que isso, nossos sistemas fisiológicos e mentais são desenvolvidos ao nos relacionarmos com outras pessoas.

Os pais são as pessoas que mais importam no início de nossas vidas. Eles nos criam e nos dão a nossa identidade genética única. Mas, mesmo com os "melhores" genes do mundo, isso não determina como viveremos nossas vidas ou mesmo quais serão nossos pontos fortes e fracos. Cada célula do ser humano tem cerca de 30 mil genes, mas apenas uma fração deles está ativa em um dado momento. Além disso, eles não são ligados e desligados, mas são estimulados à ação pelo ambiente quando são úteis. Então um conjunto de genes tem muitos futuros possíveis. Qual emergirá dependerá do que acontecer. Em particular, os genes respondem à atividade bioquímica do corpo e são guiados por ela. A abundância de alimentos nutritivos ativa um conjunto de processos genéticos, enquanto a falta de comida irá acionar genes diferentes. Talvez menos obviamente, nossas experiências emocionais e sociais também liberarão substâncias bioquímicas, como citocinas, hormônios e neurotransmissores – que desempenham um importante papel em ativar genes e determinar quem nos tornaremos.

Um razão pela qual nosso relacionamento com nossos pais é como nenhum outro relacionamento é porque a influência de outras pessoas é mais poderosa no início da vida. O período desde a concepção até os dois primeiros anos – *grosso modo*, os primeiros 1.000 dias de vida – é exclusivamente significativo, porque é nesse período que o sistema nervoso está sendo estabelecido e moldado pela experiência. Durante esse período, o modo como os pais se *comportam* tem tanta influência sobre a composição emocional da criança quanto sua herança genética. Suas respostas ao bebê o ensinam quais são suas próprias emoções e como gerenciá-las. Isso significa que as nossas primeiras experiências como bebês (e até mesmo como fetos) têm muito mais relevância para nossos *selves* adultos do que muitos de nós poderíamos imaginar. Enquanto somos bebês é que temos nossas primeiras sensações e aprendemos o que fazer com nossos sentimentos, quando começamos a organizar nossa experiência de um modo que irá afetar nossas capacidades de comportamento e pensamento posteriormente na vida.

Parte I

Aspectos fundamentais: os bebês e seus cérebros

1 Antes que os conheçamos

Chega sem avisar no instante
Em que meto o dedo no nariz?
Virá bater-me à porta de manhã,
Ou pisar-me os pés no ônibus?
Virá como uma súbita mudança de tempo?
O seu acolhimento será rude ou delicado?
Virá alterar toda a minha vida?
Ah, diz-me a verdade acerca do amor.

W.H. Auden (1938)

AS PRIMEIRAS SEMANAS

Uma nova vida pode nos pegar de surpresa. Nem sempre segue uma história linear previsível de um garoto que conhece uma garota; seu relacionamento fica estável, compram uma casa e começam uma família. Algumas gestações acontecem inesperadamente depois de uma noite de bebedeira com um estranho que passa ou com um parceiro de quem você nem gosta mais. Como o amor, uma gestação pode acontecer quando você menos espera – ou depois de você ter tentado ter um bebê por tanto tempo que um simples pensamento relacionado à gestação se torna uma decepção dolorosa constante. Embora seja mais fácil engravidar (e manter a gestação) em situação de nutrição abundante e bem-estar emocional, na prática, os cenários são tão diversos quanto as próprias pessoas.

No entanto, tudo começa quando um evento biológico é acionado. O óvulo e o espermatozoide se conectam e de repente tudo muda. A célula fertilizada aninha-se na parede nutritiva do ventre da mulher. Ela evolui rapidamente para aglomerados de células que então começam a negociar seu lugar na estrutura do novo corpo que está sendo produzido. Será que esse novo tecido se tornará uma mão, um rim ou uma área do cérebro? Depende de onde ele se encontra em relação às outras células teciduais. Assim começa um extraordinário processo de mistura de ingredientes de um novo ser humano.

Em poucas semanas, o embrião em desenvolvimento colaborará com a mãe em um projeto de construção mútua. Juntos eles criam a placenta – que funciona tanto como um portal de troca de nutrientes, oxigênio e secreções bioquímicas (como hormônios) quanto como uma barreira de proteção projetada para filtrar qualquer substância tóxica dos sistemas de órgãos da mãe e impedi-la de alcançar o embrião. (A placenta propriamente dita libera uma substância chamada HCG, que pode deixar a mãe mais sensível a toxinas e até nauseada.) Esse sistema de proteção funciona bem se a mãe tiver um estilo de vida razoavelmente saudável, mas pode ser difícil para a placenta proteger o feto se a mãe estiver usando drogas, como o álcool ou a nicotina.

O consumo intenso de álcool pode causar danos em qualquer momento da gestação, mas, infelizmente, tem um impacto muito maior sobre o vulnerável embrião em suas primeiras semanas de desenvolvimento, antes de ele tornar-se oficialmente um "feto", com órgãos já em funcionamento. Nessas primeiras semanas, as estruturas físicas estão se formando, bem como a face da criança. É nesse momento que os "porres" (definidos como beber mais de seis unidades ou três ou quatro taças de vinho de uma só vez), especialmente de modo regular, podem ter o impacto mais forte, podendo levar às características faciais distintivas, como olhos pequenos e lábio superior fino, associadas à síndrome alcoólica fetal (SAF). Em um mundo ideal, qualquer mulher que esteja meramente considerando engravidar ou em risco de engravidar teria cuidado para não beber álcool em excesso, a fim de que esse dano precoce possa ser evitado. Contudo, esse risco continua durante toda a gestação.

Mesmo nas fases mais avançadas, o álcool ainda pode ter efeitos graves sobre o cérebro do feto (RCOG 2006; Cockburn 2013). Ele tem diferentes impactos negativos, mas é particularmente associado a cérebros menores e menor capacidade de conexão entre os hemisférios direito e esquerdo, o que leva a dificuldades significativas na aprendizagem e na atenção, bem como a déficits de empatia e de comunicação com outras pessoas (Maier e West 2001; Cockburn 2013).

O MUNDO DE ACORDO COM A MÃE

Nenhum feto pode se desenvolver bem se está recebendo produtos químicos tóxicos. Contudo, o feto também está respondendo a uma ampla gama de outros sinais bioquímicos da mãe. Ele (ou ela) já está se adaptando ativamente ao que esses sinais lhe dizem sobre "o mundo de acordo com a sua mãe". Hormônios, neurotransmissores e nutrientes têm histórias particulares para contar.

O que a mãe come tem o maior impacto sobre o feto nos três primeiros meses de gestação (Gluckman e Hanson 2004; Roseboom et al. 2006). O feto precisa de vários ingredientes para se desenvolver bem; em particular, uma quantidade suficiente de proteínas, bem como várias vitaminas e minerais. No entanto, os nutrientes da mãe não servem apenas para o seu crescimento imediato. O feto também está construindo hipóteses sobre a vida que o espera – como em uma "previsão do tempo", ele precisa se preparar para as condições futuras. Será uma vida com uma alimentação abundante, ou ele precisará armazenar tantas calorias quanto possível a fim de sobreviver? Se a mãe sofre de subnutrição ou ingere comida industrializada durante o início da gestação, o feto pode chegar à conclusão de que não haverá oferta de muito mais do que isso, de modo que ele desenvolve o que foi chamado de "fenótipo poupador", concebido para fazer o melhor uso possível dos recursos disponíveis (Barker 1992).

O estresse também tem efeitos de alcance surpreendentemente elevado no desenvolvimento dos sistemas nutricionais do feto. Altos níveis de hormônios do estresse tendem a aumentar a secreção de leptina, o hormônio que controla o apetite e a ingestão de alimentos. Também afetam a propensão do feto de armazenar gordura em volta da barriga, na parte do corpo entre os intestinos e a parede abdominal – aumentando suas chances de engordar na meia-idade ou de ter uma "barriga de cerveja", que foi comparada à corcova de um camelo, também um eficaz sistema de armazenamento de gordura (Gillman et al. 2006; Entringer et al. 2012; Paternain et al. 2013). O intervalo crítico para a programação dessa tendência de armazenar gordura na barriga é durante a metade da gravidez, entre 14 e 23 semanas de gestação (Pilgaard 2011).

Lendo essa pesquisa, eu me surpreendi com a pouca discussão pública que resultou de suas implicações. A má nutrição na gestação pode até mesmo ser um dos principais contribuintes para a explosão de obesidade da nossa era. O problema surge pelo menos em parte por causa do descompasso entre as expectativas de um feto subnutrido programado com uma predisposição para armazenar gordura, que se torna um bebê e uma criança despreparada para um mundo inundado com alimentos industrializados açucarados e baratos e lancherias em todas as esquinas; assim, ele ganha peso rapidamente, sobretudo em torno da barriga (Maiorana 2007; Entringer et al. 2012). Cada vez mais isso está se tornando um problema em países em desenvolvimento como a Índia, onde 30% dos bebês começam a vida abaixo do peso – mas onde as taxas de obesidade estão aumentando drasticamente (Yajnik 2004; Paul 2010).

PENSAMENTOS CRIAM A REALIDADE, E A REALIDADE CRIA PENSAMENTOS

A qualidade de vida da mãe é compartilhada por seu feto. Mas isso não tem a ver apenas com seu estado físico; o feto também compartilha seu estado de espírito.

Uma vez grávida, a mulher sente-se presa a uma grande ansiedade, bem como a uma enorme emoção. Um novo papel na vida a aguarda. Como em qualquer novo desafio, pode haver otimismo em relação à oportunidade de se desenvolver como pessoa, ou pode haver muitas dúvidas sobre essa transição. Esperanças e medos se acotovelam na mente da nova mãe. Como seu parceiro lidará com o bebê? Será que o parto será difícil? Ela será capaz de atender às necessidades de seu filho? A gestante pode se sentir alienada de seu corpo conforme suas mamas crescem e sua barriga aumenta, sentindo o bebê como um parasita. Ela pode sentir suas experiências negativas como sendo "erradas".

Alternativamente, isso pode ser um forte impulso para que ela idealize o bebê e a si mesma. Ela espera que ele seja o bebê mais perfeito do mundo, que ela seja uma mãe brilhante durante toda a gestação e além, que mantenha sua aparência como a das celebridades em revistas. Quando se encontra gemendo com náuseas ou comendo doces compulsivamente (ou, no meu caso, ovos e batatas fritas), ela se decepciona consigo mesma. No entanto, todos esses pensamentos, positivos e negativos, são parte do ajuste mental e da preparação para o novo relacionamento que já começou.

Esses extremos de idealização ou rejeição podem ser uma montanha-russa. Para algumas mulheres, é difícil encontrar um equilíbrio e ter confiança na gestação. Isso é particularmente verdade para as mulheres que estão lidando com outros estresses em suas vidas, como um trabalho exigente, conflitos no relacionamento ou a falta de recursos financeiros.

O BOM E O MAU ESTRESSE

As mulheres que estão sob estresse podem passá-lo para o filho. No entanto, não há uma definição fácil de "estresse" nesse contexto. Muitas mulheres que têm um trabalho exigente veem isso como uma fonte de estímulo, não de estresse; até mesmo relacionamentos desafiadores ou intensos podem ser fundamentalmente seguros e uma fonte de força. Em todos os casos, níveis moderados de estresse podem ser bons para o feto, de acordo com um estudo feito por Janet Di Pietro (2006). Ela e seus colegas de Baltimore encontraram que um leve estresse ou ansiedade em uma gestação estável e saudável poderia predispor o sistema nervoso a amadurecer mais rapidamente e poderia estimular o desenvolvimento motor e cognitivo do feto – efeitos que foram seguidos até os 2 anos de idade.

No entanto, há um estresse que não é útil para o feto. Em particular, até o relativamente comum estresse de baixo nível pode afetar o desenvolvimento dos sistemas emocionais.

Isso é difícil de quantificar, particularmente porque as mulheres nem sempre têm uma percepção exata de quão estressadas estão, de acordo com Di Pietro. Algumas relatam sentir-se estressadas, embora tenham poucos marcadores biológicos de estresse, enquanto outras estão tão acostumadas às suas vidas estressantes (como viver na pobreza ou ter um trabalho árduo) que pensam que estão muito bem enquanto seus corpos contam uma história diferente. Para a maior parte das mulheres, trabalhar por muitas horas leva a uma sensação de tensão, e, durante os vulneráveis primeiros meses de uma gestação, isso pode afetar negativamente o desenvolvimento do sistema nervoso do feto e prejudicar o crescimento fetal, resultando em bebês com baixo peso (Vrijkotte et al. 2009). Isso é altamente indesejável, já que os bebês que nascem significativamente abaixo do peso – menos de 2,5 kg – enfrentam alguns graves riscos à saúde na vida adulta, particularmente de várias doenças, como o diabetes, a hipertensão arterial ou a doença cardíaca.

Assim, enquanto um pouco de estresse pode ser bom, ou até benéfico em alguns aspectos, formas mais intensas ou crônicas de estresse podem ter consequências deletérias para o bebê. Em particular, qualquer situação que faz a mãe se sentir fora do controle, como violência doméstica, preocupações financeiras ou ver-se *obrigada* a trabalhar por muitas horas, pode, ao longo do tempo, levar a uma diminuição na atividade de enzimas especiais da placenta que normalmente são capazes de evitar que o hormônio do estresse – cortisol – alcance o feto (Di Pietro 2006). Quando essa enzima está desativada, o cortisol é capaz de atravessar a placenta e chegar ao feto, potencialmente impedindo-o de desenvolver uma resposta ao estresse (um sistema que exploro em mais detalhes em capítulos futuros). Esses bebês expostos aos hormônios do estresse de suas mães nascem mais irritáveis e propensos a chorar (van der Wal et al. 2007) e têm maior probabilidade de nascer com "respostas comportamentais ao estresse" mais acentuadas (Davis e Sandman 2007). A resposta ao estresse propriamente dita pode por fim ser reprogramada e alterada (Glover et al. 2010; Glover 2011; Oberlander et al. 2008a; Garcia Segura 2009; Sandman et al. 2011).

Em parte, isso pode ser decorrente dos efeitos dos hormônios do estresse sobre a amígdala da criança. A amígdala está no epicentro das reações emocionais do cérebro e está relacionada ao desencadeamento da resposta ao estresse propriamente dito. É a prima-dona* operacional do cérebro, reagindo intensamente a experiências básicas de dor e prazer, medo e raiva, tristeza e alegria. Está fortemente ligada a outras estruturas cerebrais importantes, como o hipotálamo, o hipocampo e o

* N. de R.T.: Prima-dona no sentido de ser uma parte do cérebro importante para o controle e regulação das emoções e dos processos motivacionais.

córtex frontal. Na verdade, trata-se de um elemento tão importante da vida humana que todas as principais estruturas da amígdala são formadas por volta da 15ª semana de gestação (Buss et al. 2012).

Quando a amígdala em desenvolvimento é exposta a altos níveis de cortisol, o hormônio do estresse, especialmente no início da gestação, ela pode responder tornando-se mais ativa e desenvolvendo conexões extras. Na verdade, em alguns bebês expostos a estresse pré-natal, ela pode ter um aumento de até 6% em seu volume (Viltart e Vanbesien-Maillot 2007; Sandman e Davis 2012; Buss et al. 2012). (Estranhamente, isso só parece afetar bebês do sexo feminino.)

O estresse pré-natal pode ainda afetar o cérebro de outras maneiras. Pode reduzir o volume do hipocampo, uma estrutura do cérebro relacionada à memória, e alterar o tamanho do corpo caloso, uma área no centro do cérebro que liga os hemisférios cerebrais direito e esquerdo (Glover 2011). Pesquisas em ratos encontraram também reduções nas conexões do córtex pré-frontal (Braun et al. 2006; Murmu et al. 2006; Garcia-Segura 2009; Murgatroyd e Spengler 2011).

O FINAL DA GESTAÇÃO E O CÉREBRO

Os últimos meses de gestação podem também ter um efeito particularmente forte sobre o cérebro do bebê em rápido crescimento. Durante a última fase de preparação para o nascimento, o feto está dormindo e sonhando muito, enquanto os neurônios se conectam e começam a estabelecer vias. Essas vias também começam a se tornar "mielinizadas", revestidas por uma bainha de gordura escorregadia que acelera a sinalização nervosa, possibilitando que as mensagens sejam transmitidas mais rapidamente. No final da gestação, a parte de trás do cérebro é mielinizada em primeiro lugar; em seguida, a mielinização ocorre gradualmente no córtex e então nas áreas frontais.

Quando uma mãe está muito estressada durante essa última fase da gestação, a própria resposta ao estresse de seu bebê pode se tornar mais reativa (Oberlander et al. 2008a). Uma mãe que tem altos níveis de ansiedade ou depressão, por sua vez, tem maior probabilidade de ter o tipo de bebê que encontra dificuldades para lidar com o estresse ou novos estímulos e que leva mais tempo para superar o estresse (Sandman e Davis 2012). Mesmo quando recém-nascido, seu bebê pode ser mais temeroso, e é mais provável que tenha níveis de cortisol mais elevados do que a média aos 4 meses de idade (Kaplan et al. 2008). Na pior das hipóteses, os bebês cujas mães são consideradas as 15% mais ansiosas dentre todas as mães têm maior probabilidade de crescer com problemas comportamentais e emocionais ou sintomas de transtorno de déficit de atenção/hiperatividade (TDAH) (O'Connor et al. 2002, 2003).

Embora a dieta da mãe seja menos importante no final da gestação do que era em seu início, há exceções. A ingestão materna de ácidos graxos ômega 3 – encontrados em peixes oleaginosos – tem um efeito protetor importante. Ela parece reduzir o impacto do estresse e da ansiedade sobre o feto (Hennebelle et al. 2012; Buydens-Branchey et al. 2008). A quantidade de ácidos graxos ômega 3 no sangue da mãe no momento do parto também prediz a extensão da atenção do bebê em seu segundo ano de vida (Colombo et al. 2004). Uma pesquisa recente sugere que a colina (encontrada em gemas de ovos, couve-flor e frutas oleaginosas, incluindo a pasta de amendoim) também pode ser essencial para o desenvolvimento ideal do cérebro nesse momento, particularmente para o desenvolvimento do hipocampo, que também está relacionado ao controle do estresse bem como é responsável por alguns tipos de memória (Yan et al. 2013; Mehedint et al. 2010).

A CULTURA DA FALTA DE APOIO

Em uma cultura moderna e igualitária, em que as mulheres têm estabelecido o seu direito ao trabalho em igualdade de condições com os homens, as atitudes perante a gestação mudaram. A gentileza de homens abrindo portas para as mulheres mais frágeis já não existe há muito tempo. Ao mesmo tempo, a gravidez já não merece consideração especial. Uma mulher grávida não é uma mulher com uma condição médica, mas é uma nova mãe enfrentando uma grande transição emocional, bem como um exigente desafio fisiológico de nutrir um novo ser humano dentro de seu próprio corpo. Ela precisa de descanso extra e precisa saber que tem apoio emocional e financeiro. Isso é fácil de dizer, mas difícil de conciliar com a realidade da vida da maioria das mulheres. As mulheres em idade fértil normalmente estão trabalhando em tempo integral, e elas e seus parceiros podem estar sujeitos ao estresse de uma cultura de longas horas de trabalho ou baixos salários e *status*.

Essas realidades aparentemente irreconciliáveis podem dar origem a respostas cínicas, como a da jornalista Catherine Bennett, que menospreza do grande conselho de precaução dado a mulheres grávidas pelo Royal College of Obstetricians e Gynaecologists. Ela acredita que esses conselhos "infantilizam" as mulheres. Como ela diz, o conselho trata implicitamente mães grávidas como "débeis mentais revoltados" porque "continuam trabalhando quando estudos iniciais comprovaram que o bem-estar fetal dita o repouso e a tranquilidade materna. Como, se não por uma falha cognitiva, isso pode ser explicado?" (Bennett 2013).

Obviamente, a vida está relacionada com a adaptação à realidade. Isso é principalmente um processo acidentado e desigual de dar passos para a frente e para trás, de ganhos e perdas. Em nosso passado recente, houve grandes ajustes no lugar das mulheres na sociedade, o que trouxe enormes benefícios. As mulheres têm sido capazes de criar uma vida com mais igualdade com os homens, aproveitando-se do declínio da indústria pesada e da ascensão do setor de serviços. No entanto, esses ganhos positivos também trouxeram efeitos negativos imprevistos. Um exemplo é como a indústria alimentícia de comida industrializada se expandiu à medida que mais mulheres começaram a trabalhar em tempo integral. No final de um longo dia de trabalho, pode ser um grande alívio ter à disposição uma refeição pronta que não exija qualquer esforço adicional; contudo, isso teve um impacto imprevisto em nosso consumo de alimentos frescos, minando hábitos alimentares nutritivos. Do mesmo modo, ter duas fontes de renda em casa possibilitou que muitas famílias em melhor situação realizassem o seu sonho de comprar sua casa própria. No entanto, a crescente demanda sobre o estoque bastante estático de casas por fim levou à inflação dos preços e a uma enorme dívida hipotecária; como resultado, muitas mulheres ficaram presas a um emprego remunerado para que pudessem financiar seus custos com habitação (enquanto as famílias menos abastadas ficaram completamente fora do mercado pelos preços). Por sua vez, essa nova realidade econômica contribuiu para a suposição corrente de que é bom que as mães trabalhem, mesmo durante os primeiros meses e anos de vida de seu bebê, quando ele ainda é dependente de seus pais para a regulação emocional continuada e cuidados corporais. Como resultado, muitos pais agora procuram encontrar substitutos para os cuidados em uma idade cada vez mais precoce do bebê, embora a necessidade de reduzir custos signifique que a qualidade dos cuidados raramente coincida com a do cuidado parental. O desenrolar desses processos afeta a vida de milhões de crianças. No entanto, continuamos tropeçando em uma sucessão de consequências imprevistas.

Embora o mercado possa e responda às mudanças sociais, quando se abrem oportunidades comerciais rentáveis, o mercado é reativo e raramente promove as necessidades humanas por bons cuidados e alimentação de qualidade, a menos que haja forte pressão social para fazê-lo. Atualmente, os empregadores têm pouco incentivo para fornecer mais apoio à gestante, já que as mensagens de saúde pública não estão sendo agressivamente defendidas pelas próprias mulheres – e, na verdade, podem até mesmo estar sendo ridicularizadas por jornalistas do sexo feminino.

Mas há uma grande diferença entre uma atitude paternalista ou infantilizadora das mulheres e dar a elas o apoio de que precisam para cumprir a sua missão como mãe. O apoio, no entanto, parece ser descartado como uma opção no agressivo mundo comercial. O ritmo da vida de trabalho aparentemente não pode ser desafiado a incluir atitudes como oportunizar à gestante que tire um cochilo no meio do dia, protegê-la de demandas extras no trabalho ou dar a ela um período de folga em caso de enjoos matinais ou nos desconfortáveis últimos meses de gestação, quando é tão importante reduzir o estresse emocional.

Diferentes civilizações às vezes assumem uma visão distinta. No século XVIII, o avô do poeta Byron era capitão de um navio que navegava para um território desconhecido da América do Sul. Lá, ele encontrou um grupo de pessoas de estatura elevada e grande porte que ele chamou de patagônios. Ele se espantou com seu aspecto saudável e bem-estar em comparação ao "excesso e deboche" que ele tinha deixado para trás em Londres. Em particular, ele se assustou com a atitude deles em relação à gestação.

Enquanto uma mulher patagônia está grávida, todos os objetos desagradáveis são mantidos afastados dela; ela é despertada com música; eles estudam como fazer para diverti-la com as atrações mais adequadas ao seu gosto; a mente dela é iluminada com alegria, sem possibilitar que ela fique preguiçosa por falta de ação: ela faz exercícios, como caminhadas, ou trabalho no trato de animais, conforme ela desejar. Os patagônios não duvidam da influência da mãe sobre a constituição física e moral da criança, como uma árvore saudável produz frutos grandes (*Journal of a Voyage Round the World* 1767).

Que prazer seria aprender com essas culturas e com a sua capacidade de valorizar as gestantes, reconhecendo os benefícios a longo prazo para toda a sociedade.

EXPERIMENTANDO A INFELICIDADE

Essa visão de uma gestação mimada infelizmente está muito longe da realidade de muitas mulheres grávidas. Para muitas delas a gestação é uma experiência estressante e desestabilizadora, especialmente para aquelas que não tinham fortes bases emocionais em suas próprias vidas inicialmente e que não têm um sentimento interior de ser "privilegiada". Afinal, a gestação não altera a personalidade nem faz problemas anteriores desaparecerem. O estado das coisas antes da gestação ainda é o estado das coisas durante a gestação. Os pais não ajudam sendo quem são e tendo as histórias emocionais que têm.

Isso afeta também seus bebês, que compartilham a vida emocional de suas mães tanto antes quanto após o nascimento. Sem perceber isso, seu estado de espírito e seu modo de se relacionar tenderão a ser passados para seu bebê. Um estudo descobriu que a avaliação da própria condição de apego de uma mãe durante a gestação pode predizer o seu estilo de apego antes de seu bebê nascer (Steele et al. 1996). Isso é bom para a maioria dos pais que eram firmemente apegados a seus próprios pais e estavam razoavelmente confiantes de serem capazes de estabelecer um bom relacionamento com seu filho. Mas, quando os pais tiverem as primeiras experiências mais negativas, eles provavelmente precisarão de ajuda extra para criar um vínculo seguro. Por exemplo, as mulheres que foram separadas de seus pais precocemente ou que tiveram outras primeiras experiências negativas tendem a ter menores níveis de oxitocina, o vínculo bioquímico, e isso pode afetar a sua maternidade (Mileva-Seitz et al. 2013).

As mulheres que tiveram uma infância infeliz ou que tiveram depressão antes em suas vidas também têm uma probabilidade muito maior de se tornarem deprimidas quando engravidarem. Basicamente, as taxas de depressão durante a gestação são muito semelhantes às da depressão pós-natal – em torno de 13% de todas as mães. Essas taxas também não são muito diferentes das taxas de depressão em geral.

A depressão na gestação é particularmente provável de ocorrer quando as mulheres sofreram algum tipo de rejeição emocional no início de suas vidas, deixando-as com uma sensação de baixa autoestima. Como elas não obtiveram apoio emocional suficiente na infância, não aprenderam a expressar seus pensamentos e sentimentos ou a recorrer a outros para obter ajuda para lidar com suas emoções. Um fato intrigante descoberto por pesquisadores é que a reação depressiva à perspectiva de se tornar uma mãe também é mais comum quando há segredos familiares (Plant et al. 2013; Dayan et al. 2010).

HERDANDO A DEPRESSÃO

Infelizmente, a depressão da mãe durante a gestação pode predizer tendências futuras à depressão no bebê que vai nascer. Dois estudos prospectivos descobriram que, quando os bebês se tornam adolescentes, seu risco de depressão é muito maior – até quatro vezes maior de acordo com um pequeno estudo (Pawlby et al. 2009), com um efeito muito menor, mas ainda significativo, em um grande estudo mais recente que se concentrou mais estreitamente na "depressão maior"* (Pearson et al. 2013).

Como isso poderia ocorrer? Uma via é pelo cortisol da mãe depressiva e seu impacto sobre a amígdala. Em uma pesquisa muito recente, Anne Rifkin-Graboi e colaboradores descobriram que a depressão pré-natal afetou o modo como a amígdala direita do recém-nascido se prendia: ela era menos bem conectada (Rifkin-Graboi et al. 2013).

Outra via é pelo efeito do estresse da mãe sobre o sistema serotoninérgico fetal. A serotonina é um importante agente bioquímico que circula no cérebro e por todo o corpo logo no início da gestação. Ela desempenha um papel importante na regulação das emoções, particularmente na modulação da impulsividade e da agressividade. Baixos níveis de serotonina também estão associados à ansiedade e à depressão.

Quando a mãe está estressada, isso pode afetar não só o seu sistema serotoninérgico, mas também a sua capacidade de disponibilizar serotonina para o feto por meio da placenta. Isso tem um impacto sobre

* N. de R.T.: O transtorno depressivo maior é o que chamamos comumente de depressão. De acordo com o DSM-5, suas características principais são o humor triste, vazio ou irritável, acompanhado de mudanças somáticas e cognitivas que afetam significativamente a capacidade da pessoa de funcionar.

as conexões em áreas do cérebro que dependem da serotonina, como o córtex e o hipocampo, o que pode reduzir o nível de serotonina nessas áreas principais do cérebro, mesmo na idade adulta (Field et al. 2006; Goeden et al. 2013).

Na verdade, todo um conjunto de importantes reguladores emocionais começa a ser estabelecido antes mesmo que o bebê nasça. Sistemas de neurotransmissores, como o serotoninérgico e o dopaminérgico, já começam a ser programados, de modo que podem ou não ser reversíveis. Por sua vez, eles influenciam outros sistemas, como o desenvolvimento da amígdala e a resposta ao estresse, que, como já vimos, também estão se desenvolvendo rapidamente durante a gestação (Viltart e Vanbesien-Maillot 2007; Ansorge et al. 2008). Todos esses desenvolvimentos precoces podem ter impactos de longo alcance, não só porque todos esses sistemas estão conectados, mas também porque o cérebro é um "sistema iterativo": cada etapa é construída sobre a etapa anterior, de baixo para cima. Isso dificulta que se desfaça o impacto de diferenças, mesmo pequenas, na experiência inicial que leva o organismo em uma direção específica. Como diz a rima infantil: "Pela falta de um prego, o sapato foi perdido. Pela falta de um sapato, o cavalo foi perdido. Pela falta de um cavalo, o cavaleiro foi perdido. Por falta de um cavaleiro, a batalha estava perdida. Por falta de uma batalha, o reino foi perdido".

SERÁ QUE O AMOR IMPORTA?

Pode parecer extraordinário que esse período oculto do desenvolvimento no ventre deveria ter tal importância em nossas vidas. Mas o feto já está se preparando para a sua vida futura e se adaptando às informações que recebe quanto às condições que terá pela frente. Isso inclui condições culturais: seria essa uma cultura afetuosa que possibilita que as mães se alimentem bem, descansem e desfrutem de suas vidas? Ou será que o feto precisa se preparar para momentos ameaçadores e estressantes, para uma cultura em que a nutrição e o amor são recursos escassos? O feto precisa receber informações adequadas para que possa se adaptar às suas circunstâncias.

No entanto, se as coisas não correrem bem durante a gestação, nem tudo estará perdido, de modo algum. Essas questões ainda estão abertas a interpretações adicionais pelo bebê no período pós-natal. Como os bebês humanos nascem com um cérebro que mede apenas um quarto de seu tamanho adulto final – um cérebro muito mais incompleto do que o de outros mamíferos – os cuidados na primeira infância (e além) desempenham um papel muito maior na sua formação. Muitos sistemas regulatórios ainda estão em desenvolvimento, e novas adaptações à realidade estão sendo feitas. Ainda há boas chances de que alguns desses sistemas em desenvolvimento inicial se recuperem, especialmente no período pós-natal imediato (Bergman et al. 2008). Por exemplo, o vínculo positivo e o apego seguro durante o primeiro ano de vida podem possibilitar que um hipocampo pequeno afetado pelo estresse recupere o seu volume normal (Buss et al. 2012). Também há novo crescimento no córtex pré-frontal em resposta a experiências sociais positivas. Isso pode oferecer diferentes modos de gerenciar e regular as emoções. Em outras palavras, se a criança encontrar amor, ainda conseguirá moldar uma nova realidade.

2
Voltando ao início

Tigres machos ou fêmeas não serão melhores ou piores, quer você suponha que eles habitem sozinhos em sua própria selva, quer suponha que habitem em centenas de pares.

Mas o homem é verdadeiramente alterado pela coexistência de outros homens; suas habilidades não podem ser desenvolvidas quando está sozinho e apenas consigo mesmo. Portanto, a raça humana não é uma metáfora ousada, mas a sublime realidade, que permite a aproximação e até a união da raça humana em um único corpo.

ST Coleridge, *Letters*, 1806

Em uma noite escura de inverno, fui acordada pelo telefone tocando para me informar de que o parto domiciliar que planejava filmar estava começando. Eu havia conhecido a mãe previamente, mas não muito bem. Cheguei à sua casa e fui conduzida até três lances de escadas que davam em um quarto na parte de cima da residência – arrastando meus equipamentos de som e luz comigo. Encontrei a mãe e o pai sentados na beira de uma cama de solteiro em um quarto com pouca mobília e mal iluminado, com jornal espalhado sobre o chão. Havia uma atmosfera de praticidade tranquila, com foco no corpo da mãe. A parteira se movia de um lado para outro, enquanto permaneci em um canto do quarto. As coisas aconteceram rápido, e logo a mãe estava de cócoras sobre o jornal, apoiada em seu parceiro, enquanto eu gravava a incrível variedade de sons que ela fazia; os sons denotavam urgência e em breve se tornaram gemidos profundos conforme o bebê estava prestes a nascer. A operadora de câmera que gravaria as imagens para mim não chegou a tempo de filmar o parto, mas eu estava cuidando de tudo, concentrada em testemunhar esse evento primal. Quando o bebê finalmente emergiu do corpo da mãe, todos tínhamos lágrimas nos olhos, sobrecarregados com emoção, admirados pelo início dessa nova vida e fascinados pelo mistério da própria vida.

Esse bebê agora estava prestes a deixar seu lar e embarcar na vida adulta, a parte da vida que os obituários descrevem – quatro casamentos ou um, uma vida pública ou mais privada, tragédias ao longo do caminho, a história da contribuição do indivíduo à sociedade como um todo. Mas essas histórias deixam muita coisa de fora. Elas deixam de fora tudo o que contribuiu para fazer esse bebê se tornar o jovem homem que é hoje e, especialmente, não reconhecem o poderoso impacto que outras pessoas tiveram sobre como esse novo bebê é capaz de manifestar o seu potencial de caráter (ou de personalidade) e genético.

Isso é difícil de conseguir com esse nível de realidade. Mesmo as biografias nos dizem apenas que um bebê nasceu em uma data específica, em um determinado lugar, de pais cujas vidas foram se desdobrando de um jeito específico no tempo, mas é praticamente impossível recriar a dinâmica do relacionamento entre eles e seu bebê. Assim, podemos nunca descobrir o que aconteceu em nossa própria infância por questionamento direto, embora, algumas vezes, evidências anedóticas nos deem algumas pistas. Minha mãe relata que eu era um bebê difícil, que chorou com cólicas todas as noites por meses, que andou e falou muito cedo; esses relatos me deram motivos para sentir orgulho e rejeição, efetivamente desempenhando uma parte significativa em minha história. Mas existem outras maneiras de escavar nossa história quando crianças, porque a carregamos dentro de nós e vivemos isso em nossos relacionamentos íntimos.

Essencialmente, nossas primeiras experiências formam maneiras características de nos relacionarmos com outras pessoas e de enfrentarmos o fluxo e refluxo de emoções que não são apenas predileções psicológicas, mas também padrões fisiológicos. Elas são a sustentação da vida emocional, consciência escondida e externada – a história invisível de cada indivíduo. Como Freud, que se autodenominou uma espécie de arqueólogo da pessoa, também me vejo olhando para as pessoas com um olho que verifica a existência de estruturas ocultas. No entanto, ao contrário de Freud, que procurou impulsos primordiais, motivações sexuais e agressivas debaixo da superfície da personalidade que acreditava serem os motores invisíveis da vida humana, procuro por padrões invisíveis de relacionamento que foram tecidos em nosso corpo e cérebro na primeira infância. Esses padrões orientam nossas vidas em uma direção específica. O relacionamento inicial do próprio Freud com sua mãe forjou um sentido de ser especial que ele assumiu em seus relacionamentos posteriores – junto com um sentimento de culpa de ele ter roubado essa excepcionalidade matando seu rival, um bebê irmão a quem ele queria morto. As rivalidades mais tarde desempenharam um grande papel na vida profissional de Freud. Há algo poderoso em relação aos primeiros assuntos de nossas vidas que a teoria do caos pode ajudar a explicar. Ela sugere que pequenas diferenças no início de um processo podem levar a desfechos extremamente diferentes. Esse período em nossas vidas é o que o neurocientista Doug Watt tem chamado de "irrememorável e inesquecível" (2001: 18). Não somos capazes de nos lembrar conscientemente de nada disso, ainda que isso não seja esquecido porque está integrado em nosso organismo e regula as nossas expectativas e nosso comportamento.

Há *sim* algo debaixo da superfície, *há sim* forças que nos impulsionam, mas elas não são bem como Freud descreveu. Freud as viu como impulsos corporais dentro do animal humano biológico. Ele acreditava que esses impulsos conflitavam com as regras sociais ou pressões da civilização que o indivíduo carrega mentalmente como um "superego" interior, criando uma tensão ou um conflito entre a mente e o corpo com o qual só um forte controle do "ego" poderia lidar. Essa explicação tem sido muito influente e, por isso, quase faz sentido, mas, embora se ajuste à história pessoal do próprio Freud, não é uma explicação satisfatória para a sensibilidade moderna, que é menos limitada pelas pressões sociais. Ela certamente não corresponde à minha visão sobre o desenvolvimento da mente e do corpo, porque propõe um indivíduo muito mais autogerado e autoproduzido do que acredito ser o caso. Vou argumentar, e depois descrever em detalhes, que muitos aspectos da função corporal e do comportamento emocional são moldados pela interação social. Por exemplo, o bebê malcuidado desenvolve uma resposta ao estresse mais reativa e diferentes padrões bioquímicos comparado com um bebê bem cuidado. O próprio cérebro é um "órgão social", como colocou Peter Fonagy, um distinto pesquisador que estuda o apego inicial. Nossas mentes emergem e nossas emoções se tornam organizadas por meio do engajamento com outras mentes, e não de modo isolado. Isso significa que as principais forças invisíveis que moldam nossas respostas emocionais ao longo da vida não são nossos impulsos biológicos, mas os padrões de experiência emocional com outras pessoas, estabelecidos mais poderosamente na infância. Esses padrões não são imutáveis, mas, como todos os hábitos, uma vez estabelecidos são difíceis de romper.

O REINO DAS MULHERES

A fim de compreender o padrão único de reatividade de cada pessoa, precisamos voltar ao começo, voltar aos dias sem palavras da infância em que ficávamos no colo de nossas mães e, até antes ainda, enquanto estávamos em seu útero. É difícil falar sobre esse período de nossas vidas, não só porque não temos linguagem ou memória consciente durante a infância, mas também porque, historicamente, a primeira infância é vivida por meio da relação entre uma mulher e um bebê. Ocorre fora da vista do público, em um território inarticulado de corpos e sentimentos, de leite, fraldas e baba, impulsionado pelas marés hormonais avassaladoras que faz as mães constantemente quererem tocar e olhar para o seu bebê – sentimentos que parecem irracionais quando colocados em palavras, assim como é difícil descrever como fazer sexo ou se apaixonar. E, como essa tem sido em grande parte a experiência particular de mulheres, e não de homens, tem sido escondida da vista e não representada culturalmente, exceto em raras ocasiões por escritoras feministas, como Adrienne Rich:

> Para mim, os bons e os maus momentos são inseparáveis. Lembro-me das vezes em que, enquanto amamentava meus filhos, vi seus olhos completamente abertos olhando em minha direção e percebi como estávamos presos um ao outro, não apenas pela boca e mama, mas pelo nosso olhar mútuo: a profundidade, calma e paixão daquele olhar azul escuro, evolutivamente focado. Lembro-me do prazer físico de ter a minha mama cheia sugada em um momento em que eu não tinha qualquer outro prazer físico no mundo exceto o prazer viciante de comer... Lembro-me dos momentos de paz quando, por algum motivo, era possível ir ao banheiro sozinha. Lembro-me de ter sido arrancada do já escasso sono para atender a um pesadelo infantil, colocar uma coberta, aquecer uma mamadeira, levar uma criança meio adormecida ao banheiro. Lembro-me de voltar para a cama comple-

> tamente acordada, morrendo de raiva, sabendo que meu sono interrompido tornaria o dia seguinte um inferno, que haveria mais pesadelos, mais necessidade de consolo, porque com o meu cansaço eu me enfureceria com aquelas crianças sem um motivo que elas pudessem compreender. Lembro-me de pensar que nunca sonharia novamente. (Rich 1977: 31).

Foi o movimento feminista das décadas de 1960 e 1970 que abriu a possibilidade de falar sobre as experiências particulares da domesticidade e que contribuiu para quebrar as fronteiras entre os mundos público e privado. Agora discutimos publicamente as práticas sexuais, já não precisamos reprimir nossas emoções em público e demonstramos claramente que queremos saber da vida emocional de ricos ou famosos. Não nos chocamos mais ao descobrir que figuras públicas são tão humanas quanto o restante de nós e que elas frequentemente não conseguem viver de acordo com seus próprios padrões de moralidade. Somos capazes de reconhecer que o abuso sexual acontece com crianças. A emoção já não é mais "inexplicável" na esfera pública. Por uma espécie de processo paralelo, a divisão entre mente e corpo, racional e irracional, cada vez mais é posta em xeque. Como sugeri, isso tem contribuído para o aumento do interesse científico na emoção, rompendo uma última fronteira na ciência – a exploração de nossos *selves* emocionais.

No entanto, medir a atividade cerebral ou os níveis químicos envolvidos no comportamento emocional adulto pode apenas ajudar a compreender a vida emocional, mas não fornecer as respostas de por que nos comportamos dessa maneira. É como dissecar um animal completamente crescido com a expectativa de encontrar a fonte de seu comportamento. Os adultos são resultado de complexas histórias inscritas em organismos cujos sistemas já evoluíram com o tempo. Eles são muito específicos e únicos. Em vez disso, precisamos voltar às origens da vida emocional, aos primeiros processos que determinam nossa trajetória emocional – para o bebê e seu ambiente emocional.

O BEBÊ INACABADO

Os bebês são como a matéria-prima de si próprios. Cada um vem com um mapa genético e com uma gama única de possibilidades. Existe um corpo programado para se desenvolver de determinada maneira, mas de modo algum um programa automático. O bebê é um projeto interativo, não um projeto autoalimentado. O organismo do bebê humano tem vários sistemas prontos para uso, mas muitos outros estão incompletos e só irão se desenvolver em resposta a outras informações humanas. Alguns escritores têm chamado o bebê de "feto externo", e há uma ideia de que o bebê humano é incompleto, necessitando ser programado por seres humanos adultos. Isso faz sentido do ponto de vista evolutivo, uma vez que possibilita que a cultura humana seja transmitida mais eficazmente para a próxima geração. Cada bebê pode ser "personalizado" ou adaptado às circunstâncias e ao entorno em que ele se encontra. Um bebê nascido em uma antiga tribo de montanha no Nepal terá necessidades culturais diferentes de um bebê que nasce na região urbana de Manhattan.

Cada pequeno organismo humano nasce com uma sinfonia vibrante e pulsante de diferentes ritmos e funções corporais, que se coordenam por meio de mensagens químicas e elétricas. No interior do organismo existem muitos sistemas vagamente conectados, sobrepondo-se com frequência entre si. Esses sistemas se comunicam por meio de sinais químicos e elétricos a fim de tentar manter as coisas acontecendo em uma faixa confortável de excitação, pela adaptação às circunstâncias em constante mudança, tanto interna quanto externamente. Nos primeiros meses de vida, o organismo está estabelecendo apenas o que é o intervalo normal de excitação, instituindo o ponto de ajuste que seus sistemas tentarão manter. Quando as coisas ficam abaixo ou acima da variação normal de excitação, os sistemas entram em ação para recuperar o ponto de ajuste, ou o estado normal.

Entretanto, primeiramente o padrão precisa ser determinado, e isso é um processo social. Um bebê não faz isso sozinho, mas coordena seus sistemas com os das pessoas ao seu redor. Os bebês de mães deprimidas se ajustam à baixa estimulação e acostumam-se à falta de sentimentos positivos. Os bebês de mães agitadas podem ficar superexcitados e ter uma sensação de que os sentimentos estão explodindo para fora, e não há muito que você ou qualquer um possa fazer em relação a isso (ou eles podem tentar desligar seus sentimentos completamente para lidar com a situação). Os bebês bem cuidados esperam um mundo que seja responsivo aos sentimentos e que ajude a trazer estados intensos de volta a um nível confortável; por meio da experiência de ter alguém fazendo isso por eles, eles aprendem a fazer por si próprios.

A experiência inicial tem um grande impacto sobre os sistemas fisiológicos do bebê, porque eles ainda são bastante imaturos e delicados. Em particular, há determinados sistemas bioquímicos que podem ser estabelecidos de modo inútil se a experiência inicial for problemática: tanto a resposta ao estresse quanto outros aspectos do processamento emocional podem ser adversamente afetados. Mesmo o crescimento do cérebro, que está crescendo em sua taxa mais rápida no primeiro ano e meio de vida, pode não progredir de modo adequado se o bebê não tiver as condições certas para se desenvolver. Como com uma muda de planta, raízes fortes e bom crescimento dependem das condições do meio; isso é mais evidente nas capacidades emocionais de crianças humanas, que são as menos especializadas* do reino animal e são as mais influenciadas pela experiência.

O bebê também é semelhante a uma muda em sua simplicidade psicológica. Os sentimentos começam em um nível muito básico. Um bebê experimenta sentimentos globais de angústia ou contentamento, desconforto ou conforto, mas há pouca nuance ou complexidade envolvida no processamento desses sentimentos. Ele ainda não tem a capacidade mental de fazer o processamento de informações complexas, mas, enquanto confia nos adultos para gerenciar esses estados – reduzir o desconforto e a angústia e aumentar o conforto e o contentamento –, ele gradualmente aprende mais e mais do mundo. Conforme as pessoas vêm e vão em torno dele, e cheiros, sons e visões mudam constantemente ao longo do dia e da noite, os padrões começam a surgir. Lentamente, o bebê começa a reconhecer as feições mais regulares e a armazená-las como imagens. Estas normalmente podem ser uma imagem reconfortante de uma mãe sorridente passando pela porta quando ele chora em seu berço ou uma imagem perturbadora de uma face hostil fazendo caretas quando o aborda. O significado surge conforme o bebê começa a reconhecer se a mãe que passa pela porta irá trazer prazer ou dor. A emoção precoce está muito mais relacionada com afastar as pessoas para longe ou trazê-las para mais perto, e estas imagens irão se tornar expectativas sobre o mundo emocional em que ele está vivendo. Isso ajuda o bebê a prever o que vai acontecer a seguir e qual a melhor maneira de responder a esse acontecimento

Embora o bebê seja uma criatura simples em muitos aspectos, ele também contém em suas células os modelos para uma vida complexa. Cada bebê tem um armazenamento pessoal único de genes que podem

---

* N. de R.T.: No sentido de o bebê nascer com essas capacidades emocionais ainda incipientes, necessitando das trocas sociais para desenvolvê-las.

ser ativados pela experiência. Logo nas primeiras semanas, um viés de temperamento pode estar aparente. Alguns bebês podem nascer mais reativos e sensíveis a estímulos do que outros. Bebês distintos têm diferentes limiares, e seus modos típicos de responder podem já ser distintivos. Isso pode ser decorrente de suas experiências no útero ou de sua composição genética – ou uma combinação dos dois. Pesquisas recentes identificaram variações do gene da serotonina que foram associadas a uma maior sensibilidade ao mundo social. Os bebês que têm esses genes são coloquialmente conhecidos como "orquídeas", enquanto a maior parte dos bebês são "dentes-de-leão". As crianças orquídeas são mais suscetíveis à parentalidade severa ou a creches negligentes; em circunstâncias difíceis, elas podem tender à depressão ou ao comportamento antissocial. No entanto, se forem bem cuidadas, terão menos propensão à depressão e ao mau comportamento e frequentemente serão indivíduos bem-sucedidos e com bom envolvimento social (Belsky e Pluess 2009; Pluess e Belsky 2013; Ellis e Boyce 2008).

O temperamento, ou a constituição genética, do bebê inevitavelmente tem um impacto sobre a cuidadora, que também tem seu próprio estilo de personalidade. Uma mãe sensível, que dá à luz a um bebê energético, robusto e menos sensível, pode não se sentir em sintonia com ele e vê-lo como agressivo; ou, alternativamente, ela pode se sentir aliviada por ele ser tão fácil de agradar e levar para qualquer lugar. Algum tipo de interação dinâmica entre as personalidades já começou.

Contudo, a questão é que o desfecho depende muito mais da mãe e do pai do que do bebê. Os pesquisadores descobriram que mesmo os bebês mais difíceis e irritáveis vão muito bem com pais responsivos que se adaptam às suas necessidades. Alguns até mesmo não têm conseguido identificar o que seria um bebê "difícil" nas primeiras semanas de vida, sugerindo que isso é em grande parte a percepção dos pais (Wolke e St James-Robert 1987) e que o estilo reativo é estabelecido ao longo do primeiro ano de vida (Sroufe 1995). Bebês difíceis podem ser assim em resposta à indisponibilidade emocional de seus pais com eles (Egeland e Sroufe 1981). De qualquer modo, o temperamento difícil não prediz desfechos ruins (Belsky et al. 1998), embora o tipo mais sensível de bebê possa estar em maior risco de se desenvolver inadequadamente se seus pais não se adaptarem às suas necessidades específicas.

De ponto de vista do bebê, pode haver de fato pais "difíceis". Esses pais tendem a ser classificados entre os seguintes tipos: negligentes ou intrusivos. Na extremidade negligente da escala, há mães deprimidas que acham que é muito difícil responder aos seus bebês, tendem a ser apáticas e distantes e não estabelecer contato visual com eles nem pegá-los muito no colo, exceto para limpá-los ou alimentá-los. Seus bebês respondem desenvolvendo uma maneira deprimida de interagir com as pessoas (Field et al. 1988). Eles mostram sentimentos menos positivos (e seus cérebros esquerdos são menos ativos). Na primeira infância, realizam tarefas cognitivas de forma mais precária, e encontrou-se que seu apego é inseguro. Mais tarde, na infância, seus problemas emocionais tendem a persistir (Murray 1992; Cooper e Murray 1998; Dawson et al. 1992).

Na extremidade intrusiva, há outro tipo de mãe que também pode estar deprimida, mas que está muito mais furiosa, mesmo que apenas de modo encoberto. Esse é um tipo mais expressivo de mãe que, em algum nível, ressente as demandas com o bebê e sente hostilidade em relação a ele. Ela pode transmitir isso ao bebê ao pegá-lo abruptamente ou segurá-lo com firmeza. No entanto, ela em geral está muito envolvida ativamente com ele de modo insensível e costuma interferir nas iniciativas do bebê e não interpretar os sinais que ele dá. As mães abusivas tendem a estar nessa extremidade da escala (Lyons-Ruth et al. 1991), e seus filhos também tendem a se desenvolver de forma mais precária e evidenciar apego inseguro em um modo de ser que envolve esquiva emocional ou desorganização.

Felizmente, a maior parte dos pais instintivamente presta bastante atenção e tem bastante sensibilidade para com seus bebês, a fim de garantir a sua segurança emocional. Entretanto, o que parece ser mais crucial para o bebê é a extensão que os pais ou o cuidador estão emocionalmente disponíveis e presentes para ele (Emde 1988), para perceber seus sinais e regular seus estados, algo que o bebê ainda não pode fazer por si mesmo exceto nos modos mais rudimentares (como chupar seus dedos quando está com fome ou virar a cabeça afastando-se de um estímulo angustiante).

REGULAÇÃO PRECOCE

Na atualidade, não é popular contar em detalhes quão grandes são as responsabilidades da maternidade, uma vez que as mulheres têm lutado desesperadamente para se estabelecerem em igualdade com os homens no local de trabalho e não querem se sentir culpadas por manter suas carreiras ou salários enquanto outra pessoa cuida de seus filhos. Ao dar aulas, descobri que os estudantes inevitavelmente levantam a questão de se as mães devem ser culpadas por não serem mães perfeitas. A culpa e a ansiedade muitas vezes alimentam uma intensa hostilidade contra pesquisadores como Jay Belsky, da Universidade de Londres, que foi pioneiro em algumas das pesquisas mais importante nesta área. Essas pesquisas identificaram o impacto da prestação de cuidados inadequados ao bebê, tanto em casa quanto em creches.

Seguramente ganha-se muito pouco ao criticar os pais. A crítica não melhora a sua capacidade de responder positivamente a seus filhos. No entanto, um apoio positivo aos pais pode ajudá-los a reduzir um pouco do comportamento defensivo que prejudica seus filhos e mantém ciclos viciosos de insegurança e incapacidade de controlar bem seus sentimentos ao longo das gerações.

Em um nível social mais amplo, acredito que a verdadeira fonte de dificuldades de muitos pais é separar o trabalho de casa, o público do privado; isso resultou no isolamento das mães em casa, sem fortes redes de apoio adulto e sem diversificação de suas rotinas diárias. Essas condições – igualmente aplicáveis à figura do pai que fica em casa – criam grande parte da depressão e do ressentimento que são tão problemáticos para o desenvolvimento dos bebês. Os pais enfrentam a antinatural escolha de dedicar-se ao seu trabalho ou aos seus filhos, quando as evidências dizem que eles querem ambos. As pesquisas têm inevitavelmente focado em mães do passado e descobriram que, na verdade, a maior parte das mães que trabalha em tempo integral gostaria de trabalhar menos tempo (Hakim et al. 2008; Newell 1992). Um estudo, baseado em dados extensivos do grande American NICHD Study of Early Child Care,* corroborou esse desejo: a pesquisa descobriu que as mães de bebês e pré-escolares que estão empregadas em tempo parcial se beneficiam de uma melhor saúde, têm menor probabilidade de terem depressão, têm menos conflitos com seu equilíbrio trabalho-vida e também são mais sensíveis a seus filhos do que as mães que fazem outras escolhas (Buehler e O'Brien 2011). No entanto, não

* N. de R.T.: Em português, estudo americano sobre os cuidados na primeira infância. Estudo longitudinal iniciado pelo National Institute of Child Health e Human Development (NICHD, Instituto Nacional de Saúde Infantil e Desenvolvimento Humano) que tem como objetivo relacionar as características e experiências de cuidados exercidos com as crianças e o seu desenvolvimento emocional, intelectual, físico, de linguagem, e de saúde.

importa quais circunstâncias práticas ou preferências moldam as escolhas dos pais, certamente é vital que suas decisões também sejam baseadas em uma compreensão exata do que podem significar para o seu bebê.

Fisiologicamente, o bebê humano ainda faz parte do corpo da mãe. Ele depende de seu leite para alimentá-lo, para regular sua frequência cardíaca e pressão arterial e para fornecer proteção imunológica. Sua atividade muscular é regulada por seu toque, bem como o seu nível de hormônio do crescimento. O corpo da mãe o mantém aquecido, e a mãe libera ao bebê seus hormônios do estresse por meio do toque e da alimentação. Essa regulação fisiológica básica mantém o bebê vivo. Rachel Cusk, uma romancista que escreveu sobre sua experiência da maternidade, descreve esses processos regulatórios básicos:

> A pureza e o brilho da minha filha requerem considerável manutenção. Inicialmente, minha relação com ela era semelhante à de um rim. Eu processava seus resíduos. De três em três horas eu colocava leite na boca dela. O leite passava por uma série de tubos e então saía de seu corpo outra vez. Eu o descartava. A cada 24 horas eu a mergulhava na água e a lavava. Eu trocava suas roupas. Quando ela estava em um espaço fechado durante um período, eu a levava para um espaço aberto. Quando ela estava em um espaço aberto durante um período, eu a trazia para um espaço fechado. Quando ela ia dormir, eu a colocava no berço. Quando ela acordava, eu a pegava. Quando ela chorava, eu andava por aí com ela até que parasse de chorar. Eu tirava e colocava roupas nela. Eu a enchia de amor, preocupando-me se estava dando a ela muito ou pouco. Cuidar dela é como ser responsável pelo clima ou pelo crescimento da grama. (Cusk 2001: 134).

O difícil em relação aos bebês é que eles precisam quase continuamente desse cuidado por muitos meses. Como Cusk coloca, essas tarefas "constituem uma espécie de servidão, uma escravidão, da qual eu não sou livre para sair". Os bebês precisam de uma cuidadora que se identifique tão fortemente com eles que as necessidades deles parecerem ser as dela; o bebê ainda é fisiológica e psicologicamente uma extensão da mãe. Se a mãe se sentir mal quando o bebê se sentir mal, a mãe irá então querer fazer algo imediatamente em relação a isso, para aliviar o desconforto do bebê – e isso é a essência da regulação. Em teoria, qualquer um pode fazê-lo, especialmente agora que temos leites em pó substitutos, mas a mãe do bebê é preparada para fazer essas coisas para seu filho em razão de seus próprios hormônios; a mãe também tem maior probabilidade de ter a intensa identificação com os sentimentos do bebê que é necessária, desde que tenha os recursos emocionais internos para fazê-lo.

A regulação inicial também tem relação com como responder aos sentimentos do bebê de um modo não verbal. A mãe faz isso principalmente com seu rosto, tom de voz e toque. Ela acalma o bebê que está chorando desesperadamente e sua superexcitação entrando no estado do bebê com ele, envolvendo-o com o espelhamento de sua voz alta, gradualmente acalmando-o com o tom de sua voz e levando-o a um estado mais calmo. Ou ela acalma um bebê tenso segurando e ninando-o ou ela estimula um bebê sem energia a um estado mais feliz com seu rosto sorridente e olhos brilhantes dilatados. Utilizando todos os tipos de meios não verbais, ela leva o bebê de volta ao ponto de ajuste em que ele se sente confortável novamente.

Os cuidadores que não são capazes de se entender com o bebê, por causa de suas próprias dificuldades em perceber e regular seus próprios sentimentos, tendem a perpetuar esse problema regulatório, transferindo-o para o bebê. Esse bebê não é capaz de aprender a controlar seus próprios estados e ajustá-los de modo eficaz se seus pais não fizerem isso para ele inicialmente. Ele pode ficar sem qualquer noção clara de como prosseguir até alcançar o controle novamente. Ele pode até mesmo crescer acreditando que realmente não deve ter sentimentos, já que seus pais não pareciam notá-los nem se interessar por eles. Os bebês são muito sensíveis a esse tipo de mensagem implícita e inicialmente respondem ao que os pais fazem, em vez de ao que dizem ou ao que acham que estão fazendo. Mas, se os pais acompanharem bem o estado do bebê e responderem rapidamente a ele, restaurarão a sensação de bem-estar, de modo que os sentimentos poderão fluir e ser notados. Eles podem chegar à consciência. Especialmente se os cuidadores responderem de modo previsível, padrões começarão a surgir. O bebê pode começar a perceber que "quando eu choro, mamãe sempre me pega no colo com carinho" ou "quando ela pega seu casaco, em breve vou sentir o cheiro do ar fresco". Esses padrões não verbais e essas expectativas inconscientemente adquiridas foram descritos por vários autores de diferentes maneiras. Daniel Stern (1985) os chamou de representações de interações que foram generalizadas (RIG). John Bowlby os chamou de "modelos de trabalho interno" (1969). Wilma Bucci denominou de "esquemas de emoção" (1997). Robert Clyman de "memória procedural" (1991). Qualquer que seja a teoria específica utilizada, todos concordam que as expectativas de outras pessoas e o modo como elas irão se comportar são inscritos no cérebro, fora da consciência consciente, no período da infância, e sustentam o nosso comportamento em relacionamentos ao longo da vida. Nós não estamos cientes de nossas próprias suposições, mas elas estão lá, baseadas nessas primeiras experiências. E o pressuposto mais fundamental de todos é que outros estarão emocionalmente disponíveis para ajudar a perceber e processar sentimentos, fornecer conforto quando é necessário – em outras palavras, ajudar a regular os sentimentos e ajudar a criança a ter seus sentimentos novamente em uma condição ideal. Os pesquisadores que estudam o apego consideram que essas crianças que crescem sem essas expectativas têm "apego inseguro".

Os pais realmente precisam ser uma espécie de treinador das emoções. Eles precisam não só estar presentes e sintonizados em relação ao estado constantemente cambiante do bebê, mas também ajudá-lo a passar para o próximo nível. Para tornar-se um ser humano completo, as respostas básicas do bebê precisam ser elaboradas e desenvolvidas em sentimentos mais específicos e complexos. Com a orientação dos pais, o estado básico de "sentimento ruim" pode se diferenciar em uma gama de sentimentos como irritação, decepção, raiva, aborrecimento e mágoa. Mais uma vez, o bebê não é capaz de fazer essas distinções sem a ajuda daqueles que o conhecem. Os pais também devem ajudar o bebê a se tornar consciente de seus próprios sentimentos; isso é feito segurando-se um espelho virtual para o bebê, falando na linguagem dele e enfatizando e exagerando palavras e gestos para que ele possa perceber que não se trata apenas da mamãe ou do papai se expressando, mas que eles estão "mostrando-lhe" seus sentimentos (Gergely e Watson 1996). É uma espécie de *psicofeedback*, que fornece uma introdução a uma cultura humana na qual podemos interpretar tanto nossos sentimentos e pensamentos quanto os dos outros (Fonagy 2003). Os pais levam o bebê para um mundo emocional mais sofisticado ao identificar sentimentos e rotulá-los claramente. Em geral esse ensinamento ocorre inconscientemente.

APEGOS INSEGUROS E O SISTEMA NERVOSO

Se o cuidador não tiver uma relação confortável com seus próprios sentimentos, ele pode não ser capaz de senti-los de modo muito eficaz. Se a consciência de seus estados estiver bloqueada ou se ele estiver excessivamente preocupado com eles, poderia achar difícil notar os sentimentos do bebê, regulá-los de alguma maneira ou rotulá-los. Bons relacionamentos dependem de encontrar um equilíbrio razoável entre ser capaz de controlar seus próprios sentimentos ao mesmo tempo em que avalia outras pessoas.

Os bons relacionamentos dependem também da capacidade de tolerar sentimentos desconfortáveis enquanto eles estiverem sendo processados por outra pessoa. Talvez uma das dificuldades mais comuns nos relacionamentos, o que é particularmente grave na relação pais-filho, é o problema na regulação de estados mais "negativos", como a raiva e a hostilidade. Se o cuidador não aprendeu a gerenciar esses sentimentos confortavelmente, então ele terá dificuldades para suportá-los em seus filhos; ele pode se sentir muito angustiado e desconfortável e querer urgentemente afastar esses sentimentos. Quantas pessoas ouviram pais gritarem para seu bebê: "Cale a boca! Não tente isso comigo!", ou para seu filho pequeno: "Seu diabinho, não se atreva a olhar desse jeito para mim!". Seus filhos estão aprendendo a esconder seus sentimentos – tanto negar que eles existem quanto evitar expressá-los, pois irão aborrecer ou enfurecer sua mãe. Ela certamente não será capaz de ajudar a criança a regular esses sentimentos ou a pensar sobre eles. Na prática, a criança tem que regular a mãe, protegendo-a de seus sentimentos, mas os sentimentos da criança não desaparecem. Pesquisadores que estudam o apego descobriram que as crianças que nascem nessas famílias aprendem a parecer calmas e despreocupadas, mas, quando se mede a sua frequência cardíaca e excitação autonômica, elas estão subindo rapidamente. O organismo está desregulado. Em vez de obter ajuda para retornar à zona de conforto, a criança está aprendendo que não há ajuda para regular esses sentimentos. Ela tenta reprimi-los e cessá-los completamente, mas poucas vezes é bem-sucedida. Isso é conhecido como um padrão de apego de "esquiva".

Outras crianças, que vivem com pais que são mais inconsistentes no modo como respondem aos sentimentos de seu filho – às vezes se preocupam, às vezes não ligam –, são forçadas a focar atentamente no estado de espírito dos pais para otimizar suas chances de obter uma resposta. Elas tendem a manter seus sentimentos próximos da superfície, borbulhando, até que possam conseguir chamar a atenção dos pais quando acham que há uma chance de consegui-lo. Elas também aprendem que a ajuda para regular seus sentimentos não está confiavelmente disponível – mas, em vez de escolher a estratégia de suprimir seus sentimentos, elas podem aprender a exagerá-los; elas se tornam excessivamente conscientes de seus medos e de suas necessidades, de um modo que pode comprometer a sua independência. Na verdade, isso pode ser o que seus pais inconscientemente querem, já que com bastante frequência trata-se de adultos que lidam com suas próprias inseguranças querendo que outros dependam dele. Seu comportamento imprevisível garante que a atenção da criança esteja sempre disponível para eles. Ou eles podem simplesmente ser tão preocupados com seus próprios sentimentos desregulados que podem não perceber confiantemente os sentimentos de outras pessoas. As crianças com esse padrão têm o que é chamado de apego "resistente" ou "ambivalente".

A criança com um desses padrões de apego terá um senso próprio mais fraco do que a criança com um apego firme, porque ela será privada de um "*biofeedback* social" ideal. Os pais não terão fornecido informação suficiente sobre os sentimentos da própria criança, para equipá-la para entrar no domínio da interpretação psicológica do *self* e dos outros com confiança. Em vez disso, a criança pode tentar proteger um sentido instável de si mesma afastando-se dos outros quando se sentir insegura (o padrão de esquiva) ou, alternativamente, agarrando-se aos outros para tentar extrair mais *feedback* (o padrão resistente) (Fonagy 2003).

Nos últimos anos, foi identificado um terceiro padrão, conhecido como apego "desorganizado". Esse padrão tem relação mais forte com dificuldades emocionais futuras graves. Nessas famílias, a criança se esforça para encontrar uma estratégia de defesa coerente. Muito frequentemente, os próprios pais foram oprimidos por experiências traumáticas em suas vidas que não foram eficazmente processadas, como um luto ou algum tipo de perda importante ou alguma forma de abuso. Como resultado dessas preocupações, os pais podem se comportar de modo estranho. Eles poderiam "apagar" a realidade ou se dissociar dela, talvez não respondendo às necessidades ou aos sinais da criança. Os pais podem fazer movimentos imprevisíveis e assustadores repentinos em direção à criança ou parecer com medo ou agir de modo submisso perante ela (Out et al. 2009). Os pais nesse estado de espírito são incapazes de prestar as funções parentais mais básicas de proteger a criança e criar uma base segura a partir da qual ela pode explorar o mundo. Seus filhos não só têm falta de *psicofeedback* como também são submetidos a medo e sentem-se inseguros em relação a como gerenciar seus sentimentos quando sob pressão.

Todos esses tipos de respostas parentais disfuncionais perturbam efetivamente os ritmos naturais do corpo. Em geral, ser fisiologicamente despertado por algum estado emocional intenso levará a algum tipo de ação; em seguida, depois que o sentimento tiver sido expresso, o organismo irá relaxar e voltar ao estado de repouso. Esse é o ciclo normal dos sistemas nervosos simpático e parassimpático.* Mas, se a excitação não for aliviada, esse ritmo pode ser interrompido. Como no padrão de esquiva, o sistema de interrupção do corpo pode ser aplicado sobre o topo de seu sistema "vamos à ação" - ou vice-versa, um estado de afastamento e inibição (parassimpático), como tristeza ou depressão, e pode ser substituído pelo exigente sistema nervoso simpático "vamos com isso". Esses "ciclos incompletos", como Roz Carroll (não publicado) os chama, podem levar a distúrbios no organismo, como tensão muscular, respiração superficial ou distúrbios imunes ou hormonais. O sistema cardiovascular, em particular, permanece ativo até mesmo quando os sentimentos são suprimidos (Gross e Levenson 1997). Há, então, uma turbulência no sistema, em vez do processamento direto dos estados emocionais.

FLUXO EMOCIONAL

Os sistemas nervosos simpático e parassimpático são apenas um dos sistemas internos. O organismo humano tem muitos outros sistemas que estão constantemente oscilando de acordo com seus próprios ritmos e cronogramas específicos - pressão arterial, padrões de sono, respiração e excreção - que seguem padrões diferentes simultaneamente, ao mesmo em que influenciam um ao outro e sinalizam um ao outro e ao cérebro (Wiener 1989). A sinfonia interna da flutuante atividade excitatória e inibitória se auto-organiza por um processo circular de *feedback*, de modo que as influências são mútuas e se ajustam constantemente entre si.

* N. de R.T.: Os sistemas nervosos simpático e parassimpático fazem parte do sistema nervoso autônomo (involuntário). O sistema nervoso simpático é o responsável por estimular ações que permitem ao organismo responder a situações de estresse (como a reação de lutar, fugir ou discutir). Essas ações são: aceleração dos batimentos cardíacos, aumento da pressão arterial, o aumento da adrenalina, a concentração de açúcar no sangue e a ativação do metabolismo geral. O sistema parassimpático é o responsável por estimular ações que permitem ao organismo responder a situações de calma: desaceleração dos batimentos cardíacos, diminuição da pressão arterial, a diminuição da adrenalina e a diminuição do açúcar no sangue.

Células e órgãos regulam a si mesmos e uns aos outros; eles têm suas próprias funções, mas são parte de um sistema geral. Isso é muito parecido ao esboço mais amplo do organismo humano no sistema social. Aprendemos a nos regular em alguma medida, mas também dependemos de outras pessoas para regular nossos estados de corpo e mente, para que possamos nos encaixar nos sistemas mais amplos dos quais somos parte.

Isso funciona porque há um livre fluxo de informações entre todos os sistemas, tanto internamente dentro do corpo quanto externamente com outras pessoas, tornando possível a adaptação às circunstâncias atuais. Nossas relações mais íntimas ao longo da vida são confortáveis precisamente por causa dessa rápida troca de informações emocionais – algo que Tiffany Field chamou de "sintonia psicobiológica" (Field 1985). Essa capacidade de debater sobre o estado de outra pessoa possibilita que os indivíduos se ajustem rapidamente às necessidades dos outros. Relacionamentos mais formais (ou perturbados) não têm essa rápida capacidade de resposta e, como resultado, as adaptações são mais trabalhosas e desajeitadas. Os indivíduos também podem estar mais ou menos em sintonia com seu próprio estado interno. Doenças emocionais e fisiológicas podem surgir quando a informação não flui livremente pelos canais elétricos e químicos do corpo até o cérebro e outros sistemas. Precisamos das informações emocionais fornecidas por nossos corpos para julgar qual o melhor modo de agir.

As crianças que desenvolveram estratégias inseguras para lidar com suas emoções não são capazes de tolerar sentimentos e, por isso, não podem refletir sobre eles. Seus hábitos emocionais para gerenciar sentimentos reagem muito rapidamente. Crianças com apego de esquiva são propensas a acionar automaticamente seus freios emocionais quando sentimentos fortes começam a surgir, para que não tenham que tomar ciência dos sentimentos com os quais não sabem o que fazer. Crianças com apego resistente mais provavelmente mergulham de cabeça em expressar sentimentos fortes sem restrição, sem levar em conta os sentimentos dos outros. (Crianças mais comprometidas podem oscilar entre as estratégias.) De qualquer maneira, o acesso a informações emocionais sobre seu próprio estado ou o de outras pessoas lhes foi negado, e sem isso elas têm muito menos opções de escolha sobre como agir. Elas têm prejudicada a capacidade de coordenar suas necessidades (biológicas) com as do meio (social) e trocar informações emocionais com os outros de uma maneira útil.

Esses hábitos emocionais são aprendidos na infância com as pessoas com quem primeiro nos relacionamos, geralmente nossos pais, e já podem ser mensurados por volta do 1º ano de vida. No entanto, os pais também são parte de sistemas mais amplos, e essas forças sociais mais amplas também podem levar à distorção nos padrões de regulação emocional. Quando uma sociedade está focada na edificação de suas capacidades produtivas, como no século XIX, alguns de seus bebês podem ser socializados de modo a se tornarem personalidades altamente controladas por meio de um controle rigoroso e da negação de sentimentos. O projeto freudiano talvez tenha tentado desfazer os piores excessos desse processo, embora ainda enfatizando a importância do autocontrole. Alternativamente, quando a economia requer consumidores dispostos, pode haver pressões sociais para socializar bebês mais indulgentemente, não exigindo tanto que estejam em conformidade com as expectativas dos pais. Esses movimentos sociais não podem, no entanto, ser precisamente orquestrados; por isso, é provável que diferentes correntes coexistam em uma dada época.

SENTIMENTOS COMO SINAIS

A regulação emocional não tem a ver somente com o controle ou a falta dele, ela está relacionada ao uso de sentimentos como sinais para alertar o indivíduo para a necessidade de ação, em particular para ajudar a manter as relações necessárias. A ansiedade da criança quando a mãe sai do quarto é útil porque ajuda a mãe e a criança a ficarem próximas, promovendo a sobrevivência da criança. Momentos alegres e felizes são também promotores de sobrevivência. A raiva comunica que algo está muito errado, exigindo atenção urgente. Quando as pessoas prestam atenção a esses sinais, têm maior probabilidade de se adaptar entre si e às suas próprias necessidades. Assim como os sinais fisiológicos internos mais simples de sede, fome ou cansaço, eles motivam a ação para manter o organismo em condições ideais. Os pais que respondem aos sinais de fome de seu bebê alimentando-o sob livre demanda tendem a ter crianças mais magras, que crescem mais capazes de regular sua ingestão de alimentos (DiSantis 2011; Daniels et al. 2013). Aqueles que aprendem a ignorar seus próprios sinais de fome são mais propensos a comer em excesso ou a ter uma má alimentação.

Do mesmo modo, os indivíduos que estão cientes de suas próprias emoções estão em uma melhor posição para utilizá-las construtivamente. Pode não ser útil ignorar a própria raiva, porque a raiva pode ajudá-lo a defender a sua posição social ou possibilitar que você desafie coisas que o prejudiquem. No entanto, se você expressa sua raiva sem consciência de seu impacto sobre os outros, não observando os sinais dos outros nem fazendo a sua parte para regulá-los, então o sistema social fica descoordenado e irrompe o comportamento antissocial.

A atitude em relação aos sentimentos é crucial. Se eles são vistos como inimigos perigosos, então só podem ser gerenciados exercendo pressão social e medo. Alternativamente, se cada impulso deve ser gratificado, então as relações com os outros se tornam apenas um meio para seus próprios fins. No entanto, se os sentimentos são respeitados como guias valiosos tanto para o estado de seu próprio organismo bem como o de outros, surge uma cultura muito diferente, em que os sentimentos dos outros importam, e você se sente motivado a responder a eles. Há uma suposição muito diferente de que a raiva e a agressão podem ser gerenciadas e mantidas dentro dos limites, porque serão ouvidas e respondidas. Elas podem ser utilizadas para sustentar o relacionamento. A pessoa emocionalmente segura tem essa crença, uma confiança básica em ser ouvida, o que facilita o controle interior. Essa confiança nos outros a ajuda a esperar e a pensar em vez de agir impulsivamente. Mas, se a raiva e a agressão forem tabus, o indivíduo estará em um estado de grande excitação, sem quaisquer meios de acalmar-se, forçado a confiar somente em seu medo das outras pessoas para recuar: uma estratégia precária que pode falhar, terminando às vezes em comportamento destrutivo desregulado e na destruição de relacionamentos.

Como criaturas sociais, precisamos monitorar outras pessoas, bem como nosso próprio estado interno, para manter as relações das quais nós todos dependemos. Os bebês fazem isso desde o começo – observando expressões faciais e tons de voz, permanecendo altamente alertas e responsivos a outros seres humanos, mesmo quando recém-nascidos. Se você observar a mãe e o bebê juntos, vai vê-los improvisar uma dança de receptividade mútua em que se revezam para tirar a língua para fora ou fazer um som. Mais tarde, quando os bebês começam a se mover conforme sua própria vontade, eles lidam com sua crescente independência verificando nas expressões faciais da mãe a procura de pistas sobre como se comportar. Eles devem tocar este cão que acabou de entrar na sala?

Ou sorrir para este estranho? A ilustração do apego torna-se a pedra angular, a fonte de aprendizagem social.

A vida emocional é em grande parte uma questão de coordenação de nós mesmos com os outros, por meio da participação em seus estados de espírito e, assim, prever o que vão fazer e dizer. Quando observamos atentamente outra pessoa, os mesmos neurônios são ativados em nosso cérebro; bebês que veem comportamentos felizes têm a região frontal de seu cérebro esquerdo ativada, e bebês que testemunham comportamentos tristes têm a região frontal de seu cérebro direito ativada (Davidson e Fox 1992). Isso nos possibilita, de certa maneira, o compartilhamento das experiências do outro. Podemos ecoar os sentimentos dos outros. Isso libera um processo de constante influência mútua, indo de uma pessoa para a outra o tempo todo. Beatrice Beebe, pesquisadora e psicoterapeuta que estuda a criança, descreveu isso como "eu lhe mudo conforme você se revela e você me muda conforme eu me revelo" (Beebe 2002). No próximo capítulo, descreverei como o cérebro é sujeito a essas influências.

3 Construindo um cérebro

A forma emerge com a interação sucessiva.

Susan Oyama

INFORMAÇÕES BÁSICAS SOBRE O CÉREBRO

Estamos em uma bela manhã de primavera. Meu gato espreguiça-se no sol em um banco de pedra depois do café da manhã, esticando-se ao máximo com evidente prazer. Essa é uma imagem de simplesmente estar vivo, um momento em que a experiência de existir e os prazeres sensoriais do sol, do ar e da barriga cheia são o suficiente. Mas, se um cão enorme passar, o gato também defenderia o seu próprio "ser" e pularia do banco e se esconderia ou, se fosse encurralado, sibilaria e rosnaria com seus pelos todos arrepiados até assustar o cão. Do mesmo modo, se as dores de fome o alertarem para a necessidade de mais fontes de energia, ele seguramente garantiria a manutenção desse "ser" perseguindo um rato. Ele pode não ter autoconsciência ou comunicação verbal, mas tem uma variedade de sentimentos e reações básicas que levam a seu comportamento e garantem a sua sobrevivência.

É aqui que entram os humanos. Compartilharmos com outros mamíferos um cérebro central que assegura a nossa sobrevivência. Um bebê recém-nascido tem uma versão básica desses sistemas em vigor: um sistema nervoso funcionante que possibilita que ele respire, um sistema visual que lhe possibilita acompanhar os movimentos ao seu redor e ver os rostos acima dele, uma consciência central baseada no tronco cerebral que reage às experiências sensoriais e avalia-as em termos de sobrevivência. O bebê também tem alguns reflexos básicos, como a capacidade de fixar-se à mama e sugar o leite para alimentar-se, choros tristes ou irritados para atrair a atenção da mãe e um comportamento de congelamento defensivo quando ameaçado. Como afirma Jaak Panksepp (1998): "os sistemas emocionais que foram identificados nos animais correspondem bem aos que são considerados os sistemas emocionais básicos em humanos", mas o que distingue os humanos de outros mamíferos recém-nascidos é a capacidade de resposta do bebê à interação humana. Os seres humanos são os animais mais sociais que existem.

A recente descoberta de neurônios-espelho* no cérebro deixou claro que estamos conectados a outras pessoas desde o início da vida (Iacoboni 2009; Kohler et al. 2002). Mesmo bebês muito jovens têm alguma capacidade de compreender os comportamentos dos outros ou sentir suas emoções. Antes que o cérebro "superior" esteja totalmente desenvolvido, o cérebro do bebê já está ressoando o comportamento de outras pessoas, usando seu córtex pré-motor, córtex cingulado anterior e ínsula. Os neurônios-espelho dessas áreas disparam automaticamente quando observam (ou ouvem) outras pessoas fazendo coisas. Por exemplo, olhar alguém sofrendo de dor é suscetível de nos fazer recuar ou o som de pessoas rindo alegremente pode nos fazer sentir ligeiramente alegres. Não é por acaso que, desde o início da vida, os bebês analisam detalhadamente as expressões faciais e observam a linguagem corporal ou até mesmo imitam os movimentos faciais dos pais. Suas observações fornecem uma experiência sensitiva do mundo social de emoções, bem como os ajuda a compreender as intenções das outras pessoas (Iacoboni et al. 2005).

O cérebro primitivo com o qual nascemos basicamente garante que o organismo "funcione". As estruturas "mais antigas" em termos evolutivos, como o tronco cerebral e o córtex sensório-motor, são as partes do cérebro

* N. de R.T.: O sistema de neurônios-espelho (localizado no lobo frontal) está ativo quando observamos ou imitamos as ações de outras pessoas e parece ser importante para a compreensão das suas ações e intenções. Acredita-se que esse sistema poderia mediar a compreensão das emoções sentidas pelos outros como se fossem próprias (empatia). Fonte: Cosenza, R.; Guerra, L. *Neurociência e educação*: como o cérebro aprende. Porto Alegre: Artmed, 2011.

que estão mais metabolicamente ativas no recém-nascido. A prioridade do novo bebê é a regulação interna dos sistemas do corpo; segue-se então a adaptação às condições externas, que é em grande parte gerida por suas respostas emocionais. O bebê ativo procura interação com os outros, afasta-se das pessoas quando oprimido, congela quando se sente em risco; ele já tem rudimentos de emoção e autorregulação. As emoções são nossos primeiros e primordiais guias para a ação: são eles que comandam a ação de nos afastarmos ou de nos aproximarmos de alguma coisa.

Ficar longe do perigo provavelmente é a resposta mais essencial para a sobrevivência. Não é surpreendente que o sistema de medo e autodefesa baseado na amígdala é uma das primeiras partes do cérebro relacionadas à emoção a se maturar. Embora a estrutura básica da amígdala esteja completa no momento do nascimento, ela continua se desenvolvendo – mais rapidamente durante o período pós-natal e em alguma medida até os 4 anos (Tottenham 2011). Embora a amígdala seja ativada em muitas experiências emocionais, sua principal função é agir como uma espécie de radar emocional, uma ferramenta de vigilância social que é uma parte importante do nosso sistema de sobrevivência. O radar rastreia a linguagem corporal das outras pessoas, especialmente captando pistas a partir de seus olhos; ele detecta sinais emocionais, sobretudo qualquer coisa que possa ser uma ameaça, e reage automaticamente a isso. Como descreveu Joseph LeDoux, o especialista em amígdala: quando você vê um galho em seu caminho que se parece com uma cobra, você dá um pulo para trás com medo ou congela – primeiro você age, depois pensa (LeDoux 1998). Mas, embora esses tipos de reações utilizem vias físicas e sejam automáticas, LeDoux sugere também que estão abertas à aprendizagem e memória. Nós nos adaptamos às condições locais observando e, inconscientemente, lembrando-nos de experiências particulares que geraram medo no início da vida e as usamos como sinais que tendem a se tornar um repertório inconsciente "indelével" e primário de reações de medo. Se você teve más experiências com uma babá com voz estridente na infância, você repudiará pessoas com vozes estridentes pelo resto de sua vida sem saber por quê. Esses sistemas emocionais subjacentes produzem o estado geral do organismo e o significado básico que atribuímos às situações. Aproximar-se ou evitar algo, viver ou morrer.

Entretanto, Jonathan Turner sugere que essas emoções básicas de raiva e medo também estão longe de serem negativas, por serem a base para um modo de vida social (Turner 2000). Elas podem funcionar para gatos que interagem em grande parte para defender seu território particular, mas também funcionam para espécies que andam em bandos dentro de grupos sociais. Viver uma vida social como fazem os humanos envolve um grau de sensibilidade e capacidade de resposta aos outros, o que os outros animais não têm. Os seres humanos, no entanto, precisam de muito mais do que medo e raiva para viver juntos de modo cooperativo.

Turner sugere que é por isso que o medo e a raiva foram elaborados em estados mais complexos, como a tristeza, a vergonha e a culpa – todos os sentimentos que nos ajudam a controlar nosso comportamento para atender a objetivos sociais. Ao mesmo tempo, a emoção básica de satisfação foi ampliada nos sentimentos mais intensos de amor, prazer e felicidade, que têm a capacidade de manter as pessoas unidas. Assim como camada sobre camada dessas emoções mais complexas foram desenvolvidas na interação humana, elas também tomaram forma fisiológica na estrutura cerebral em si. Como Paul MacLean sugeriu em 1970, há um cérebro "trino", ou três cérebros em um, que parte do reconhecimento geral de que esse órgão é estruturado pela evolução, começando com um cérebro réptil, que então se desenvolveu em um cérebro mamífero emocional e, por fim, em um neocórtex humano. Como Reg Morrison vividamente descreveu, o cérebro humano é "como uma antiga casa de fazenda, uma colcha de retalhos e outras extensões que escondem completamente o antigo depósito de ferramentas réptil-anfíbio em seu centro" (Morrison 1999). As funções mais básicas da vida são encontradas nesse "depósito de ferramentas" na base cerebral, sobre a qual se desenvolvem os sistemas de reação emocional. Além e em torno desses sistemas, encontram-se os córtices pré-frontal e cingulado, que se acredita serem a parte pensante do cérebro emocional, onde a experiência emocional é mantida conectada e cursos alternativos de ação são considerados (ver Fig. 3.1).

O CÉREBRO SOCIAL

Turner sugere que nossa racionalidade e habilidades de linguagem são provenientes de "nossa capacidade de ser tão emocional" (Turner 2000: 60). Conforme o cérebro emocional se desenvolveu, e nós nos tornamos emocionalmente mais complexos e sofisticados, mais alternativas e escolhas surgiram de nossas interações com os outros. Isso então exi-

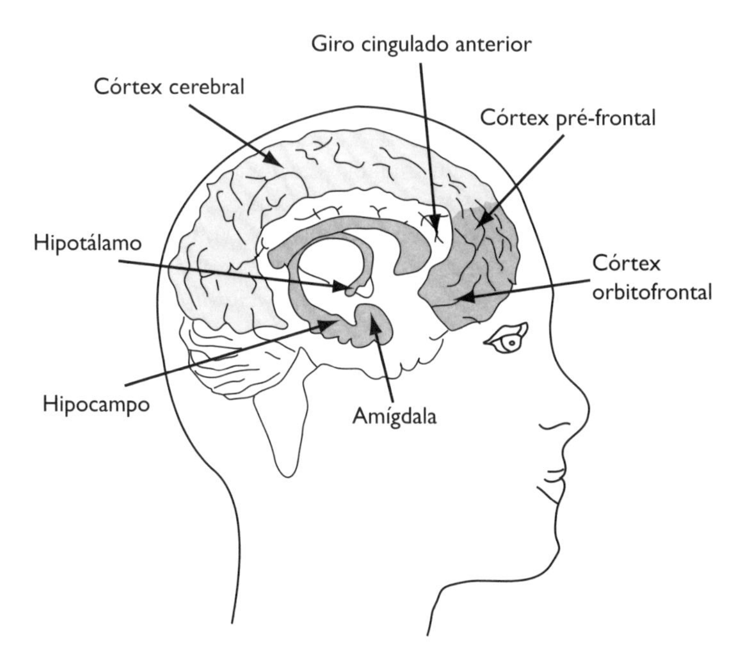

Figura 3.1 O cérebro humano.

giu uma capacidade para pensar e refletir sobre nossas emoções e, assim, levou à expansão da área pré-frontal do córtex (que está situada ao lado das áreas emocional e voltada à sobrevivência do subcórtex). O córtex pré-frontal tem um papel único nos seres humanos com cérebros grandes. Diante da enorme gama de informações sensitivas e motoras sobre o complexo mundo em que vivemos, os humanos precisam de uma maneira de priorizar as informações para que possam tomar decisões sobre como agir. O córtex pré-frontal está bem posicionado para ajudar nisso. Ele é capaz de organizar nossas vidas, porque está bem conectado – "recebe" informações dos sistemas emocionais subcorticais, bem como reúne todas as nossas informações sensitivas sobre o mundo exterior; também está ligado a todas as respostas motoras e químicas do cérebro. Isso o coloca em uma posição única para "ler" (como colocado por Damasio [1994]) as atividades de todo o organismo e coordenar todas as informações que chegam, tanto do meio interno quanto externo do corpo.

O primeiro passo para a consciência emocional é a maturação do cingulado anterior durante os primeiros meses de vida. Essa região cerebral circunda o núcleo emocional, as estruturas da amígdala e do hipotálamo (ver Fig. 3.1). Curiosamente, sua primeira prioridade parece ser obter uma visão geral dos estados emocionais *internos* da criança em relação aos de outras pessoas. Ele registra quais experiências de relacionamento trarão dor (rejeição, separação ou conflito, por exemplo) e quais trarão sensações mais gratificantes (ser acalmado pela mãe e receber colo). As expectativas são rapidamente formadas. Nos primeiros meses de vida, o cingulado anterior do bebê já é capaz de começar a "detectar erros" – para alertar o bebê de situações que não parecem certas ou não são tão gratificantes quanto o anteriormente esperado. Ao longo do tempo, o cingulado anterior torna-se especialista em manipular uma grande quantidade de informações concorrentes ou conflitantes; ele se especializa em uma espécie de análise de custo-benefício, para descobrir que tipo de comportamento funciona melhor e ajustar seu comportamento em conformidade. Conforme as crianças ficam mais velhas, recorrem a essa capacidade de mudar comportamentos para ajudá-los a dominar seus próprios impulsos e a desenvolver autocontrole (Rothbart et al. 2000; Posner et al. 2007; Rushworth e Behrens 2008).

Essas capacidades emergentes são reforçadas pelo rápido desenvolvimento da parte orbitofrontal do córtex pré-frontal. (Encontra-se atrás dos olhos, também conectado à amígdala e ao cingulado anterior, ver Fig. 3.1.) O córtex orbitofrontal constitui uma grande parte da nossa história, já que desempenha uma função essencial na vida emocional. Estudando o que acontece quando essa parte do cérebro é danificada, os neurocientistas elaboraram um quadro geral de suas funções. Se a área orbitofrontal é lesionada, a vida social é prejudicada. As pessoas com danos cerebrais que afetam a região orbitofrontal não são capazes de se relacionar com os outros com sensibilidade. Elas se abstraem das pistas sociais e emocionais – podem até mesmo ser sociopatas. Elas podem ter propensão à dissociação se seu córtex orbitofrontal não for capaz de integrar as informações do ambiente com estados interiores. Então o córtex orbitofrontal, em conjunto com outras partes do córtex pré-frontal e cingulado anterior, provavelmente seja a principal área do cérebro responsável pelo que Daniel Goleman chamou de "inteligência emocional" (Goleman 1996).

A capacidade de ser empático, experimentar vicariamente o que outras pessoas experimentam em algum grau e ser capaz de inferir seu estado de mente requer um córtex orbitofrontal desenvolvido. Ele está particularmente ligado ao lado direito do cérebro, que é especializado em captar o sentido geral das coisas, a imagem como um todo, e que está envolvida nas respostas emocionais, visuais e espaciais. Na verdade, de acordo com Allan Schore, o córtex orbitofrontal controla todo o cérebro direito, que é dominante durante a infância (Schore 2003). Também é maior no lado direito do cérebro. Pode ser nesse local que nossa capacidade de identificar sentimentos distintos seja processada, incluindo algumas de nossas experiências estéticas que envolvem o sabor dos alimentos, o prazer do toque e o reconhecimento da beleza (Rolls 1999). Tem o mais elevado nível de opioides do córtex cerebral e está altamente envolvido em recompensar, em experiências agradáveis de vários tipos, incluindo o apego social. O neurocientista japonês Yasuko Minegawa-Kawai observou que, quando uma mãe assiste a um vídeo de seu bebê sorrindo, seu córtex orbitofrontal é ativado e que, quando um bebê vê o sorriso de sua mãe, seu córtex orbitofrontal é igualmente ativado (Minegawa-Kawai et al. 2009).

Contudo, o córtex orbitofrontal não é responsável apenas por responder a outras pessoas e suas pistas emocionais; ele também está envolvido no *manejo* de comportamentos emocionais. Conectado à amígdala, ele capta rapidamente emoções nas expressões faciais e em tons de voz, embora seu papel seja mais reflexivo: considera que tipo de resposta seria uma remuneração mais apropriada e com maior probabilidade de trazer recompensa (Rolls e Grabenhorst 2008). Na sequência disso, o córtex orbitofrontal (junto com o cingulado anterior) atua na contenção de ações impulsivas e em respostas de controle emocional. Esse papel gerencial é obtido por meio de suas fortes conexões neurais com os sistemas emocionais subcorticais como a amígdala, onde são produzidas as emoções intensas.

Atuando como uma espécie de centro de controle, o córtex orbitofrontal mantém o que LeDoux chamou de respostas emocionais "rápidas e sujas", por ativar motivações profundas e complexas. Por meio de suas conexões com os sistemas cerebrais mais primitivos, ele pode inibir reações de raiva, desativar o medo e, geralmente, frear sentimentos que surgem nas áreas subcorticais.

Essa capacidade de impedir e adiar impulsos e desejos imediatos é a base para a nossa força de vontade e autocontrole, bem como de nossa capacidade de empatia. A área orbitofrontal na verdade funciona como um acessório aos impulsos emocionais. Ela é capaz de fazer o "ajuste fino" das áreas mais profundas do cérebro enquanto estas são ativadas. Ela não trabalha sozinha. No passado, essa parte do cérebro foi negligenciada em razão do que Don Tucker denominou "chauvinismo cortical" (Tucker 1992), uma supervalorização do córtex "superior" e uma negligência da área que liga o córtex ao subcórtex.

COMO O CÉREBRO SOCIAL SE DESENVOLVE

Fiquei surpresa ao descobrir que não nascemos com essas capacidades. Há pais que batem em seu filho na vã esperança de que ele irá parar de chorar ou comer a papinha de cenoura pastosa que há meia hora eles tentam fazer a criança terminar. Mas não é bom tentar "disciplinar" um bebê ou esperar que ele controle o seu comportamento, uma vez que a capacidade do cérebro de fazê-lo ainda não existe. Um bebê não é capaz de considerar cuidadosamente a frustração de sua mãe e decidir comer para deixá-la feliz. Ao nascimento, suas capacidades sociais são majoritariamente potenciais, não reais. O que precisa ser escrito em letras garrafais é que o córtex orbitofrontal, que representa grande parte do que é ser humano, desenvolve-se quase inteiramente no período pós-natal. Essa parte do cérebro se desenvolve após o nascimento e não começa a amadurecer até a primeira infância.

Também não se trata apenas de uma questão de esperar pacientemente até que seu bebê desenvolva um córtex orbitofrontal com o tempo. Não há nada de automático nisso. Em vez disso, cada bebê desenvolve um tipo de cérebro que aflora de suas experiências particulares com pessoas. O córtex orbitofrontal se conecta por meio da estimulação social: brincadeiras, toque e interação. Na idade adulta, aqueles que têm amplas redes sociais e veem outras pessoas regularmente têm um córtex orbitofrontal maior (Powell et al. 2012). Essa estrutura cerebral é muito "dependente da experiência", conforme colocado pelos pesquisadores. Isso significa que ela é construída por meio da experiência, provavelmente por uma boa razão evolutiva: assim, cada novo ser humano pode ser moldado ao nicho ambiental em que se encontra. Exatamente porque somos tão dependentes enquanto somos bebês, e nossos cérebros nessa fase são tão "plásticos" (ou seja, facilmente alterados), podemos aprender a nos adaptar a qualquer cultura e às circunstâncias em que nos encontramos. A maneira que passei a pensar sobre isso é que, na verdade, quando somos bebês, nossos cérebros são socialmente programados pelos membros mais velhos da nossa comunidade, de modo que podemos nos adaptar ao grupo familiar e social específico no qual vivemos.

Assim, as primeiras capacidades "superiores" do cérebro a se desenvolver são as sociais, e elas se desenvolvem em resposta à experiência social. Em vez de segurar cartões com imagens e letras para estimular um bebê, seria mais adequado ao seu estágio de desenvolvimento simplesmente abraçá-lo e desfrutar dele.

Infelizmente, sem a experiência social individualizada adequada com um adulto afetuoso, é improvável que o córtex orbitofrontal do bebê se desenvolva bem. Encontrou-se que seu volume é menor quando seus primeiros relacionamentos são precários, especialmente quando as crianças sofrem maus-tratos emocionais ou físicos ou são negligenciadas (Hanson et al. 2010; De Brito et al. 2013). Primeiros relacionamentos estressantes também dificultam o estabelecimento de vias neurais importantes entre a amígdala e o córtex pré-frontal. Quando essas ligações são fracas, o córtex pré-frontal não é capaz de desempenhar um bom trabalho em reter as respostas de medo da amígdala ou de corrigir precocemente o condicionamento do medo que não é mais apropriado, como um medo de infância precoce de cães ou de pessoas de cabelos vermelhos. Isso pode deixar o indivíduo propenso a ansiedades e medos. Na verdade, a má conectividade entre a amígdala e o córtex pré-frontal está significativamente correlacionada à depressão (Dannlowski et al. 2009) e à ansiedade (Kim e Whalen 2009).

O momento no tempo também pode ser crucial. Embora ainda não tenha sido identificado um "período sensitivo" precisamente determinado em humanos, há evidências que sugerem que há um intervalo crítico de oportunidade no crescimento dessa parte social do cérebro. Em um experimento piloto, ao isolar macacos em seu primeiro ano de vida, o pesquisador de primatas Harry Harlow encontrou que eles se tornaram efetivamente autistas e perderam a sua capacidade de se relacionar com outros macacos (Blum 2003). Mais recentemente, um trabalho feito com órfãos romenos mostrou que aqueles que foram impedidos de manter vínculos estreitos com um adulto, sendo deixados em seus berços o dia todo, eram incapazes de estabelecer relacionamentos, tinham uma buraco negro virtual onde seu córtex orbitofrontal deveria estar (Chugani et al. 2001). Quando as relações sociais são negadas durante o período em que essa parte do cérebro está amadurecendo (até os 3 anos), há pouca esperança de plena recuperação dessas habilidades sociais perdidas ou de desenvolvimento adequado dessa parte do cérebro. Mesmo depois de anos vivendo em famílias adotivas, aos 9 anos, essas crianças ainda tinham um córtex orbitofrontal menos ativo, bem como vias anormais entre o córtex orbitofrontal e a amígdala (Eluvathingal et al. 2006; Chugani et al. 2001).

Um bebê não é capaz de desenvolver um córtex orbitofrontal sozinho. Ele depende das relações com outras pessoas que estão disponíveis e se elas estão ou não presentes quando mais importa. É difícil imaginar como um bebê poderia tornar-se uma pessoa social se viveu em condições de vida de isolamento social. O caso de Genie, uma menina mantida em um quarto por seus pais na maior parte de seus primeiros 13 anos de vida, mostrou o quanto é difícil se recuperar de um começo desses. Genie provavelmente foi negligenciada desde que nasceu. Sua irmã mais velha foi deixada na garagem para que seus pais não tivessem que ouvi-la chorar; ela morreu aos 2 meses de frio e negligência. Com 1 ano e 8 meses, Genie foi mantida sozinha em um quarto dos fundos, amarrada a um penico. Ela não podia se mover nem ver através da janela. Quando ela vocalizava suas necessidades, seu pai vinha do andar de baixo e batia nela com um bastão de madeira. Essa incrível privação continuou até seus 13 anos. A equipe de resgate detectou que ela era incontinente, tinha reações lentas, era incapaz de falar, tinha as habilidades motoras de uma criança de 2 anos, era obcecada por objetos e treinada pelo medo para suprimir toda a sua autoexpressão emocional. Quando sentia raiva, ela se autoatacava, arranhando seu rosto, assoando o nariz e urinando. Ela ansiava por afeto, mas não havia estabelecido relações duradouras quando foi vista pela última vez, aos 20 e tantos anos (Rymer 1994).

Em determinado sentido, o bebê humano precisa ser convidado a participar da cultura humana. O primeiro passo no processo é viciar o bebê em interação social, tornando-a altamente prazerosa. Em meu trabalho com mães, pais e bebês, isso se tornou uma espécie de referência – se os pais encontram prazer em seu relacionamento com o bebê, então geralmente há pouco com o que se preocupar, mesmo se houver alguns problemas. Quando o relacionamento é dominado por interações agradáveis, os pais e o bebê estão, sem perceber, edificando o córtex pré-frontal da criança e desenvolvendo as suas capacidades de autorregulação e interações sociais complexas. A maior parte das famílias desfruta de seus bebês dessa maneira, mas o sistema mãe-bebê é delicado e pode facilmente descarrilar por uma falta de recursos interiores ou exteriores. O estresse do baixo nível socioeconômico (NSE) ou a falta de apoio emocional, pregressa ou atual, podem interferir na capacidade da mãe de relaxar e prestar atenção em seu bebê. Felizmente, o relacionamento frequentemente pode ser colocado de volta nos trilhos com a ajuda certa no momento certo.

Sara, uma mãe com quem trabalhei, era uma profissional altamente bem-sucedida que chegou até mim em um estado muito agitado e ansioso quando teve seu primeiro bebê. Ela estava com muitas dificuldades para amamentar. Ela teve uma maternidade tardia e a queria desesperadamente, mas a tensão entre a mãe e o bebê era palpável. O bebê tinha uma expressão monótona e maçante e virava o rosto para o outro lado quando sua mãe se aproximava. Sara ressentia tanto essa atitude do bebê que confessou que não conseguia passar por uma janela do andar de cima da casa sem ter pensamentos de jogá-lo por ela. No entanto, essa situação melhorou em questão de semanas. A mãe aprendeu a seguir o comando de seu filho e deixá-lo dizer a ela o que precisava. Logo, ela começou a relaxar, o bebê começou a relaxar, e rapidamente o mútuo *feedback* positivo aumentou até o ponto em que Sara veio até mim para que eu a visse com seu bebê, radiante de amor, e adorando seu filho, enquanto a criança sorria de volta para ela. O prazer havia sido restaurado.

As primeiras fontes de prazer são o olfato, o tato e a audição. Os bebês são capazes de reconhecer as vozes de seus pais desde o início e preferem-nas às de qualquer outra pessoa. Ser amorosamente segurado no colo é o maior estímulo para o desenvolvimento, maior até do que a própria amamentação. Não é por acaso que as imagens da Virgem com o menino Jesus se tornaram um ícone na cultura humana. Nos braços da mãe ou do pai, onde está seguro e aquecido, os músculos podem relaxar, e a respiração pode se aprofundar, conforme as tensões se dispersam pelo acariciar suave ou ninar calmo. Encontrou-se que a frequência cardíaca do bebê se sincroniza com a do pai ou da mãe; se ele ou ela estiverem relaxados e em um estado coerente, assim também estará o seu bebê. Seu sistema nervoso autônomo na verdade se comunica com o sistema nervoso do bebê, acalmando-o por meio do toque. Quando somos fisicamente aninhados, sabemos que estamos sendo apoiados por outros. Há um momento no filme *Touching*, de Ashley Montague, que transmite isso de modo comovente: o perturbado e distraído paciente de um hospital psiquiátrico, sendo entrevistado por um psiquiatra, parece muito mais capaz de focar no rosto do psiquiatra e de se envolver com ele quando o profissional segura a sua mão para transmitir sua preocupação ao paciente. Essas profundas satisfações do toque continuam fazendo parte da vida adulta, como quando pessoas enlutadas são confortadas por um abraço, quando parceiros comunicam quão "em conexão" estão entre si sexualmente ou quando pessoas liberam as tensões de sua vida diária com uma massagem.

O PODER DE UM SORRISO

Conforme o mundo ganha foco, a visão desempenha um papel cada vez mais importante nos relacionamentos. O contato ocular então se torna a principal fonte de informações sobre os sentimentos e as intenções de outras pessoas: os sentimentos são vistos no rosto. Essa dependência do rosto pode ter evoluído da savana africana, onde ele era necessário para que nossos ancestrais primatas se comunicassem de modo silencioso para não alertar predadores. Isso era feito somente por meios visuais, desenvolvendo um amplo repertório de movimentos faciais e linguagem corporal para transmitir as informações (Turner 2000). Certamente a atenção aos rostos possui conexões físicas em seres humanos, e isso é evidente mesmo em recém-nascidos.

Na primeira infância, a criança humana precisa começar a usar as expressões faciais de sua mãe e seu pai como guias imediatos para o comportamento em seu ambiente particular. É seguro engatinhar além dessa porta? Será que o papai gosta dessa visita? Isso é conhecido como "referência social", com a criança utilizando a comunicação visual a uma distância para verificar o que fazer e o que não fazer, o que sentir e o que não sentir, usando as expressões faciais do pai ou da mãe como sua fonte de informação (Feinman 1992).

Contudo, de acordo com Allan Schore, olhar para rostos desempenha um papel ainda mais poderoso na vida humana. Especialmente

Figura 3.2 Laços positivos são o estímulo mais vital para o crescimento do cérebro social.

na infância, esses olhares e sorrisos efetivamente ajudam o cérebro a crescer. Como isso funciona? Schore sugere que o estímulo mais vital ao crescimento de um cérebro social e emocionalmente inteligente seja um olhar positivo (Fig. 3.2).

Quando o bebê olha para a sua mãe (ou pai), ele lê que suas pupilas dilatadas estão informando que seu sistema nervoso simpático está excitado, e o pai ou a mãe estão experimentando uma agradável excitação. Em resposta, seu próprio sistema nervoso se torna excitado e sua frequência cardíaca prazerosamente sobe. Esses processos desencadeiam uma resposta bioquímica. Em primeiro lugar, um neuropeptídeo associado ao prazer chamado beta-endorfina é liberado na circulação, especificamente na região orbitofrontal do cérebro. Opioides "endógenos" ou caseiros como a beta-endorfina são conhecidos por ajudar os neurônios a crescer, por meio do controle da glicose e da insulina (Schore 1994). Como opioides naturais, eles também nos fazem se sentir bem. Ao mesmo tempo, outro neurotransmissor, chamado dopamina, é liberado pelo tronco cerebral, também indo até o córtex pré-frontal, o que também melhora a absorção de glicose, ajudando novos tecidos a crescerem no cérebro pré-frontal. A dopamina provavelmente também leva a se sentir bem, na medida em que produz um efeito energético e estimulante; está envolvida na antecipação da recompensa. Assim, por essa técnica e via tortuosa, descobrimos que os laços amorosos da família acionam agentes bioquímicos prazerosos que efetivamente ajudam o cérebro social a crescer (Schore 1994).

O cérebro do bebê cresce bastante no primeiro ano de vida – mais do que dobra em peso. O metabolismo de glicose enormemente aumentado nos dois primeiros anos de vida, desencadeado pelas respostas bioquímicas do bebê à sua mãe, facilita a expressão de genes. Como grande parte das coisas relacionadas com o desenvolvimento humano, a expressão genética frequentemente depende das informações sociais para se manifestar. O hipocampo, o córtex temporal, o pré-frontal e o cingulado anterior são imaturos no nascimento. O sucesso do seu crescimento e desenvolvimento genético depende da quantidade de boas experiências que o indivíduo tem. Múltiplas experiências positivas no início da vida produzem cérebros com mais conexões neuronais – cérebros com conexões mais abundantes. Temos todos os neurônios no nascimento e não precisamos que cresçam mais neurônios; contudo, o que precisamos é conectá-los e fazê-los funcionar. Com mais conexões, há um melhor desempenho e uma maior capacidade de usar áreas específicas do cérebro.

Em particular, entre os 6 e 12 meses há uma explosão maciça dessas conexões sinápticas no córtex pré-frontal. Elas alcançam a sua maior densidade imediatamente quando o desenvolvimento da relação prazerosa entre pais e bebê é mais intenso, e vínculos de apego estão sendo consolidados. Esse surto de crescimento do córtex pré-frontal alcança um pico final no início da primeira infância, quando a novidade de ser capaz de se mover independentemente cria euforia na criança e orgulho e alegria em seus pais. Na verdade, o bebê agora se tornou um ser social, com os primórdios de um cérebro social. Mas é necessário mais do que o primeiro ano de vida para chegar a esse ponto.

Próximo do final do primeiro ano de vida, a fase preparatória da infância chega ao fim. De alguma maneira, o bebê humano agora alcança o nível de desenvolvimento que outros animais alcançam dentro do útero, mas, ocorrendo fora do útero, a construção do cérebro humano é mais aberta à influência social. Essa dependência humana estendida fora do útero possibilita que se desenvolva um vínculo social intenso entre o cuidador e a criança. Isso produz os agentes bioquímicos que facilitam um alto nível de conexões neurais e o crescimento do cérebro, que não será mais tão rápido novamente. No entanto, as conexões continuam sendo estabelecidas ao longo da vida. Uma demonstração disso foi vista no cérebro de Einstein mantido em conserva, que foi examinado há alguns anos por pesquisadores no Canadá. Eles compararam o cérebro de Einstein aos de outros homens que morreram em uma idade comparável; descobriram que o cérebro de Einstein era 15% mais amplo na área parietal do que os outros cérebros. A região parietal é a parte do cérebro envolvida no raciocínio matemático e no pensamento visuoespacial. A mensagem aqui é: quanto mais você usa, mais se desenvolve. No entanto, se você não usa, você perde – a ausência de atividade tende a levar à atrofia de neurônios, de modo análogo a músculos que atrofiam pelo desuso.

O NAVEGADOR DA CRIANÇA

No primeiro ano de vida ocorre principalmente a construção desses "músculos" mentais. As conexões são estabelecidas em uma velocidade rápida, fornecendo uma densa rede de possibilidades, as matérias-primas a partir das quais a mente emergirá. Em seguida, a experiência começa a "confiar células ao seu destino final" (Greenough e Black 1992), à medida que assumem sua posição no sistema como um todo e começam a morrer se não forem usadas. Isso é conhecido como "poda".* O cérebro mantém o que é útil e elimina as conexões excedentes que não serão necessárias para essa vida específica. Da superprodução caótica de conexões no cérebro começam a surgir padrões. As experiências mais frequentes e repetitivas começam a formar caminhos bem trilhados, enquanto as conexões que permanecem sem uso começam a ser eliminadas. O cérebro toma forma.

---

* N. de R.T: Processo de eliminação de neurônios: no processo de construção do cérebro são formados neurônios em um número muito maior do que o necessário para o seu funcionamento. Muitas células são descartadas ao final, ou porque não se localizaram no lugar certo, ou porque não conseguiram formar as ligações necessárias. Fonte: Cosenza, R.; Guerra, L. *Neurociência e educação:* como o cérebro aprende. Porto Alegre: Artmed, 2011.

Isso ocorre ao registrar de modo inconsciente os padrões que se formam quando um grupo de neurônios é ativado simultaneamente. (Neurônios individuais não são capazes de estabelecer padrões.) Os padrões são formados pelo conjunto de neurônios conforme eles entram em atividade, respondendo um ao outro e aos estímulos ambientais e, em seguida, cessando gradualmente a sua atividade, criando um "coquetel" de conversas no cérebro (Varela et al. 1996). É durante esse momento em que uma região do cérebro se torna metabolicamente ativa que contribui para o repertório comportamental do indivíduo (Chugani et al. 2001), sugerindo que nossa inteligência social seja particularmente sensível às experiências que temos entre os 6 e 18 meses de vida. Uma vez que os neurônios são formados em padrões, eles podem ser usados para organizar experiências e tornar as interações com os outros mais previsíveis. Como Daniel Siegel colocou, o cérebro é uma "máquina de antecipação" (Siegel 1999). Ele é projetado para nos ajudar a navegar por nosso caminho, fornecendo expectativas dos prováveis desfechos e registrando informações sobre o nosso meio.

Na verdade, o cérebro do bebê começa lentamente a categorizar suas experiências com outras pessoas, ao perceber inconscientemente quais são suas características comuns, o que acontece uma e outra vez. Se seu pai toda noite chega correndo em casa, bate a porta, levanta-o rapidamente e beija-o no nariz, o bebê vai começar a formar uma expectativa de que é isso o que os pais fazem. E se sua mãe sempre franze o nariz mostrando desgosto e reclama ao trocar sua fralda, puxando-a rudemente, o bebê irá formar a expectativa de que a troca de fraldas é uma experiência desagradável e que, talvez, suas funções corporais sejam uma fonte de descontentamento para os outros. São as experiências repetidas e típicas que estruturam seu cérebro – gerando categorias emocionais básicas como "cão" ou "mesa", mas de um modo altamente sensorial. A imagem interior será de um episódio prototípico: com o que se parece o rosto da outra pessoa, como sinto dentro do meu corpo quando eles fazem aquela determinada coisa. E se for provável que uma experiência não ocorra novamente, ela não precisa ser lembrada, porque não é muito útil como um preditor.

A menos que sejam altamente traumáticas, experiências pontuais deixam poucos vestígios. A exceção a essa regra são aquelas experiências altamente carregadas e excitantes que serão registradas na amígdala, que é responsável por reações imediatas a situações de perigo. Rostos com expressões de medo e raiva serão registrados lá e provocarão uma resposta automática. Essas situações podem ser emergenciais e exigem uma reação muito veloz.

Essas vias e imagens internas fornecem um guia prático para a interação. Contamos com elas quando alguma característica do momento atual as aciona. Elas não podem ser descritas em palavras, porque não precisam ser postas em palavras. Elas simplesmente apoiam nosso comportamento e nossas expectativas em relação aos outros sem que percebamos. Na verdade, parece que a maior parte de nós prefere que nossas expectativas sejam confirmadas, mesmo que sejam desagradáveis (Swann 1987).

No entanto, os seres humanos desenvolveram uma maneira de rever essas imagens internas se as circunstâncias mudarem. Essa é a opção da autoconscientização consciente, que é oferecida pelo córtex pré-frontal e cingulado anterior. Essas partes do cérebro nos capacitam a "reter" nossos pensamentos e emoções, estendendo-os no tempo, o que nos possibilita refletir sobre a experiência e considerar alternativas antes de agir. Por exemplo, a imagem interna e o sentimento de repulsa e rejeição que são desencadeados por uma troca de fraldas podem persistir em situações posteriores que acionam o mesmo conjunto de neurônios – sendo talvez desencadeadas por um enema no hospital. Em vez de reagir de modo automático a esse gatilho, o córtex pré-frontal pode pressionar um botão de pausa e considerar se é realmente tão vergonhoso e repugnante quando se trata de um procedimento necessário para proteger a saúde do indivíduo.

O PODER DA IMAGEM

Conforme o córtex orbitofrontal começa a amadurecer próximo do final do primeiro ano de vida, do período da primeira infância até ao redor de 18 meses de idade, a criança começa a desenvolver uma capacidade de armazenar imagens. O córtex orbitofrontal tem neurônios especializados em reconhecer rostos, enquanto outra parte do cérebro (o lobo temporal), que também começa a amadurecer, processa o aspecto visual de rostos. Inicialmente, os rostos são como *flashes* de imagens, mas, conforme as situações com outras pessoas se repetem, eles se tornam imagens duradouras associadas a emoções, imagens de si com os outros, não fundamentadas em tempo ou lugar, mas gravadas na memória. Esse é um momento significativo na vida emocional humana, porque é de fato o esboço do início de uma vida interior – uma biblioteca interna de imagens que podem ser relacionadas ao que se tornará cada vez mais complexo e carregado com associações e pensamentos conforme a criança cresce. É provável que essas imagens emocionalmente carregadas estejam muito perto da ideia psicanalítica de um "objeto interior" ou mãe internalizada.

As imagens interiores também se tornam uma importante fonte de autorregulação emocional. Em situações futuras com outros tipos similares de despertar emocional, podem ser usadas como um guia para o comportamento na ausência do cuidador. Mas, sem estratégias parentais internalizadas eficazes para relaxar e acalmar a alta excitação do lado direito do cérebro, o indivíduo fica vulnerável ao estresse, que pode mais facilmente se transformar em uma aflição esmagadora. Ao mesmo tempo, essa capacidade de armazenar imagens emocionais de pessoas e suas expressões e de voltar a essas imagens sustenta a edificação de um complexo mundo de significado humano que vai além de uma resposta puramente transitória ao momento.

ROSTOS NEGATIVOS

No entanto, esse intenso engajamento com rostos tem seu lado ruim. Olhares e interações negativos também são lembrados e armazenados. Um olhar negativo também pode desencadear uma resposta bioquímica, como um rosto positivo o faz. Um rosto de desaprovação da mãe pode liberar hormônios do estresse, como o cortisol, que no caminho interrompe a atividade de neurônios associados à endorfina e à dopamina – e também cessa os sentimentos prazerosos que eles produzem. Esses olhares têm um forte impacto sobre a criança em crescimento. Eles têm um poder enorme em bebês e na primeira infância, porque a criança é muito dependente do pai e da mãe para a regulação de seus estados, tanto fisiológicos quanto psicológicos. Qualquer coisa que ameace essa regulação é muito estressante, pois coloca em risco a sobrevivência. Não faz muita diferença se a falta de regulação é causada por ser emocionalmente isolado do cuidador ou fisicamente isolado por separação. O que uma criança pequena precisa é de um adulto que esteja emocionalmente disponível e sintonizado o suficiente para ajudá-lo a regular seus estados. Os bem documentados efeitos nocivos da separação são, suspeito, principalmente decorrentes de se estar em falta emocional e não regulado. Em um estudo feito em um berçário, as crianças mostraram que não era a ausência da mãe em si que causava aumento em hormônios do estresse como o cortisol, mas a ausência de uma figura adulta que estivesse responsiva e alerta a seu estado a todo momento. Se havia um funcionário da creche assumindo essa responsabilidade, seus níveis de cortisol então não subiam. Sem essa figura, a criança ficava estressada (Dettling et al. 2000).

No entanto, o cérebro de uma criança efetivamente precisa de uma determinada quantidade de cortisol para completar o seu desenvolvimento nesse momento (Schore 1994). O aumento nos níveis de cortisol facilita o crescimento de ligações de norepinefrina do bulbo com o córtex pré-frontal acima dele. Essa entrega de norepinefrina ajuda o córtex orbitofrontal a amadurecer ainda mais na primeira infância, aumentando o fluxo sanguíneo para a área e formando conexões (por meio do hipotálamo) com o sistema nervoso parassimpático. O sistema nervoso parassimpático é vital para a criança em crescimento, porque é o sistema inibidor que possibilita que a criança pare de fazer algo e aprenda que esse comportamento é inaceitável ou perigoso. À medida que a criança explora seu mundo doméstico local, os pais emitem uma proibição como "Não! Não faça isso!" a cada 9 minutos, em média (Schore 1994). Para a criança pequena, isso é preocupante. Elas já não podem mais fazer tudo o que querem. Há perigos em cada esquina, há limites para a sua alegre exploração do mundo. Ela descobre que os pais maravilhosos com quem passava 90% de seu tempo em interações positivas durante a primeira infância, esforçando-se para entrar em sintonia com seus humores, agora podem estar terrivelmente não sintonizados. Os pais transmitem isso pelo tom frio de sua voz e seus olhares negativos. Como na técnica de sussurrar aos cavalos, os pais da criança a colocam na linha ignorando-a friamente. Os pais ativamente retiram sua sintonia e transmitem à criança que ela precisa se encaixar nas normas do grupo ou será socialmente isolada. Para uma criatura altamente social como a criança humana, ainda mais do que o cavalo, esta é efetivamente uma punição.

Os olhares de desaprovação ou rejeição produzem uma guinada súbita de estimulação simpática à excitação parassimpática, criando o efeito que experimentamos na vergonha – uma queda súbita na pressão arterial e respiração superficial. Lembro-me desse sentimento de modo tão claro quando, por volta dos 7 anos, fui chamada na sala do diretor. Eu admirava e amava o diretor da minha escola e cheguei com uma expectativa positiva, mas seu rosto parecia sombrio quando entrei – e o que é que minha mãe estava fazendo lá no meio do meu horário de aula? Ela aparentemente havia ido à escola por causa de uma queixa trivial que eu havia feito na noite anterior quando ela foi me dar boa noite. Eu não havia sido escolhida para a corrida de revezamento da escola e achava que deveria ter sido. Eu me lembro do choque e da humilhação de ser chamada a responder por minha queixa. Senti o sangue saindo de meu corpo e me senti extremamente fraca e enjoada, como se as coisas momentaneamente tivessem escurecido. Agora tenho consciência de que o que provavelmente aconteceu foi que as conexões entre meu córtex orbitofrontal e meu nervo vago (via hipotálamo) foram fortemente acionadas por minha vergonha, e a minha excitação simpática tomou uma súbita queda livre.

A vergonha é uma dimensão importante da socialização, mas o que importa é igualmente a recuperação da vergonha. Ao que parece, é importante ter uma "dose" de cortisol, mas uma *overdose* é extremamente inútil, conforme discutirei em um dos capítulos a seguir. Assim como a criança produz cortisol em resposta aos rostos dos pais, a dispersão de cortisol também depende de uma expressão alterada nos rostos dos pais. A jovem criança não pode fazer isso sozinha; por isso, se os pais não restaurarem a sintonia e a regulação, a criança pode permanecer presa em um estado de excitação. Os benefícios do cortisol ao ajudar o córtex orbitofrontal a inibir a excitação emocional podem, então, ser perdidos.

O *SELF* VERBAL

A fase final do desenvolvimento emocional inicial do cérebro é o desenvolvimento de um *self* verbal. Vimos como os meios de comunicação do bebê com os outros se tornam gradualmente mais complexos: iniciando com o toque, passando para o domínio visual e, em seguida, no segundo e terceiro anos de vida, finalmente incluindo a comunicação verbal. Cada novo modo de comunicação é adicionado ao anterior, mas nenhum se perde. Nós nos tornamos mais complexos edificando e acrescentando à fase anterior de desenvolvimento – não a excluindo.

Uma vez que o córtex orbitofrontal é estabelecido, com a sua crescente capacidade de manejar sentimentos, os lados direito e esquerdo do córtex orbitofrontal começam a se unir, ligando a expressão e o manejo de sentimentos. Há uma mudança da dominância cerebral direita para o desenvolvimento cerebral esquerdo. O lado esquerdo do cérebro tem diferentes modos de operação e é especializado no processamento verbal e sequencial – uma mensagem de cada vez, ao contrário da compreensão intuitiva do cérebro direito de muitas modalidades e da imagem como um todo. Conforme ocorre essa mudança, o cérebro se torna mais estável e menos aberto a mudar. Parece que o cérebro esquerdo cria uma operação de ordem superior baseada nas aquisições do lado direito do cérebro. Ele monitora a auto-organização que emerge das atividades do cérebro direito, afirma a si mesmo e expressa esse sentimento de si próprio para outras pessoas.

A última parte do córtex pré-frontal a amadurecer é o córtex pré-frontal dorsolateral. É nesse lugar que ficam nossos pensamentos e sentimentos, onde pensamos sobre eles. O córtex dorsolateral é o principal local do que é conhecido como "memória de trabalho". Ao estender a ativação de padrões neuronais no tempo, ele pode guardar memórias e pensamentos e compará-los. Essa capacidade de manter as coisas na memória é um aspecto fundamental da nossa capacidade de planejar, avaliar a experiência e fazer escolhas. Isso nos dá mais flexibilidade e a oportunidade de corrigir pensamentos e comportamentos alinhando-os com a experiência atual. Na verdade, em razão de suas fortes ligações com as áreas pré-motoras do córtex, bem como com o gânglio da base, sugeriu-se que a região dorsolateral possa ser essencial para o modo como o córtex pré-frontal exerce seu controle sobre o comportamento (Miller e Cohen 2001). As pessoas com um córtex dorsolateral danificado certamente têm problemas de adaptação; elas tendem a ser rígidas em seu comportamento, bem como presas a velhas ideias.

No entanto, os talentos do córtex dorsolateral residem principalmente na adaptação a novas situações, fazendo malabarismos com as informações e reorientando a atenção – em vez de manejando diretamente os sistemas emocionais subcorticais do modo como o faz o córtex orbitofrontal. Eles têm tarefas diferentes.

O segundo ano é notável pelo aumento na capacidade linguística que se desenvolve nesse período, baseado no cérebro esquerdo. O córtex dorsolateral e o cingulado anterior, ao qual está ligado, estão envolvidos na produção da fala e fluência verbal. (De acordo com Panksepp, se o cingulado anterior estiver danificado, o *impulso* para falar ou a motivação para comunicar sentimentos – como a angústia – são perdidos.) Conforme essas partes do cérebro se desenvolvem, as palavras começam a assumir a importância que parecem ter. As emoções podem ser comunicadas verbalmente, bem como por meio do toque e da linguagem corporal. Essa atenção consciente às emoções abre uma gama mais ampla de respostas possíveis. Em vez de depender de hábitos automáticos e expectativas produzidas por modelos de experiências pregressas, agora existem mais ferramentas para manobra. A maneira de fazer as coisas e a maneira de pensar podem ser examinadas. Soluções mais sutis ou complexas podem ser alcançadas, muitas vezes conversando com outras pessoas. Os pais agora podem ensinar regras sociais de um modo mais explícito: "Nós não devemos pegar as coisas dos outros" ou "Se você comer todo o seu peixe, pode comer seu iogurte favorito".

Isso é uma grande mudança do modo prévio de registrar a experiência em "imagens antecipatórias" de situações recorrentes com pessoas. No entanto, esse modo não verbal prévio de imagens, baseado em grande parte no *feedback* do rosto e na linguagem corporal de outras pessoas, continua informando nossas respostas emocionais. Mas agora há uma nova modalidade verbal de *feedback* de outras pessoas a ser dominada. A qualidade desse *feedback* importa. Se os cuidadores estiverem bem sintonizados com a criança, eles serão capazes de reconhecer seu estado emocional atual e simbolizá-lo com precisão em palavras. Isso possibilita que a criança construa um vocabulário emocional que é capaz de identificar precisamente os sentimentos e diferenciar entre estados distintos – saber que se sentir triste é diferente de sentir-se cansado, por exemplo. No entanto, se os cuidadores não falarem sobre sentimentos ou se os representarem de modo impreciso, será muito mais difícil para a criança expressá-los e discutir a seu a respeito com os outros. E se os sentimentos permanecerem não simbolizados, então a excitação emocional não pode ser gerenciada de um modo mais consciente, verbal – como "convencer alguém a sair" do baixo-astral. Em vez disso, os estados serão processados por meio dos canais não verbais antigos e não serão atualizados por *feedback* novo e reflexão. Isso significa que o senso de si da criança também continuará sendo bastante indiferenciado.

O senso de si é fortemente afetado por outra parte do cérebro, o hipocampo, que tem a sua fase mais rápida de desenvolvimento nos primeiros dois ou três anos. Contudo, novamente, seu desenvolvimento é afetado pela qualidade da parentalidade. Pais apoiadores possibilitam que o hipocampo cresça melhor (Luby et al. 2012).

O hipocampo está envolvido em vários processos, assim como muitas partes do cérebro. Por meio de suas ligações com o hipotálamo, atua no manejo do estresse. Também tem ligações com o córtex pré-frontal e desempenha um papel central na memória, embora de um modo diferente do córtex dorsolateral. Enquanto a "memória de trabalho" armazena as experiências atuais na mente por um período temporário, o hipocampo tem a função de selecionar os elementos mais significativos da experiência atual e retê-las até que possam ser armazenadas na memória de longo prazo. Esse processo também reúne informações de várias fontes no cérebro e as situa em um tempo e lugar, dando-lhe um contexto. Isso significa que agora é possível se lembrar de uma sequência de eventos pessoais: primeiro aconteceu isso, então aconteceu aquilo comigo. Há um antes, um durante e um depois. Isso possibilita que a criança comece a criar uma narrativa pessoal e a ter um passado e um futuro – ter uma narrativa de si, e não apenas de um ser que vive em um momento. Os pais podem agora conversar com seu filho sobre o futuro – "Anime-se, vamos ao parque para ver os patos no final da manhã" – e podem se referir ao passado – "Lembra quando você tirou as roupas no casamento do tio Bob?".

A provável razão pela qual não somos capazes de nos lembrar do início da nossa infância é porque o córtex pré-frontal dorsolateral e suas conexões com o hipocampo ainda não estavam totalmente desenvolvidos. Talvez isso aconteça porque os eventos individuais do início da vida não são assim tão importantes quanto o surgimento gradual de padrões e formas do burburinho da vida cotidiana comum. Em vez disso, a maior parte das memórias altamente emocionais da infância é armazenada em sistemas primitivos como a amígdala ou em outras vias cerebrais e, de um modo ou de outro, não estão acessíveis à consciência. Elas são o pano de fundo para a nossa vida. Contudo, conforme crescemos, podemos precisar nos lembrar de informações mais específicas para orientar a nossa tomada de decisão. O hipocampo tem essa tarefa de lembrar onde e quando eventos significativos específicos ocorreram – o contexto e o lugar – e pode torná-los acessíveis à lembrança consciente.

A formação do córtex pré-frontal dorsolateral, cingulado anterior e hipocampo, que é dominada pelo lado esquerdo do cérebro como um todo, desempenha um papel importante no desenvolvimento de um *self* social que tem uma autobiografia e que se comunica verbalmente com os outros para sustentar esse sentimento de si. Surpreendentemente, descobriu-se que o desenvolvimento dessa narrativa verbal de si é crucial para a segurança emocional em adultos. Uma importante pesquisadora da área da teoria do apego, Mary Main, trabalhou nos padrões de apego e planejou uma maneira de medir a segurança do apego em adultos. O que ela encontrou foi inesperado. Ela descobriu que, quando os adultos falavam sobre sua vida emocional e relacionamentos importantes na sua fase de crescimento, não importava se haviam tido uma "infância feliz" ou não. Sua segurança emocional atual dependia muito mais de ter uma narrativa internamente coerente e consistente do que da história real que eles tinham para contar. As pessoas que estavam em apuros do ponto de vista emocional eram aquelas que achavam difícil falar livremente sobre seus sentimentos ou aquelas que falavam demais de modo desmedido e incoerente. Por exemplo, por um lado, se um homem adulto achasse que havia tido um relacionamento maravilhoso com sua mãe, embora não pudesse se lembrar de nenhum bom momento que havia desfrutado com ela, sua narrativa seria considerada internamente inconsistente (despistar). Se, por outro lado, uma mulher adulta não pudesse fazer uma narrativa coerente sobre seu passado sem ser pega por memórias dolorosas e sentimentos emaranhados, ela seria igualmente considerada insegura (preocupada) (Main e Goldwyn 1985). Não está claro para mim se a história em si desempenha algum papel crucial na criação de um senso seguro de si mesmo ou se é um subproduto das relações atenciosas e do bom *feedback* de outras pessoas que produziram um senso seguro de si. Certamente, quando as emoções são bloqueadas da consciência ou estão fora de controle, haverá menos possibilidade de refletir sobre elas usando os recursos do cérebro esquerdo.

Genie – a criança criada em isolamento – teve um córtex frontal esquerdo relativamente pouco desenvolvido. Em uma era antes de as recentes técnicas de exploração estarem em uso, os pesquisadores usaram testes psicológicos em Genie. Esses testes revelaram que ela não usava seu cérebro esquerdo para a linguagem nem podia concluir qualquer tarefa com o lado esquerdo do cérebro. Obviamente ela não recebeu qualquer *feedback* emocional, exceto a instrução para calar a boca. No entanto, seu cérebro direito era um notável comunicador não verbal, de acordo com aqueles que passaram algum tempo com ela.

Ela era capaz de compreender a *Gestalt* (forma) de uma situação de uma maneira "estranha". Ela conseguia desenhar o que não era capaz de dizer. Susan Curtiss, uma das pesquisadoras envolvidas com Genie, lembrou os meios que ela usou para que seus desejos e sentimentos fossem informados a estranhos sem dizer uma palavra. Genie tinha uma obsessão por objetos de plástico e notaria e cobiçaria qualquer plástico que alguém tivesse:

> Um dia, estávamos andando – acho que estávamos em Hollywood. Eu faria qualquer coisa, agiria como um idiota, cantaria música lírica, só para fazê-la liberar um pouco dessa tensão que ela sempre teve. Chegamos à esquina de um cruzamento muito movimentado; o semáforo ficou vermelho e nós paramos. De repente, ouvi o som – um som que você não confunde nunca – de uma bolsa que está sendo virada. Uma mulher em um carro que tinha parado no cruzamento esvaziou sua bolsa, saiu do carro, deu a bolsa para Genie e, em seguida, voltou correndo para o carro. Uma bolsa de plástico. Genie não havia dito uma palavra. (Rymer 1994: 95).

Essas habilidades do cérebro direito podem ter sido amplificadas no caso de Genie, mas elas persistem em todos nós ao lado de nossas capacidades verbais do cérebro esquerdo. O que parece ser mais importante para a saúde emocional ideal é que as operações do cérebro esquerdo estejam bem conectadas às informações do cérebro direito. Se essas conexões forem fracas ou estiverem bloqueadas de algum modo, o cérebro esquerdo é pouco capaz de tecer uma história que não está ancorada na realidade emocional. Com falta de informação, o cérebro esquerdo simplesmente adivinha e preenche as lacunas da melhor maneira que consegue, o que pode ser a tendência do homem que despista, descrito anteriormente. De algum modo, o cérebro esquerdo tornou-se dominante, mas perdeu o contato com o lado direito. No entanto, no caso da mulher preocupada, parece que o cérebro direito não estabeleceu adequadamente suas ligações com as capacidades reflexivas e narrativas do lado esquerdo. O sucesso ou fracasso dessas conexões podem depender do que acontece nos relacionamentos importantes da criança durante o segundo e terceiro anos de vida e se os cuidadores adultos facilitaram as conexões entre os hemisférios e níveis do cérebro, respondendo a seu filho e falando com ele de um modo que possibilitasse que suas emoções fossem integradas ao funcionamento superior.

Parece ser o processo de colocar sentimentos em palavras que possibilita que os cérebros direito e esquerdo sejam integrados. Quando as palavras descrevem com precisão os sentimentos, eles então podem ser misturados em um todo coerente. O trabalho terapêutico de Eugene Gendlin em torno do conceito de "focar" descreve esse processo de como as pessoas podem aprender a ouvir seu corpo "sentir sentidos" e expressá-los com cuidado em palavras, ligando assim o "sentir sentidos" do cérebro direito ao relato verbal do lado esquerdo. Gendlin sugere que isso é muito diferente da planicidade de simplesmente expressar sua "posição" e ouvir a "posição" de outra pessoa sobre algo em um nível racional. Ele descreve como as palavras que "fluem de um sentimento" são aquelas do tipo que faz você dizer "Era isso mesmo o que eu queria dizer" e produz uma "mudança corporal" que sempre parece boa (Gendlin 1978). Essas conexões podem ser importantes porque possibilitam que o máximo de informação flua livremente entre os dois hemisférios. A mente não está mais presa à excitação emocional não regulada, mas é capaz de usar todos os seus recursos, em particular os do lado esquerdo do cérebro, para regular sentimentos.

4

Cortisol corrosivo

As noites eram a pior parte. Havia noites em que, ouvindo-o começar a chorar às 3h ou 4h da manhã, ela faria qualquer coisa para que ele parasse de chorar e dormisse – dar um elixir paregórico, chupeta com mel, qualquer uma dessas coisas ruins. Durante sua gestação, Priss tinha lido muito sobre os erros do passado na criação de uma criança; de acordo com a literatura, eram resultado não só da ignorância, mas do puro egoísmo: uma enfermeira ou mãe que dava um remédio para cólica a seu filho normalmente o fazia para sua própria paz de espírito, não querendo ser incomodada. Os médicos concordaram que deixar um bebê chorar não faria mal à criança; quem sofreria os danos eram os adultos por ouvi-los chorar. Priss supôs que isso fosse verdade. As enfermeiras anotavam quantas horas Stephen chorava a cada dia, mas nem Sloan nem o Dr. Turner se importavam quando olhavam o prontuário; tudo o que importava para eles era a curva de peso.

Mary McCarthy, *The Group*, 1963

As mulheres de vez em quando enviam mensagens como esta, às vezes disfarçadas em contos, às vezes em primeira pessoa – descrevendo a sua experiência de estar sozinha com um bebê dia e noite, com pouca companhia de adultos. A experiência muitas vezes é sombria, como testemunha a alta incidência de "depressão pós-parto"; estima-se que uma em cada 10 novas mães tenha depressão pós-parto. Para elas, há uma sensação de "energia sendo sugada, monotonia e vida cinzenta na superfície; devastação, silêncio, ausência de vida... Podemos apenas fazer suposições sobre o modo como o bebê percebe essa ausência como se fossem nuvens que encobrem o sol" (Welburn 1980). Hoje em dia podemos ir além de fazer suposições. Há sim uma abundância de pesquisas que revelam muito sobre a experiência de bebês que vivem com mães que se sentem deprimidas ou com raiva, quase sempre porque recebem insuficiente apoio. Retiradas de suas fontes habituais de identidade e suporte, essas são mulheres estressadas. Além disso, espera-se que encontrem os recursos internos para cuidar do delicado sistema nervoso de um vulnerável recém-nascido e mantenha-o livre de estresse. Infelizmente, quando as mães ficam tão estressadas a ponto de que se torna uma luta cuidar de seus bebês, a capacidade do próprio bebê de lidar com o estresse pode ser adversamente afetada. Este capítulo explica o que as novas e importantes pesquisas têm para nos contar quanto ao desenvolvimento da resposta ao estresse na infância e como ela pode afetar a vida emocional futura.

O CÉREBRO ESTRESSADO

"Estresse" é uma palavra que agora usamos tão frequentemente que parece que perdeu seu impacto. "Você está me estressando", reclama o adolescente à menor discordância com seus pais. Revistas oferecem testes para avaliar os níveis de estresse. A cultura popular está repleta de histórias de análise do estresse, executivos estressados, o estresse de mudar de casa. Seria fácil distinguir o conceito total como sendo "psicobaboseiras" exageradas. Além disso, o modo como gerenciamos o estresse está realmente no centro da nossa saúde mental. Isso merece ser levado muito a sério; contudo, para fazê-lo, talvez fosse útil nos concentrarmos menos nos eventos que se acredita serem estressantes e entender mais dos fatores internos envolvidos no enfrentamento do estresse.

De certo modo, o manejo do estresse é um dos extremos da regulação emocional. O estresse pode ser definido como qualquer situação que supera a nossa capacidade de enfrentamento. Quando a experiência se revela demasiadamente difícil e ameaça nossos mecanismos homeostáticos normais, a resposta ao estresse do corpo pode entrar em ação.

O primeiro passo é a amígdala alertar o hipotálamo de um potencial perigo. O hipotálamo, então, responde ao seu sinal de sofrimento desencadeando uma cascata especial de reações químicas conhecidas como "resposta ao estresse", que tem duas fases.

A primeira e mais imediata resposta ao estresse é o quase instantâneo mecanismo de "luta ou fuga", que ativa o sistema nervoso simpático e aciona a liberação do hormônio do estresse epinefrina (adrenalina), acelerando a frequência cardíaca e bombeando sangue para os músculos de modo a produzir uma ação imediata para lidar com a ameaça.

A segunda fase do mesmo processo consiste na liberação de um hormônio do estresse diferente, o cortisol. Os cientistas se referem a essa segunda resposta ao estresse como o "eixo HHS" (o hipotálamo aciona a hipófise, que, por sua vez, aciona as glândulas suprarrenais). Essa fase poderia ser descrita como um segundo plano. Ele leva cerca de 10 minutos para entrar em ação; contudo, em seguida, possibilita que o corpo encontre energia extra para atender à situação desafiadora. Enquanto essa fase soa como um processo útil e simples, pode ter alguns efeitos colaterais muito indesejados se o estresse não for resolvido ou se a resposta ao estresse não estiver funcionando corretamente e a produção de cortisol continuar.

Nos últimos anos, os cientistas fizeram muitas descobertas sobre o cortisol, de modo que se tornou uma peça-chave em nossas vidas emocionais. Descobriu-se que é possível medir o cortisol na saliva, com praticamente a mesma precisão da de um exame de sangue; essa foi uma descoberta maravilhosa para os pesquisadores. É muito mais fácil coletar amostras de saliva ao longo de todo o dia do que amostras de sangue; como resultado, realizaram-se muitos novos estudos sobre o estresse, com a análise do que causa o estresse e do quão ativa está a resposta ao estresse de um indivíduo. Esses estudos reforçam a importância das respostas bioquímicas em nossas vidas emocionais.

Todos os dias de nossas vidas, nossa bioquímica interna está fluindo de nossa consciência. Todos os tipos de respostas emocionais e fisiológicas estão ocorrendo automaticamente. Ondas de hormônios vêm e vão ao longo do dia, ajustando e respondendo a eventos externos ao corpo ou internos. Elas estão envolvidas nos ritmos diários de dormir e despertar, processar alimentos e manter-se aquecido, principalmente sob o controle do hipotálamo na área límbica central do cérebro. Essas substâncias químicas definem a expressão dos genes, mudando o comportamento de um modo que se espera que ajudará o organismo a manter-se em um bom estado. A serotonina nos ajuda a regular os humores e a acalmar aflições, a norepinefrina, a estar alerta, enquanto o cortisol geralmente se eleva no início da manhã para ajudar a produzir energia para o dia e cai a níveis baixos no final da tarde. Esses fluxos rítmicos da química interna são importantes para os humores diários. Eles conferem qualidades específicas às experiências. Candace Pert sugere que esses compostos bioquímicos do corpo sejam uma espécie de vocabulário emocional inconsciente (Pert 1998) – particularmente porque raras vezes atuam sozinhos, mas se combinam entre si nas decisões. Quando se tenta traduzir esses eventos do corpo em palavras reais, podemos estar tentando descrever o complexo coquetel químico do momento atual.

Os principais sistemas do corpo estão ligados por essa informação neurobiológica, a "inteligência química". No entanto, a compreensão científica desses compostos bioquímicos se desenvolveu há relativamente pouco tempo. Nos anos 1950, mais ou menos ao mesmo tempo em que Watson e Crick estavam quebrando o código genético ao desvendar a estrutura química do DNA, outros pesquisadores estavam começando a identificar a estrutura química de hormônios como a insulina. Em 1970, a ação de neurotransmissores – substâncias químicas produzidas dentro do corpo que têm seus principais efeitos no cérebro – foi finalmente determinada e reconhecida. Gradualmente mais desses compostos bioquímicos, alguns com efeitos mais gerais sobre o corpo, começaram a ser identificados. Até o momento, foram identificados bem mais do que 100 neuropeptídeos e neurotransmissores. O seu processo de identificação está em ritmo acelerado, com a mais recente descoberta dos endocanabinoides.

Como o cérebro desempenha um papel importante em monitorar experiências e orquestrar respostas a elas, muitos compostos bioquímicos se concentram aqui, em particular no córtex pré-frontal e nos sistemas do subcórtex envolvidos na emoção (Fig. 4.1).

O DIVÓRCIO DE BILL

É de comum acordo que um dos principais fatores de estresse é o divórcio. Quando Bill, um íntegro homem de meia-idade com uma inteligência sofisticada e modos agradáveis, chegou a mim pela primeira vez, lutou

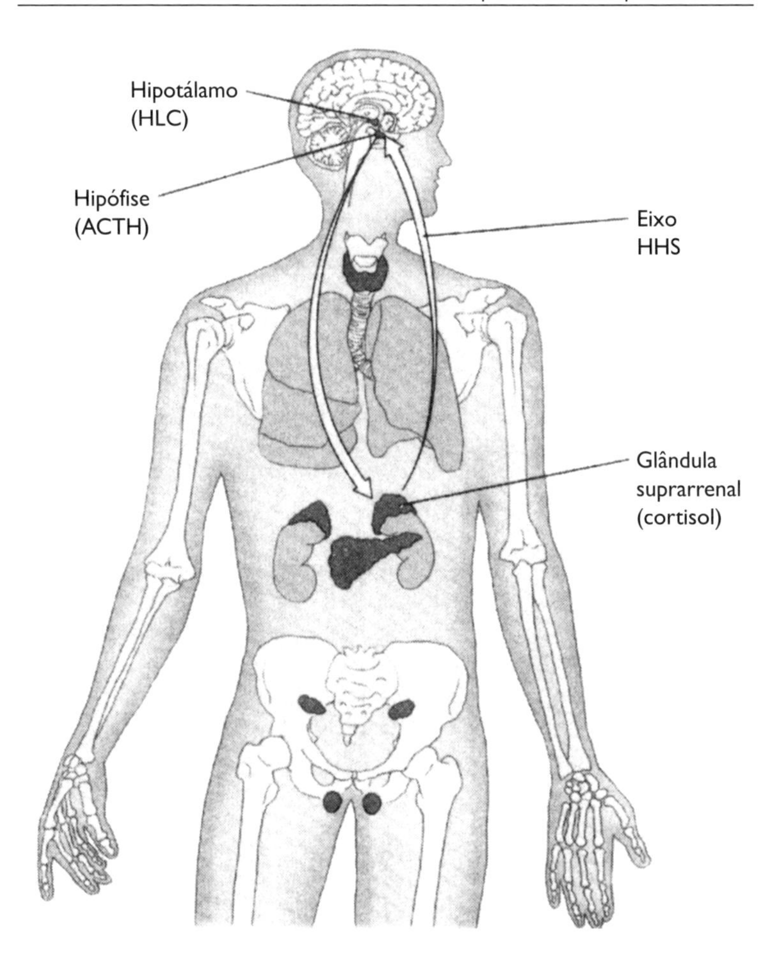

Figura 4.1 Cada uma das glândulas produz e libera hormônios na corrente sanguínea. A seta mostra o eixo hipotálamo-hipófise-suprarrenal (HHS), que controla a liberação do cortisol, hormônio do estresse.

para não chorar. Ele me contou a sua situação. Caroline e Bill foram um casal muito invejado por 20 anos. Atraentes e sociáveis, suas festas eram lendárias. Sempre pareceram mutuamente apoiadores e ambos construíram carreiras brilhantes em diferentes áreas do jornalismo. Mas de repente chocaram seus amigos e colegas separando-se. Descobriu-se que Caroline vinha tendo um caso com um homem mais jovem há vários meses.

Bill buscou a psicoterapia para tentar gerenciar seus complicados sentimentos. Ele revelou que na verdade não se sentia próximo a Caroline há anos. Ele achava que ela só falava de trabalho e que nunca era capaz de fazê-la lidar com os pequenos conflitos que surgiam entre eles. Ela lhe dizia o quanto o amava e tranquilizava-o de que tudo estava bem, mas ele nunca sentia que suas preocupações tinham sido abordadas; ele se sentia seduzido por sua "simpatia". No entanto, descobrir o caso foi um choque terrível para Bill e fez ele se sentir fisicamente doente. Ele sempre acreditou que Caroline era uma pessoa confiável e sensível, que sempre agia de modo responsável. Ele não conseguia lidar com essa mudança em sua percepção a respeito dela. Pior ainda, ela tinha se apaixonado loucamente por alguém que ele desprezava – um sedutor que vivia de herança, que jogava e fazia festa e tinha cinco filhos com esposas diferentes.

Bill estava sofrendo de um dos piores estresses conhecidos aos seres humanos – a perda de uma relação de apego. Ele estava sofrendo. Tinha dificuldade para dormir e não tinha vontade de comer. Ele não sabia o que fazer; em um minuto estava pensando no que fazer para trazer Caroline de volta e no seguinte estava sonhando em incendiar o apartamento do amante com ela dentro. Ainda assim, como frequentemente acontece, Caroline e Bill não estavam controlando muito bem os sentimentos um do outro. Ele estava desesperadamente com medo de ficar sozinho, medo de nunca mais ser amado novamente e de ficar sem ninguém. Não se sentia mais seguro.

O INTERIOR DO CORPO DE BILL

A incerteza e o medo da situação de Bill desencadearam uma resposta ao estresse por meio de sua amígdala. Seu hipotálamo está fazendo hora extra, lutando para manter seus sistemas em equilíbrio. Ele enviou uma mensagem para fornecer energia extra a Bill para atender a essa crise em sua vida por meio da produção extra de cortisol. Essa mensagem vai em etapas, primeiro na forma de hormônio liberador da corticotrofina (HLC) à hipófise, que, por sua vez, produz hormônio adrenocorticotrófico (ACTH), que então induz as glândulas suprarrenais a produzir cortisol.

Assim que o nível de cortisol no corpo de Bill sobe, ele começa a se comunicar com toda a ampla gama de seus sistemas corporais.

O cortisol freia o sistema imunológico, a capacidade de aprender e de relaxar. Na verdade, o cortisol está tendo uma conversa interna com os outros sistemas corporais, mais ou menos assim: "Cortisol: Pessoal, parem o que vocês estão fazendo! Isso é uma emergência! Não percam tempo resolvendo problemas. Não percam tempo aprendendo ou fazendo novas conexões. Não relaxem! Quero toda a sua atenção neste problema". Isso é útil a curto prazo. O cortisol quebra gorduras e proteínas para produzir energia extra e coloca outros sistemas em espera, temporariamente. Quando a situação é resolvida, o cortisol é gradualmente reabsorvido por seus receptores ou dispersado por enzimas. O corpo volta ao normal.

Contudo, se o estresse persistir e altos níveis de cortisol permanecerem no corpo durante um período prolongado de tempo, ele pode começar a ter um efeito prejudicial sobre outras partes do corpo. Pode afetar os linfócitos do sistema imunológico, tornando-os menos responsivos ou até mesmo matando-os e interrompendo a formação de novos linfócitos (Martin 1997).

No cérebro, ele pode afetar particularmente o hipocampo. Embora inicialmente o cortisol tenha uma função útil em uma emergência, ativando um comportamento defensivo, como o congelamento do movimento do corpo (que é coordenado pelo hipocampo), é menos útil conforme o tempo passa. E se o nível de cortisol permanecer elevado, os receptores para o cortisol podem fechar e tornar o hipocampo menos sensível ao cortisol e menos capaz de fornecer um importante *feedback* para o hipotálamo para informá-lo quando parar de produzir essa substância. Normalmente, o hipocampo informa o hipotálamo de que um determinado nível foi alcançado e que não é necessário mais cortisol. O hipocampo diz: "Estou cheio dessa substância, por favor, pare de bombeá-la. Tenho cortisol suficiente".

Sem esse *feedback*, a resposta ao estresse pode ficar presa na posição "ligada". Isso pode ser um problema para o hipocampo, porque, se o cortisol persistir, pode na verdade danificar o hipocampo. O efeito do excesso de cortisol pode ser deixar uma quantidade excessiva de glutamato chegar ao hipocampo, iniciando um processo de perda de neurônios (Mogghadam et al. 1994). Por fim, o hipocampo pode começar a sofrer danos. Se o estresse se prolongar por um período muito longo, Bill pode começar a ficar esquecido, já que o hipocampo é essencial para a aprendizagem e a memória. Como diz o ditado: "O estresse emburrece" (Goosens e Sapolsky 2007; Radley e Morrison 2005; Chambers et al. 1999; McEwen 1999).

A amígdala recebe uma excitação com todo esse cortisol. Ela se torna mais e mais acelerada e excitada pelo cortisol e continua liberando norepinefrina, que desencadeia ainda mais a produção de cortisol (Makino et al. 1994; Vyas et al. 2002). Na verdade, a amígdala é uma criança muito excitada com reações um tanto primitivas. Amígdala: "Essa situação está horrível! Devo me lembrar disso e, da próxima vez que vir alguém mentindo para mim, como Caroline fez com Bill, estarei lá sem hesitar!".

Somente o córtex pré-frontal medial, particularmente o cingulado anterior, tem a capacidade de controlar ou substituir a amígdala (Kern et al. 2008), mas, quanto mais prolongado for o estresse, mais neurotransmissores que acionam o córtex pré-frontal são afetados. Os níveis de dopamina e serotonina de lá caem, e as células podem por fim também começar a morrer.

Cansado, o córtex pré-frontal diz: "Simplesmente não consigo lidar com esses sistemas. Eles estão muito agitados. Não consigo pará-los. Simplesmente não tenho força. É melhor eu ficar longe de pessoas, não consigo lidar com elas agora".

O SENSÍVEL SISTEMA NERVOSO

Se esses são os efeitos do estresse sobre o cérebro adulto de Bill, considere o impacto que o estresse pode ter sobre um cérebro em desenvolvimento. Como o estresse afetaria o hipocampo, o córtex pré-frontal e a resposta ao estresse em um bebê? Assim como o cérebro é personalizado pela experiência local e cultura específica do indivíduo, os seus sistemas bioquímicos também são, incluindo a resposta ao estresse. Como um carro ou uma casa, cada indivíduo é um sistema com características básicas em comum com outros organismos específicos, mas também com a sua própria história e peculiaridades. Assim como a minha casa tem um encanamento ruim e uma tendência a vazar, um indivíduo pode também ter muitas dessas "tendências": ter uma bexiga mais fraca ou mais forte do que a dos outros, reagir à menor dificuldade com grande ansiedade ou levar a vida com confiança.

Temos a tendência de pensar nessas diferenças humanas como sendo genéticas. Não é fácil abandonar a ideia mecânica do corpo como algo que se desenvolve como um relógio, controlado por programas genéticos, particularmente em se tratando de nossas respostas fisiológicas que parecem ser tão automáticas. Não estamos acostumados a pensar nelas como sendo influenciadas socialmente, sobretudo pela qualidade de nossos primeiros relacionamentos, o que pode parecer uma noção pouco consistente e não científica.

Contudo, a imagem que emerge da ciência moderna é a de que os genes nos fornecem matérias-primas para a mente – e que cada um de nós vem com ingredientes ligeiramente diferentes – mas o cozimento, particularmente na infância, é o que importa. Mesmo quando os genes são identificados e ligados a várias dificuldades humanas, demonstra-se repetidamente que as ligações são necessárias, mas não suficientes. Em outras palavras, pode haver uma predisposição genética para a depressão, esquizofrenia, obesidade ou outras doenças, ainda que seja impossível dizer que esses genes "causem" o mau funcionamento. A maior parte dos genes é expressa em resposta a causas ambientais e em combinação entre si. No início da vida, o "ambiente" é representado principalmente pelos seres humanos que cuidam de nós.

Em relação ao sistema nervoso humano, os primeiros estágios do cozimento fazem toda a diferença. As coisas podem dar errado de muitas maneiras. A falta de uma boa nutrição no útero, a falta de oxigênio durante o parto ou a falta de apoio emocional na infância podem ter um tremendo impacto sobre a montagem e o desenvolvimento do organismo. Na verdade, os cuidados iniciais moldam o sistema nervoso em desenvolvimento e determinam como o estresse será interpretado e respondido no futuro.

Uma maneira de colocar isso é dizer que os tipos de experiência emocional que o bebê tem com seus cuidadores são "biologicamente incorporados" (Hertzman e Boyce 2010; Hertzman 1997). Eles são inscritos na fisiologia da criança porque esse é o período da vida humana em que os hábitos reguladores estão sendo formados. É nesse período que nossas respostas fisiológicas emocionais e automáticas são organizadas no cérebro. Embora permaneçamos sendo sistemas abertos e ainda possamos mudar nossos hábitos, também é verdade dizer que, conforme envelhecemos, nossos sistemas internos se estabilizam e se tornam relativamente fixos. Como bem sabe qualquer pessoa que tentou desenvolver novos hábitos alimentares ou mudar sua forma de ser emocionalmente, é uma árdua luta criar novos hábitos regulatórios. É difícil lembrar de se comportar de modo diferente e é preciso um longo tempo antes que novas maneiras de fazer as coisas se tornem automáticas. Comparado a isso, a infância é um período de vida incrivelmente aberto em que as mudanças podem acontecer muito rapidamente.

Em particular, essas primeiras experiências definem as expectativas fisiológicas em relação ao que seriam nossos níveis "normais" de compostos bioquímicos. Desse modo, afetam nossos níveis basais de serotonina, cortisol ou norepinefrina, e o ponto de ajuste que nosso corpo considera como sendo seu estado normal. As primeiras experiências também afetarão a quantidade de substâncias químicas produzida em resposta a situações específicas. O estresse na infância – como ser ignorado com frequência quando se chora – é particularmente perigoso, porque altos níveis de cortisol nos primeiros meses de vida podem afetar também o desenvolvimento de outros sistemas de neurotransmissores cujas vias ainda estão sendo estabelecidas. As vias ainda estão imaturas e não totalmente desenvolvidas até a época do desmame (Collins e Depue 1992; Konyescsni e Rogeness 1998). Os bebês de mães distantes, por exemplo, têm menores níveis de noradrenalina, adrenalina e dopamina do que outros bebês (Jones et al. 1997). Quando estressados, esses vários sistemas bioquímicos podem tornar-se distorcidos de modo a dificultar que o indivíduo regule a si mesmo mais tarde na vida.

Os bebês humanos nascem com a expectativa de que alguém controle o seu estresse. Eles tendem a ter baixos níveis de cortisol nos primeiros meses, desde que adultos afetuosos mantenham seu equilíbrio por meio de toque, carícias, alimentação e ninar (Hofer 1995; Levine 2001). No entanto, seus sistemas imaturos também são muito instáveis e reativos; eles podem ser mergulhados em níveis muito elevados de cortisol se não houver alguém respondendo a eles (Gunnar e Donzella 2002). Os bebês não podem controlar seu próprio cortisol.

Porém, aos poucos, eles se acostumam às situações estressantes, uma vez que estão confiantes de que serão gerenciadas por um cuidador adulto, e o cortisol é menos facilmente acionado (Gunnar e Donzella 2002). Uma vez que seus padrões de sono se tornam mais estáveis, por volta dos 3 a 6 meses, o ritmo normal de um pico de cortisol no início da manhã quando o bebê acorda é estabelecido. No entanto, leva grande parte da primeira infância (até cerca de 4 anos) para que um padrão adulto de cortisol elevado pela manhã e baixo no fim do dia se estabeleça.

Há ainda uma grande confusão sobre como gerenciar a aflição em bebês pequenos. Não pegar o bebê no colo e deixá-lo chorando, como na citação do início deste capítulo, ainda é prática comum. Essa aflição provavelmente é inevitável de vez em quando, mas, como um modo regular de lidar com um bebê, isso deixa muito a desejar. Um bebê cujo estresse (e, portanto, cortisol) não é mantido em um nível administrável pode, por fim, ser seriamente afetado. No entanto, o estresse tem maior probabilidade de alcançar um nível tóxico somente em situações sem apoio em que não há um cuidador estável que consiga acalmar e tranquilizar o bebê e protege-lo do estresse.

Quando altos níveis de cortisol persistem, eles podem encolher e reduzir as conexões no córtex orbitofrontal (Hanson et al. 2010; De Brito et al. 2013) e no córtex pré-frontal medial, incluindo o cingulado anterior (Radley e Morrison, 2005) – tornando-os menos eficazes no manejo de reações mais urgentes produzidas pela amígdala.

Ao mesmo tempo, uma amígdala que precisa lidar com uma grande quantidade de estresse no início da vida tende a se tornar mais reativa. Ela responde ao estresse crônico trabalhando arduamente e tornando-se cada vez maior (Arnsten 2009; Liston 2006). O lamentável resultado final é de que, enquanto a pessoa se torna mais sensível ao estresse, as estruturas que controlam e suprimem a resposta ao estresse são enfraquecidas.

O hipocampo também atua nessa cadeia de eventos. Enquanto bebês que são tocados e segurados no colo em abundância têm uma grande quantidade de receptores de cortisol no hipocampo quando adultos, bebês estressados expostos a excesso de cortisol têm uma quantidade reduzida de receptores de cortisol no hipocampo (McEwen et al. 2012; Caldji et al. 2000). Isso significa que, quando os níveis de cortisol sobem durante um evento estressante, há menos receptores para recebê-los, e o cortisol pode inundar o hipocampo, afetando o seu crescimento. Um hipocampo danificado é, então, menos capaz de dar *feedback* ao sistema de estresse do HHS e interromper a liberação de cortisol adicional.

O tipo de estresse que mais importa às crianças jovens é a falta de apoio de seus pais. Um estudo recente utilizou a ressonância magnética para analisar os cérebros de crianças pequenas no extremo inferior da escala social. O estudo descobriu que não eram a pobreza nem a falta de perspectiva e baixo nível de educação de seus pais que mais afetavam o crescimento de seu hipocampo. Em vez disso, era a hostilidade parental que fazia o hipocampo encolher (Luby et al. 2013).

O ESTRESSE MOLDA A RESPOSTA AO ESTRESSE

Essencialmente, a eficácia do sistema de resposta ao estresse é afetada pela quantidade de estresse precoce com a qual o indivíduo precisa lidar e por quão bem o sistema é ajudado a se recuperar. Parece que o que você coloca no sistema é o que você recebe ao final – uma criança com bons recursos e bem regulada se torna uma criança e um adulto que pode regular bem a si mesmo, enquanto uma criança com poucos recursos e mal regulada se torna uma criança que não é capaz de se regular bem. A maneira que Bill, por exemplo, administra sua crise será influenciada em parte pela robustez ou não de sua resposta ao estresse.

Se ele for um "grande reator" ao estresse, produzirá uma grande quantidade de cortisol à menor provocação. Ele pode ficar deprimido facilmente, entrar em pânico prontamente e está propenso a excessos. Sem Caroline, ele pode cair em depressão e ganhar peso. Esses tipos de sistemas de resposta ao estresse têm sido ligados a ter tido cuidados iniciais abaixo do ideal, uma mãe inexperiente ou deprimida ou uma mãe imprevisível, que às vezes está disponível e às vezes não.

No entanto, se ele for um "baixo reator", poderá ter uma resposta embotada ao cortisol. Ele pode passar aos seus colegas a impressão de que está enfrentando, parecendo não ter uma reação forte, mas podem ficar surpresos ao ver suas explosões de agressividade ocasionais. Essa resposta ao estresse está mais frequentemente associada a ter crescido em condições de maior ou menor indisponibilidade emocional contínua. Isso pode igualmente resultar de pais que não demostram suas emoções, ou de pais abertamente mais hostis que utilizam a punição física para conter as emoções de seu filho. No extremo, esse estado pode ser encontrado nos órfãos.

NATUREZA OU CRIAÇÃO?

Como já vimos, a vulnerabilidade do bebê aos cuidados incorretos pode começar ainda mais cedo, no útero. Mesmo nos primeiros estágios da vida, os elementos do cérebro responsáveis pela resposta ao estresse estão entre os mais abertos à influência. Em particular, o eixo HHS já está se formando durante a gestação. Então, novamente, o próprio nascimento pode ser traumático para um bebê. Um parto difícil por fórceps ou o uso de sucção durante o trabalho de parto eleva os níveis de cortisol do bebê de um modo que nem o parto normal nem o parto cesárea o fazem, e isso tem efeito sobre a resposta ao estresse do bebê por pelo menos 8 semanas, talvez mais (Taylor et al. 2000; Gitau et al., 2001b).

Os bebês expostos a esses tipos de experiências no útero ou durante o parto têm maior probabilidade de ter um começo mais "difícil". Obviamente alguns bebês também nascem com um temperamento mais sensível por razões genéticas. Atualmente há um amplo consenso de que o temperamento dos bebês difere e que alguns têm um temperamento mais exigente do que outros. Embora existam maneiras mais sutis de descrever o temperamento, as categorias mais amplas descrevem dois tipos principais: o bebê menos reativo e o bebê altamente reativo. O bebê reativo (acredita-se que inclua cerca de 15% dos bebês) possivelmente tem um equipamento sensorial mais sensível; ele chora mais e tende a ser mais tímido e temeroso porque é facilmente sobrecarregado pelos estímulos.

Quer altamente reativo ou supersensível por causa do temperamento ou da experiência pré-natal, esses bebês são mais facilmente estressados e precisam de um manejo muito bom dos pais para mantê-los livres de estresse. Eles precisam de uma quantidade maior do que a média de tranquilização e de serem acalmados, ao serem segurados no colo e alimentados com frequência, para restaurar seus sistemas à capacidade de resposta normal. Como isso é mais difícil para os pais do que lidar com um bebê "fácil", muitos desses bebês supersensíveis terão seus sistemas de estresse sobrecarregados e podem acabar com um sistema hiper-reativo, altas taxas basais de cortisol e um risco de insegurança emocional.

Essa visão moderna do temperamento, focada na sensibilidade ou na força do bebê, é um pouco diferente da compreensão psicanalítica clássica das crianças, cujo foco estava nos diferentes níveis de "impulso" sexual e agressivo da criança. Na teoria de Freud, acreditava-se que a força ou fraqueza desses impulsos as tornava mais ou menos propensas à neurose. Os primeiros psicanalistas tinham a tendência de focar em como cada criança passava pelos diferentes estágios do desenvolvimento inicial; os problemas surgiam quando a criança se tornava "fixada" na fase oral ou anal. Embora essa abordagem reconheça a importância das experiências iniciais nos desfechos mais adiante na vida, ela não reconhece adequadamente como os pais e outros cuidadores adultos podem afetar o desenvolvimento de seu bebê. Somente depois da Segunda Guerra

Mundial é que os psicoterapeutas mudaram sua ênfase nas interações reais entre as pessoas e começaram a se concentrar mais corajosamente nas ligações entre as experiências de uma parentalidade inicial rígida, imprevisível ou negligente e as dificuldades emocionais mais tarde na vida. Pesquisas posteriores efetivamente confirmaram que a parentalidade, pelo menos na mesma medida de genes e fatores inatos, determina muitos desfechos.

Por exemplo, há uma linhagem de ratos que é geneticamente predisposta a sentir mais medo do que outras linhagens de ratos. Deixados com suas mães biológicas, esses filhotes de ratos tendem a ser temerosos e facilmente estressados. Mas, quando os pesquisadores os colocaram para "serem adotados" por mães ratas não temerosas, encontraram que esses filhotes cresceram sem ter medo. Claramente, qualquer que seja a tendência genética, era a criação que importava (Francis et al. 1997). Do mesmo modo, os ratos de uma linhagem caracterizada por "baixa agressividade" se tornaram agressivos quando foram criados por mães adotivas caracterizadas por "alta agressividade" e vice-versa (Flandera e Novakova 1974). Mas o mesmo acontece com os seres humanos?

Pegue um grupo de bebês de temperamento reativo. Seus genes parecem tê-los destinado a serem supersensíveis ao estresse. Eles são os queixosos do mundo, os bebês chorosos que se tornam adultos neuróticos. Na verdade, as pesquisas confirmam que deixados por si próprios eles tendem a acabar com um apego inseguro em relação às suas mães. No entanto, a pesquisadora holandesa Dymphna Van den Boom não os deixou por si próprios. Ela queria saber se suas mães poderiam aprender a gerenciá-los de um modo que acalmasse o seu estresse. Para esse fim, ela concebeu um tipo de instrução e suporte de curto prazo para mães de bebês sensíveis que visava a ajudá-las a responder melhor a seus bebês. Com essa ajuda, a maior parte desses bebês mais difíceis de fato cresceu com apego seguro (Van den Boom 1994).

Esse tipo de trabalho indica fortemente que o temperamento não determina desfechos. A segurança emocional depende muito do tipo de cuidado que o bebê recebe e se os pais são capazes ou não de atender às desafiadoras necessidades mais exigentes de seus bebês. Como os pesquisadores que estudam o apego sempre apontaram, o apego emocional seguro é, em resumo, o produto de um relacionamento, não de um temperamento individual.

O QUE É O ESTRESSE PARA UM BEBÊ?

A maior parte de nós tem uma ideia do que é estresse para um adulto. Talvez o estresse esteja associado a trabalhar longas horas, tentar fazer coisas demais ou estar sob pressão para alcançar um objetivo ou também está associado às pressões da maternidade que exigem cuidados 24 horas por dia sem tempo para dormir nem descansar ou à luta para sobreviver em condições de pobreza e violência. O que essas ideias de estresse têm em comum é que o estresse está relacionado com sentir-se oprimido, com falta de recursos suficientes para atender às exigências que a vida coloca sobre você ou tentar sobreviver em situações específicas sem apoio suficiente de outras pessoas. Essa é a versão adulta do estresse. Mas o que isso significa na primeira infância?

Para os bebês, o estresse provavelmente tem muito mais a ver com a sobrevivência física pura. Os recursos dos bebês são tão limitados que eles não são capazes de manterem-se vivos, por isso é muito estressante para eles se a mãe não está lá ou não responde rapidamente, fornecendo o leite, o calor ou a sensação de segurança de que necessitam. Quando essas necessidades não são atendidas pelos outros, o bebê pode tornar-se mais consciente de uma sensação de impotência e desamparo. O estresse para o bebê pode até mesmo ter a qualidade de um trauma. Sem a ajuda dos pais, ele poderia efetivamente morrer. Em recém-nascidos, a resposta ao estresse pode ser produzida pelo perigo físico, como um parto por fórceps ou circuncisão (Gunnar et al. 1985a, 1985b), confirmando sua utilidade como um modo de atender a ameaças súbitas à integridade corporal e à necessidade de sobrevivência.

O fato de o bebê chorar por dor mental quando está sofrendo presumivelmente também tem uma função importante. Eles criam estresse aos pais com êxito, cessando a sua perigosa desatenção de modo a garantir uma resposta – e com isso a sua sobrevivência. Na idade adulta, ainda usamos nossa resposta ao estresse em situações que ameaçam a nossa sobrevivência física, como acidentes, cirurgias ou assaltos. Entretanto, em nossos ambientes modernos menos fisicamente perigosos, a resposta ao estresse provavelmente é desencadeada com mais frequência por ameaças psicológicas. Temos maior probabilidade de ficarmos estressados por perder uma promoção ou ser pego com uma prostituta do que por ser perseguido por um tigre. Isso faz sentido quando consideramos que na sociedade moderna a sobrevivência depende da aceitação social e do *status* social; é muito estressante quando essas coisas estão em jogo.

Na sociedade humana, há uma espécie de estoque de troca das emoções dos quais o cortisol parece ser um subproduto. Quanto mais o estoque social aumenta, mais o cortisol cai. No entanto, quando o estoque social diminui, o nível de cortisol aumenta. O trabalho de Robert Sapolsky com babuínos mostrou que, quanto maior o poder social, menor o nível de cortisol. Os babuínos-chefe têm baixos níveis de cortisol, enquanto os babuínos de baixa posição hierárquica têm altos níveis (Sapolsky 1995). Podemos ver isso mais claramente na sociedade humana nas vicissitudes da vida emocional no ensino fundamental. Quando seu filho pequeno experimenta um doloroso rebaixamento em uma amizade dizendo: "ele foi horrível comigo, eu odeio ele" em uma semana e, em seguida, corre para casa em alegria dizendo: "ele é meu melhor amigo" na próxima semana, podemos vislumbrar o processo de modo incisivo. (Os adultos talvez sejam melhor em escondê-lo, além de serem melhores no manejo desses altos e baixos.) Mas, quando as crianças também são confrontadas com a desigualdade social em um sentido mais amplo, são até mais expostas a humilhações que podem desencadear a liberação de cortisol (Dickerson e Kemeny 2004).

ESTRESSE PERIGOSO

O estresse que vem e vai é uma condição da vida. Entretanto, o que realmente danifica a saúde mental e física não é passar por períodos de estresse por horas ou dias, mas o estresse crônico não aliviado que persistentemente produz impotência. O estresse de curto prazo que claramente termina quando a crise já passou possibilita restaurar seus sistemas internos ao estado normal e causa pouco dano. Na verdade, as pessoas costumam achar que um pouco de estresse é estimulante, mas, quando você precisa passar meses ou anos se preocupando com pensão ou com as festas barulhentas do vizinho, não conseguindo o trabalho que quer ou o parceiro que deseja, a ansiedade e a impotência de não poder fazer alguma coisa em relação a isso podem minar a sua saúde.

Em grande medida, o estresse é produzido pelo que é imprevisível ou incontrolável. É muito estressante não poder evitar um desfecho negativo ou não poder obter algo que você precisa. Por exemplo, as pessoas que não conseguem o tratamento necessário para uma doença estarão sob estresse extremo. No entanto, parece que as pessoas que estão efetivamente no processo de morrer produzem muito pouco cortisol, apesar da ameaça aos seus sistemas corporais. Talvez o lento declínio dos sistemas físicos seja aceito nessa fase e já não leva à resistência e ao estresse. Mas situações que são imprevisíveis, que o pegam de surpresa, às quais você quer resistir, mas têm pouco poder de mudar, são as características que definem o estresse. A partir desse ponto de vista, é claro que a primeira infância pode ser extremamente estressante sem o apoio de pais sensíveis e protetores.

Muitas fontes de estresse podem ser manejadas se houver recursos para atender ao desafio. Se você é rico e tem acesso a uma equipe de advogados e assessores, você pode lidar melhor com uma fraude nas pensões do que aqueles que não têm poupança e que têm pouca escolaridade. O mesmo vale para recursos internos – com bastante confiança interna, muitas situações podem ser tratadas. As evidências mostram também que faz muita diferença se o indivíduo é apoiado por vínculos sociais seguros. Com uma rede de suporte, o estresse pode ser gerenciável, seja na infância ou na idade adulta. Os pesquisadores demonstraram que as crianças com vínculos seguros não liberam altos níveis de cortisol sob estresse, enquanto as inseguras o fazem (Gunnar e Nelson 1994; Gunnar et al. 1996; Nachmias et al. 1996; Essex et al. 2002). Há uma forte ligação entre a insegurança emocional e a disfunção no cortisol. Portanto, não é necessariamente a natureza do estresse que importa, mas a disponibilidade de outros para ajudar a gerenciá-lo, bem como recursos internos da pessoa que o experimenta.

Esses recursos internos nem sempre são óbvios. Os pesquisadores esperavam encontrar que as crianças com temperamentos temerosos e um pouco tímidas teriam altos níveis de cortisol sob estresse, mas acabou que não é isso o que acontece. Elas na verdade tinham níveis normais de cortisol sob estresse, a menos que também tivessem apego inseguro em relação a seus pais. No entanto, as crianças que aparentemente eram tranquilas e controladas tinham altos níveis de cortisol sob estresse, porque também acabavam tendo apego inseguro. Era o apego inseguro o que importava, não o estilo de personalidade ou *persona*, que nem sempre é um guia confiável dos recursos emocionais internos (Gunnar et al. 1996; Schieche e Spangler, 2005). Até 1 ano de idade, as crianças que estão em relações seguras que respondem às suas necessidades e as regulam bem têm pouca probabilidade de produzir altos níveis de cortisol, mesmo quando estão chateadas, enquanto aquelas em relacionamentos inseguros produzem (Gunnar e Donzella 2002). A principal característica do apego inseguro é a falta de confiança na disponibilidade e no apoio emocional dos outros.

A SEPARAÇÃO E A DESREGULAÇÃO

Provavelmente a experiência mais estressante de todas para um bebê ou uma criança é ser separado de sua mãe ou cuidador, a pessoa que supostamente o mantém vivo. A separação precoce da mãe aumenta o hormônio de liberação da corticotrofina (HLC) na amígdala. Alguns acreditam que isso é a explicação bioquímica para o medo, o que sugere que mesmo separações curtas da fonte de alimento e proteção são muito assustadoras para quaisquer jovens mamíferos amamentados, incluindo os seres humanos.

Há fortes evidências de que a separação daqueles de quem dependemos eleva os níveis de cortisol. Estudos com macacos e ratos descobriram fortes correlações entre as separações precoces da mãe e altos níveis de cortisol. Cada vez que um filhote de macaco-esquilo era separado de sua mãe, seu nível de cortisol subia. Se isso acontecia várias vezes, mesmo por apenas 5 horas por semana, a sensibilidade ao *feedback* do cortisol aumentava. Ele tornava-se mais pegajoso e facilmente angustiado e brincava menos (Plotsky e Meaney 1993; Dettling et al. 2002).

O conflito social e as ameaças de predadores também elevavam os níveis de cortisol. Estudos com primatas mostraram que os níveis de cortisol sobem quando um indivíduo está sob a ameaça de outros no grupo, em conflito com outro membro do grupo ou afastado de seu grupo social de algum modo, assim como episódios mais óbvios de separação física da mãe na infância. Assim, parece que o cortisol em geral é um subproduto de uma ansiedade relacionada com a segurança, sobrevivência e vínculos sociais que protegem.

Um trabalho recente ligou mais diretamente esses achados aos seres humanos. Nas sociedades modernas em que as mulheres potencialmente podem desfrutar de uma variedade de papéis, as crianças são cada vez mais frequentemente separadas de suas mães para possibilitar que elas saiam para trabalhar. Mas, ao longo de décadas, argumentou-se sobre o impacto que isso tem sobre seus filhos. Andrea Dettling, pesquisadora dos Estados Unidos, usou o cortisol como um modo de medir o efeito sobre a sua resposta ao estresse. Ela foi para uma creche em período integral para estudar crianças de 3 e 4 anos que eram separadas de suas figuras de apego durante o dia todo. O que ela encontrou confirmou os receios de algumas mães de que seus filhos, de fato, acham a experiência estressante. As crianças não necessariamente pareciam estressadas nem se comportavam como se estivessem estressadas, mas a sua resposta ao estresse estava ativada e seus níveis de cortisol subiam conforme o dia avançava, especialmente se fossem crianças com má habilidade social. À tarde, seu nível de cortisol estava muito elevado – o nível de cortisol normalmente cai nesse período do dia em crianças que estão em casa com seus pais (Dettling et al. 1999). Esses resultados já foram replicados, com algumas evidências recentes sugerindo que os níveis de cortisol de crianças pequenas em creches são mais afetados se elas forem atendidas por funcionários com um estilo de cuidado intrusivo e supercontrolador (Gunnar et al. 2010).

No entanto, antes de passar para as conclusões sobre o cuidado maternal, Dettling fez mais algumas perguntas sobre cuidados alternativos à criança. Ela encontrou que os altos níveis de estresse não eram inevitáveis. Em um segundo estudo, ela focou nas crianças que foram separadas o dia todo de suas figuras de apego, mas foram deixadas com babás. Dettling encontrou que o que realmente importava era a qualidade da prestação de cuidados e se havia alguém realmente prestando atenção na criança. As crianças que foram deixadas com babás que eram altamente responsivas à criança tinham níveis normais de cortisol (Dettling et al. 2000). Além disso, um trabalho recente de Lisa Badanes confirmou esses achados. Seu trabalho em berçários encontrou que mesmo as crianças com apego seguro lutavam para gerenciar experiências estressantes quando seus pais não estavam disponíveis; no entanto, se tivessem um relacionamento seguro com uma figura parental alternativa, como o cuidador principal da creche, este atuava como uma proteção contra o estresse de maneira muito semelhante à do relacionamento com um pai sensível (Badanes et al. 2012).

Esses achados apoiam fortemente a importância da regulação emocional e a necessidade absoluta das crianças pequenas de ter alguém continuamente disponível que percebe seus sentimentos e pode ajudá-las a regulá-los. Seus achados sugerem que essa pessoa não necessariamente precisa ser a mãe ou o pai, pelo menos aos 3 anos, desde que a pessoa esteja sintonizada e emocionalmente disponível para a criança.

No entanto, os estudos sugerem que é a falta dessa responsividade consistente e de proteção que seja a marca do estresse para uma criança dependente.

PAIS ESTRESSADOS, CRIANÇA ESTRESSADA

Às vezes, obviamente, o problema para a criança não é a ausência da mãe, mas a qualidade da sua presença. Mesmo as crianças que estão em casa com seus pais biológicos ainda podem estar mal reguladas. Por exemplo, os filhos de pais que fazem uso abusivo de álcool têm altos níveis de cortisol, provavelmente como resultado de ter pais que podem estar fisicamente presentes, mas mentalmente não disponíveis para fornecer uma regulação coerente (Wand et al. 2001; Uhart et al. 2006).

As mães que estão sob estresse têm maior probabilidade de ter mais dificuldade em regular adequadamente seus bebês. Isso foi claramente demonstrado em estudos com macacos que foram submetidos a condições em que não sabiam de onde viria a próxima refeição. Conhecido como "forrageio imprevisível", isso acabou sendo muito mais estressante para a mãe e seu filhote do que condições de ter consistentemente pouca comida disponível (Rosenblum et al. 1994). Mas ter uma mãe estressada teve um grande efeito sobre seu filhote. Os jovens macacos tinham níveis elevados de corticosteroides e de norepinefrina. Podemos imaginar que uma mãe que está preocupada com a próxima refeição tem menor probabilidade de focar na regulação do seu filhote. Como resultado, os próprios filhotes não podiam relaxar. Eles também precisavam ficar alertas e ansiosos. Esses macacos acabaram se comportando de modo deprimido. Não é difícil imaginar que o enfrentamento de pais humanos com condições imprevisíveis de vida, particularmente os que vivem nos baixos estratos sociais e econômicos, terá respostas semelhantes. Uma pesquisa atual sugere que é exatamente isso o que acontece. Um estudo recente que analisou o impacto da "Grande Recessão" de 2007-2009 encontrou que a incerteza e a preocupação antecipatória das pessoas em relação à situação econômica criaram mais estresse – e mais rigidez na parentalidade – do que a adversidade real propriamente dita. O momento em que o desemprego estava *subindo* rapidamente foi o período mais estressante para as famílias vulneráveis (Lee et al. 2013).

É irônico que nosso próprio estilo moderno de vida envolve deixar os principais cuidadores do bebê sob enorme tensão. Rachel Cusk descreve bem essas contradições:

> Para ser mãe, preciso deixar o telefone sem atender, o trabalho desfeito, as coisas desarrumadas. Para ser eu mesma, preciso deixar o bebê chorar, ignorar sua fome ou deixá-lo para sair à noite, devo esquecê-lo a fim de pensar em outras coisas. Ter sucesso em um dos lados significa não o ter em outro. (Cusk 2001: 57).

O aspecto mais doloroso da situação parece ser o isolamento, junto com a responsabilidade total. Ela se sente como "um povoado vazio, uma construção abandonada em que a madeira podre ocasionalmente quebra e vem abaixo" – uma imagem muito distante da mãe terra da fantasia popular, cujos seios abundantes e cujo amor materno acalmarão o estresse de seu bebê. Como resultado, tanto a mãe quanto o bebê são presos na mesma armadilha, ambos sem o apoio de que necessitam para gerenciar seu estresse.

Enquanto pesquisas com animais documentaram bem o impacto do estresse inicial (como, por exemplo, breves separações repetidas da mãe) sobre os sistemas em desenvolvimento da criança – como uma resposta ao estresse altamente reativa, em conjunto com uma tendência ao longo da vida à ansiedade, depressão e perda de prazer (Francis et al. 1997; Sanchez et al. 2001) – as ligações com o comportamento humano levaram mais tempo para serem elucidadas. Um dos primeiros estudos a fornecer evidências diretas de que os humanos estão igualmente vulneráveis aos efeitos de um ambiente inicial estressante foi o realizado por Marilyn Essex e colaboradores da Universidade de Wisconsin (Essex et al. 2002). Trata-se de um convincente e rigoroso estudo "prospectivo". Baseado em uma grande amostra de 570 famílias, que foram acompanhadas da gestação até os 5 anos da criança, esse trabalho substancial forneceu evidências claras de que a experiência que se tem quando bebê prediz as respostas posteriores ao estresse.

Quando a pesquisadora mediu os níveis de estresse das crianças aos 4,5 anos, encontrou que aquelas que estavam atualmente convivendo com mães estressadas tinham altos níveis de cortisol, mas somente se as suas mães também tivessem estado sob estresse ou deprimidas quando elas eram bebês. Em outras palavras, as crianças eram vulneráveis somente se tivessem tido uma primeira infância difícil que afetou o desenvolvimento de sua resposta ao estresse ou eixo HHS. Essas crianças seriam obrigadas a produzir mais cortisol sob pressão do que outras que tiveram uma primeira infância fácil. Conforme passavam pela infância, receberam um legado de suas tensões iniciais em suas relações com suas mães – uma tendência a reagir mais fortemente às dificuldades da vida. (Essas crianças vulneráveis não tinham um nível persistentemente elevado de cortisol. Enquanto não havia estresse atual, seus níveis de cortisol não eram elevados.)

Um estudo prospectivo mais recente seguiu um grupo de crianças saudáveis de baixa renda do nascimento até a adolescência. Encontrou que sua reatividade ao cortisol na adolescência ainda estava relacionada a quão calorosos e receptivos tinham sido seus pais em sua primeira infância (Hackman et al. 2013).

O trabalho com órfãos romenos também sugeriu que pode até mesmo haver um período crítico durante o qual o sistema de resposta ao estresse do HHS está sendo elaborado. Bebês desses orfanatos que foram adotados após os 4 meses de idade continuaram tendo níveis elevados de cortisol, mesmo quando foram adotados, enquanto aqueles que foram adotados antes dos 4 meses pareceram ser capazes de recuperar uma resposta normal ao estresse (Chisholm et al. 1995; Gunnar et al. 2001). Embora isso possa ter algo a ver com a capacidade da mãe de se apegar mais facilmente ao bebê mais jovem, há outras evidências que sugerem que o sistema HHS adota o seu "ponto de ajuste" por volta dos 6 meses de idade. Durante os primeiros meses, a resposta do cortisol é variável, mas a partir dos 6 meses a resposta parece se estabilizar e manter a coerência (Lewis e Ramsay 1995).

Na última década, muitos estudos confirmaram a importância das primeiras experiências sobre o eixo HHS em desenvolvimento, mas novos trabalhos em epigenética também estão abrindo a possibilidade de que se pode herdar no útero uma resposta ao estresse alterada. As influências do meio que afetaram os genes da mãe e seu eixo HHS podem ser transmitidas a seu feto; até mais extraordinário: essa capacidade alterada de resposta ao estresse pode ser transmitida pelo feto também para a próxima geração (Matthews e Phillips 2010; Tarullo e Gunnar 2006). Alguns achados de pesquisas muito recentes com camundongos também acrescentam a possibilidade de que pais traumaticamente estressados poderiam passar seus genes alterados a seus descendentes por meio dos espermatozoides (Gapp et al. 2014).

ALTOS E BAIXOS NÍVEIS DE CORTISOL

O período compreendido entre a concepção e o final da primeira infância é crucial para estabelecer a capacidade de regulação emocional da criança ao longo da vida. O que pode começar como uma vulnerabilidade neurobiológica durante a gestação pode ser reforçada ou melhorada pela qualidade das primeiras relações pós-natais. Há ligações claras entre as estratégias de enfrentamento fisiológico de um indivíduo e suas estratégias de enfrentamento psicológico. Ambas são estabelecidas na infância e primeira infância e tendem a persistir por toda a vida. Ambas são desenvolvidas em resposta aos primeiros relacionamentos da criança. Como já descrevi, os relacionamentos iniciais seguros são caracterizados pela presença de adultos consistentemente responsivos, que parecem possibilitar que a criança organize bem a si mesma, para poder usar os outros para ajudar a regular seu estresse quando necessário e, no processo, manter um nível normal de cortisol. No entanto, relacionamentos iniciais inseguros são mais variáveis. Eles divergem em dois sentidos: em direção à alta ou à baixa reatividade emocional. Uma criança que não está se sentindo bem regulada normalmente será excitada e reagente, gerando hormônios do estresse como o cortisol. Contudo, como descrevo em breve, às vezes um mecanismo de "antiexcitação" irá entrar em ação se a criança estiver sob estresse prolongado.

CORTISOL ELEVADO

As crianças que são descritas na literatura do apego como "resistentemente" apegadas tendem a exagerar suas emoções. Elas fazem isso em resposta a pais que estão inconsistentemente disponíveis do ponto de vista emocional - quer distraídos, com a mente distante, ocupados ou ausentes com frequência. Elas tentam chamar a atenção dos pais amplificando suas emoções, mas nunca sabem se serão notadas ou se obterão o conforto de que necessitam no momento em que precisam. Como a imprevisibilidade é um dos principais fatores que produz a elevação nos níveis de cortisol, parece provável que elas também possam ser crianças com cortisol elevado. Um estudo descobriu que esse tipo de criança é o que mais sente medo durante a infância e primeira infância (Kochanska 2001) e que o cortisol e o HLC são os hormônios do medo. No entanto, há poucas evidências concretas de que seus níveis de cortisol estão significativamente elevados nesse período. São necessárias mais pesquisas para determinar se essas ligações existem ou não.

O cortisol elevado está ligado a uma atividade relativamente aumentada no cérebro frontal direito, a parte do cérebro que produz o medo, a irritabilidade e o afastamento dos outros (Davidson e Fox 1992; Kalin et al. 1998b). A área frontal direita é especializada no processamento de estímulos que são novos e perturbadores, e parece provável que as crianças com um hemisfério direito ativado estarão constantemente em alerta. Elas podem ser crianças que vivem com cuidadores imprevisíveis ou não confiáveis, que são impulsionadas a estarem emocionalmente vigilantes e atentas enquanto tentam ler os sinais não verbais dos pais.

Sabemos que existem fortes ligações entre o cortisol elevado e muitas disfunções emocionais como a depressão, a ansiedade e tendências suicidas na idade adulta, bem como transtornos alimentares, alcoolismo, obesidade e abuso sexual. Algumas dessas ligações serão exploradas nos próximos capítulos. O cortisol elevado não está implicado somente nos problemas psicológicos, mas também prejudica os sistemas corporais. Como colocado por Rosen e Schulkin, ter muito medo é "metabolicamente dispendioso" (Rosen e Schulkin 1998). Isso pode danificar o hipocampo e a capacidade de recuperar informações (talvez tornando-a uma criança "distraída" ou "dispersa"), bem como afetar a capacidade do córtex pré-frontal de pensar e controlar o comportamento (Lyons et al. 2000b). Isso compromete as respostas imunológicas, tornando o indivíduo vulnerável a infecções; compromete a cicatrização de feridas e em alguns casos leva até mesmo à diminuição da massa muscular e à osteoporose. Pode atuar no diabetes e na hipertensão por meio de um aumento na glicose sanguínea e nos níveis de insulina (que também podem levar ao excesso de peso e gordura na região abdominal). A resposta ao estresse é uma parte essencial da resposta do nosso organismo à vida; ela parece estar subjacente a uma gama surpreendente de transtornos. Quando não funciona bem, nós nos tornamos vulneráveis fisiológica e psicologicamente.

O MISTÉRIO DO BAIXO CORTISOL

Assim como estamos tendo uma noção do cortisol elevado e seu impacto sobre nossas vidas, devo apresentar outra reviravolta na história. Em algumas pessoas, encontra-se um nível basal incomumente baixo de cortisol, o que também está ligado a vários tipos de perturbações. Esse fenômeno do baixo cortisol ainda é um tanto misterioso. Não é completamente compreendido, mas é muito mais comum do que os pesquisadores acreditavam. Está bastante claro que uma criança sob estresse vai reagir com elevação nos níveis de cortisol. Então por que algumas pessoas têm um nível basal de cortisol consistentemente baixo? Sabe-se que, se experimentar níveis continuamente altos de cortisol por um período prolongado, o organismo reagirá com o fechamento dos receptores ao cortisol. Isso é conhecido como "infrarregulação". Os mecanismos fisiológicos envolvidos nesse fenômeno não são ainda totalmente compreendidos, mas os pesquisadores especulam que essa é a maneira pela qual o corpo lida com a exposição prolongada ao cortisol. Pode se tratar de um mecanismo de autoproteção. A exposição crônica a níveis elevados de cortisol está ligada a doenças potencialmente fatais. No entanto, passar para um modo com baixo cortisol coloca o corpo em maior risco de outros sintomas - como dor ou fadiga (Fries et al. 2005; Heim et al. 2000a).

Passar para um modo de baixo cortisol também parece ser uma espécie de mecanismo de defesa emocional. Trata-se de uma tentativa de desligar-se de sentimentos dolorosos por meio de evitação, afastamento e negação (Mason et al. 2001); é melhor sentir menos do que lidar com a situação de estar constantemente estressado. No entanto, essa estratégia (inconsciente) pode produzir um estado de dormência emocional e, até mesmo, de dissociação (Flack et al. 2000), o que pode fazer as pessoas se sentirem vazias e alienadas de outras pessoas. Algumas crianças nesse estado percorrem uma via de enfrentamento passivo, o que pode deixá-las menos capazes de responder quando precisam fazê-lo. Por exemplo, um estudo com crianças em uma escola maternal encontrou que aquelas com um baixo nível basal de cortisol não reagiram a um dia muito estressante produzindo cortisol (Dettling et al. 1999). Por algum meio, essas crianças estão administrando para negar o impacto de eventos dolorosos ou estressantes, chegando até mesmo a desligar a sua resposta ao estresse. Isso infelizmente pode desligar os sentimentos em geral. Essas crianças podem ser menos sensíveis a estímulos muito felizes, embora muitas vezes possam mostrar alegria a um "afeto radiante" (Ciccetti 1994).

O baixo cortisol tem sido associado ao abuso emocional de baixo grau frequente (e, às vezes, aos maus-tratos físicos) e à negligência, bem como à parentalidade não responsiva. No entanto, o momento pode ser importante. A idade em que essas experiências acontecem pode ser crucial para a produção desse fenômeno. A pesquisa de Andrea Dettling com saguis (que são primatas, como nós) encontrou que apenas os macacos que foram separados de suas mães muito precocemente na vida (de 2 horas a 1 dia) desenvolveram baixos níveis basais de cortisol. Seus irmãos gêmeos, que não foram separados, não desenvolveram baixos níveis de cortisol nem filhotes de macacos semi-independentes um pouco mais velhos de outro estudo (Dettling et al. 2002). Alternativamente, pode ser que a resposta ao estresse se torne embotada apenas durante um período e que é a duração da exposição ao estresse que conta (Ruttle et al. 2011). Pesquisadores continuam esclarecendo as circunstâncias e o momento que dão origem ao fenômeno do baixo cortisol, mas a negligência ou privação muito precoces de algum tipo parecem estar implicadas.

Também pode muito bem haver sobreposições com a categoria de apego evitativo, embora ainda não haja evidências claras de como isso ocorre. As crianças tendem a desenvolver um estilo emocionalmente esquivo quando os pais têm atitudes negativas em relação a elas, o que pode se desenvolver em hostilidade e crítica ou diante de parentalidade intrusiva que não respeita seus limites. Em troca, essas crianças sentem raiva; como vivem em uma cultura familiar que não tolera a autoexpressão da criança, elas então se veem obrigadas a suprimir seus próprios sentimentos negativos. Infelizmente, suprimir sentimentos não os fazem desaparecer; na verdade, isso pode efetivamente aumentar a excitação (Gross e Levenson 1993). Essa pode ser a explicação de por que tais sentimentos, por fim, tendem a estourar de modo incontrolável e imprevisível. A agressão reprimida pode ser armazenada até que uma saída relativamente segura é encontrada, o que desencadeia a sua liberação. Em crianças, muitas vezes é liberada sobre seus colegas de grupo, em vez de nos pais, que os aborreceram inicialmente.

Pode parecer paradoxal que as crianças mais destrutivas são aquelas que tentam suprimir seus sentimentos. Os meninos mais agressivos da escola não são aqueles com os níveis mais elevados de hormônios do estresse, mas aqueles com os níveis mais baixos. Há cada vez mais evidências de que os baixos níveis de cortisol estão associados a tipos impulsivos de agressão (Feilhauer et al. 2013) e ao comportamento antissocial em geral (Shirtcliff 2005). Sua raiva ferve sob a superfície, provavelmente inconscientemente. É provável que isso também tenha surgido de experiências muito precoces de negligência, *bullying* ou hostilidade crônica. Ao longo do tempo, os corpos desses meninos se ajustaram a um estado contínuo de níveis elevados de cortisol e passaram a apresentar uma resposta de baixo cortisol (Ouellet-Morin et al. 2011). Um importante estudo (McBurnett et al. 2000) encontrou que, quanto mais cedo o comportamento antissocial se desenvolvia em meninos, maior era a sua probabilidade de estarem associados a baixo cortisol. Isso sugere que os pequenos aterrorizadores que já estão incomodando outros na creche e no ensino fundamental podem fazê-lo porque já tiveram de desenvolver uma estratégia de sobrevivência para lidar com o abuso emocional de baixo grau ou negligência. Embora possam parecer "difíceis" ou fortes porque parecem ser insensíveis aos outros e bastante ausentes de ansiedade, seus sentimentos estão mais para suprimidos do que para ausentes.

As crianças que mostram sinais precoces de agressividade são fisiologicamente diferentes daquelas que começam a se tornar agressivas apenas quando adolescentes. Esses rebeldes tardios, que se comportam de modo antissocial quando adolescentes, mas não o faziam quando crianças pequenas, estão mais em contato com seus sentimentos vulneráveis e ainda são capazes de expressar a ansiedade. Seus altos níveis de cortisol sugerem que o mau comportamento adolescente é uma resposta (talvez temporária) aos estresses da adolescência, em vez de resultado de experiências adversas precoces.

No entanto, aqueles cujos sistemas foram adaptados ao estresse no início da vida com um baixo nível de cortisol de defesa são vulneráveis a uma série de transtornos. Em particular, há uma forte ligação entre o baixo cortisol e o transtorno de estresse pós-traumático (TEPT), que será discutido em um capítulo posterior. Esses indivíduos podem também estar mais propensos a condições como a fadiga crônica, dor crônica, asma, alergias, artrite e transtorno afetivo sazonal (Miller et al. 2011; Fries 2005; Heim et al. 2000a). O baixo cortisol também tem sido associado à falta de sentimentos positivos. Embora não se trate de um estado ativo de sentir-se mal, como a depressão, pode produzir uma espécie de vida emocional embotada. Isso é muito sugestivo de um tipo de vida emocional que tem sido chamada de "alexitimia" - uma dificuldade em colocar emoções em palavras. Na verdade, um pesquisador encontrou uma diminuição nos níveis de cortisol das pessoas com alexitimia (Henry et al. 1992; Henry 1993).

Esse modo de ser foi inicialmente identificado como tendo conexão com pacientes com doenças classicamente "psicossomáticas", como asma, artrite ou colite ulcerativa (Nemiah e Sifneos 1970), mas seu uso se estendeu a uma gama muito maior de transtornos. A dificuldade em colocar sentimentos em palavras provavelmente se origina da comunicação inicial de pais-bebê. Se a figura da mãe não ensina seu bebê a colocar experiências corporais em palavras, ele pode não desenvolver a capacidade de organizar seus sentimentos e conter a tensão através de seus próprios processos mentais conscientes sem depender constantemente dos outros. Na verdade, esse trabalho com pacientes psicossomáticos descobriu que eles tendem a depender fortemente de uma ou mais pessoas, e, quando um desses relacionamentos reguladores fundamentais é retirado ou perdido, eles ficam vulneráveis à doença (Taylor et al. 1997). Isso será explorado na Parte 2 deste livro.

Uma advertência contra uma divisão rígida entre pessoas com níveis basais de cortisol "altos" e "baixos" é a de que provavelmente não devamos pensar neles como estados fixos. Em vez disso, um estado elevado de cortisol sugere alguém que está atualmente envolvido em lutar de modo ativo contra o estresse, enquanto um estado de baixo cortisol sugere que o equilíbrio entre os "mecanismos psicológicos de excitação e antiexcitação" (Mason et al. 2001) penderam a favor de defender-se contra o sentimento oprimido pelo estresse. Essa perspectiva pode ajudar a dar sentido a alguns dos achados contraditórios encontrados na literatura; por exemplo, as evidências de que algumas crianças abusadas sexualmente têm altos níveis de cortisol enquanto outras têm baixos níveis. Se Mason e colaboradores estiverem certos, isso pode ter mais a ver com a maneira de se adaptar às complexidades únicas das circunstâncias atuais.

A NATUREZA SOCIAL DA REGULAÇÃO DO CORTISOL

Claramente, a resposta ao estresse representa um elemento essencial de nossa composição emocional. Quando estamos regulando nossos estados emocionais, estamos regulando também nossos níveis de hormônios e neurotransmissores. No entanto, a capacidade de fazê-lo efetivamente é influenciada pela figura de nossos pais e sua capacidade de tolerar o choro e a demanda do bebê e seu modo de resposta. Os psicoterapeutas podem preferir pensar em termos de "defesas inconscientes" dos pais sendo transmitidas a seus filhos no modo como navegam no tempestuoso mar dos humores e das necessidades de seu bebê.

Uma resposta forte ao estresse é mais ou menos como um sistema imunológico forte; na verdade, como Candace Pert argumentou, eles estão interligados. A resposta ao estresse fornece "resistência ao hospedeiro" às tensões futuras da infância e vida adulta. No entanto, assim como o "cérebro social", a resposta ao estresse também é moldada pela qualidade do contato entre pais e bebês. Uma boa "imunidade" emocional vem da experiência de se sentir seguro, tocado, visto e ajudado a se recuperar do estresse, enquanto a resposta ao estresse é prejudicada pela separação, incerteza, falta de contato e falta de regulação.

Acima de tudo, parece ser vital ser capaz de desligar a produção de cortisol no momento certo, sem ser inundado por ele nem ter que suprimi-lo. Para mim, isso parece ter claro paralelo com o gerenciamento da emoção em geral: ser capaz de tolerar e aceitar sentimentos sejam eles quais forem, sabendo que, quando começam a se tornar insuportáveis, existem modos de lidar com eles – seja por meio de estratégias de distração ou encontrando alívio por meio de outras pessoas. Essas são as estratégias seguras delineadas pela pesquisa do apego, mas as estratégias inseguras são mais problemáticas: o padrão resistente se assemelha à situação do alto cortisol de estar oprimido pelos sentimentos, enquanto o padrão evitativo de negação se assemelha ao estado de baixo cortisol desligado. Ambos os estados causam problemas continuados em nossa vida emocional.

Na atualidade há um corpo de evidências de peso acumulado nessa área. Ele sugere muito fortemente que a resposta ao estresse do HHS pode estar programada para ser hipossensível ou hipersensível pela experiência social inicial, e que o cortisol pode ter efeitos permanentes sobre o desenvolvimento do sistema nervoso central do bebê. A via pela qual isso se manifesta em indivíduos específicos depende da idade em que as dificuldades começaram, quão crônicas ou intermitentes foram e quão intensas. As pesquisas nessa área continuam e esperamos que sejam capazes de fazer ligações mais específicas com diferentes condições humanas. No entanto, há pouca dúvida de que a resposta ao estresse é um dos principais indicadores do modo como um indivíduo aprendeu a regular sua emoção.

Conclusão da Parte I

Esta parte do livro determinou a base científica para a compreensão da primeira infância como um momento crucial para o desenvolvimento emocional. Nenhum dos sistemas básicos que controlam as emoções – o nosso sistema de resposta ao estresse, a capacidade de resposta de nossos neurotransmissores, as vias neurais que codificam nosso entendimento implícito de como os relacionamentos íntimos atuam – está ativo no momento do nascimento. Nem o córtex pré-frontal do cérebro está desenvolvido. Contudo, todos esses sistemas irão se desenvolver rapidamente nos primeiros dois anos de vida, formando a base de nosso manejo emocional para a vida. Embora as experiências posteriores elaborem nossas respostas e aumentem o repertório, o caminho que é trilhado no início da vida tende a levar cada um de nós em uma determinada direção, que segue a sua própria dinâmica. Quanto mais tempo permanecemos em um caminho específico, mais difícil se torna escolher outro e mais difícil se torna refazer nossos passos.

Pesquisas agora deixam bem claro que esses sistemas biológicos envolvidos no manejo da vida emocional estão sujeitos a influências sociais, particularmente as influências que estão presentes no momento em que esses sistemas biológicos estão se desenvolvendo mais rapidamente. Eles se desenvolverão e funcionarão melhor ou pior dependendo da natureza dessas primeiras experiências sociais. Tenho argumentado que a razão pela qual nossas respostas biológicas são tão permeadas por influências sociais é para possibilitar que nos adaptemos mais precisamente às circunstâncias únicas em que cada um de nós se encontra. Se vivemos em um ambiente altamente perigoso, pode ser essencial para nossa sobrevivência que tenhamos uma resposta sensível ao estresse. Se temos pais hostis, faz sentido aprender instintivamente a manter uma distância palpável. No entanto, o indivíduo que é assim programado na primeira infância pode considerar essas tendências uma desvantagem posteriormente na vida, quando as circunstâncias melhorarem. Essas tendências podem até mesmo tornar-se uma fonte de algum tipo de psicopatologia na idade adulta, que é o que vou descrever agora na Parte 2.

Parte II

Bases trêmulas e suas consequências

Estamos olhando para as bases da alma humana, esses desenvolvimentos que são tão essenciais quanto a fundação de uma casa e igualmente invisíveis quando tudo está bem.

H. Krystal

A segunda parte do livro analisa em mais pormenores as ligações entre os vários transtornos adultos e as suas raízes na primeira infância. O que acontece com os bebês que têm uma primeira infância difícil? Como isso afeta sua vida adulta?

Vou explorar como uma resposta sensível ao estresse, ou uma dificuldade em regular as emoções, junto com um apego inseguro em relação aos outros pode tornar os indivíduos vulneráveis a diversas psicopatologias. Isso não quer dizer que estes "causem" psicopatologias, mas simplesmente que a probabilidade de encontrar soluções disfuncionais aos dilemas emocionais é aumentada. Há muitos caminhos bem trilhados para o sofrimento. As pessoas podem escolher comer muito ou pouco, beber álcool demais, reagir a outras pessoas sem pensar, deixar de ter empatia pelos outros, ficar doente, fazer exigências emocionais irracionais, tornar-se deprimidas, atacar fisicamente os outros e assim por diante, em grande parte em razão de sua capacidade de gerenciar seus próprios sentimentos ter sido debilitada por sistemas de emoção precariamente desenvolvidos.

Enquanto algumas pessoas se enquadrem em alguma tipologia pura, e outras possam parecer ter passado ilesas, acredito que cada percurso será algum tipo de solução para os dilemas impostos pelas circunstâncias únicas de um indivíduo. O comportamento emocional sempre é uma resposta a outras pessoas. Mesmo aquelas que parecem ter encontrado alguns recursos internos notáveis e assim ter recuperado seu equilíbrio emocional, ou desenvolvido "inteligência emocional", terão feito isso no contexto de oportunidades específicas de relacionamento – uma vez que essa inteligência é aprendida com os outros e pelos outros.

No entanto, é difícil mapear esses percursos na vida emocional adulta com total confiança, porque muitas vezes se sobrepõem. Os jovens antissociais podem também ter uma tendência à depressão; a pessoa vulnerável a doenças psicossomáticas pode ter explosões de raiva. O que todos têm em comum é uma subjacente falta de autoestima, que, por sua vez, pode se manifestar de maneiras diferentes. Embora aqueles cujas profissões envolvem cuidar de outras pessoas possam tomar isso como uma obviedade, a noção de que a baixa autoestima é a raiz de muitas doenças é condenada em alguns setores. Periodicamente é moda que os jornalistas ridicularizem qualquer assunto de autoestima como sendo "confuso" e não científico, fornecendo uma licença para a autoindulgência ou lamentações liberais. Assim, talvez seja necessário defender esses conceitos.

Aqueles que têm uma confiança básica em lidar com o mundo e se relacionar com os outros muitas vezes assumem que todos sintam o mesmo; mas, infelizmente, isso está longe de ser verdade. Uma grande quantidade de pessoas não experimenta uma primeira infância que forneça a base para tal confiança. Uma indicação da grande quantidade de pessoas que não consegue esse começo de vida é fornecida pela pesquisa sobre crianças com apego inseguro. Essa pesquisa encontrou consistentemente que, na estimativa mais conservadora, pelo menos 35% das crianças são inseguras, em uma variedade de culturas (Van Ijzendoorn e Bakermans-Kranenburg 2009; Goldberg et al. 1995: 11). Trata-se de uma parcela muito grande da população. No entanto, o apego inseguro em si não é uma condição patológica. Só indica algo em relação à dificuldade que essas pessoas têm de gerenciar bem seus sentimentos.

Como já sugeri, o apego inseguro tende a vir de pais que têm dificuldade para responder adequadamente aos seus bebês, por uma variedade de razões. Isso ocorre principalmente porque eles têm suas próprias dificuldades em regular os sentimentos que são passados para seus filhos. Os próprios pais não tiveram suas necessidades de bebê atendidas e, por isso, são incapazes de proporcionar isso a seus filhos. A situação é como um prisma em que você pode olhar de muitos ângulos para a mesma coisa. Se você focar nos pais, no bebê ou no adulto com problemas de saúde mental, o problema central permanece o mesmo: o bebê inseguro dentro dele.

É muito desagradável para a maioria dos adultos pensar no "bebê dentro de si" como muitas piadas sobre a "criança dentro de nós" atestam. Todos nós nos orgulhamos de nossas competências sociais, práticas e acadêmicas, nossa independência e nosso estado adulto. Mas aqueles cujo trabalho ou cuja família os põem em contato com populações deprimidas, mentalmente enfermas ou criminosas tomarão ciência de que existem pessoas para quem estar emocionalmente equilibrado é mais uma luta. Há sim uma desvantagem interior invisível que opera nos níveis psicológico e fisiológico. No passado, isso era entendido em termos de falhas de caráter ou composição genética, mas agora precisamos levar a sério a substancial contribuição das primeiras experiências.

Descrevi na Parte 1 os caminhos pelos quais as relações iniciais podem afetar as respostas fisiológicas do indivíduo – distorção na resposta ao estresse, nas redes neuronais e no funcionamento bioquímico – e as expectativas psicológicas de outros que são exercidas sobre a vida diária. Essas experiências iniciais estabelecem uma estrutura para a vida emocional. Se a estrutura é segura, confere ao indivíduo confiança na regulação dos altos e baixos de sua vida emocional, com o socorro dos outros quando necessário. Isso é uma capacidade tanto fisiológica quanto psicológica. Mas, se a estrutura estiver instável e insegura, então a pessoa vai achar que é muito mais difícil lidar eficazmente com o estresse, e vai se sentir pouco confiante, quer para enfrentar a situação sozinha quanto para confiar em outras pessoas para obter socorro. Essa confiança em si mesma e nos outros certamente é outro modo de descrever a autoestima. A autoestima não consiste só em pensar bem de si mesmo no aspecto abstrato; é uma capacidade de responder aos desafios da vida.

ADULTOS EXIGENTES

Aqueles com falta de autoestima e de capacidade de se autorregular bem podem tornar-se adultos muito egocêntricos. Sem sistemas emocionais eficazes que tenham bons recursos, eles não são capazes de se comportar de modo flexível ou responder às necessidades dos outros. Eles tendem a ser bastante rígidos, ou a tentar não precisar dos outros para nada ou necessitar muito dos outros. Como eles não tiveram experiência suficiente em serem bem cuidados e bem regulados, seu bebê original precisa permanecer ativo internamente. Na idade adulta, em alguns casos isso pode ser experimentado como uma espécie de compulsão para conseguir que os outros atendam a essas necessidades. As pessoas que constantemente se apaixonam e se desencantam, que são viciadas em alimentos ou drogas de quaisquer tipos, que são viciados em trabalho ou que buscam infinitamente por serviços médicos ou sociais estão em busca de algo ou alguém que regule seus sentimentos em todos os momentos. Na verdade, eles estão procurando pela boa época de bebê que ainda não tiveram. De celebridades promíscuas a ociosos dependentes da previdência social, essas pessoas frequentemente provocam irritação nos outros, que desejam que elas "cresçam". Mesmo os psicoterapeutas podem ter essa atitude com adultos definidos por eles como imaturos: "No meu grupo de corrida, as pessoas de meia-idade muitas vezes se sentem adolescentes e agem como se fossem um. Se você ouvisse o papo deles, nunca adivinharia suas idades. Muitas pessoas envelhecem sem crescer nem um pouco" (Garland, 2001).

O paradoxo é que essas pessoas precisam ter uma experiência satisfatória de dependência antes de poderem se tornar verdadeiramente independentes e amplamente autorreguladas. Contudo, isso parece contraintuitivo para muitos adultos, que respondem à insegurança com uma atitude punitiva, como se o fato de se tornarem mais maduros e autorregulados fosse uma questão de força de vontade. Muitos terapeutas, frustrados com o lento ritmo de mudança, tentaram ativar a força de vontade do paciente. Por exemplo, Neville Symington fala sobre "a escolha do doador da vida" e "dizer sim à vida" como uma escolha que um paciente pode fazer (Symington 1993: 53). É muito desanimador quando os pacientes não conseguem progredir e parecem incapazes de fazer escolhas positivas. Pode ser difícil tolerar o comportamento dependente e autocentrado em adultos, que devem ser capazes de reconhecer a inadequação do seu comportamento.

Não é simplesmente uma questão de força de vontade. Mesmo que a força de vontade seja invocada para melhorar um comportamento, muitas vezes isso vem na forma de um "falso *self*" que tenta viver de acordo com os requisitos dos outros para agir de modo maduro. Infelizmente você não pode querer ter empatia genuína pelos outros ou uma atitude solidária para com seus próprios sentimentos pelo resto da vida. Imitar essas posturas não é o mesmo que ter uma experiência interior com elas. Essas são capacidades que são internalizadas primeiramente experimentando-as, ao ter relações com pessoas que respondem às suas necessidades, ajudam a regular seus sentimentos e não fazem exigências prematuras para que você gerencie mais do que você é capaz de gerenciar.

O sincronismo adequado é um aspecto essencial na parentalidade, bem como na comédia.* Conseguir julgar quando um bebê ou uma

* N. de R.T.: No sentido de que, para acompanharmos uma comédia, precisamos estar em sincronia com os atores, compreender as nuances, as metáforas, a linguagem corporal, etc., para que haja comunicação entre as partes.

criança tem a capacidade de gerenciar um pouco mais de autocontrole, ponderação ou independência não é algo que os livros sobre desenvolvimento da criança podem fornecer: o sincronismo de movimentos nas relações de vida é uma arte, não uma ciência. A sensibilidade dos pais em relação às capacidades em desdobramento da criança muitas vezes pode ser dificultada por uma intolerância à dependência. Isso é em parte cultural e em parte resultado da experiência inicial do próprio indivíduo. A dependência pode evocar reações fortes. Frequentemente é considerada com nojo e repulsa, não como uma parte deliciosa, mas fugaz, da experiência. Pode até ser que a dependência tenha uma atração magnética, e os adultos sintam medo de serem seduzidos por ela; ou é apenas intolerável dar a alguém o que você está furioso por não ter obtido. Como Ian Suttie coloca: "certamente não permitiremos a outras pessoas as indulgências que fomos forçados a renunciar" (Suttie 1935: 71). Muitas vezes, os pais estão com tanta pressa de que seu filho se torne independente que eles expõem seus bebês a longos períodos de espera por alimentos ou conforto ou longas ausências da mãe, a fim de alcançar esse objetivo. Os avós com muita frequência reforçam a mensagem de que você não deve "estragar" o bebê dando tudo para ele.

Infelizmente, deixar o bebê chorando ou se virando sozinho por mais do que um período muito curto normalmente tem o efeito inverso: mina a confiança do bebê em seus pais e no mundo, deixando-o mais dependente, não menos. Na ausência de um padrão regulatório, um bebê pode fazer muito pouco para regular a si mesmo que não seja chorar mais alto ou se afastar mentalmente. Mas a dor de ser assim dependente e impotente em ajudar a si mesmo leva a defesas psicológicas primitivas com base nessas duas opções.

A maior parte dos caminhos dos adultos que discutirei são versões mais elaboradas dessas respostas primitivas. A dúbia natureza do sistema defensivo parece ser construída em nosso programa genético: lutar ou fugir. Chorar alto ou se afastar. Exagerar ou minimizar sentimentos. Ser hiperexcitado ou suprimir a excitação. Essas duas estratégias básicas também apoiam os estilos inseguros de apego – o apego de esquiva ou o apego resistente. Independentemente do modo como o indivíduo se vira para encontrar uma solução (essas estratégias podem ser utilizadas de modo consistente ou inconsistente), ele não terá dominado o processo básico de autorregulação e continuará propenso a ser demasiadamente ou pouco exigente com os outros.

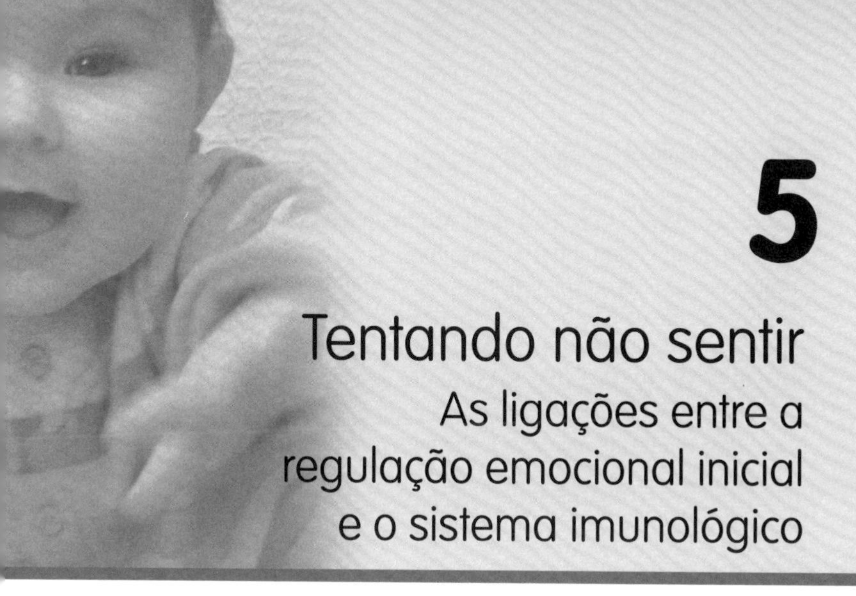

5

Tentando não sentir

As ligações entre a regulação emocional inicial e o sistema imunológico

As reações de evitação tendem a se disseminar... Podem chegar a um ponto em que o indivíduo não só "endureceu" diante do apelo e do sofrimento dos outros, mas na verdade teme que apelem para a sua simpatia e pode, por exemplo, ocultar uma doença por medo de fazerem "escândalo" ou "cena".

Ian Suttie, *The Origins of Love and Hate*, 1935

ESCONDER SENTIMENTOS

Em culturas ocidentais, a postura de afastar-se e não querer incomodar é mais comum. Os ingleses são famosos por não demonstrarem suas emoções em público. Os norte-americanos também se dedicam à "independência" o mais precocemente possível, ainda que por formas mais extrovertidas e amigáveis de autossuficiência. Esse estilo de não querer incomodar ou "evitação" é bem-sucedido em esconder as necessidades do bebê dos pais que parecem não querer lidar com elas. Se esses bebês pudessem falar, estariam dizendo: "Não se preocupem, não vou incomodá-los". Eles sentem que a sua dependência e carência não é bem-vinda, então aprendem a esconder seus sentimentos. Na verdade, eles podem crescer acreditando implicitamente que de fato não devem ter sentimentos ou talvez devam ter apenas os sentimentos "bons" que tenham recebido alguma resposta positiva. Estando carentes do tipo de maternidade contingentemente responsiva que aceita toda a gama de sentimentos do bebê, eles aprendem a suprimir muitos sentimentos. Isso pode se tornar uma dificuldade para reconhecer seus próprios sentimentos. Afinal, se os pais da criança não estão interessados nela, como a criança pode se interessar por eles? Se os pais não identificaram nem nomearam os sentimentos da criança, como ela pode identificar seus próprios sentimentos e refletir sobre eles? Esses sentimentos permanecerão como vagas sensações físicas de prazer ou desprazer que são indiferenciadas e não bem mapeadas no cérebro superior.

As pessoas que crescem dessa maneira às vezes são chamadas de "alexitímicas", isto é, não aprenderam a colocar os sentimentos em palavras. Elas muitas vezes desconhecem o que estão sentindo. Embora tenham sentimentos como todos os outros, os ignoram de modo muito semelhante a como seus cuidadores ignoraram os seus. Os sentimentos não se tornam diferenciados sutilmente na mente nem são tratados como informações úteis sobre o estado do organismo. Essas pessoas não aprenderam a "mentalizar", como o ilustre pesquisador britânico Peter Fonagy colocou. Trata-se de um conceito importante que abrange toda uma gama de capacidades, incluindo a empatia, a consciência emocional e a expressão emocional. Sua principal característica é a capacidade subjacente de entender quais emoções motivam o comportamento humano. As pessoas alexitímicas, no entanto, subestimam a importância da emoção e tendem a subutilizar as partes do cérebro que estão ativas ao mentalizar (especialmente o córtex pré-frontal medial) (Moriguchi et al. 2006; Moriguchi e Komaki 2013).

Alguns podem se tornar tipos pragmáticos que estão focados no mundo externo e tentar não se debruçar sobre estados internos, sejam deles próprios ou alheios. Muitas vezes se dão muito bem e atuam maravilhosamente na área de trabalho escolhida. Podem também ser pais dedicados, que cuidam bem de seus filhos e os incentivam a batalhar pelo que querem, sem perceber de forma sútil os estados interiores de seus filhos. Analisando superficialmente, eles podem parecer bem normais e equilibrados. No entanto, muitas vezes dependem muito da presença de um parceiro: alguém precisa estar lá. Não esperam que as relações íntimas sejam um lugar em que as subjetividades são mutuamente exploradas, mas são muito dependentes da *presença* de um objeto seguro para a regulação de base. Quando esse objeto está ameaçado – talvez o parceiro o deixe ou morra – há uma perturbação emocional que eles não sabem como gerenciar.

EMOÇÕES E DOENÇA

Encontrou-se que as pessoas que vivem dessa maneira estão suscetíveis a doenças com um componente psicossomático, no sentido de que são vulneráveis quando perdem a sua pessoa regulatória, porque as suas próprias capacidades regulatórias não estão bem desenvolvidas. Em particular, elas não têm as palavras internas para identificar seus sentimentos. Não podem expressar verbalmente suas angústias, então dão sinais de socorro em um nível pré-simbólico, por meio do corpo. Não conseguem encontrar as palavras que poderiam ser usadas para interagir com os outros para acalmar e lidar com a sua excitação. Especialmente quando essas pessoas experimentam uma separação ou um falecimento, seus sistemas corporais, incluindo o sistema imunológico, podem não funcionar bem.

Tomei ciência da maneira como a vida emocional é implicada na doença física quando minha mãe teve câncer aos 49 anos. Na época, ela era uma mulher em seu auge, uma personalidade carismática forte cuja beleza foi suavizando de um nível de estrela de cinema (Grace Kelly sem a frieza) para um mais contente e maduro por volta de seus 40 e tantos anos. Eu queria entender como alguém aparentemente tão "forte" poderia ser tão vulnerável à doença e comecei a ler sobre a "personalidade do câncer". As descrições parecem se encaixar também para a minha mãe. Acreditava-se que as personalidades do câncer eram muito boas. Elas eram cooperativas, pensativas, preocupadas com os outros e nunca ficavam irritadas nem eram negativas. Minha mãe também era incansavelmente otimista e tentava sempre ver o lado bom das coisas. Ela ficou muito agradecida com o cuidado e a preocupação dos outros durante sua doença. Algumas pessoas a chamavam de "guerreira".

Lawrence LeShan foi um escritor que li naquela época e que identificou um padrão comum em pacientes com câncer. Ele descobriu que uma proporção muito elevada (72%) das pessoas estudadas por ele havia tido um relacionamento difícil com pelo menos um dos pais, o que as fez sentirem-se emocionalmente isoladas. Ele notou que muitos desses pacientes tinham então se voltado a um investimento emocional forte em alguém ou alguma coisa quando adulto jovem – e quando isso lhe era tirado, a pessoa adoecia. Esse padrão foi encontrado em apenas 10% de seu grupo controle (LeShan 1977). Minha mãe também se enquadrava nesse padrão. Ela saiu de casa aos 16 anos para escapar de sua difícil relação com minha avó, casou-se muito jovem e após quase 30 anos de casamento foi deixada por meu pai. Alguns anos mais tarde, sua doença foi diagnosticada.

Na época, eu me perguntava: "Mas como os sentimentos poderiam matá-la?". Eu podia entender como o exercício físico e a alimentação eram vitais para um corpo saudável, mas a minha mãe era uma mulher ativa que jogava tênis, cantava e mantinha sua estrutura na meia-idade por meio da atenção à dieta. Ela não parecia uma candidata à doença. No entanto, obviamente, doenças fatais poderiam atacar a boa forma física. O que havia minado seu sistema imunológico?

A INFLAMAÇÃO E O SISTEMA IMUNOLÓGICO

Os pesquisadores começaram a sugerir que o sistema imunológico estava ligado às emoções. As pessoas que não expressavam raiva nem sentimentos negativos eram particularmente vulneráveis. Lydia Temoshok, por exemplo, descobriu que, quanto mais um paciente com câncer era capaz de expressar sua raiva e respostas negativas, mais linfócitos ele tinha nos locais do câncer para enfrentar o tumor (Temoshok et al. 2008; Temoshok 1992). Uma explicação para isso foi de que, quando a raiva é expressa, o sistema nervoso simpático é despertado, um processo que apoia a produção de linfócitos e estimula as respostas imunológicas a curto prazo. No entanto, quando a raiva ou o sofrimento não são expressos ou tratados de alguma maneira construtiva, o estresse pode se tornar crônico, e o hormônio do estresse cortisol pode permanecer no sistema. Como vimos, isso pode acabar com uma "infrarregulação" dos níveis de cortisol. A resultante resposta ao estresse "hipoativo" ou lenta não pode, então, fazer o seu trabalho normal de desligar a resposta inflamatória do organismo.

A resposta inflamatória é parte do sistema imunológico, normalmente mobilizada para lidar com desafios corporais, como uma infecção. Quando os níveis de cortisol não são altos o suficiente para desligar a inflamação, pode ocorrer um estado de inflamação crônica, fornecendo um terreno fértil para o surgimento de todos os tipos de doenças mais ameaçadoras à vida, como as doenças cardíacas e os cânceres (Miller et al. 2011; Danese et al. 2007).

Uma pesquisa recente agora sugere que as emoções também podem afetar mais diretamente o sistema imunológico. O próprio estresse psicossocial pode desencadear a liberação de citocinas pró-inflamatórias (Berk et al. 2013; Fleshner 2013). Um estudo intrigante realizado por George Slavich e colaboradores no Cousins Centre for Psychoneuroimmunology, na Califórnia, analisou como ser excluído de um jogo afeta a pessoa. Eles descobriram que a sensação de dor da rejeição social ativa não só o cingulado anterior e a ínsula do cérebro, mas também aumenta a atividade inflamatória no corpo (Slavich et al. 2010).

Minha mãe certamente havia experimentado uma rejeição significativa antes de sua doença. Ela também tinha a tendência de conter qualquer expressão de raiva ou sentimentos negativos. Agora, outras imagens vieram a mim: minha mãe indo para a cama no meio da tarde, deitando-se em um quarto escuro, como se a tensão de manter a sociabilidade, o otimismo e o sucesso em tudo o que ela empreendeu fosse muito cansativo. Pareceu-me que ela estava tentando usar o sono para regular seu estresse. (O sono pode ter um efeito moderado sobre a redução dos níveis de cortisol.) Mas também começou a me parecer que o pavor da vulnerabilidade e do fracasso, da tristeza e da raiva – sentimentos que me pareceu que ela havia mantido enclausurados durante toda a sua vida – haviam finalmente "a alcançado". Eles haviam traçado a sua própria vingança por terem sido ignorados, causando a destruição em seu corpo, desencadeando um processo incontrolável de destruição interior.

Com uma personalidade "de evitação" extrovertida, uma boa atriz que se mostrava alegre e animada em todos os momentos, ela provavelmente poderia ter sido descrita como uma candidata clássica a doenças psicossomáticas. Como muitas pessoas com tendências alexitímicas, seu relacionamento primário foi aquele em que o parceiro era simplesmente obrigado a "estar lá". Durante sua doença, contou-me sobre como ela tinha poucas expectativas de intimidade emocional em seu casamento, em relação ao meu pai como a "base" para sua vida. Essa abordagem bastante mínima às relações foi, provavelmente, o jeito como ela aprendeu a regular a si mesma em uma idade precoce, com seus próprios pais. Embora altamente articulada e falante, ela tinha a prática de não *falar* sobre seus sentimentos com os outros, que me parece ter vindo de suas próprias experiências enquanto bebê com a minha avó.

A minha avó era uma personagem vitoriana que esperava muito e dava pouco. Ela era fisicamente inacessível, crítica e punitiva. Deixava seus bebês chorando do lado de fora em seus carrinhos, acreditando no que muitos pais acreditavam na época: que isso iria "fortalecer seus pulmões". Em resposta, minha mãe se orgulhava de ser "independente" em uma idade muito precoce e tentou ser tão forte quanto a vó exigia. Mas para mim parece altamente provável que ela tenha tido uma infância estressante com uma mãe que não gostava de intimidade, toque nem dependência, como minha avó não gostava.

Sabe-se que níveis elevados de cortisol durante a infância podem afetar as partes do sistema imunológico que estão em desenvolvimento no momento, em particular o timo e os linfonodos. Mas, assim como a resposta ao estresse é programada pela experiência inicial, o sistema imunológico também parece ser. Quanto mais precoce for a exposição ao estresse psicossocial, mais exagerada será a sua resposta inflamatória futura. Os dois sistemas estão interligados (Miller et al. 2011).

Algum tempo atrás, aprendemos a partir de estudos com primatas que separações precoces estressantes do cuidador primário não apenas afetam a resposta ao estresse, mas também poderiam ter consequências poderosas sobre o sistema imunológico. Elas reduziam a ativação de linfócitos e aumentavam a velocidade com que um animal sucumbia à doença (Laudenslager et al. 1985; Capitanio et al. 1998). Agora, as evidências estão avançando e mostrando que experiências iniciais estressantes afetam os seres humanos do mesmo modo. Em particular, os pesquisadores estão descobrindo que uma educação inicial rígida ou estressante programa o sistema imunológico do bebê.

Naturalmente, pais agressivos podem ser encontrados em todas as classes sociais. Os adultos cujo senso de autoestima é rígido têm maior probabilidade de desvalorizar seu filho, seja batendo ou punindo-o verbalmente. A rigidez tem raiz na insegurança e no estresse, não importa quais as condições de vida (Katz et al. 2007). No entanto, a pobreza em si também é uma importante fonte de estresse. Viver em condições barulhentas, superlotadas, ser exposto a comportamento violento ou lidar com a impotência consequente da falta de renda aumenta a chance de os pais atacarem a criança.

Seja qual for o contexto social, essas experiências deixam a sua marca na criança em desenvolvimento. O estudo Adverse Childhood Experiences (ACE) avaliou mais de 17 mil adultos e descobriu que a exposição precoce a comportamentos negativos, como a violência doméstica ou o abuso e a instabilidade, teve um efeito cumulativo sobre a saúde futura da criança. Quanto mais adversas eram as experiências de um indivíduo, maior era o seu risco para uma série de problemas de saúde futuros (Felitti et al. 1998). As pesquisas atuais cada vez mais ligam esses desfechos a um sistema imunológico comprometido. Quando essas crianças crescerem, estarão propensas a liberar o dobro de citocina pró-inflamatória interleucina-6 (IL-6) em resposta a estresses atuais do que outros indivíduos que não sofreram maus-tratos (Gouin et al. 2012; Miller e Chen 2010; Danese et al. 2008). Por fim, elas se tornam mais vulneráveis a toda uma gama de doenças na idade adulta (Miller e Chen 2010; Miller et al. 2011; Ziol-Guest et al. 2012).

No entanto, uma criança que experimenta uma paternidade amorosa e solidária não só é protegida contra o estresse, mas também tem um sistema imunológico mais robusto. Ser tocada e segurada carinhosamente libera oxitocina no sistema linfático, que protege contra a inflamação (Miller et al. 2011). O aleitamento materno, em especial, libera oxitocina, bem como repassa os anticorpos da mãe para a criança (Schore 1994). A amamentação também passa ácidos graxos poli-insaturados (ACPI), como o ômega 3, que atuam na proteção contra o estresse pela inibição das citocinas pró-inflamatórias (Das 2001). Assim, enquanto a separação e outras formas de sofrimento podem prejudicar o desenvolvimento do sistema imunológico, um caloroso relacionamento inicial ajuda a promover um sistema imunológico robusto (Chen et al. 2011; Carroll et al. 2013).

As ligações entre a saúde emocional e física estão enraizadas nas experiências de infância, no nível de estresse e no nível de apoio disponível para lidar com o estresse. Como já sugerido, as experiências iniciais podem levar as crianças a ter "alta reação" ou "baixa reação" ao estresse. As que têm baixa reação muitas vezes vêm de famílias com estilos parentais rígidos, especialmente com pais verbalmente críticos e fisicamente abusivos. Independentemente de o corpo ou a psique terem sido atingidos, elas parecem ter desenvolvido uma carapaça rígida, uma espécie de estoicismo que possibilita que lavem sua mágoa. Minha avó tinha uma vara especial com a qual ela batia em seus filhos e acreditava na disciplina física. Ela também era constantemente crítica, como vivenciei em minha própria infância com ela. Acho que é provável que minha mãe tenha se tornado uma pessoa com baixa reação, com baixo cortisol em resposta a esse tratamento, enquanto, ao mesmo tempo, desenvolvia uma resposta inflamatória exagerada ao estresse. Isso se encaixa em sua tendência a alergias, especialmente a febre do feno, e ao início de artrite. O baixo cortisol está associado a um grupo de doenças em particular

– especificamente condições autoimunes como a asma, a artrite, as alergias, a colite ulcerativa, a fadiga e a síndrome da fadiga crônica (encefalomielite miálgica) (Heim et al. 2000a). Alguns autores consideram que a chamada "personalidade do câncer", em outras palavras a capacidade de suportar circunstâncias difíceis com coragem e poucas palavras de queixa, também se encaixa vagamente nesse grupo. É evidente que a estratégia de suprimir sentimentos, e o baixo cortisol resultante, pode ser perigosa, tendo consequências fisiológicas retumbantes.

SUSCETIBILIDADE À DOENÇA

Na atualidade, a teoria da "personalidade do câncer" não está mais em voga. A teoria preferida nos dias de hoje é a da "personalidade propensa à doença". Isso se dá basicamente porque uma grande variedade de doenças parece ter raízes subjacentes semelhantes na supressão emocional. A variedade de condições que têm sido associadas a esse padrão é impressionante.

Médicos com conhecimentos em psicanalítica dos anos 1940 e 1950 foram os primeiros a identificar e trabalhar com as "doenças psicossomáticas" clássicas (Taylor et al. 1997). Eles acreditavam que essas doenças eram causadas por sentimentos "insuportáveis" ou conflitantes que precisavam ser descarregados. Isso se baseava na visão psicanalítica de que a neurose era causada por impulsos sexuais ou agressivos reprimidos que estavam em conflito com a moralidade social. A cura era trazê-los à consciência.

O novo paradigma da regulação do afeto oferece a visão de que não é tanto a repressão de nossos impulsos sexuais e agressivos primitivos que nos empurra em direção a problemas de saúde, mas uma falha em experimentar e tolerar todos os nossos sentimentos, mantendo um estado de equilíbrio do organismo. A ideia mais recente é a de que os seres humanos são organismos que se autorregulam e que as falhas de regulação podem levar a doenças.

Uma vez que você começa a pensar em si mesmo como um organismo com muitos sistemas interconectados que fornecem *feedback* um ao outro e se regulam entre si, você pode começar a apreciar a parte que os sentimentos podem desempenhar na doença física. As emoções são essenciais para a autorregulação. São a resposta biológica do organismo a outras pessoas e situações, e essa resposta pode ser uma base útil para a reflexão e um guia à ação. Entretanto, quando as respostas emocionais são suprimidas, você está interferindo no fluxo de informações. Torna-se muito mais difícil se comportar de modo flexível. A adaptação às pessoas e situações se torna uma questão de usar as diretrizes externas ou conceitos abstratos, em vez de lidar com informações internas, levando a um comportamento rígido. Também impede o fluxo de informações entre seus diversos sistemas internos, tornando mais difícil para eles se ajustarem aos níveis de compostos bioquímicos e manter o equilíbrio interno.

Os sentimentos sempre são tanto biológicos quanto sociais. Quando um sentimento surge, existem alterações fisiológicas que ocorrem no sistema nervoso, sistema endócrino e outros sistemas da pessoa, junto com os pensamentos que vêm à mente. Se esses pensamentos forem afastados, uma importante fonte de *feedback* regulatório é perdida. Por exemplo, quando você suprime a raiva, seu corpo e seus vários sistemas permanecem despertos e bioquimicamente estimulados, mas, se você se recusar a tomar consciência de sua raiva e não a expressar para a pessoa que o ofendeu, você perde a oportunidade de consertar algo que está errado – e de liquidar as respostas bioquímicas, musculares e autonômicas que já foram desencadeadas (Carroll 2001). Isso torna mais difícil recuperar o equilíbrio e acalmar a excitação de volta a um nível normal.

A excitação corporal em todos esses diferentes sistemas é a base subjacente para o que é descrito como um "sentimento" sobre algo que está acontecendo conosco. O pensamento "Estou com ciúmes" (ou triste, encantado, desconfortável) é a maneira pela qual conscientemente articulamos esse complexo de ativação dos sistemas corporais em termos sociais. O que não costumamos tomar ciência é da sinalização interna que está ocorrendo no interior do corpo fora da consciência quando nomeamos nossos sentimentos.

OS AGENTES BIOQUÍMICOS DA EMOÇÃO

Candace Pert é uma cientista que fez um trabalho inovador lançando luz sobre como as emoções podem afetar o sistema imunológico. Uma personagem excêntrica e sangue quente que ligou o mundo racional e frio da ciência experimental aos pensamentos da Nova Era sobre os sentimentos, ela sugeriu que os agentes bioquímicos responsáveis pela "informação" de nossos sistemas endócrinos e de neurotransmissores são as moléculas da emoção. Quando temos sentimentos, estamos experimentando algum coquetel exclusivo de ativação de hormônios, neuropeptídeos e neurotransmissores.

A descoberta única de Pert foi de que isso está ocorrendo por todo o corpo, e não apenas no cérebro. Embora o cérebro, e seus sistemas de emoção, seja o ponto focal de atividade dos neurotransmissores, muitos dos mesmos compostos bioquímicos se comunicam com o corpo todo. A serotonina, a dopamina e os receptores opioides estão presentes em locais como o coração, o intestino e a coluna vertebral. Ela argumentou que isso significa que sentimos os sentimentos com o corpo, e não apenas com o cérebro. Podemos até sentir as coisas em nosso sistema imunológico, que não só responde a sinais desses compostos bioquímicos, mas também os liberam. Como Deepak Chopra, um dos admiradores de Pert, afirmou: "Se estar feliz, triste, pensativo, animado e assim por diante exige a produção de neuropeptídeos – e neurotransmissores em nossas células cerebrais – então as células do sistema imunológico também devem estar felizes, tristes, pensativas, animadas" (Chopra 1989: 67).

Pert mostrou que essas moléculas da emoção se comunicam entre si por meio de vários sistemas do organismo humano. Os sistemas de comunicação do corpo percorrem muitas linhas interconectadas: o sangue, o sistema linfático, ao longo dos nervos. Por exemplo, as moléculas de luta ou fuga que nos aceleram e nos deixam mais alertas são transportadas ao longo do corpo pelos nervos simpáticos. Os sinais do sistema imunológico são transportados por meio do sangue, de modo que muitas estações imunológicas em todo o corpo estão cientes de "sinais de perigo", como os que são ativados por uma infecção. Além disso, o sistema imunológico se comunica com o cérebro por meio do nervo vago, o que nos possibilita estar cientes do que está acontecendo em nosso corpo.

Há não muito tempo, acreditava-se que o sistema imunológico era um sistema de defesa do corpo separado e autossuficiente. No entanto, Robert Ader fez uma descoberta surpreendente em meados da década de 1970: ele descobriu que o sistema imunológico poderia aprender a partir de experiências pregressas. Em uma experiência importante, Ader e Cohen estabeleceram que o sistema imunológico tem memória. Usando ratos, eles criaram uma associação mental entre um fármaco desagradável e um pouco de água adoçada agradável. Os fármacos faziam os ratos se sentirem doentes e suprimiam seus sistemas imunológicos, mas, cada vez que eles recebiam o medicamento, também recebiam água adoçada. Desse modo, a água doce, sentir-se doente e uma desativação interna do sistema imunológico foram ligados nas mentes dos ratos. Algum tempo depois, fizeram outra experiência com os mesmos ratos e descobriram que tudo o que eles tinham de fazer era dar água doce aos ratos, e, mesmo sem o ingrediente ativo da supressão imunológica, os sistemas imunológicos dos ratos eram suprimidos. Na verdade, as suas expectativas faziam isso acontecer. O sistema imunológico se autoinativava quando se lembrava do sabor da água doce (Ader e Cohen 1981).

O sistema imunológico, portanto, tem uma história e uma memória, assim como outros aspectos do *self*. Ele foi chamado de "cérebro do corpo" (Goleman, 1996). Logo após esse trabalho inovador, Ed Blalock fez outra descoberta importante – que o sistema imunológico poderia ser afetado pelos hormônios e neurotransmissores produzidos direta ou indiretamente pelo cérebro (Blalock 1984). Isso significava que o cérebro poderia se comunicar diretamente com o sistema imunológico usando neurotransmissores, como a serotonina, ou hormônios, como o cortisol. O que quer que esteja passando na mente do indivíduo – pensamentos e sentimentos atuais – poderia potencialmente desencadear reações do sistema imunológico por meio de agentes bioquímicos que eram acionados por estados extremos da mente, como os que ocorrem durante situações de estresse ou depressão. Existem vários sistemas de regulação envolvendo a química corporal que têm impacto sobre o sistema imunológico – nosso sistema nervoso autônomo e seus neurotransmissores, bem como agentes bioquímicos, como as prostaglandinas e a epinefrina, que também podem afetar as respostas imunológicas, mas é o cortisol que parece ser o hormônio que tem o maior impacto sobre o sistema imunológico.

Os efeitos do cortisol sobre o sistema imunológico estão bem documentados (Cohen e Crnic 1982; Sternberg 2001). Em essência, o cortisol instrui as células do sistema imunológico a diminuir temporariamente a resposta imunológica, possibilitando que a energia do corpo seja focada na crise atual. Isso é útil como medida temporária. No entanto, quando o estresse é crônico e não se resolve rapidamente, como em um grave conflito de relacionamento ou em uma dor de longa duração, então a liberação contínua de cortisol pode ter um sério impacto sobre o sistema imunológico. Ele pode impedir os leucócitos de se mover pelo corpo. Ele mata os linfócitos, incluindo as células exterminadoras naturais, e impede que novos linfócitos sejam produzidos. Esses processos podem estar subjacentes a uma frequência maciçamente aumentada de tumores cancerosos em ratos submetidos a estresse prolongado, em comparação com aqueles não submetidos (Riley 1975; Visintainer et al. 1982). Evidências mais recentes sugerem que o estresse pode ter um efeito semelhante em humanos. Uma metanálise de Yoichi Chida e colaboradores da University College London descobriu que fatores psicossociais relacionados com o estresse estiveram associados a uma maior incidência de câncer, bem como a piores taxas de sobrevivência (Chida et al. 2008).

Minha mãe experimentou esses tipos de estresse antes do desenvolvimento de sua doença (ela perdeu o marido e a casa, e, em seguida, um pouco mais tarde seu namorado morreu repentina e inesperadamente) e sem dúvida experimentou um aumento nos hormônios do estresse, mas, como ela não tinha o hábito de recorrer a outras pessoas à procura de conforto, ela não tinha um meio eficaz de regular a sua insuportável aflição. Em vez disso, como sempre, ela ficou de cama, evitando deliberadamente as pessoas quando seus sentimentos se tornaram muito dolorosos.

Acredita-se que a capacidade do sistema imunológico de lidar com as células cancerosas depende fortemente das células "exterminadoras naturais", que são as criminosas gerais do sistema imunológico. Entretanto, encontrou-se que o nível de células EN é baixo em pessoas que carecem de apoio social ou que estão sob estresse psicológico agudo (Martin 1997: 238). Isso sugere que aqueles cujo estilo emocional é o de suprimir sentimentos em vez de expressá-los e regulá-los com a ajuda de outros podem ter pior função imunológica. Eles não procuram apoio social. Como já descrito, encontrou-se que a vontade de confiar nos outros é um importante fator para uma boa saúde; essa vontade está em falta em pessoas com história de apego inseguro, mas particularmente com o estilo de "evitação", que tentam ser emocionalmente autossuficientes.

Nesse sentido, os padrões regulatórios que são estabelecidos no início da vida podem não só afetar o seu bem-estar psicológico e o desenvolvimento do "cérebro", dos sistemas emocionais cerebrais no córtex pré-frontal, mas também podem afetar o "cérebro do corpo" – o sistema imunológico e a resposta ao estresse, que também são moldados pela experiência emocional. Como é cruel o fato de que aqueles que foram menos bem tratados na primeira infância possam ter também uma maior probabilidade de experimentar doenças físicas na vida adulta.

O CASO DE DENNIS POTTER

Uma infância emocionalmente reprimida obviamente não nos diz de quais doenças a pessoa vai sucumbir. Os caminhos são muitos, dependendo da herança genética, da exposição a vírus e das formas individuais de manejo de sentimentos. O escritor Dennis Potter, autor da inovadora série *The Singing Detective* e outros grandes programas de televisão, suprimiu seus sentimentos com resultados um tanto diferentes.

É impossível reconstruir os efeitos precisos de uma infância em retrospecto, mas as circunstâncias da infância de Potter são sugestivas. De acordo com seu biógrafo, Humphrey Carpenter (1999), o pai de Potter estava bastante enfermo na época de seu nascimento. É razoável especular que sua mãe estivesse sob estresse e possa ter passado seu cortisol para ele no útero. Isso – junto com alguma tendência genética – pode tê-lo predisposto a ser um bebê sensível. Também é possível que a mãe que estava cuidando de um marido doente possa ter estado menos disponível para seu bebê recém-nascido. Seja isso ou não o que aconteceu, a mãe de Potter ficou grávida novamente quando ele tinha apenas 4 meses. Ele mal estava andando quando sua mãe teve outro bebê para cuidar.

Não podemos saber exatamente que tipo de relacionamento inicial Dennis Potter teve com sua mãe, mas as evidências do final da infância sugerem fortemente que ele também não cresceu com a confiança de poder voltar-se aos outros em busca de apoio emocional. Aos 10 anos, foi levado por sua mãe para viver em Londres com parentes e foi separado de seu pai. Lá, foi abusado sexualmente pelo tio com quem teve de dividir a cama. É revelador que Potter não tenha expressado seu horror à mãe. Ele justificou seu silêncio com seu biógrafo alegando que ele não ousava dizer a ela porque "seria como jogar uma bomba no meio de tudo o que me fazia sentir seguro". Em outras palavras, ele não via a sua mãe como alguém que iria lidar com a situação e que iria ajudá-lo a refletir sobre seus sentimentos e acalmar a sua angústia. Ele sentiu que tinha que protegê-la da excitação emocional, em vez de esperar a sua proteção e regulação. Em vez disso, ele confiou, como os alexitímicos fazem, que ela simplesmente "estaria lá". Ele tinha esse sentimento de segurança simplesmente pela sua presença contínua. Como resultado, ele se esforçou para regular os sentimentos que esse abuso despertou nele. Ele voltou internamente a sua aflição, culpou a si mesmo e se sentiu "totalmente invadido, inundado e deformado por um tempo". Parou de comer e explicou isso para sua mãe dizendo que estava com saudades de casa.

A pessoa que aprende na infância a gerenciar sentimentos ignorando-os pode ser jogada em uma crise por eventos emocionais exigentes. A próxima crise de Potter veio em um momento em que ele não estava feliz com seu trabalho e estava sob pressão por trabalhar por períodos prolongados para sustentar a sua jovem família. Ele começou a se relacionar compulsivamente com prostitutas para aliviar o estresse; seja por meio do prazer ou por meio do poder sobre os outros – ambos têm efeitos bioquímicos. Mais uma vez, ele experimentou seu desgosto com a "poluição" sexual, mas não conseguiu encontrar uma maneira de gerenciar adequadamente esses complexos sentimentos com aqueles que eram próximos. Em vez disso, sua hipersensibilidade crônica ao estresse teve um impacto sobre o sistema imunológico e começou a encontrar expressão fisicamente. Ele começou a desenvolver artropatia psoriática, uma condição para a qual ele era geneticamente predisposto. Potter acredita que essas crises de descamação da pele e inflamação das articulações estavam ligadas ao seu estado de espírito. Por fim, ele colocou isso em palavras na boca de Marlow, seu mais conhecido personagem em *The Singing Detective*, que disse: "A tentação é acreditar que os males e venenos da mente ou da personalidade de alguma maneira explodem sobre a pele".

Depois que sua doença foi diagnosticada, Potter encontrou um estilo de vida mais satisfatório, deixando as exigências do jornalismo para uma vida com mais tempo em casa. Ele começou a escrever peças para televisão, que lhe possibilitaram explorar uma gama de sentimentos controversos que ele removera de sua própria vida. Em particular, ele expressou – na escrita visceral, passional – a raiva que sentia por não ter sido capaz de se expressar em sua própria vida, apesar de ser percebido pelos outros como uma presença que transmitia "raiva tensa e contida". O próprio Potter reconheceu uma conexão entre essa raiva não expressa e sua falta de saúde: "Acredito que escolhemos nossas doenças. Eu estava sempre com raiva e tenho a sensação de que a raiva em mim estava voltada para dentro".

VÍCIOS E AUTOMEDICAÇÃO

Tentar não sentir pode assumir muitas formas. Potter também foi um bebedor compulsivo e um fumante inveterado, e vícios desse tipo são comuns em pessoas que não têm competências regulatórias. Essas falhas no autocuidado podem ter contribuído para a sua morte precoce por câncer aos 59 anos.

Prejudicados por padrões de relacionamento inseguros, que os impedem de extrair conforto de outras pessoas ou resolução de problemas com outras pessoas, muitos indivíduos recorrem a fontes alternativas para se sentir melhor. A escolha do vício pode ser influenciada pelas preferências de seus pais. Se o pai bebia compulsivamente, e a pessoa cresce com álcool ao redor, pode achar natural voltar-se ao álcool para aliviar uma dor mental. Fatores genéticos também podem atuar no fomento do vício. Se o alimento doce era um "prazer" em sua família, comer chocolates e biscoitos demais pode ser uma resposta natural a um vazio ou conflito emocional interior.

A substância escolhida é algo que acalma e, na verdade, medica a perturbação fisiológica do estresse emocional. Por exemplo, sabemos que a depressão muitas vezes envolve baixos níveis de serotonina. Isso pode ocorrer porque algumas pessoas, tendo dificuldades para gerenciar seus sentimentos, têm compulsão por carboidratos e coisas doces, que podem ajudar a liberar serotonina no cérebro. O açúcar também estimula a liberação de beta-endorfina, que, por sua vez, pode reduzir a dor, tanto física quanto emocional. Experimentos com ratos mostraram que aqueles que são separados de suas mães choram menos se receberem água com açúcar. Eles também respondem menos à dor física causada por terem suas patas colocadas em um prato quente se receberem água com açúcar (Blass et al. 1986).

A pessoa que escolhe se automedicar quando sente aflição está tentando restaurar algum tipo de equilíbrio interno, mas o uso de substâncias, como alimentos e medicamentos, para aliviar a dor pode levar ao vício. Quando você come muitas coisas doces regularmente, seus receptores de beta-endorfina se fecham, e, então, você precisa comer mais coisas doces para alcançar o mesmo efeito. A dependência de álcool funciona de uma maneira muito semelhante. O álcool também libera beta-endorfina, e os alcoolistas precisam beber mais para conseguir o mesmo alívio da dor.

O CAMINHO DA ANOREXIA

Surpreendentemente, não comer pode também ser tão viciante quanto comer demais ou usar drogas. Como outros vícios, pode se tornar uma ameaça à vida. Entre os pacientes com distúrbios alimentares, há uma alta taxa de tentativa de suicídio (cerca de 17%) (Butik et al. 2008), bem como uma elevada taxa de mortalidade por causas trágicas (cerca de 5%) (Crow et al. 2009). Essa condição normalmente começa na adolescência ou no início da idade adulta com uma dieta para perder peso. Conforme a dieta avança, a mulher ignora as mensagens de seu corpo de que ele anseia por carboidratos e passa para uma fase de produção aumentada de opioides do cérebro que podem fazê-la se sentir "dopada". Mesmo que essa fase de fome mantenha-a funcionando em um nível de atividade muito baixo e a afaste de outras pessoas, ela pode tornar-se viciada na experiência de fome propriamente dita.

No estado anoréxico, a mulher encontra algum alívio dos sentimentos que ela não sabe como gerenciar. Há um efeito anestesiante com os opioides. Uma paciente escreveu uma carta a seus pais de uma clínica de anorexia dizendo:

> A verdade é que nos concentramos na comida e no peso, de modo que não precisamos sentir todas as emoções ou os sentimentos que podem ser desconfortáveis, como a raiva, a tristeza, a ansiedade ou a culpa. Fomos condicionados desde a infância a suprimir esses sentimentos por várias razões, como, por exemplo, que não é coisa de menina elegante expressá-los e que ninguém quer estar perto de alguém que está aborrecido. (Abraham e Llewellyn-Jones 2001).

O CASO DE NINA

Nina era uma paciente minha cuja experiência familiar inicial é típica para o desenvolvimento desse vício em particular como uma solução para as dificuldades regulatórias. Sua mãe era uma entusiasta do *fitness* que comia frugalmente e estava preocupada com a manutenção de uma aparência vistosa. Nina, filha única, cresceu sendo o foco da devoção de seus pais; eles a adoravam e tinham grandes expectativas em relação a ela, mas não tinham um relacionamento feliz um com o outro. Ela estava sob pressão para atender às necessidades deles – e, em particular, pareceu-me, para atender às necessidades psicológicas de sua mãe. Nina tentou ser uma boa menina e tentou, em particular, ter sucesso nos esportes que sua mãe gostava. Estava com muito medo de provocar qualquer mágoa, decepção ou sentimento de abandono em sua mãe. Quando criança, sentia que não podia suportar passar a noite na casa de uma amiga, pois faria sua mãe se sentir abandonada – ela não podia permitir-se ter algo bom se sua mãe não tivesse também. Uma e outra vez, atendeu aos desejos de seus pais para deixá-los felizes – e, talvez, para evitar qualquer indício de sentimento negativo que parecia ser tão intolerável na família.

No processo, Nina perdeu o contato com seus próprios desejos e seus próprios sentimentos – em certo sentido, eles foram "engolidos". A atmosfera familiar era carinhosa e até mesmo profunda, mas os indivíduos dentro dela não falavam claramente por si próprios. O pai dizia o que a mãe sentia, enquanto a mãe falava por Nina, e Nina falava por seu pai, e assim por diante. Os de fora da família eram vistos com certa desconfiança. Esse tipo de família tem sido descrita como "ensimesmada", e a personalidade de Nina muitas vezes parecia se fundir com a de sua mãe. Ser o foco da vida de seus pais pode ter tido algum valor para ela enquanto criança, mas isso certamente se mostrou problemático quando se aproximou da idade adulta. Ela tinha dificuldade para crescer e se separar de seus pais porque eles precisavam muito dela. Como eles sobreviveriam sem ela?

E como ela sobreviveria sem eles? Ela estava aterrorizada com o mundo, talvez porque tinha muito pouca capacidade de regular a si mesma. Na adolescência, a pressão para regular seus próprios sentimentos e se envolver com pessoas de fora da família estava se tornando muito mais intensa. Mas a peculiaridade da experiência familiar anoréxica é que a criança aprendeu a lidar com os sentimentos agarrando-se à mãe e permanecendo conectada à sua psique, em vez de lidar com esses sentimentos de modo independente. Quando adolescente, Nina descobriu que cortar a comida era uma maneira de impedir que seus próprios sentimentos – cada vez mais intensos – viessem à tona. Esse método de suprimir sentimentos era um modo distorcido de regulá-los por levar a uma sensação de dormência emocional e distância deles. No entanto, conforme trabalhamos em seus problemas, Nina começou a comer mais e descreveu quão desconfortável era se tornar mais consciente de seus sentimentos novamente.

Um problema que surgiu foi que a mãe de Nina não era capaz de gerenciar seus próprios sentimentos e, assim, tinha sido incapaz de regular os estados de Nina. Como Dennis Potter, Nina sentia que não podia contar à mãe os seus problemas, porque sua mãe poderia entrar em pânico e reagir de modo exagerado; sua mãe simplesmente não conseguia lidar com experiências negativas ou "contê-las". Às vezes, a mãe simplesmente negava os sentimentos de Nina. Se Nina dissesse que estava sozinha porque seus melhores amigos tinham mudado para outra cidade, sua mãe diria a ela: "Você não está sozinha, você tem sua família". Sua mãe tinha dificuldade para reconhecer os verdadeiros estados de Nina. Ela atribuiu seus próprios sentimentos a Nina. Se a mãe sentia que o quarto estava muito quente, ela assumiria que Nina também deveria estar sentindo muito calor.

Algumas pesquisas sugerem que pode haver uma predisposição genética para a anorexia, que pode estar baseada em uma tendência de contenção emocional ou de manifestação de outras características de temperamento comuns em anoréxicos, como a submissão ou complacência, o perfeccionismo e a preocupação (Woodside et al. 2002). Essas características podem igualmente ser definidas como um problema em regular emoções. Quando você não sabe como gerenciar sentimentos difíceis, você os evita. Em caso de falta de confiança emocional, você pode tornar-se ambicioso e perfeccionista em uma tentativa de encontrar a autoestima em outros lugares. Pode também ser importante ser perfeito em todos os sentidos para que você não ofenda nem perturbe as pessoas de quem depende. Ironicamente, no entanto, quando o comportamento anoréxico toma conta, o indivíduo anoréxico nas garras de seu vício causa enorme sofrimento a seus pais e provoca intensos conflitos e aborrecimentos.

As raízes da regulação estão na primeira infância e, como vimos, a resposta ao estresse é um aspecto central da regulação. Em anoréxicos, a resposta ao estresse é hipersensível. Os níveis de HLC e cortisol são altos, e as suas glândulas suprarrenais têm uma resposta exagerada ao ACTH. Isso tende a ocorrer mesmo depois da recuperação; por isso, não é apenas atribuível aos efeitos da fome, que por si só podem elevar os níveis de cortisol (Hoek et al. 1998). Níveis elevados de HLC são, provavelmente, a fonte dos sentimentos de depressão comuns em indivíduos anoréxicos. Os mesmos altos níveis de HLC também são encontrados em bebês que são separados de sua figura materna e em adultos deprimidos. Isso pode indicar um medo básico de sobreviver com pais que não criam uma sensação de segurança. Apesar de estarem constantemente na presença da mãe, não necessariamente se sentem em segurança sendo cuidados por ela.

Bebês como Nina não são efetivamente autorizados a ter seus próprios sentimentos. Passaram a acreditar que vão perturbar seus pais se tiverem necessidades e sentimentos que os pais não querem que eles tenham. Seus pais precisam de uma criança que seja uma extensão de si mesmos ou de uma fonte de conforto para eles. Isso envia às Ninas deste mundo a mensagem implícita de que elas não devem tornar-se um indivíduo separado, com suas próprias necessidades e sentimentos. Como Henry Krystal afirma, uma filha como Nina não "possui alma própria" (Krystal 1988). A mensagem velada é de que seus sentimentos na verdade não importam e não devem ser levados a sério. O fato de que os sentimentos têm sido tantas vezes erroneamente rotulados torna difícil para uma criança conhecer seus próprios sentimentos ou confiar neles. Ela tem os sentimentos que outras pessoas esperam que ela tenha. Os sentimentos não são identificados com precisão e diferenciados nos diversos tons de significado que podem ser expressos em palavras. Eles permanecem como sensações corporais bastante vagas.

Drew Westen descreve uma série de estudos de pesquisa que foram feitos com anoréxicos utilizando vários testes e escalas. O achado mais forte e mais claro de todos foi de que uma "dificuldade em reconhecer e responder de modo preciso aos estados emocionais e a determinadas sensações viscerais constitui um déficit central em pacientes com transtornos alimentares". Os anoréxicos graves normalmente têm uma personalidade "constrita/hipercontrolada" e, em particular, têm dificuldade para reconhecer ou expressar raiva ou expressar seus próprios desejos (Westen e Harnden-Fischer 2001; Westen, 2000).

A suscetibilidade a doenças e vícios está enraizada nesse estranhamento pelo próprio corpo e nas resultantes dificuldades em regular sentimentos. Em particular, a tentativa de escapar de sentimentos tem sua origem em uma primeira infância em que os sentimentos do bebê não eram identificados e respondidos de modo contingente. Os bebês nessa situação não podem considerar garantida a sua própria regulação. Eles são confrontados prematuramente com suas próprias necessidades originais, sem a capacidade de atendê-las sozinho. Isso parece deixar um tipo de negócio inacabado para o bebê. Conforme ele cresce, o adulto ainda anseia por ser devidamente cuidado, ser compreendido sem palavras, ter todos os seus desejos realizados como que por magia e ter necessidades antecipadas sem dizer nada. As pessoas nesse estado estão, por fim, buscando a experiência do bebê de perfeita união e fusão com uma mãe sintonizada.

Quando adultos, são propensos a permanecer altamente dependentes dos outros, esperando que algum mágico os faça sentir-se bem. Alguns procuram ativamente pelo parceiro perfeito e vão de relação em relação em busca da pessoa certa, em uma busca interminável exemplificada por muitas estrelas de cinema com seus múltiplos casamentos. Outras personalidades com mais "evitação" têm medo de depender de outras pessoas que possam abandoná-lo, escolhendo persistir em um relacionamento modesto, muitas vezes insatisfatório, fazendo poucas exigências, a fim de evitar o abandono.

Essas distorções surgem quando não houve suficientes experiências positivas de dependência na infância. Sem uma experiência maternal ativamente responsiva e sensível, o bebê não é capaz de se identificar com a atitude dos pais e aplicá-la a si mesmo. Não é possível gerar a atitude de autocuidado e consciência dos próprios sentimentos se o indivíduo não teve primeiramente alguém que tenha feito isso por ele. (É por isso que os livros de autoajuda são de pouca utilidade.) Você precisa ter uma experiência com alguém em primeiro lugar – para então reproduzi-la.

Se o relacionamento inicial não transmitiu uma aceitação de toda a gama de sentimentos, incluindo os "negativos", como raiva e tristeza, então esses sentimentos serão difíceis de tolerar e experimentar totalmente. Se os pais não foram capazes de transmitir confiança em lidar com esses sentimentos, então muito provavelmente seus filhos não terão as habilidades para gerenciá-los. Os relacionamentos que ocorrem sem esses sentimentos são frágeis e sem resiliência. Eles não são capazes de responder de modo flexível aos altos e baixos da experiência e fornecer um sentimento fundamental de que os relacionamentos podem ser interrompidos e depois reparados – essa sintonia pode ser perdida, mas também pode ser restaurada.

A tentativa de ser muito "bom" ou muito "forte" é um curso perigoso. Isso interrompe o fluxo de sentimentos que é essencial para a saúde física, bem como mental. Como Candace Pert sugeriu, precisamos desse fluxo para que o sistema funcione bem. Nossos sentimentos são um sistema de sinalização vital, tanto no interior de cada corpo quanto na sua comunicação com os outros. Os sentimentos são uma fonte de informação útil na qual devemos prestar atenção, utilizando nossos sinais bioquímicos para nos guiar nas nossas mais conscientes negociações com os outros. Os sentimentos então não precisam ser bloqueados, ignorados ou anestesiados. Eles podem tomar o seu devido lugar como o centro do *self*, um *self* que pode ser elaborado em palavras.

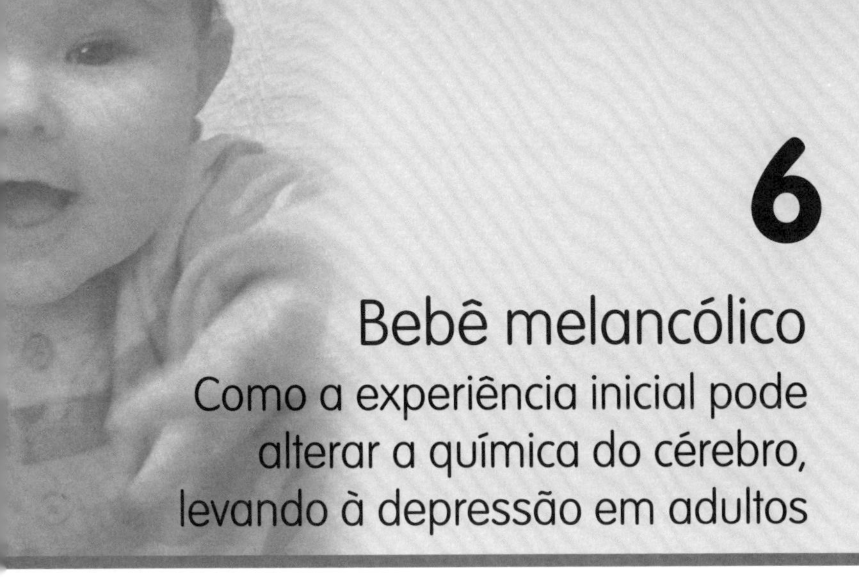

6

Bebê melancólico

Como a experiência inicial pode alterar a química do cérebro, levando à depressão em adultos

E, afinal, você conseguiu o que queria dessa vida?

Consegui.

E o que você queria?

Considerar-me amado, me sentir amado nesta terra.

Raymond Carver, "Late Fragment"

Um dos problemas de saúde mental mais conhecido por todos é a depressão. Do "cão negro", de Churchill, à "escuridão", de William Styron, acreditamos que sabemos o que isso significa, mesmo que não tenhamos experimentado os sintomas plenos de uma depressão maior. Um cenário típico de depressão me foi descrito por minha paciente Carys. Ela achava que a dor era pior no início da manhã. Quando acordava, ela tomava consciência de uma sensação de mal-estar no estômago. Seus músculos começavam a ficar tensos. Ela não queria se levantar e enfrentar mais um dia. Qual o motivo? Nada parecia bem, ninguém importava. Havia uma sensação nítida em seu corpo, algo semelhante a dor, sem uma localização específica. Também havia uma sensação de vazio, como a fome, embora ela não tivesse apetite para tomar o café da manhã ou qualquer outra coisa. Ela só queria enrolar-se nos lençóis e fazer o mundo sumir, especialmente as imagens de fracasso e humilhação que passavam sem parar por sua cabeça. O rosto do seu chefe quando ela teve de contar para ele que havia cometido um erro terrível; o rosto de seu ex-parceiro e suas palavras: "Não está dando certo, Carys, você é exigente demais". A sensação era a de que as coisas nunca davam certo para ela; ela era uma pessoa má e inútil que ninguém queria em sua vida.

Um aspecto marcante da depressão é o modo como ela parece ser uma sensação física. Talvez por isso seja popular descrever a depressão como um desequilíbrio bioquímico, o que implica que ela consiste em um mau funcionamento do cérebro que de algum modo apareceu do nada ou possivelmente um resultado de tendências genéticas. O professor Peter Fonagy uma vez perguntou a 20 pais consecutivos que chegaram à sua clínica o que eles achavam que havia causado o problema de seus filhos. Ele não ficou surpreso ao saber que todos colocaram a química do cérebro no topo da lista, seguida de perto por "maus genes" (Fonagy 2003). O trabalho científico confirmou que a depressão, de fato, envolve alterações bioquímicas nos neurotransmissores do cérebro. Pessoas deprimidas geralmente têm uma combinação de baixos níveis de serotonina e norepinefrina. No entanto, os pesquisadores têm tentado administrar doses das substâncias neuroquímicas envolvidas na depressão e descobriram que sozinhas elas não tornam as pessoas deprimidas. Mesmo se você criar uma deficiência de serotonina por meio da manipulação da dieta de alguém, uma pessoa em equilíbrio normal não sentirá isso como uma sensação de depressão (Duman et al. 1997). Claramente, não é a presença ou a ausência isolada de compostos bioquímicos que cria a depressão. Na verdade, é mais provável que esses compostos bioquímicos estejam depletados* como efeito adverso de uma resposta exagerada ao estresse.

Se Carys se voltar à área da saúde em busca de ajuda, provavelmente receberá prescrição de fármacos para corrigir esses chamados desequilíbrios bioquímicos em seu cérebro. Antidepressivos como o Prozac agora são nomes conhecidos e, muitas vezes, são o primeiro recurso para as pessoas que sofrem de depressão. Em alguns casos, eles são úteis para restaurar o equilíbrio. No entanto, a abordagem médica é menos confiável do que parece. Os tratamentos medicamentosos têm benefícios para alguns pacientes, mas somente um terço deles alcança a remissão completa dos sintomas. Outro terço tem alguma melhora, mas os sintomas persistem, e o restante não apresenta qualquer melhora (Tranter et al. 2002; Kirsch 2008). As empresas farmacêuticas têm ocultado essa

* N. de R.T.: Depletado no sentido de perda ou diminuição de qualquer substância no organismo.

evidência ao não publicar os estudos que mostram esses resultados insatisfatórios (Turner et al. 2007; Davies 2013).

Carys também pode encontrar alguma satisfação fatalista em saber que sua depressão pode ter um componente genético. Alguns estudos com gêmeos têm demonstrado que gêmeos idênticos são muito mais propensos a ter a mesma incidência de depressão do que gêmeos não idênticos (Andreasen 2001: 240), mas há poucas evidências do que exatamente está sendo transmitido geneticamente. De acordo com Willner, pode ser tão inespecífico quanto uma tendência à introversão que pode culminar em depressão em algumas circunstâncias (Willner 1985). De qualquer forma, no que quer que consista a predisposição genética, ela ainda precisa ser desencadeada por fatores ambientais para se manifestar – os genes relevantes não são inevitável ou automaticamente expressos. Isso torna ainda mais importante desvendar o mistério do que poderiam ser esses fatores ambientais.

Diante de uma epidemia crescente de depressão, que se tornará logo a segunda causa mais prevalente de "carga de doença"* em todo o mundo (Mathers e Loncar 2005), muitos pesquisadores têm tentado identificar o que pode desencadear a doença. Há muitos ângulos: ela está associada à falta de vitaminas do complexo B, à falta de ácidos graxos ômega 3, à perda dos pais em uma idade precoce ou a eventos de vida estressantes, como o luto ou uma mudança de casa. Claramente é uma condição biológica e psicológica. Enquanto Carys pode muito bem ter baixos níveis de determinadas substâncias químicas cerebrais que afetam o humor, junto com períodos inativos de seu córtex pré-frontal, sua condição também é desencadeada por imagens e pensamentos em sua mente. Em particular, as experiências de sentir-se rejeitada ou abandonada por outras pessoas são fatores mais comuns que desencadeiam a depressão.

Acredito que o cerne da depressão seja um senso frágil de si. É um poço profundo de desesperança interior, que transborda periodicamente quando os estoques de bem-estar de uma pessoa vulnerável esgotam – seja por falta de nutrientes essenciais, um relacionamento perdido, uma humilhação, uma doença ou um roubo. É interessante o fato de que pouquíssimas pessoas que experimentam eventos de vida como um luto

---

* N. de R.T.: Carga de doença, em inglês *burden of disease*, é um conceito consagrado em epidemiologia. Trata-se de um índice mensurável para avaliar quanto e como as populações do mundo vivem e sofrem o impacto de determinadas patologias. Para o cálculo deste índice são consideradas variáveis do tipo: mortalidade, prevalência, esperança de vida, peso das incapacidades, anos de vida perdidos por morte prematura, anos de vida perdidos por incapacidade.

ou perda se tornam de fato gravemente deprimidas. Elas experimentam tristeza e dor, mas não são oprimidas por esses sentimentos. No entanto, esses eventos costumam desencadear a depressão em um indivíduo que já está propenso a ela (Brown e Harris 1978; Carr et al. 2000).

De onde vem esse senso frágil de si? Como muitos outros pacientes deprimidos, Carys me conta as histórias de sua infância das quais ela se lembra. Certos eventos e frases ficaram em sua mente: "Você é tão egoísta", "Faça agora!". Ouvi as mesmas frases de vários pacientes: "Você sabe que não vai funcionar", "Eu já deveria saber que você iria fazer uma bagunça", "Você é patético", "Não admira que ela não goste de você", "Seu irmão é tão bom com as pessoas – mas você não tem personalidade", "Você nunca vai ser capaz de fazer isso, é melhor deixar para lá", "Você não tem muito bom senso". Essas frases podem parecer relativamente inócuas, mas evocaram um certo tipo de atmosfera negativa na qual a pessoa deprimida cresceu. Cumulativamente, elas transmitem a mensagem de que pessoas como Carys são incompetentes e inúteis.

Isso a deixa em um estado de desejo de obter a aprovação dos pais, para o "reforço social", amor e pertencimento, apesar de ter pouca confiança em ser capaz de obter essas coisas. Mas ela certamente deve ser capaz de seguir com sua vida agora que é adulta, não? Carys está, na verdade, na casa dos 50. Ela já foi casada, teve filhos e se divorciou. Ela teve paqueras. Trabalha em tempo parcial como recepcionista – um emprego abaixo de suas capacidades. Mas ainda não conseguiu criar relações satisfatórias com outras pessoas que poderiam sustentá-la emocionalmente. Debaixo da aparência superficial de viver uma vida adulta normal, ela inconscientemente aceitou as mensagens negativas de sua infância de que ela de algum modo está abaixo do padrão. No início de sua vida, desenvolveu um modo de funcionamento interno de si mesma de que não era boa o suficiente ou até mesmo de que era "má", já que não conseguia fazer jus às expectativas de seus pais ou chamar a atenção deles.

Esse modo de funcionamento inconsciente é muito facilmente desencadeado por pistas naturais de seu ambiente. Quando seus relacionamentos dão errado – seja um vizinho criticando-a pelo volume alto do rádio ou um parceiro terminando o relacionamento – ela desmorona. Ela sente vontade de se suicidar. Em sua mente, não há mais esperança. Ela é uma pessoa ruim, e nunca alguém vai amá-la de verdade. Como Anna Karenina, de Tolstoi, ela é tão insegura que os mal-entendidos são amplificados e experimentados como abandono. No romance de Tolstoi, é só o Conde

Vronsky discordar de Anna que ela pensa que ele a odeia. Ela amplia cada coisa insignificante em um abandono cataclísmico, imaginando o pior: "'Ele ama outra mulher, está ainda mais claro', disse para si mesma quando entrou em seu quarto. 'Eu quero amar, e ele não está aqui. Então, tudo está terminado!', e repetiu suas próprias palavras, 'e deve ser terminado'" (Tolstoi 1877/1995). Logo depois, Anna de fato se mata, assim como fazem aproximadamente 15% das pessoas gravemente deprimidas.

POR QUE A DEPRESSÃO ESTÁ AUMENTANDO?

A depressão tem sido extensivamente estudada porque é um distúrbio muito disseminado e afeta muitas pessoas. As últimas estimativas são de que 19% da população adulta dos Estados Unidos irá sofrer um episódio de depressão em algum momento de suas vidas (Kessler e Ustun 2011). A taxa de depressão tem aumentado drasticamente desde os anos 1950 e está em uma curva ascendente constante (Andreasen 2001). Pode ser coincidência que os antidepressivos tenham sido descobertos na década de 1950, mas surge a questão se o aumento na depressão é decorrente de uma maior propensão de ser descrito como "deprimido", já que há uma "cura" disponível.

A maior parte da literatura sobre depressão está restrita aos seus sintomas. O foco está na química do cérebro do adulto e nas suas cognições, que são alvo de tratamentos. Há muito pouco reconhecimento de que o cérebro do adulto é formado pelas experiências iniciais no útero ou que essas experiências podem ter contribuído para uma predisposição à depressão. No entanto, há muitas evidências de que uma resposta exagerada ao estresse, bem como o envolvimento de outros sistemas cerebrais, como o sistema imunológico e o sistema endócrino, que estão sendo orquestrados e aperfeiçoados na infância, estejam subjacentes à depressão crônica. Há também evidências de que a falta de confiança emocional e o modo de funcionamento destrutivo podem ser configurados muito precocemente na vida. Volto-me agora a uma exploração dessas dimensões que faltam para a compreensão da depressão.

A VIRGEM COM O MENINO JESUS

Naquele momento do início da vida celebrado por pinturas e ícones de *A Virgem com o menino Jesus*, a mãe e o bebê podem, se tudo correr bem, encontrar-se em uma espécie de casulo de paz e amor. A amamentação por si só inativa a resposta de estresse da mãe; sua amígdala expressa menos HLC, presumivelmente removendo sentimentos de medo e ansiedade; enquanto isso, a oxitocina produzida pela amamentação proporciona uma sensação de tranquilidade. O estado de espírito da amamentação facilita a capacidade de acalmar o bebê e gerenciar seu estresse. Uma vez estabelecida (e isso nem sempre é fácil de conseguir), a amamentação pode ser uma poderosa fonte de sustento para a mãe, assim como para o bebê.

Ela é, então, potencialmente mais capaz de inibir a resposta ao estresse do seu bebê e garantir que seus níveis de cortisol permaneçam baixos. Ela consegue isso por meio de sua presença, alimentação e toque. O bebê está protegido do estresse e desconforto, e seu cérebro responde desenvolvendo mais receptores para o cortisol em uma variedade de células cerebrais. Um cérebro bem abastecido com receptores de cortisol por meio dessa experiência inicial terá uma maior capacidade de absorver esse hormônio do estresse quando ele for liberado no futuro. Isso dá ao cérebro do bebê a capacidade de parar de produzir cortisol quando este já o tiver ajudado a lidar com uma fonte de estresse. A resposta ao estresse vai ser rapidamente desligada quando não for mais necessária.

Se o bebê não tiver essa experiência de ser aninhado nos braços de uma mãe protetora (seja recebendo mamadeira ou leite materno) ou se ela frequentemente não responder ou ausentar-se por muito tempo, a resposta ao estresse do bebê pode exacerbar-se e tornar-se ativa prematuramente. O bebê pode ser inundado por cortisol e, por fim, os receptores de cortisol irão se fechar. Isso significa que, no futuro, ele terá menos receptores para o cortisol. O cortisol secretado em momentos de estresse não vai encontrar receptores suficientes para recebê-lo, especialmente no hipocampo e no hipotálamo, e vai continuar encharcando o cérebro, produzindo altos níveis de cortisol e a sensação de que o estresse não pode ser interrompido. A resposta hiper-reativa ao estresse terá sido criada. Há diversos estudos associando a depressão a essa resposta hiper-reativa ao estresse.

Nem Carys nem Anna Karenina necessariamente nasceram para serem as rainhas do drama, facilmente levadas ao sofrimento por sua visão egocêntrica do mundo. Elas podem igualmente ter tido sistemas de resposta ao estresse prejudicados e neurotransmissores depletados por causa de sua experiência inicial quando bebês. Criadas por mães estressadas ou deprimidas ou por babás, pode ter faltado a elas a qualidade da atenção que é necessária para os bebês pequenos prosperarem – a "preocupação materna primária", descrita pelo psicanalista Donald Winnicott (1992).

CONEXÕES HUMANAS EQUIVALEM A CONEXÕES CEREBRAIS

A falta dessas primeiras experiências protegidas e felizes da primeira infância não afeta apenas a resposta ao estresse e a capacidade de desligar o cortisol. A falta de interação positiva gratificante com a mãe pode ter outros efeitos negativos sobre substâncias bioquímicas do cérebro. Isso pode minar o sistema da oxitocina, que está sendo elaborado no primeiro ano de vida, levando a efeitos de longa duração (Feldman et al. 2013). Especificamente, ser negligenciado ou privado da presença da mãe está ligado a baixos níveis de norepinefrina, o que torna difícil para um indivíduo se concentrar ou manter um esforço. Esse agente bioquímico normalmente está desregulado em adultos deprimidos, dificultando a capacidade do indivíduo de se adaptar, com uma tendência a mantê-la fazendo a mesma coisa repetidas vezes, mesmo que essa coisa seja ruim para ela. Um relacionamento inicial infeliz também pode constringir a capacidade de prazer e recompensa mais tarde na vida, em razão da menor quantidade de receptores de dopamina e de opioides no cérebro do bebê, especialmente no córtex pré-frontal, onde eles em geral estão muito mais presentes. A privação social ou o estresse nas fases iniciais da vida podem levar a uma redução permanente nos neurônios dopaminérgicos (Rodrigues et al. 2011; Martin 1997; Lagercrantz e Herlenius 2001), afetando a capacidade de emocionalidade positiva (Depue et al. 1994).

Já uma criança que experimenta muito contato gratificante ou aquela que é mais bem-sucedida na loteria genética pode acabar com mais sinapses dopaminérgicas (Collins e Depue 1992). Isso afeta a maneira como a vida é abordada. Com a abundância de atividade dopaminérgica, a criança aborda a experiência de uma maneira positiva. A dopamina que flui pelo córtex orbitofrontal a ajuda a fazer o seu trabalho de avaliar eventos e adaptar-se a eles rapidamente. Também ajuda a criança a adiar a gratificação e parar e pensar sobre opções de ação. A criança com menos células dopaminérgicas será menos consciente das recompensas positivas oferecidas, menos capaz de se adaptar e pensar, pode ser fisicamente mais lenta e ser mais propensa à depressão e à desistência.

As conexões de neurotransmissores são a maneira como o cérebro codifica as experiências sensoriais em nossas vias neuronais. Diferentes experiências são refletidas em "alterações na transmissão neuroquímica nas sinapses corticais" (Collins e Depue 1992). A redução desses neurotransmissores também pode afetar as conexões entre os diferentes níveis do cérebro. Em particular, pode significar que as importantes conexões regulatórias entre o córtex pré-frontal e o subcórtex são mais fracas.

A amamentação em si, que atualmente apenas uma pequena minoria de bebês experimenta por mais do que algumas semanas, pode desempenhar um papel importante em fornecer ao cérebro do bebê os ingredientes para uma vida prazerosa por meio dos ácidos graxos fornecidos no leite materno. Os bebês amamentados têm níveis mais elevados de ácidos graxos poli-insaturados (AGPI) do que aqueles alimentados com mamadeira. Embora já haja fórmulas contendo produtos lácteos suplementados com AGPI que podem oferecer alguns dos benefícios do leite materno, elas ainda não são capazes de fornecer a complexa gama de benefícios do leite materno. Uma delas é a capacidade do leite materno de fornecer anticorpos sob medida para o bebê. Conforme a mãe se aproxima mantendo contato pele com pele com seu bebê, ela "coleta amostras" dos agentes patogênicos na pele do bebê, o que desencadeia a produção de linfócitos B de memória específicos para esses patógenos. "Esses linfócitos B então migram para os seios da mãe, onde produzem apenas os anticorpos de que o bebê precisa", de acordo com a imunologista Lauren Sompayrac (Sompayrac 2012).

Os ácidos graxos essenciais também estão envolvidos na produção de neurotransmissores, como a dopamina e a serotonina, em especial no córtex pré-frontal (Wainwright 2002). Estudos em animais sugerem que uma deficiência de AGPI no início da vida pode ter efeitos permanentes. O cérebro pode não se recuperar plenamente se não obtiver os nutrientes de que necessita durante o período antes do desmame, mesmo que eles sejam repostos mais tarde (Kodas et al. 2002). Se isso acabar por ser verdade em bebês humanos também, pode contribuir para a maneira com que o equilíbrio de neurotransmissores é definido no início da vida, incluindo as vias serotoninérgicas e noradrenérgicas implicadas na depressão. Curiosamente, foram estabelecidas ligações entre os baixos níveis de AGPI e a depressão humana (Golding et al. 2009; Maes et al. 1999; Peet et al. 1998; Bruinsma e Taren 2000). Os baixos níveis de ácidos graxos ômega 3 no cérebro também se correlacionam com a falta de atividade no córtex pré-frontal e cingulado anterior (Sublette et al.

2009). No entanto, os suplementos de AGPI ou uma dieta rica em peixes oleosos pode ajudar alguns indivíduos a se recuperar da depressão (Lin e Su 2007; Peet e Horrobin 2002).

O JOGO DE PODER

Os bebês que não conseguem obter a atenção de que necessitam e que não se sentem adequadamente protegidos da angústia são forçados a tomar consciência de seu próprio desamparo e impotência. Mas essa consciência é prematura, porque um bebê não tem praticamente nenhuma capacidade de regular a sua própria angústia ou agir de acordo com seus próprios interesses. Há pouco que ele pode fazer se ninguém responde aos seus protestos e gritos, exceto tentar não sentir e "fingir-se de morto". Esse pode ser o rumo mais seguro se as suas necessidades são uma irritação para os seus cuidadores.

Esse comportamento passivo é muito parecido com o comportamento dos ratos que Martin Seligman estudou na década de 1980. Quando eles eram colocados em situações desagradáveis das quais não havia escapatória, que eram impotentes para modificar, eles desistiam. Eles se retiravam para um estado sem esperança. Mas o que Seligman encontrou de mais revelador foi que eles continuavam se comportando de uma maneira impotente mesmo quando as condições mudavam. Quando a experiência estressante acabava, eles nem sequer tentavam escapar. Ele chamou isso de "desamparo aprendido" (Seligman e Beagley 1975).

Nesse estado de impotência e estresse, são produzidos níveis elevados de cortisol. Como o trabalho de Sapolsky com babuínos mostrou, é estressante estar na parte inferior da hierarquia social, assim como é igualmente estressante ser um bebê que depende de pais que não percebem nem atendem às suas necessidades. Em ambos os casos, a sobrevivência está em jogo. Como criaturas sociais que dependem de outros, não é possível sobreviver sozinho. É assustador ser ignorado, humilhado, ameaçado ou preso. Não é seguro. Pessoas (ou animais) com poder social se sentem seguras, sentem-se livres para se expressar e esperam ter as suas necessidades atendidas, mas, sem esse poder, o único rumo seguro é afastar-se e submeter-se às outras pessoas.

Andrew Solomon, autor do magistral livro sobre depressão *The Noonday Demon*, ofereceu a intrigante ideia de que há uma razão evolutiva para o afastamento e a depressão (Solomon 2001). Quando é atacado por outros membros mais poderosos do grupo social dos quais não pode vencer, o perdedor se afasta. Ele não põe o seu baixo nível social em risco a fim de evitar um desfecho pior – a morte. Do mesmo modo, no grupo familiar, talvez uma criança que seja desvalorizada e criticada também aceitará seu baixo *status* a fim de sobreviver. Nossos conflitos são disputados em um nível mais psicológico do que o de nossos antepassados, mas são essencialmente as mesmas manobras defensivas.

O cortisol é mais elevado quando o indivíduo sente uma perda de energia ou de controle sobre os eventos, em particular se esses eventos não puderem ser previstos. O ato de se preparar mentalmente para uma experiência desagradável fornece um pouco de proteção contra seus efeitos estressantes e resulta na produção de menos cortisol. Presumivelmente, a preparação mental fornece algum grau de controle. A pesquisa de Brier descobriu que mesmo as pessoas deprimidas têm uma resposta normal do cortisol ao estresse quando têm um pouco de controle sobre o fator estressor; contudo, quando enfrentavam um estresse incontrolável, seus níveis de cortisol subiam (Brier et al. 1987). Isso pode explicar a tendência de algumas pessoas deprimidas de permanecer em relacionamentos ou situações de trabalho de baixo risco, que são previsíveis e familiares. Pode ser preferível aceitar uma opinião ruim de si mesmo do que encontros sociais de risco que podem elevar seu *status*, mas podem acabar em humilhação. É particularmente doloroso se preparar para receber afirmação e aceitação de outras pessoas e deixar de recebê-las.

HEMISFÉRIOS ESQUERDO E DIREITO

O cortisol elevado também está associado a um cérebro direito altamente ativo e a um cérebro esquerdo hipoativo. Esse não é o padrão normal. Sabemos a partir do trabalho de Tomarken e Davidson que a maioria das pessoas tem o hemisfério cerebral esquerdo mais ativo do que o direito. Os pesquisadores descobriram que essa era uma característica estável – um "traço" e não um "estado" (Tomarken et al. 1992; Kalin et al. 1998b). Um cérebro esquerdo ativo está ligado a sentimentos positivos, alegria e vontade de se aproximar dos outros com uma espécie de perspectiva extrovertida. Quando vídeos divertidos são mostrados a essas pessoas, elas tendem a achá-los intensamente positivos. No entanto, nem todas as pessoas têm o cérebro igual. Há também muitas pessoas que têm um hemisfério frontal direito permanentemente mais ativo e que muitas vezes não acham graça nas coisas. Em vez disso, são suscetíveis de ter respostas mais fortes a vídeos negativos e cheios de desastre (Tomarken et al. 1990). Pessoas deprimidas são assim, e não apenas quando estão deprimidas, mas o tempo todo.

Pessoas deprimidas parecem ter um cérebro frontal esquerdo lento, incapaz de lidar quando uma enxurrada de sentimentos negativos surge no cérebro frontal direito. Em particular, durante um episódio depressivo, essas pessoas têm um fluxo sanguíneo cerebral menor nos giros dorsolateral esquerdo e angular esquerdo – um estado que tem sido associado à apatia e à "pobreza do discurso" (Lichter e Cummings 2001). Elas também têm um pouco de comprometimento cognitivo relacionado com a diminuição no fluxo sanguíneo em parte do córtex pré-frontal medial esquerdo (Bench et al. 1993; Drevets et al. 1997). Alguns estudos em ratos mostraram que o estresse inicialmente ativa o córtex pré-frontal esquerdo, e só ativa o córtex pré-frontal direito uma vez que o estresse se torna prolongado ou incontrolável. O córtex pré-frontal esquerdo parece ser uma espécie de barreira que impede que pequenos estresses se tornem grandes – uma barreira que as pessoas deprimidas muitas vezes não têm (Sullivan e Gratton 2002).

Como alguns cérebros se comportam de um modo, e outros, de outro? Não se sabe se alguns bebês na verdade nascem com essa tendência. O que se sabe é que há bebês com um cérebro frontal direito hiperativo e um cérebro frontal esquerdo menos ativo, mas nenhum estudo demonstrou se isso ocorre desde o nascimento ou se é resultado das experiências. O fato de o equilíbrio entre os hemisférios direito e esquerdo ser um estado permanente e estável sugere que ocorreu algo estrutural. Uma explicação seria que a arquitetura do cérebro foi afetada no início do desenvolvimento. Isso provavelmente ocorreu na primeira infância, quando o cérebro está se desenvolvendo mais rápido. E, na verdade, isso é o que sugerem as pesquisas sobre as interações entre mães deprimidas e seus bebês.

Sabemos que os bebês de mães deprimidas mostram essa inclinação hemisférica. Eles não têm a predominância normal do hemisfério esquerdo como os outros bebês, mesmo nos momentos em que parecem muito felizes brincando. Esses bebês com menos atividade frontal esquerda foram descritos como menos afetuosos e menos propensos a se aproximar de suas mães enquanto brincam. Pode ser que, pelo fato de o cérebro frontal esquerdo da mãe ser menos ativo, ela não seja capaz de estimular o cérebro frontal esquerdo do seu bebê. Ela também não é capaz de comunicar estratégias regulatórias do cérebro esquerdo.

Quando crescem, esses bebês de mães deprimidas têm um alto risco de sucumbir à depressão. Cerca de 40% deles vão sofrer de depressão antes de terem 16 anos – especialmente aqueles que não desenvolveram um apego seguro com a mãe (Fig. 6.1) (Murray et al. 2011).

Figura 6.1 Ela está sofrendo de depressão porque a mãe dela também está.

Contudo, mesmo enquanto bebês, há razões para acreditar que eles já estão deprimidos. Eles muitas vezes estão distantes e evitam fazer contato visual com as pessoas em geral. Isso pode ser porque não esperam atenção e respostas positivas de suas mães deprimidas. E, infelizmente, o que ocorre é que os cérebros de muitas mães deprimidas não respondem de modo muito ativo ao choro do seu bebê; exames de Imagem por Ressonância Magnética Funcional (fMRI) revelaram um córtex pré-frontal relativamente insensível em comparação com o de mães não deprimidas (Laurent e Ablow 2012).

Não há dúvida de que a falta de interação positiva também pode ter um grande impacto negativo sobre os cérebros dos bebês. Um estudo recente descobriu que crianças com 10 anos que cresceram com uma mãe continuamente deprimida têm um volume de amígdala significativamente maior do que o de outras crianças (Lupien et al. 2011). Mesmo quando a depressão materna dura apenas durante a primeira infância, ela pode deixar um legado não intencional para o bebê; um estudo descobriu que alguns desses bebês crescem com uma resposta ao estresse alterada e são mais propensos a ter altos níveis de cortisol aos 13 anos (Murray et al. 2010).

As mães deprimidas tendem a se comportar de modo diferente em comparação com outras mães. Um estudo (realizado por Jeffrey Cohn e colaboradores) constatou que o estado normal de brincadeiras entre mãe e bebê flutua entre interações positivas e neutras – quase igualmente divididas, mas as mães deprimidas oferecem pouquíssimas interações positivas. Cerca de 40% das vezes elas não respondem ou estão desconectadas, enquanto grande parte do restante do tempo estão irritadas e são intrusivas e rudes com seus bebês. Quando a mãe está aberta ou veladamente irritada, esses bebês desviam muito o olhar. Eles obviamente não podem sair do quarto, mas talvez quisessem sair. A experiência mais dolorosa para um bebê parece ser a incapacidade de chamar a atenção da mãe. Os bebês fazem o maior protesto quando a atenção de sua mãe está desligada, como se isso fosse ainda mais insuportável do que os maus-tratos. Mas, de qualquer modo, os bebês de mães deprimidas experimentam mais sentimentos negativos do que positivos (Cohn et al. 1990).

A maior parte dos bebês de mães normais experimenta pouquíssimos estados negativos. Isso levanta dúvidas sobre a teoria psicanalítica kleiniana de que os bebês são naturalmente cheios de inveja e ganância (Klein 1988). Parece mais provável que um predomínio de emoções negativas esteja associado a experiências anormais na relação mãe-bebê.

Claramente, o relato de Klein ressoa com muitas pessoas, talvez aquelas que tiveram esse tipo de experiência na primeira infância (e culpam o bebê que foram por isso). Em minha opinião, provavelmente é mais correto pensar na hostilidade e inveja da mãe deprimida em relação ao bebê do que o contrário.

POBREZA E DEPRESSÃO

A depressão parece andar de mãos dadas com a pobreza e a exclusão social. Brown e Harris descobriram que aqueles sem recursos econômicos indubitavelmente tinham propensão a experimentar as causas mais frequentes para a depressão, na forma de humilhações e frustrações. No entanto, como eles, Karlen Lyons-Ruth descobriu que não era a baixa renda ou os seus múltiplos problemas que causavam a depressão.

Lyons-Ruth analisou uma amostra de mulheres que viviam em situação de pobreza consideradas como tendo dificuldades em cuidar de seus bebês. Os profissionais que encaminharam essas mães as viam como negligentes, apáticas ou irritadas, mas não deprimidas. No entanto, descobriu-se que elas tinham níveis muito elevados de sintomas depressivos, muitas vezes em uma forma crônica e de nível baixo que Karlen Lyons-Ruth descreveu como "esgotadas", suas habilidades de enfrentamento estavam distendidas a ponto de se romper. Outras mulheres cuidadosamente pareadas das mesmas comunidades pobres que estavam lidando bem com seus filhos tinham muito menos sintomas depressivos.

Lyons-Ruth sugere que as dificuldades que essas mulheres experimentam na criação dos filhos não são unicamente decorrentes da pobreza ou de problemas atuais isoladamente, mas precisam ser entendidas no contexto de uma história de vida de má regulação, enraizada em suas próprias experiências da infância. O que mais importava era saber se essas mulheres tinham ou não um bom relacionamento com a própria mãe na primeira infância. Isso era mais preditivo de depressão e problemas na maternidade (Lyons-Ruth 1992).

Na minha prática de mãe/bebê, as mães deprimidas eram a norma. Em geral, elas próprias estavam desesperadamente precisando de atenção. A maioria descreveu relações difíceis com suas próprias mães. Por exemplo, Benita tinha uma mãe que era deficiente, de modo que ela se sentia incapaz de exigir qualquer coisa dela; Sally tinha uma mãe alcoolista imprevisível; a mãe de Jill era uma profissional bem-sucedida, ocupada e indisponível. Aquelas mães que apresentam uma visão mais positiva da relação com suas mães muitas vezes não são capazes de justificá-lo. Muitas dessas mães não receberam a atenção de que precisavam quando bebês e crianças pequenas e agora acham difícil dá-la a seus próprios filhos. Elas se sentem impotentes com seus próprios bebês, não sabendo o que fazer, como fazê-lo parar de chorar ou dormir à noite. Elas querem que o bebê cresça rápido e não precise de tanta atenção.

Viver com qualquer mãe que não está emocionalmente disponível, por qualquer motivo, tem o mesmo efeito sobre o cérebro do bebê do que impor privações mais óbvias, como o isolamento completo. Os bebês vêm ao mundo com uma necessidade de interação social para ajudá-los a desenvolver e organizar seus cérebros. Se eles não recebem suficiente atenção empática e sintonizada – em outras palavras, se eles não têm pais interessados neles e que reagem positivamente a eles – então partes importantes de seus cérebros simplesmente não irão se desenvolver bem.

Isso afeta particularmente o córtex pré-frontal, o cérebro social. Essa é a parte do cérebro que tem sido fortemente implicada na depressão. Em pessoas deprimidas, o córtex pré-frontal é menor, especialmente no lado esquerdo. Isso foi encontrado em uma série de estudos e foi estabelecido mesmo com adolescentes que estão deprimidos (Steingard et al. 2002; Frodl et al. 2010). A menos que possa ser demonstrado em estudos subsequentes que um córtex pré-frontal pequeno é determinado geneticamente, isso fornece uma poderosa evidência de que a depressão está ligada ao fraco desenvolvimento do cérebro social no seu período mais formativo da primeira infância e infância. Em particular, existe uma densidade reduzida de neurônios na parte dorsolateral do córtex pré-frontal, a área que se desenvolve na primeira infância e está envolvida em verbalizar sentimentos. Quanto mais deprimido você estiver, menos atividade haverá no córtex pré-frontal; com menos fluxo sanguíneo no córtex pré-frontal, menos neurotransmissores como a serotonina ou a noradrenalina serão liberados. Em particular, a parte orbitofrontal do córtex pré-frontal também é menos ativa, tornando mais difícil para as pessoas deprimidas julgar situações e controlar suas reações.

Esses efeitos podem ser decorrentes do cuidado parental ou da falta dele. Bebês chorando só alcançam altos níveis de cortisol se estiverem sobrecarregados e forem incapazes de lidar com suas angústias – se o seu parceiro regulatório não fizer um trabalho eficaz na redução do estresse.

Infelizmente, a maneira que se lida com os bebês pode ter efeitos duradouros. Os bebês que choram muito aos 4 meses são os que mostram comportamento inibido e distante com 1 ano. Essas são então as crianças que se pode predizer com precisão que se tornarão tímidas aos 4 anos. Nos mais drásticos extremos, órfãos romenos que não tiveram praticamente nenhum contato com uma mãe têm cérebros com córtex orbitofrontal esquerdo, amígdala, hipocampo e áreas temporais menos ativos do que crianças comparáveis de sua idade – precisamente as áreas envolvidas no manejo do estresse (Chugani et al. 2001).

O BOTÃO DE DESLIGAR

Diversos estudos têm mostrado que os níveis de cortisol estão elevados na maior parte das pessoas com depressão grave, mas, se você conseguir fazer o nível de cortisol voltar ao normal, os sintomas de depressão diminuirão. Como Andrew Solomon descreveu, um estado de altos níveis de cortisol é como deixar o aquecimento ligado todos os dias, mesmo que o quarto esteja um forno. A resposta ao estresse simplesmente continua ativa mesmo que não haja nenhum estresse óbvio ao redor. Cada pequena coisa se torna uma fonte de estresse. O problema é que há algo errado com o botão de "desligar".

As pessoas que estão vulneráveis a esses desequilíbrios bioquímicos acham que, quando coisas desagradáveis acontecem, elas não podem se endireitar e inclinar a balança de volta ao normal, como as outras pessoas fazem. Seus mecanismos de recuperação estão danificados. Mais uma vez, isso opera em um nível biológico e psicológico. No nível biológico, o processo circular de *feedback* negativo dentro do cérebro não está funcionando corretamente. Quando o nível de cortisol permanece elevado durante muito tempo, começa a afetar o funcionamento do hipocampo. Isso pode ser um problema particularmente no cérebro em desenvolvimento. Pesquisas recentes em macacos sugerem que os altos níveis de cortisol podem ser especialmente tóxicos para o hipocampo em desenvolvimento e, portanto, menos tóxicos para o hipocampo adulto. Quando os pesquisadores deram cortisol a macacos adultos durante um período prolongado, ele teve pouco efeito sobre o seu hipocampo.

Um hipocampo em mau funcionamento não informa o hipotálamo de que é hora de desligar a produção de HLC. O hipotálamo, que está ligado a muitas áreas do cérebro, incluindo as amígdalas geradoras de medo, deixa de utilizar o botão de desligar. Isso significa que a resposta ao estresse persiste infinitamente.

Uma ideia recente acrescentou outra dimensão ao problema. Uma resposta ao estresse prejudicada pode ter efeito também sobre o sistema imunológico. Normalmente, o cortisol desliga a resposta inflamatória em algumas semanas depois do desencadeamento, que normalmente é uma infecção ou um evento estressante. Quando ele não consegue fazer isso, a resposta inflamatória pode ficar fora de controle, e a produção de citocinas pró-inflamatórias, como a IL-6, pode dobrar.

Curiosamente, isso não apenas afeta a saúde do indivíduo, mas também o coloca em risco de depressão. Alguns estudos longitudinais fascinantes mostraram que os adultos com níveis elevados de inflamação ou citocinas pró-inflamatórias são também mais propensos a ficarem deprimidos. Um estudo com um número muito grande de funcionários públicos de uma região na Inglaterra que foram acompanhados ao longo de um período de 11 anos concluiu que eram as citocinas que iniciavam a depressão, e não a depressão que desencadeava o aumento nas citocinas (Gimeno et al. 2009).

Em primeiro lugar, como tantos indivíduos resistentes de meia-idade tinham altos níveis de citocinas? Para alguns, isso parecia ser uma resposta a estresses atuais – os funcionários do sexo masculino que se sentiram lesados por seu local de trabalho não ser justo e correto tinham os marcadores inflamatórios mais elevados (Elovainio et al. 2010). Mas, para muitos outros, isso pode ter sido decorrente de estresses em períodos muito anteriores de suas vidas. Infelizmente, o estudo não analisou se os participantes tiveram um início de vida estressante. No entanto, os pesquisadores reconheceram que estudos recentes mostraram que isso também pode configurar uma resposta inflamatória exacerbada (Danese et al. 2008; Miller et al. 2011; Pace 2006; Bilbo e Schwartz 2009).

Em um nível psicológico, os altos níveis de cortisol deixam a pessoa deprimida presa em um estado de ansiedade, enquanto o alto nível de inflamação também pode levar a uma tendência a "comportamentos de doença", como o desejo de dormir ou afastar-se dos outros. Nesse estado, é difícil afastar os pensamentos e sentimentos negativos. Os modos de funcionamento interno mais negativos da pessoa deprimida são facilmente acionados. George Brown e Tirril Harris descobriram que os episódios depressivos na idade adulta muitas vezes começam com uma falha em obter apoio emocional ou em alguma situação que envolve uma rejeição ou perda de autoestima (Brown e Harris 1978). As pessoas deprimidas facilmente sentem que são ineficazes ou indesejadas. Isso leva a pensamentos negativos sobre si mesmo – "Eu sou um idiota. Não sou bom. Não sou digno de atenção. Sou patético". Quando não é esperada, a necessidade do indivíduo de *feedback* positivo e atenção dos outros parece vergonhosa.

Em sua pesquisa pioneira da década de 1970, Brown e Harris assinalaram que algumas pessoas parecem ser mais vulneráveis a humilhações atuais. Eles tentaram rastrear esses tipos vulneráveis e descobriram que aqueles que tinham perdido a mãe antes dos 11 anos eram vulneráveis, bem como aqueles cujo apego aos outros era de modo geral inseguro. Eles sugeriram que havia algum elemento faltante na autoestima, o que tornava mais difícil acreditar que "no final, fontes de valor alternativas estarão disponíveis". Pessoas vulneráveis à depressão tinham pouca capacidade de reparar as lacerações na autoestima causadas por danos psicológicos.

Podemos agora descrever essa dificuldade na recuperação de traumas psicológicos como um problema de autorregulação. Pessoas deprimidas "ruminam". Elas não conseguem parar de pensar dolorosamente em suas necessidades emocionais não atendidas, embora sejam incapazes de tomar medidas práticas, por menores que sejam, no sentido de melhorar a sua situação. Elas lutam para evitar a desaprovação e rejeição dos outros, ainda que se sintam impotentes e incapazes de conseguir o apoio que almejam. Elas estão em um vínculo de autorregulação, incapazes de desistir de seus objetivos ainda que não tenham a confiança para persistir em alcançá-los (Carver e Scheier 1998).

RUPTURA E REPARAÇÃO

Allan Schore também chamou a atenção para essa dimensão crucial da experiência depressiva. Em um contexto social, a desesperança é o resultado de não ser capaz de arrumar as coisas. Não é apenas ter pensamentos negativos sobre si mesmo – um elemento crucial da depressão é que ela envolve também a sensação de que não há nenhuma maneira de redimir a si mesmo, de recuperar a boa opinião ou o amor dos outros. Carys frequentemente desistia de pessoas ou situações, acreditando que não havia nada que pudesse fazer para melhorar a situação. Em uma ocasião, ela tinha se esquecido de dizer ao médico para quem trabalhava de que um paciente precisava de uma consulta urgente. Isso tinha sido um descuido grave. Poderia ter tido más consequências para o paciente. Carys só sabia que iria perder seu emprego e que nunca encontraria outro tão conveniente. O médico, que ela admirava e que sempre havia sido amigável com ela, ficaria tão furioso que não iria mais falar com ela. E quem poderia culpá-lo? Ela era incompetente e burra e decepcionava as pessoas. Ela se torturou tanto com o sentimento de culpa que não conseguiu voltar ao trabalho. Não conseguia enfrentar a situação. Ela piorou a sua situação, forçando o médico a demiti-la. Não lhe ocorreu que pudesse explicar e pedir desculpas ou que ele pudesse entender o quão exausta estava naquele dia porque sua filha a havia acordado no meio da noite por estar tendo um aborto espontâneo. Ela desistiu de sua relação de trabalho sem nem tentar repará-la ou, pelo menos, restaurar um pouco do respeito mútuo e da compreensão, mesmo que ela tivesse de perder o emprego.

Schore chama isso de ciclo de "ruptura e reparação". Quando ocorrem o estresse e o conflito entre as pessoas, como inevitavelmente ocorrem em todas as relações, é crucial aprender que uma relação positiva pode ser restaurada. Essa é a essência do apego entre pais e filhos e é o núcleo de segurança emocional e da autoconfiança. Trata-se de um sistema de reparo que é configurado no início da vida de uma criança e é estabelecido por volta de 1 ano de idade. A criança segura aprende que a figura parental vai acalmá-la e confortá-la quando estiver angustiada; eles não vão deixá-la sofrer por muito tempo. Mas se, em vez disso, a criança aprende que não pode recorrer aos pais em busca de conforto quando estiver angustiada, porque vão ignorá-la ou puni-la ainda mais, ela ficará presa a sentimentos de estresse, com níveis elevados de cortisol, incapaz de desligá-lo. Esse é o trabalho dos pais no início da vida, quando a criança não tem a capacidade de regular a si mesma.

A criança que experimenta o estresse que não é acalmado por seus pais cresce como Carys. Ela não espera ser capaz de gerenciar esses sentimentos dolorosos de conflito com os outros. Mas esse não é um traço de personalidade com o qual ela nasceu. É um problema de regulação, que é aprendido. Mais recentemente, a atenção voltou-se para a maneira como as pessoas deprimidas regulam seus sentimentos. Judy Garber fez uma série de estudos fascinantes sobre pessoas deprimidas e suas estratégias regulatórias (Garber e Dodge 1991). Verificou-se que elas têm um estilo disfuncional de regulação, baseado no mecanismo mais primitivo de "luta ou fuga". Elas parecem não ter as estratégias regulatórias mais complexas que estão associadas ao desenvolvimento pré-frontal. Em vez de resolver ativamente os problemas com outras pessoas conversando sobre as coisas, confiantes de que alguma solução pode ser encontrada, elas tendem a se afastar das pessoas ou atacá-las de modo agressivo.

A pesquisa de Megan Gunnar e Andrea Dettling em crianças com altos níveis de cortisol também revelou esse achado. Elas descobriram que as crianças com níveis elevados de cortisol não esperam ser capazes de lidar eficazmente com os sentimentos negativos de outras pessoas. Seus professores as avaliaram como menos competentes socialmente do que as outras crianças pelo mesmo motivo – elas lidam com sentimentos negativos e situações difíceis por meio do afastamento ou da agressividade (Dettling et al. 1999, 2000).

Essa dificuldade em reparar situações interpessoais é repercussão do que está acontecendo no cérebro da pessoa depressiva, que também está tendo dificuldade de reparação e regeneração de seus próprios neurônios. Isso parece ser outro efeito adverso infeliz dos altos níveis de estresse: as citocinas pró-inflamatórias hiperativas também influenciam na neurogênese. As citocinas podem inibir a expressão do fator neurotrófico derivado do cérebro (BDNF)* (Lin e Su 2007) e dificultar a capacidade dos neurônios de se regenerar após um episódio estressante (Bilbo et al. 2012). No entanto, a maternidade calorosa e apoiadora promove a neurogênese (Branchi et al. 2012; Luby et al. 2012; Lin e Su 2007).

Pais apoiadores também são pais que ajudam os filhos a regular seus estados de espírito. Garber e Dodge (1991) descobriram que crianças deprimidas têm expectativas diferentes de suas mães em comparação com crianças não deprimidas. Elas não esperam que suas mães sejam capazes de regulá-las melhor do que elas mesmas são capazes de fazê-lo. Elas não esperam ser capazes de alterar seu humor negativo. Isso pode ser parte do motivo pelo qual as pessoas deprimidas caem tão facilmente em pensamentos negativos como "Eu sou burra" ou "Eu sou má". Quando eram crianças, tentaram ser responsáveis por sua experiência de eventos

* N. de R.T.: Do inglês, *brain derived neurotrophic factor*. É uma proteína secretada que, em humanos, é codificada pelo gene BDNF. A proteína é encontrada no cérebro e na periferia; ajuda na sobrevivência neuronal e na geração de novas células cerebrais.

negativos. Mas, da perspectiva da criança, não há como saber se seu parceiro regulatório poderia agir de modo diferente, portanto, elas tendem a culpar a si mesmas e suas próprias inadequações por seu sofrimento. Esse dilema, conhecido como a "defesa moral", foi descrito na década de 1940 pelo psicanalista escocês Ronald Fairbairn, que reconheceu que as crianças relutavam em admitir que seus pais eram maus porque era mais seguro para si mesmas ser más do que ter pais - de quem dependiam para a sobrevivência - maus (Fairbairn 1952).

Há evidências que mostram que pais deprimidos, em particular, oferecem regulação pior para seus filhos do que outros pais. Sua falta de atenção para com os estados de seus filhos pode resultar em uma falha em comunicar boas estratégias regulatórias. Suas crianças podem não ter confiança de que os sentimentos podem ser gerenciados em conjunto em cooperação com outras pessoas. No entanto, as crianças que não estão deprimidas (e que não têm pais deprimidos) são muito mais capazes de responder a eventos negativos, tomando algum tipo de ação. Elas usam a resolução de problemas ativa e a distração deliberada. Quando as coisas vão mal, elas chegam à conclusão de que precisam se esforçar mais ou talvez desistir e tentar outras coisas. Elas não assumem que estão emperradas ou que a culpa deve ser sua.

A passividade e a apatia do deprimido pode ter uma dimensão bioquímica, mas em um nível comportamental é também o resultado de modos de funcionamento interno que são formados precocemente na vida. Na primeira infância, a sorte pode muito bem ser lançada - os filhos de mães deprimidas têm uma chance de 29% de desenvolver um distúrbio emocional em comparação a 8% das crianças com uma mãe com doença clínica (Hammen et al. 1990). Pesquisas recentes sugerem que o *pai* deprimido também tem um impacto sobre seu filho, afetando o comportamento e o desenvolvimento emocional precoce da criança (Ramchandani et al. 2005).

Essas são as crianças que não esperam apoio, que não antecipam alívio do sofrimento como resultado do contato com seu pai e que não sabem como regular seus sentimentos negativos. Como não esperam que as rupturas sejam reparadas, elas não recorrem aos outros. Como não foram ensinadas a se concentrar na resolução de problemas passo a passo, não conseguem imaginar qualquer solução. Elas estão verdadeiramente presas a sentimentos negativos que não sabem como dispersar, além de fugir deles.

Infelizmente, a depressão também é cumulativa. Esses tipos de padrões de pensamentos tendem a ser mais facilmente evocados quanto mais a pessoa se sente sem esperança. Verificou-se que, quanto mais frequentemente uma pessoa tem um episódio depressivo, mais difícil se torna a recuperação. A confiança que não foi bem estabelecida no início da vida pode tornar-se progressivamente corroída conforme o indivíduo não consegue gerenciar uma situação após a outra. Os cérebros que estão emocionalmente pouco potentes por uma falta de neurotransmissores e um córtex pré-frontal menos desenvolvido têm dificuldade em gerenciar novas soluções, encontrar novas formas de manejo e acalmar a resposta exagerada ao estresse.

Claramente é muito mais eficaz evitar esse ciclo vicioso do que ganhar ritmo. Se for reconhecido que a primeira infância detém algumas das chaves para a depressão, pode parecer mais urgente ajudar os pais deprimidos na primeira oportunidade. Quando as mães são tratadas com sucesso e obtêm melhora em três meses, o desfecho para os seus filhos é bom (Weissman et al. 2006; Pilowsky et al. 2008). Por outro lado, pais estressados educam filhos estressados; por isso, é vital proporcionar um ambiente mais favorável para a parentalidade nas fases iniciais da vida da criança e encontrar maneiras de possibilitar que os pais deem a seus filhos pequenos as habilidades regulatórias e a confiança emocional de que eles precisam.

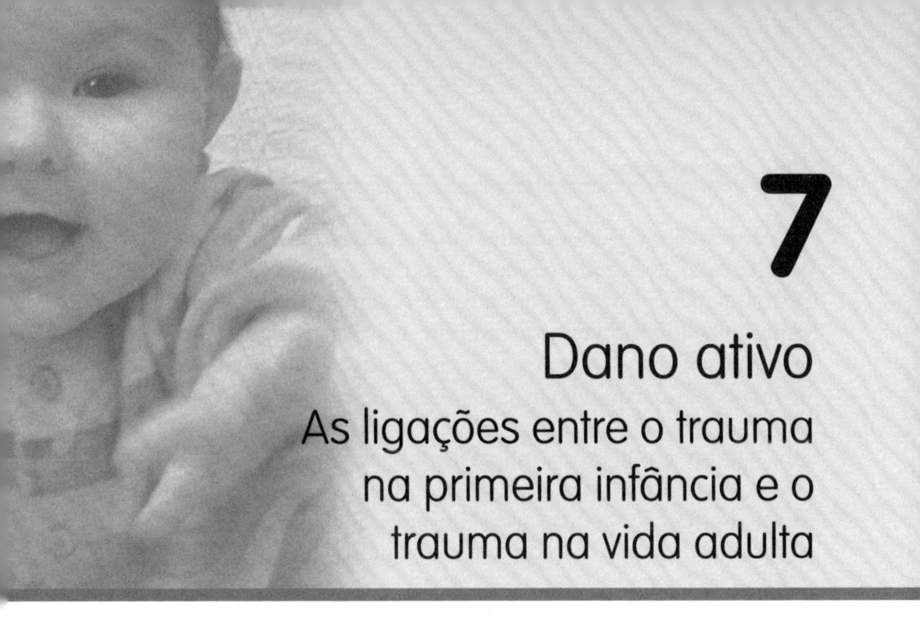

7

Dano ativo
As ligações entre o trauma na primeira infância e o trauma na vida adulta

Um avião cai em campo aberto. Sobreviventes andam tropeçando sob uma névoa de fumaça em uma lavoura de milho que os cobria em altura, dando passos altos. Cada passo triturante e cada respiração ofegante os levava de volta para mais perto do caos de fogo, corpos e pânico em torno do avião. Essa é a cena de abertura do filme *Fearless*; o herói do filme, representado com perfeição por Jeff Bridges, tem uma expressão vidrada quando ele passa por uma mulher gritando à procura de seu bebê e por uma criança à procura de seus pais. Ele olha com serenidade a cena de devastação, aparentemente alheio ao crepitar das chamas, ao barulho das sirenes e aos gritos humanos. Em seguida, ele silenciosamente se apropria de um táxi e vai embora da cena.

A abertura desse filme leva o espectador ao estado de espírito de uma pessoa traumatizada, seguindo-a ao longo dos meses após o trauma quando ele chega a um acordo com a experiência de ainda estar vivo – enquanto seu amigo e parceiro de negócios não sobreviveu. Seus relacionamentos são afetados: ele tem dificuldade em se relacionar com sua esposa e filho e, em vez disso, começa a formar um vínculo com outra sobrevivente que perdeu seu bebê. Ele tem *flashbacks* do acidente, revivendo os momentos em que o avião caiu. Ele impulsivamente assume riscos extremos com seu corpo, caminhando alegre em uma rodovia movimentada. Ele está dissociado da realidade.

Esses são, de fato, alguns dos sintomas que as pessoas experimentam após traumas extremos, como estupros, assaltos, acidentes de carro ou guerra. Essas experiências desafiam as habilidades de enfrentamento de um indivíduo até o limite, e a maior parte das pessoas fica temporariamente sobrecarregada. A definição psiquiátrica de trauma inclui qualquer experiência que ameaça sua vida ou seu corpo ou qualquer mal que seja infligido a você intencionalmente (APA 2013). Os especialistas também descobriram que até mesmo testemunhar isso sendo feito a outra pessoa é traumático – ou ser o autor do dano ou da morte de alguém – o que sugere que a nossa identificação com a experiência dos outros é algo que não podemos evitar. Isso é mais agudo e doloroso quando estamos intimamente envolvidos com alguém, e a perda de um filho é, talvez, a mais dolorosa de todas. Em uma tarde de outono de 2002, Nicky Fellows, de 10 anos, estava indo visitar uma amiga quando foi levada por um desconhecido a um bosque próximo, onde foi agredida e assassinada. Sua mãe, Susan Fellows, descreveu como essa situação afetou seu casamento na época: "Lidamos com a nossa dor de modo diferente e nos acusávamos mutuamente por não estar lá para protegê-la", disse. "Não conseguia deixar que meu marido se aproximasse de mim. Não consegui suportar o seu toque durante muito tempo depois do evento. Tentei explicar que não era nada com ele, era por causa do que havia acontecido com Nicky – ela havia sido violentada sexualmente – que sempre voltava à minha mente" (*Guardian*, 25 de novembro de 2002).

O trauma é essencialmente um confronto com danos ao corpo ou à mente. Pode ser o corpo que está incapacitado ou morto, ou o psicológico que está ferido ou destruído. Em ambos os casos, a subjetividade de uma pessoa é negada por outra pessoa. Esse tipo de ódio nos leva à margem da vida – dramatizada no filme de Peter Weir pela imagem do personagem de Jeff Bridges literalmente andando de forma perigosa em cima de um muro baixo no terraço de um arranha-céu. Portanto, o trauma também tem a ver com o medo em sua forma mais primitiva. É o medo do desamparo total, saber que ninguém pode salvar você ou seu ente querido. Os laços que amarram você aos outros estão rompidos. Sua integridade física e psicológica está violada. O mundo como você conhece, a estrutura que sustenta a realidade, está despedaçado. Não têm mais a mesma aparência. Ele não é mais seguro.

TRANSTORNO DE ESTRESSE PÓS-TRAUMÁTICO

A resposta normal a esse tipo de experiência traumática é ter medo. Quando isso acontecer, a amígdala do indivíduo iniciará uma resposta de luta ou fuga e colocará vários sistemas em ação. O sistema nervoso simpático liberará adrenalina, e a pressão arterial e a frequência cardíaca subirão. O hipotálamo vai, então, desencadear uma reação em cadeia que resultará na produção de cortisol. Todos esses efeitos normalmente se reduzem e voltam ao normal em algumas horas, mas pode não acontecer se o trauma for muito extremo ou crônico. Pode demorar até um ano para que a pessoa se recupere de um estresse pós-traumático.

No entanto, o *transtorno* de estresse pós-traumático (TEPT) tornou-se um diagnóstico reconhecido para uma reação anormal ao trauma – a reação que se passa além do período normal de recuperação. Quando alguma coisa terrível acontece com a pessoa, os psiquiatras aceitam que ela terá dificuldade em integrar a experiência em seu senso normal de si. Os sintomas mais comuns são pensamentos intrusivos do trauma, sonhos perturbadores, insônia, irritabilidade, ansiedade, automutilação e uma luta para evitar falar sobre o trauma (Green 2003). As vítimas podem experimentar *flashbacks*, pânico ou depressão. Elas revivem a experiência repetidamente, são vulneráveis às lembranças da experiência e ficam hipervigilantes e à espera de sinais de que algo ruim vai acontecer novamente. Mas uma pessoa com recursos emocionais normais terá uma chance de encontrar algum sentido nisso tudo ou, pelo menos, buscar o conforto de outros e, por fim, encontrar uma maneira de conviver com isso e retomar uma vida em grande parte normal. Como acontece com qualquer luto, a dor se torna mais gerenciável e intermitente conforme o tempo passa. A maior parte das pessoas recupera o seu equilíbrio em um ano ou por volta disso, mas o TEPT é o diagnóstico para as pessoas que não se recuperam.

A razão pela qual cerca de 8% (Russo et al. 2012) das pessoas têm uma reação patológica a um trauma adulto nos leva de volta à primeira infância. Muitas das pessoas que têm dificuldade em se recuperar da experiência traumática são aquelas cujos sistemas emocionais são menos robustamente construídos na primeira infância. A epigenética deixou claro que a adversidade nas fases iniciais da vida pode alterar a função dos genes responsáveis pela reatividade ao estresse (Weaver 2007), e esses genes alterados podem levar a uma maior vulnerabilidade ao trauma e uma predisposição ao TEPT na idade adulta (Seckl 2008; Seckl e Meaney 2006; Yehuda e LeDoux 2007).

Inevitavelmente, as pessoas que tiveram dificuldades em suas vidas emocionais passadas serão mais propensas a interpretar situações atuais de modo negativo. Elas são mais propensas a ter uma resposta sensível ao estresse, mas também a interpretar os eventos mais negativamente. Sua resposta ao estresse pode mais facilmente levar ao esgotamento quando avaliam de forma inconsciente uma situação como sendo ameaçadora ou incontrolável. Obviamente, essas avaliações desempenham um papel muito importante na reação ao estresse. Quando avaliamos uma situação como não sendo muito perigosa, a resposta ao estresse não será desencadeada. Por exemplo, uma mulher descrita por Bessel van der Kolk conseguiu lidar muito bem com o fato de ter sido estuprada até vários meses após o evento. Ela então descobriu que seu estuprador havia matado uma de suas vítimas. De repente, ela desenvolveu sintomas de surto de TEPT quando a sua interpretação do perigo mudou (Van der Kolk e McFarlane 1996).

Ao mesmo tempo, o poder de recuperação do sobrevivente também será afetado pela sua capacidade de encontrar o apoio de que necessita; essa capacidade é influenciada por experiências passadas. Por causa de sua falta de confiança no apoio dos outros, aqueles que tiveram inícios de vida inseguros ou traumatizados também podem ser menos propensos a procurar apoio; deve-se considerar que ter apoio social atual é um fator essencial para a recuperação. Relações seguras nos ajudam a regular os sentimentos. Apenas segurar a mão de alguém em quem você confia pode reduzir a atividade dos circuitos de medo no cérebro (Coan et al. 2006). Quando a sensação de que outras pessoas podem mantê-lo seguro é perdida, o trauma pode tornar-se opressivo. A maior taxa de TEPT em crianças é encontrada em casos de maus-tratos físicos ou abuso sexual praticados pelas mesmas pessoas nas quais as crianças confiavam para protegê-las (e estas também se tornam os adultos com maior probabilidade de ter TEPT quando confrontados com uma experiência traumática) (Charuvastra e Cloitre 2008).

Assim como as crianças, todos nós precisamos ser capazes de sentir confiança no mundo social mais amplo. Precisamos nos sentir seguros em relações seguras de apego pessoal, mas também precisamos saber que o mundo social em que vivemos valoriza outras pessoas. Alguns novos trabalhos com os veteranos da Guerra do Iraque que sofrem de

TEPT descobriram que seu trauma não estava predominantemente relacionado com o medo por seu próprio bem-estar, mas com danos ao seu sentimento de pertencimento a um universo moral decente. No início da invasão, esses fuzileiros não sabiam ao certo onde estava o inimigo e acabaram matando civis, incluindo mulheres e crianças. Um fuzileiro chamado Lu Lobello não conseguia tirar da memória o caso de um companheiro fuzileiro andando em círculos, resmungando e gritando: "Matamos um bebê! Lobello, nós atiramos em um bebê!". Esses veteranos sofriam de "dano moral" e se preocupavam com a vergonha, a culpa e o arrependimento (Dokoupil 2012; Maguen et al. 2009).

A capacidade de se recuperar dessas experiências intensamente desafiadoras depende muito dos sistemas-chave que são estabelecidos no início da vida – desde a reatividade da amígdala e da resposta ao estresse ao controle do hipocampo e do córtex pré-frontal sobre as reações emocionais. Todos são fortemente influenciados pela segurança de nossos apegos iniciais. (No entanto, é possível que algumas experiências traumáticas sejam tão intensas que perturbem até mesmo o sistema de resposta ao estresse mais bem regulado, como o de alguns traumatizados sobreviventes de campos de concentração nazistas, que descrevem ter tido famílias acolhedoras e responsivas antes de seu encarceramento.)

As reações ao Holocausto da década de 1940 foram bem documentadas por sobreviventes e por pesquisadores. Victor Frankl, um interno do campo, sentiu fortemente que era possível escolher a resposta do indivíduo à adversidade (Frankl 1973) e que os indivíduos poderiam usar a sua capacidade de pensar (o córtex frontal, na verdade) para manter um propósito e um senso de controle mesmo em circunstâncias em que já não tinham mais nada:

> Atitudes alternativas realmente existiam. Provavelmente em cada campo de concentração havia indivíduos capazes de superar a apatia e suprimir a irritabilidade. Esses foram os únicos que foram exemplos de renúncia e sacrifício. Sem pedir nada para si mesmos, circulavam pelo jardim e quartel do campo de concentração oferecendo uma palavra gentil aqui, um último pedaço de pão lá.

Ele viu esse comportamento como sendo decorrente de uma "atitude espiritual". Outros tiveram grande dificuldades para manter um valor e um propósito. Por exemplo, Roma Ligocka, naquele momento uma criança no gueto polonês – retratada no filme de Stephen Spielberg *A Lista de Schindler* como a menina em um casaco vermelho – revelou em uma entrevista recente que os horrores daquela época em sua vida não a haviam deixado, apesar de uma vida adulta ricamente criativa como *designer* teatral. Ela disse que ainda sofria de medo, depressão e insônia – "O tempo não cura as feridas" (*Guardian*, 16 de outubro de 2002). Essas diferentes respostas podem ter mais a ver com a experiência nas fases iniciais da vida de um indivíduo do que com a escolha. Seus sistemas internos podem ter se tornado menos robustos por causa de suas experiências iniciais difíceis ou mesmo pelas experiências traumáticas de seus *pais* que são passadas para eles. As extraordinárias descobertas da epigenética têm destacado o fato de que, uma vez que as adaptações à vida dos próprios pais resultaram em genes alterados, estes podem ser herdados por seus filhos, deixando-os, por sua vez, mais vulneráveis à adversidade (Yehuda e Bierer 2009).

O CÉREBRO E O TEPT

Vários estudos mostraram que a resposta da amígdala, uma das áreas mais primitivas do cérebro, condicionada por experiências anteriores de medo, é primordial para o TEPT. Os pacientes com TEPT têm amígdalas em um estado hiperativo (Shin 2009; Etkin e Wager 2007, 2010; Liberzon et al. 1999). Uma amígdala em sobreaviso mantém a pessoa em um estado de vigilância, experimentando a excitação do sistema nervoso simpático com respiração rápida, palpitações, sudorese fria, nervosismo e vigilância. O perigo pode estar em cada esquina. As pessoas nesse estado encontram-se organizando suas vidas inteiras ao redor do trauma, geralmente tentando evitar qualquer situação que possa desencadear pensamentos e memórias associados – embora em alguns casos, como o de Jeff Bridges no filme *Fearless*, elas podem compulsivamente expor-se ao perigo. A maior parte dos pacientes vai tentar todos os meios à sua disposição para desligar sua excitação – evitando pessoas, tentando se entorpecer com bebida ou drogas, muitas vezes tentando não sentir nada, já que não sentir nada é melhor do que se sentir mal.

No entanto, eles estão em desvantagem em desligar seu sistema de medo por várias razões. Uma delas é que a sua amígdala pode ter sido suprassenbilizada pela experiência assustadora no útero ou na fase inicial da vida pós-natal. Outra razão é que o trauma ou o estresse do início da infância afetou o desenvolvimento de seu cingulado anterior e córtex pré-frontal medial, que, como já vimos em um capítulo anterior, desempenham um papel importante no manejo da amígdala. Vários estudos descobriram que o cingulado anterior é menor nos pacientes que experimentaram um trauma ou estresse na primeira infância (Woodward et al. 2013; Cohen et al. 2006; Bremner 2006). Quando essas áreas do cérebro são lentas e "hipoativas" (Etkin e Wager 2010), podem ter uma potência fraca e ser menos capazes de inibir a amígdala e extinguir o medo. Isso aumenta o risco do indivíduo de desenvolver TEPT em situações de combate futuro, como no Vietnã (Shin et al. 2001; Woodward et al. 2013) – mas também em qualquer situação traumática na vida adulta (Kasai et al. 2008).

Há outras consequências do estresse nas fases iniciais da vida que podem afetar a saúde da amígdala e os circuitos em torno dela. As experiências de apego nas fases iniciais também podem levar a uma falta de oxitocina, o que também contribui para as dificuldades na supressão das respostas de medo da amígdala (Fries 2005; Charuvastra e Cloitre 2008).

O estresse nas fases iniciais da vida também reduz a quantidade de serotonina disponível para ajudar a amígdala e o cingulado anterior – e o circuito neural que corre entre eles – a funcionar bem. Quanto mais jovem a criança é quando experimenta o estresse, menos serotonina estará disponível – e maior será a probabilidade de que esteja em risco de TEPT mais tarde (Murrough et al. 2011; Krystal e Neumeister 2009).

Muitas pessoas que sofrem de TEPT crônico (embora não todas – parece estar particularmente associado a haver sofrido maus-tratos na primeira infância) (Schmidt et al. 2011) também têm baixos níveis de cortisol basal. O cortisol pode desempenhar um papel importante na recuperação de *flashbacks* e de estados de alta excitação, já que é ele que desliga a resposta ao estresse de emergência. O baixo cortisol também possibilita que a resposta inflamatória se exacerbe sem controle, trazendo-nos de volta ao peculiar conjunto de estresse nas fases iniciais da vida que leva a um baixo cortisol, que, por sua vez, leva à doença autoimune. Pesquisas recentes sugerem que os indivíduos com TEPT têm mudanças epigenéticas nos genes relacionados com a resposta inflamatória e imunológica (Beals 2010).

Uma especialista que trabalhou durante muito tempo nessa área de pesquisa é Rachel Yehuda, em Nova Iorque. Ela sugere que o cortisol mais baixo encontrado em pacientes de TEPT pode refletir um *feedback* negativo reforçado pelo cortisol. Os seus receptores de glucocorticoides se tornam mais sensíveis e necessitam de menos cortisol para reagir ao estresse (Yehuda 1999, 2001). Quando as pessoas cujos sistemas têm tentado defensivamente manter o cortisol em um nível baixo são atingidas por um novo trauma, elas reagem mais fortemente do que os outros com uma poderosa onda de produção de cortisol.

O trabalho recente de Yehuda com nova-iorquinas que estavam grávidas no momento do ataque de 11 de setembro ao World Trade Center mostrou que as mulheres que desenvolveram TEPT como resultado desse evento tinham baixo cortisol. (As mães que não desenvolveram TEPT não tinham baixo cortisol.) Mas as consequências foram sentidas até mesmo na próxima geração: quando nasceram, os bebês das mães com TEPT também tinham baixo cortisol, mostrando mais uma vez como o eixo hipotálamo, hipófise e suprarrenal (HHS) do sistema de estresse de uma criança pode ser programado até mesmo no útero (Yehuda et al. 2005, 2009).

O PAPEL DO HIPOCAMPO

O cortisol, um hormônio do estresse, pode afetar a própria resposta ao estresse, mas também pode afetar a outra parte do cérebro que está envolvida com o eixo HHS. Trata-se do hipocampo, que por meio de sua influência sobre o hipotálamo (o primeiro H do HHS) também pode ajudar a atenuar a resposta ao estresse. Infelizmente, quando uma criança está sob estresse crônico, o cortisol que inunda o cérebro é tóxico às células do hipocampo e pode, por fim, encolhê-lo durante um longo período de estresse (Moghaddam et al. 1994; McEwen 2001, 2010). Como desempenha um papel fundamental na organização de nossas memórias, um hipocampo debilitado também pode afetar a capacidade de integrar memórias em nossa história pessoal e de "colocar as coisas em perspectiva", como o senso comum faria.

O cortisol também é pernicioso para o hipocampo, porque tem efeitos contínuos sobre a possibilidade de recuperação. Normalmente o hipocampo tem grande poder de regeneração, mas uma quantidade demasiada de cortisol pode reduzir os níveis de serotonina e fator neurotrófico derivado do cérebro (BDNF), o que, por sua vez, pode afetar o crescimento de novos neurônios no hipocampo e sua normalmente notável capacidade de se recuperar ao longo da vida (Karatsoreos e McEwen 2011; Chalmers et al. 1993; Pitchot et al. 2001).

Exames de imagem cerebral descobriram que as pessoas com TEPT têm encolhimento do hipocampo a longo prazo. Seus hipocampos são cerca de 8% menores do que o normal. Em um estudo com veteranos do Vietnã que haviam sido expostos a um trauma particularmente intenso e prolongado, o hipocampo foi reduzido em até 26% (Bremner et al. 1997). A princípio, parecia que a exposição crônica ao trauma da guerra provavelmente havia danificado os cérebros desses soldados. Seu hipocampo menor parecia ser decorrente de suas terríveis experiências em combate durante um período prolongado de tempo. No entanto, outras pesquisas contestaram essa ideia. Há algumas evidências de que os hipocampos menores desses homens podem efetivamente ter precedido a sua estada no Vietnã (Gilbertson et al. 2002).

Gilbertson e colaboradores da Universidade de Harvard estudaram gêmeos, um dos quais havia sido exposto ao trauma do combate, enquanto o outro ficou em casa. Seguindo a linha de pensamento estabelecida, eles descobriram que o gêmeo que havia sido exposto ao trauma e que havia desenvolvido TEPT tinha um hipocampo menor do que outros veteranos que não desenvolveram TEPT. Isso se ajusta à tese de que o estresse por si só tinha encolhido o hipocampo. Quanto menor o hipocampo, mais grave era o estresse pós-traumático. Mas, em seguida, eles descobriram que o gêmeo que ficou em casa também tinha o mesmo hipocampo pequeno – o que implica que o hipocampo pequeno antecedeu o estresse da guerra.

Começou-se a pensar se era o hipocampo pequeno propriamente dito que havia feito o gêmeo combatente sucumbir ao TEPT. É possível que, sem um hipocampo totalmente desenvolvido, os gêmeos estressados tivessem achado mais difícil processar o trauma do que outros com um hipocampo relativamente normal.

Outras pesquisas confirmaram que isso pode ser decorrente de suas primeiras experiências de vida. Exames de imagem mostraram que crianças que são cronicamente abusadas física ou sexualmente podem crescer tendo o mesmo volume do hipocampo reduzido em seus cérebros (Bremner et al. 1997; Villareal e King 2001). Adultos que sofrem de depressão maior também têm hipocampos menores, talvez como resultado de suas experiências iniciais (Cole et al. 2011; Teicher et al. 2012; Bremner et al. 2000b).

O hipocampo pode ter um período sensível quando é mais afetado por maus-tratos ou pela falta de cuidados maternos/paternos afetuosos. Acredita-se que o período essencial do desenvolvimento está entre os 3 e 5 anos (Anderson 2008; Rao et al. 2010; Teicher et al. 2012). No entanto, a questão é complicada. Durante a primeira infância, o encolhimento não é evidenciado. Ele só se torna visível no início da idade adulta. Os pesquisadores ainda não foram capazes de encontrar o completo sentido desses achados.

Também pode haver predisposições genéticas envolvidas. Descobertas recentes incluem uma ligação entre um gene envolvido na memória (PKCa) e um gene envolvido no processamento de medo (Oprl1); acredita-se que ambos aumentem o risco de desenvolver TEPT. No entanto, o impacto de predisposições genéticas não pode ser separado da experiência, em particular as primeiras experiências. Um indivíduo com esses genes que vive sua vida em um ambiente saudável e confortável pode nunca chegar a usá-los. Como colocou Michael Meaney, um distinto professor de medicina canadense: "A atividade de neurotransmissores e hormônios é profundamente influenciada[...] por interações sociais, que levam a efeitos sobre a atividade ou expressão do gene. Em nenhum momento da vida o funcionamento do genoma é independente do contexto em que ele atua" (Gonzalez-Pardo e Alvarez 2013: 10).

COLOCANDO O CHOQUE EM PALAVRAS

Enquanto a emocionalmente "quente" amígdala armazena memórias poderosas em um nível inconsciente e não muito aberto à mudança, o hipocampo "frio" está envolvido em processos de memória verbal mais conscientes e está constantemente atualizando suas informações. Juntos, o córtex orbitofrontal informado pelo hipocampo pode avaliar situações e antecipar seus desfechos. Isso significa que o hipocampo pode desempenhar um papel importante na adaptação às novas circunstâncias. Ele também pode alterar memórias e possibilitar que nossa narrativa pessoal e nosso senso de nós mesmos sigam em frente com a gente. Mas no TEPT isso não está acontecendo. Com um hipocampo menos eficaz, os pacientes com TEPT têm um problema na integração de suas experiências traumáticas com a memória verbal. Elas ficam presas.

Rauch e colaboradores montaram um experimento para descobrir o que estava acontecendo no cérebro de pessoas traumatizadas quando suas memórias traumáticas eram ativadas (Rauch et al. 1996). Usando seu próprio depoimento gravado sobre o que havia acontecido com eles, os pesquisadores passavam as gravações durante a realização de exames de PET* dos cérebros dos pacientes. O que descobriram foi que o fluxo sanguíneo diminuiu no hemisfério frontal esquerdo e na área de Broca, que está envolvida na organização verbal – enquanto o fluxo sanguíneo aumentou no sistema límbico direito e nas áreas do córtex visual, onde as emoções, o sentido do olfato e as imagens visuais são ativados. As memórias traumáticas ativaram o lado direito sensorial e emocional de todo o cérebro, mas diminuíam a atividade no hemisfério esquerdo verbal, como se os dois estivessem falhando para se conectar. Embora altamente excitado com áreas do hemisfério direito, o hemisfério frontal esquerdo foi incapaz de dar sentido à experiência e colocá-la na forma verbal e narrativa. Isso pode explicar o fenômeno do terror sem palavras – aquele terrível momento em que se é confrontado com algo tão avassalador que se acaba emitindo grunhidos ou não consegue dizer nada. Mas sem as atividades de verbalização do cérebro frontal esquerdo, da área de Broca** e do hipocampo, é difícil processar e avaliar normalmente os sentimentos. Essas atividades do hemisfério esquerdo normalmente colocariam experiências em um contexto e em uma sequência no tempo. Mas, sem a sua plena participação, os sentimentos nunca passam para o passado e não podem ser deixados para trás. Eles continuam voltando ao presente, como se estivesse acontecendo tudo de novo agora. Esse é o estado de recapitulação, que consiste em reviver memórias fragmentadas que não foram adequadamente processadas pelo hipocampo e por outros sistemas.

A recuperação pode depender de falar sobre isso – em ativar as partes apropriadas do lado esquerdo do cérebro para colocar a experiência traumática em contexto. Encontrou-se que colocar o estresse em palavras é um meio eficaz de lidar com ele, em muitas circunstâncias

* N. de R.T.: PET (do inglês, *photon emition tomography*): tomografia por emissão de pósitrons. Exame de neuroimagem funcional.

** N. de R.T.: Área localizada no lobo frontal do hemisfério esquerdo responsável pela expressão da linguagem verbal.

(Pennebaker 1993). Isso claramente não é uma opção para uma criança pequena. Como já delineado nos capítulos anteriores, o lado esquerdo do cérebro e o hipocampo não se tornam totalmente funcionantes até o segundo ou terceiro ano de vida. Portanto, é improvável que o estresse na primeira infância e no período pré-escolar seja processado de modo eficaz nessas áreas do cérebro. A experiência estressante é mais suscetível de ser armazenada na amígdala e nas áreas subcorticais do cérebro. No entanto, sem um córtex pré-frontal totalmente desenvolvido nesse momento, a criança tem pouca chance de substituir o sistema subcortical pelo córtex orbitofrontal. Ela não será capaz de "ajustar o seu *self-o-stat* (a sua criança interior)", como o programa de TV *Os Simpsons* uma vez colocou (Van der Kolk e McFarlane 1996). Em vez disso, ele pode ficar preso em uma constante avaliação de ameaça, com a amígdala em um estado de esgotamento e uma resposta de estresse distorcida.

O *CONTINUUM* ENTRE O TRAUMA E O ABUSO

Adultos com respostas fortes ao estresse e hipocampos normais geralmente podem gerenciar a dor e o sofrimento decorrentes de circunstâncias extremas, embora possam passar por uma luta psíquica desgastante e precisem de uma grande quantidade de apoio. Já as crianças, cujos cérebros e sistemas corporais ainda estão em processo de desenvolvimento, são muito mais vulneráveis. Elas têm menos recursos e, ao mesmo tempo, estão muito mais perto da possibilidade de morte. Elas não conseguem sobreviver sozinhas e são altamente dependentes dos adultos para prover suas necessidades básicas de alimentação, abrigo, calor e conforto. Sem a boa vontade dos adultos, elas poderiam efetivamente morrer. Nesse sentido, as experiências que não seriam uma questão de vida ou morte para um adulto podem muito bem ser vivenciadas como tal por uma criança. Se a mãe ou o cuidador estiver longe da vista, existe a possibilidade de a criança ser atacada ou ferida. Igualmente, se a mãe não estiver disposta a proteger a criança, esta é exposta ao perigo. O trauma como um modo de confrontação com a mortalidade tem, portanto, uma probabilidade muito maior de ocorrer na infância do que na idade adulta, especialmente em sociedades confortáveis, onde os adultos raramente morrem de fome, lutam guerras ou morrem em epidemias. Mas o trauma da infância também pode resultar de uma gama de circunstâncias muito mais amplas e de aparência muito mais inócua.

A partir de uma perspectiva adulta, o "abuso" tende a significar os exemplos mais flagrantes e visíveis de maus-tratos, como bater e machucar crianças ou violentá-las sexualmente. Acredito que para alguns adultos é muito mais difícil não ficar chateado por ouvir a expressão: "você é um baita inútil"; ser deixadas sem supervisão e sozinhas também é muito traumático para as dependentes crianças. O aspecto essencial do trauma é que ele gera dúvidas sobre a sobrevivência – tanto como corpo, mas igualmente como um ser psicológico. Como um sobrevivente colocou: "Tive de acreditar que estava ferido e que era odiado porque era muito mau e, assim, todos esses anos eu me feria e me odiava" (Chu 1998: 88).

As crianças exigem uma grande quantidade de proteção e cuidado, mas nos recompensam com a devoção a seus cuidadores. Para elas, os adultos são o centro de seu mundo. Nas famílias ocidentais, em que há poucas alternativas para a mãe como a fonte de proteção e carinho, e poucas oportunidades para formar ligações amorosas com outros adultos da comunidade em geral, essa dependência pode ser extrema. Então grande parte das crianças depende de um cuidador central e de seu estado de espírito para criar um mundo seguro ou temeroso para seu filho.

O mundo emocional que os pais criam para seus filhos é experimentado com uma intensidade que tende a desaparecer conforme a dependência diminui. A atmosfera desse mundo é transmitida por filmes como *Fanny and Alexander*, de Ingmar Bergman, que evoca impressões deslumbrantes da riqueza sensorial do Natal em uma grande casa sueca, onde uma família está se reunindo. Vemos a estranheza dos complexos relacionamentos adultos do ponto de vista dos olhos de uma criança. A infância parece passar em câmera lenta, em um mundo onde cada movimento que os adultos fazem é amplificado na mente da criança. Os adultos agigantam-se enquanto as crianças estão bem responsivas aos humores dos adultos e muitas vezes estão sensíveis a cada desfeita e a cada insinuação de elogio. Embora as crianças possam se unir contra os adultos, com grande alegria, a maior parte das crianças dependentes de seus pequenos núcleos familiares sentirá mais dolorosamente o impacto da rejeição ou da negligência de seus cuidadores. Agora é reconhecido com certeza que os abusos mais extremos de vários tipos ocorridos na infância podem levar a uma variedade de doenças graves mais tarde, como depressão maior, transtorno da personalidade *borderline* ou sintomas de transtorno de estresse pós-traumático.

Pesquisas tendem a se concentrar nas condições que foram bem definidas e que têm o maior impacto no funcionamento psicológico mais tarde, mas, na minha opinião, há um *continuum* entre as formas mais leves de negligência e abuso emocional e suas formas mais intensas ou prolongadas. Elas são essencialmente a mesma coisa – um problema na regulação emocional do relacionamento pai-filho. Em todos os casos, quando a regulação é problemática, os laços entre pais e filhos são postos em xeque, deixando um resíduo interno de dúvida quanto à sua segurança e estabilidade. Em casos menos graves, isso vai se manifestar como apegos inseguros do tipo esquiva ou resistente que podem levar a depressão e ansiedade, neurose ou transtornos da personalidade narcisista. Mas em relacionamentos pai-filho mais disfuncionais, a ansiedade pode mesclar-se com o medo absoluto. Esses tipos de relacionamentos foram identificados há relativamente pouco tempo como um tipo de apego "desorganizado", em que não havia nenhum mecanismo de defesa consistente (Main e Solomon 1990).

A CRIANÇA PERTURBADA

As crianças que são definidas como tendo esses apegos desorganizados são aquelas que não têm um padrão consistente de comportamento com a mãe. Em condições experimentais destinadas a descobrir o seu estado de apego, elas reagem de maneira confusa aos encontros com seus pais – às vezes de modo ansioso, às vezes congelado. Tenho visto imagens de vídeo de crianças que são colocadas nessa categoria. Elas são as crianças que batem suas cabeças contra a parede quando os pais chegam, que vão em direção a eles ansiosamente, mas, em seguida, mudam de direção ou simplesmente se sentam no chão olhando para o nada, fazendo um som estridente estranho. Elas podem ter tiques musculares, relacionados com a disfunção do hemisfério direito (Schore 2003). Todos esses comportamentos fazem sentido como uma expressão de confusão, de não saber se é seguro ir em direção aos pais. Elas estão nas garras do que Jeremy Holmes chamou de "dilema aproximação/evasão" (Holmes 2002).

A maior parte das crianças maltratadas acaba com apegos desorganizados (Schore 2003). Essas crianças são confusas e desorganizadas, porque simplesmente não sabem se podem confiar nos pais, que, às vezes, as ferem ou assustam. É um dilema primorosamente doloroso, em particular na infância, quando se depende tanto das figuras parentais. O sistema de apego as motiva a ir com eles, mas a experiência lhes diz que isso poderia ser perigoso. Em vez de confortá-las, as crianças temem que eles possam atacá-las. Isso é semelhante em alguns aspectos à experiência das crianças na categoria "resistentes", que também experimentam inconsistência parental. A diferença é que para as crianças que se tornam "desorganizadas", seus pais às vezes são positivamente assustadores, por causa de sua agressividade ou por causa de sua vulnerabilidade e ansiedade extrema. De qualquer maneira, o medo e o amor se misturam. Na idade adulta, esse padrão pode ser visto em pessoas que se envolvem em relações sadomasoquistas.

Muitas crianças com apegos desorganizados terão experimentado essa mistura venenosa de amor combinado com danos. O grau de estresse que experimentam em sua família se reflete em seus níveis muito elevados de cortisol, muito maiores do que em outras crianças inseguras (Bernard e Dozier 2010; Hertsgaard et al. 1995). Essas também são as crianças que estão em maior risco de desenvolver psicopatologias graves na idade adulta. Algumas são diagnosticadas com transtorno da personalidade *borderline* (embora não todas).

Os efeitos do abuso e da negligência nas fases iniciais da vida sobre o cérebro da criança são semelhantes a outras formas de estresse; essas experiências sensibilizam a resposta ao estresse e geram altos níveis de HLC e cortisol. A experiência traumática nas fases iniciais da vida, como a privação materna, que é altamente estressante para uma criança dependente (Hennessy 1997), também pode afetar os circuitos emocionais do cérebro, podando as ligações em rápido desenvolvimento entre o córtex orbitofrontal, o cingulado anterior e a amígdala via hipotálamo – o sistema que tem o poder de restringir a amígdala impulsiva (Schore 2003). Experiências traumáticas nas fases iniciais da vida também podem alterar o equilíbrio entre a dopamina e a serotonina no córtex orbitofrontal e no cingulado anterior (Poeggel et al. 2003). Na verdade, ela parece afetar o volume do cérebro em geral, particularmente a dimensão do córtex pré-frontal. Quanto mais cedo a criança experimenta abuso ou negligência grave, menor é o volume do cérebro, particularmente o do córtex pré-frontal, que é tão vital para controlar e acalmar as reações de medo mais urgentes da amígdala (De Bellis et al. 2002).

Os cérebros das crianças são mais vulneráveis ao estresse no momento em que eles estão se desenvolvendo mais rápido. Em particular, o momento em que uma região do cérebro se torna metabolicamente ativa é o momento em que ela mais contribui para o repertório comportamental do indivíduo (Chugani et al. 2001). Parece provável então que o trauma tenha seus efeitos mais fortes sobre a resposta ao estresse enquanto esta está se desenvolvendo – até os 3 anos. O alto cortisol no início da vida também pode ser responsável por danos ao hipocampo, uma vez que o cortisol aumenta a liberação de glutamatos que se acredita que danifiquem o hipocampo. Esses glutamatos podem interferir nos sistemas de captação e na adaptabilidade do cérebro. O momento em que o estresse ocorre também parece desempenhar um papel importante na determinação da reatividade do nível basal de cortisol. Nos casos em que o estresse crônico ocorreu muito cedo, o nível basal é suscetível de alcançar um pico e, então, cair abaixo do normal. Contudo, o estresse mais tarde na vida não parece alterar o nível basal dessa forma (Lyons et al. 2000b; Dettling et al. 2002). Considerados em conjunto, os efeitos do estresse nas fases iniciais da vida parecem ter o potencial de causar um prejuízo considerável na capacidade do indivíduo de responder ao estresse futuro.

TRAUMAS MENORES

Não quero deixar a impressão de que o trauma surge somente a partir de experiências extremas ou continuamente difíceis. O trauma no apego também pode surgir a partir de episódios periódicos de negligência ou tratamento abusivo ou, como Jon Allen colocou, "a falha principal é a ausência de resposta episódica quando a criança está em um estado de necessidades acrescidas de apego" (Allen 2001). Em outras palavras, o sistema de apego é ativado quando uma criança está com medo e precisa de conforto, tranquilidade e segurança; e é traumático quando ela não obtém o que precisa. Aqueles que lidam com essas experiências difíceis de apego com defesas relativamente eficazes, como as formas de comportamento de esquiva ou resistente, são mais propensos a ser vulneráveis a dificuldades emocionais em um tom menor: o transtorno da personalidade narcisista, a ansiedade, a neurose ou a depressão. Suas primeiras experiências raramente alcançam a intensidade de um abuso evidente, mas pertencem ao mesmo *continuum*. A parentalidade que essas crianças receberam também está abaixo do ideal. Elas muitas vezes foram dependentes de pais que foram relativamente incompetentes no manejo dos sentimentos. No entanto, como esse extremo do *continuum* mescla-se com a normalidade, e porque muitos pais perfeitamente bons às vezes são incompetentes ou ficam fora de controle, é mais difícil ver como tal déficit crônico no manejo dos sentimentos pode de fato afetar profundamente uma criança dependente. Essas crianças geralmente não têm o medo profundo em relação à sua sobrevivência física que as crianças mais perturbadas terão experimentado. No entanto, elas ainda estão expostas a temores em relação à sua sobrevivência *psicológica*. Elas têm incertezas sobre o seu valor e sobre o seu direito de existir.

A literatura do apego deixou claro que as crianças desenvolvem modos de funcionamento de relacionamentos baseados em suas próprias experiências, mas que estes não são simplesmente modelos de como as outras pessoas se comportam. São modelos de si mesmos *com* outra pessoa; modelos de interação entre as pessoas, e não imagens internas estáticas de "mãe" ou "pai". Isso significa que as imagens internas que traçamos para orientar nosso comportamento são imagens que evocam qual é a *sensação* de estar com outra pessoa. Se a outra pessoa consistentemente trata você como se fosse um idiota, você se sente como um idiota. (Você também desenvolve a capacidade de tratar os outros como se fossem idiotas.) Se os seus pais mostram pouco interesse em seus estados de espírito, você se sente como se seus estados de espírito fossem de pouco interesse para os outros (e provavelmente também manifeste pouco interesse nos estados de espírito dos outros). Obviamente, conforme as pessoas se desenvolvem, trazem seus modos de funcionamento interno para suportar o de outras pessoas também, mas na primeira infância eles ainda estão sendo formados e são amplamente influenciados pelos adultos e pelas crianças mais velhas da sua vida. Do final da infância em diante, eles vão elaborar e retrabalhar esses primeiros modelos de várias maneiras.

Em famílias que negligenciam ou criticam demais seus filhos, pode haver uma incerteza fundamental sobre o valor de si mesmo. O modo de funcionamento interno será o de inutilidade interior ou mesmo de maldade antecipando uma outra pessoa crítica ou negligente. Essas expectativas informam o comportamento e muitas vezes levam os outros a confirmar as expectativas, criando um ciclo vicioso que é difícil de romper. Quão difícil isso será examinaremos nos capítulos seguintes.

8

Tormento
As ligações entre os transtornos da personalidade e as experiências iniciais

Eu me via como um monte de lixo, uma anomalia, uma desgraça e, o que era pior, acreditava que tinha me permitido ser invadida pelo erro por causa de uma natureza maligna.

Marie Cardinal, 1984

Ser o objeto da atenção negativa dos outros ou ser desconsiderado é como um ácido que corrói a autoestima. Como vimos, pode levar à depressão ou pode criar uma vulnerabilidade à depressão se experimentados no início da vida, quando a personalidade está se formando. Mas existe uma forma mais obscura de depressão, que está ligada a experiências iniciais mais extremas, particularmente na infância. Esse tipo de depressão é conhecido no meio psiquiátrico como "transtorno da personalidade *borderline*". Originalmente descreve alguém que está no limite (*borderline*) da psicose, propenso a perder a noção da realidade e suscetível a levar o seu mundo interior à realidade. Por exemplo, alguém que tem medo da motivação de outra pessoa em relação a ele pode acreditar que a pessoa está realmente tentando envenená-lo. Na atualidade, o transtorno da personalidade *borderline* é mais comumente visto como um distúrbio de regulação emocional.

Há um amplo espectro de diagnósticos de transtornos da personalidade (com siglas como TPAS,* TPB,** TPN,*** TOC,**** etc.) que foram categorizados para dar aos médicos e profissionais de saúde mental algum senso de clareza e previsibilidade em suas consultas com as pessoas em sofrimento mental. Os indivíduos reais nem sempre se encaixam com perfeição nessas categorias. Embora esses termos sejam úteis na medida em que proporcionam uma comunicação simplificada entre os profissionais, acredito que seja necessário esclarecer que, embora redigidos na linguagem da doença, os transtornos da personalidade não são doenças reais de tipo algum. Na verdade, simplesmente descrevem características típicas de vários pontos em um *continuum* de dificuldades para o gerenciamento da vida emocional.

Outro problema que levantam para mim é que sempre há algo humilhante em ser descrito por termos como "personalidade *borderline*" ou "narcisista". A terminologia carrega com ela um leve sorriso de escárnio, uma lufada de desprezo; sinto um pouco de compaixão pela história pessoal que, inevitavelmente, ocorre antes de tudo. Apesar de tudo isso, vou continuar usando esses termos porque convenientemente demarcam determinados territórios.

A depressão percorre os transtornos da personalidade como um tema familiar em diferentes composições musicais. Nos transtornos da personalidade "narcisista" e *borderline*, os indivíduos são propensos à depressão. Eles compartilham um sentimento frágil de si que pode ser perturbado por experiências que as pessoas mais fortes iriam gerenciar com pouca dificuldade. Entretanto, a depressão do *borderline* é mais uma montanha-russa de emoções aterrorizantes do que um achatamento de sentimentos e submissão ao destino. Os comportamentos *borderline* são descritos nos livros com termos como autodestrutividade, impulsividade, dissociação, hostilidade, vergonha, medo de abandono e dificuldades em manter relacionamentos estáveis. Para outras pessoas mais bem reguladas emocionalmente, é evidente que a pessoa *borderline* tem enorme dificuldade em regular seus sentimentos. As emoções são em fúria, muitas vezes bastante fora de controle.

---

* N. de R.T.: Transtorno da personalidade antissocial.

** N. de R.T.: Transtorno da personalidade *borderline*.

*** N. de R.T.: Transtorno da personalidade narcisista.

**** N. de R.T.: Transtorno obsessivo-compulsivo.

O foco em descrever os "sintomas" da pessoa com um transtorno da personalidade inevitavelmente resulta em distorção. Eles não são qualidades com as quais a pessoa nasceu nem são a soma total da personalidade como um todo. Os sintomas são os resultados finais de certas histórias típicas de relações pais-filho. Nesse *continuum*, pensando em termos mais simplificados, é provável que, quanto mais dolorosas tenham sido essas relações, mais intensos provavelmente serão os sintomas. A situação é obviamente mais complexa do que isso, uma vez que temperamentos e circunstâncias individuais desempenham o seu papel no desfecho, assim como o momento de ocorrência dos vários eventos, o que pode ser crucial, como veremos. O que se pode afirmar categoricamente é que dificuldades emocionais como essas são resultado da história dos relacionamentos de um indivíduo (Carlson et al. 2009; Agrawal et al. 2004).

Em particular, a experiência *borderline* pode ser um distúrbio enraizado no início da infância. Allan Schore vê como característica central da experiência *borderline* o fato de crescer em uma família que não ajuda a criança a processar bem a sua própria experiência emocional. A criança pode ter uma mãe presente durante todo o dia, mas a experiência é a de um "negligenciado na presença da mãe". A criança é fustigada pela emoção, experimentando altos níveis de excitação do sistema nervoso simpático, porque suas figuras parentais estão de algum modo física ou psicologicamente ausentes ou cometem abusos contra ela. Uma pesquisa recente confirmou o poderoso efeito que o afastamento emocional da mãe pode ter sobre um bebê; na verdade, esse é o maior fator para predizer o desenvolvimento de transtorno da personalidade *borderline*, especialmente a probabilidade de automutilação futura (Lyons-Ruth et al. 2013). Isso pode muito bem ocorrer porque o afastamento dos pais de um contato íntimo priva o filho de ter o parceiro regulatório de que ele precisa para encontrar sentido nas experiências emocionais e manter o equilíbrio ao longo do dia. Alguns revisores perceberam que, na história de família dos *borderline*, em geral o pai e a mãe não são bem sintonizados com a criança, deixando-a em um estado de virtual abandono emocional.

QUE TIPO DE PAIS TÊM AS PESSOAS *BORDERLINE*?

Na maior parte das vezes, são pais que têm muito poucos recursos internos e acham que é muito difícil ser sensível às pistas de seus bebês, geralmente porque estão preocupados demais com seus próprios sentimentos. Por exemplo, um bebê que está hiperexcitado por um chocalho barulhento sendo agitado perto de seu rosto vai afastar a cabeça para sinalizar que teve o suficiente desse estímulo em particular. Mas os pais não sintonizados podem estar prestando mais atenção, consciente ou inconscientemente, em seu próprio estado interior de ansiedade ou angústia do que nos sinais do bebê. Ele pode agitar ainda mais o chocalho, pensando que a criança não está prestando atenção, em vez de responder com precisão ao seu sinal acalmando-o ou oferecendo-lhe outra coisa. Como resultado, ele vai aumentar a sua (desagradável) excitação, em vez de regulá-la de volta a um estado bom. É claro que esses incidentes são parte da parentalidade normal e têm pouco efeito em um relacionamento que é majoritariamente sintonizado; contudo, se esse é o estado crônico das coisas, pode afetar as capacidades regulatórias do bebê. Pior ainda, se o estado interior dos pais é de agitação e ressentimento ou mesmo de hostilidade em relação ao bebê, sua capacidade de regulá-lo bem irá diminuir ainda mais.

Na falta de habilidades de se autoacalmar, esses pais que tentam lidar com um bebê se sentirão altamente estressados. Seus nervos serão abalados pelo choro do bebê. A bagunça da criança é intolerável. Eles não têm tempo para si próprios. Os pais nesse estado que não têm apoio familiar podem reagir fortemente contra o bebê, bater nele ou atacá-lo verbalmente ou podem evitá-lo por completo, deixando-o chorar.

Os pais de um potencial *borderline* muitas vezes são muito carentes e sensíveis à rejeição. Eles podem sentir que seu recém-nascido não gosta deles porque ainda não está sorrindo, ou pode ser que, quando o bebê comece a mostrar interesse pelo mundo em torno dele por volta dos 4 meses, esses pais sintam que ele os está rejeitando. O bebê não parece precisar mais deles. Isso pode ser muito doloroso, já que suas próprias necessidades emocionais são tão poderosamente sentidas, tão não atendidas. Os pais podem fazer uma retaliação afastando-se do bebê. O problema é que qualquer pessoa com suas próprias fortes necessidades não atendidas pode encontrar grande dificuldade em colocar as necessidades do bebê antes das suas, particularmente se isso não fornecer qualquer gratificação para si. Pode ser muito difícil para eles serem pais no sentido psicológico.

Muitas vezes, esses pais foram negligenciados ou maltratados em sua própria infância. Eles podem rejeitar seus bebês do mesmo modo que foram rejeitados. Um dado curioso das evidências mostrou que as mães que maltratam seus filhos acham muito aversivo estar com eles, um achado muito surpreendente. Soma-se a isso o achado mais previsível de que o comportamento abusivo das mães em relação a seus bebês muitas vezes foi desencadeado pelo choro da criança. Essas mães tinham um nível desagradavelmente alto de excitação, não só quando o bebê chorava, mas também quando sorria para elas (Frodi e Lamb 1980). Talvez elas achassem demasiadamente pesadas as demandas de um relacionamento com um bebê, vivendo com uma profunda incerteza sobre a sua capacidade de regular a sua própria excitação ou a do bebê.

Mesmo que esses pais possam ter grande devoção para com seus filhos, a sua dificuldade em sustentar a disponibilidade emocional por causa de suas próprias preocupações internas tende a torná-los pais erráticos que frequentemente não respondem à angústia do bebê. Como resultado, seus filhos muitas vezes desenvolvem apegos desorganizados. Isso também pode acontecer em famílias que não são negligentes ou abusivas, mas que tiveram uma tragédia de algum tipo que não foi adequadamente superada. Isso costuma ser a morte de um bebê anterior ou, às vezes, a morte de um avô, que permanece na mente do pai, distraindo-o de viver no presente e participar plenamente da vida do bebê. O efeito sobre o bebê pode ser muito semelhante ao de viver com um pai que não é capaz de prestar atenção nele por causa de um legado de dor interna deixado por sua própria infância. Em ambos os casos, o fato marcante é que o bebê acha que a atenção do pai é imprevisível e não relacionada com as suas próprias necessidades. Por exemplo, o pai pode entrar em um estado de transe ou recuar para longe do bebê, como se ele fosse machucá-lo, ou se aproximar repentinamente muito perto do rosto do filho – comportamentos que são assustadores para a criança, mas têm mais a ver com o que está acontecendo na mente do pai do que com uma resposta ao bebê (Solomon e George 1999: 13).

O medo geralmente é um componente da experiência "desorganizada" do bebê, talvez em parte porque os cuidados inconsistentes no primeiro ano de vida sejam por si só potencialmente fatais. Os pacientes adultos que podem ter passado por esses tipos de experiências quando eram crianças costumam descrever sentimentos de recaída ou de desintegração, sugestivos de momentos de falha regulatória total.

Meus clientes Norah e seu bebê Ricky tinham um relacionamento volátil que gerou momentos de medo como esses em Ricky. Quando estava se sentindo bem, Norah adorava seu bebê; mas, quando seu namorado a deixava triste e não ligava quando havia dito que ligaria, ela se sentia tão perdida, abandonada e enfurecida que tratava Ricky violentamente, alimentando-o com grosseria, empurrando a colher em sua boca de uma forma sádica ou, então, brincava com ele e de repente cedia à tentação de beliscar sua orelha muito forte, fazendo-o chorar. Mais tarde, ela sentia remorso por seu comportamento, mas parecia incapaz de controlá-lo. Ela temia que Ricky não fosse amá-la mais por causa da maneira como ela o tratou, mas ainda experimentava momentos de puro ódio por ele como a personificação de um mundo que não a amava o suficiente.

Na verdade, os pais que sofrem de dor interna incontrolável criam uma barreira entre eles e seus filhos. Os ataques de Norah contra Ricky fizeram ele olhar para ela com cautela e temor ansioso, o que a fez duvidar de seu amor por ela. Essas situações se autoalimentam em um ciclo vicioso, que é essencial romper o mais rápido possível. Felizmente, Norah procurou ajuda. Ao se tornar mais consciente de sua própria história e do sofrimento que poderia ser tão facilmente desencadeado no presente, ela foi capaz de ver Ricky de modo diferente e reconhecer que ele não era a causa desse sofrimento. Muitas vezes é necessário trabalho terapêutico prolongado para ajudar esses pais a aprender a gerenciar seus próprios estados bem o suficiente para serem capazes de se concentrar nas necessidades do bebê.

O BEBÊ "DESORGANIZADO"

Como é ser filho de um pai desses? É muito difícil para o bebê coordenar seus sistemas em desenvolvimento com uma mãe que é tão imprevisível. Ele não é capaz de desenvolver uma estratégia ou um plano de vida coerente com essa mãe. Ele não sabe se deve ir em direção a ela ou afastar-se dela. Ele precisa dela, mas ela pode piorar as coisas em vez de melhorar. Essas são as características de um apego desorganizado, como descrevi no último capítulo.

Apegos desorganizados estão no extremo da escala de desregulação emocional, com efeitos correspondentes sobre o cérebro. A criança simplesmente não está sendo ensinada a gerenciar os sentimentos de um modo consistente. Ela pode não ter as estruturas cerebrais para se acalmar e lidar com o sofrimento. Pequenos estresses podem se transformar em grande aflição porque o córtex orbitofrontal não é capaz de controlar a excitação da amígdala e do hipotálamo. Ela pode achar que é difícil controlar os sentimentos ou distrair-se quando é necessário para alcançar seus próprios objetivos. Isso realmente deixa a criança em desenvolvimento em um estado bastante impotente e dependente, incapaz de confiar em suas próprias respostas, constantemente olhando para outras pessoas à procura de pistas sobre como agir e sentir. Mesmo que o tempo passe e ela pareça estar crescendo, internamente pode permanecer um bebê que espera as informações vitais que lhe dariam as ferramentas para lidar com o mundo.

O tipo de negligência que resulta de ter pais preocupados com seus próprios estados emocionais também pode ser muito assustador. É difícil dar sentido a um mundo que precisa ser navegado sem um guia confiável. Mas os pais também podem ser assustadores, porque eles são imprevisivelmente violentos ou verbalmente abusivos nos momentos em que seus próprios sentimentos ficam fora de controle.

De acordo com Marsha Linehan, uma terapeuta norte-americana que foi pioneira em um programa de tratamento bastante eficaz especialmente para transtornos da personalidade *borderline*, o *borderline* experimentou o que ela chama de "ambiente invalidante" na infância (Linehan 1993). Sua essência é a incapacidade dos pais de reconhecer e respeitar os sentimentos e as experiências da própria criança. Eles podem ser denegridos porque são inconvenientes para seus pais. "Cale a boca e não fale mais sobre esse brinquedo idiota! Nós não vamos voltar à loja", o pai vai dizer. Por causa de sua própria incapacidade de se acalmar, o pai não pode suportar o fato de seu filho estar chateado. Em vez de reconhecer o que está errado, o pai se sente tão desconfortável que, irritado, diz: "Deixe de ser um bebê chorão". Esse comportamento dos pais na verdade exige que a criança gerencie seus próprios sentimentos e a pune por uma falta de fibra moral se ela não estiver à altura da tarefa, mas ele não ensina a criança a gerenciar seus sentimentos.

A exigência de não ter sentimentos que o seu pai acha muito exigentes também pode resultar na produção de um "falso *self*", uma máscara que atua como uma pessoa, mas não se sente como uma pessoa internamente. Como Marie Cardinal, uma francesa que escreveu um relato sobre a sua lenta recuperação de uma doença mental, coloca:

> Eu fui formada para me assemelhar o mais próximo possível de um modelo humano que não tinha escolhido e que não combinava comigo. Dia após dia desde o meu nascimento, fui moldada: meus gestos, minhas atitudes,

> meu vocabulário. Minhas necessidades eram reprimidas, meus desejos, meu ímpeto, haviam sido represados, pintados, disfarçados e presos. Depois de tirarem o meu cérebro, tendo eviscerado meu crânio, encheram-no com pensamentos aceitáveis que se adequavam a mim como um avental em uma vaca. (Cardinal 1984: 121).

O TRANSTORNO DA PERSONALIDADE NARCISISTA

Patti era uma paciente minha que se sentia uma pessoa "e se". Ela era uma pessoa ativa que gostava de passear e viajar, mas não havia conseguido desenvolver qualquer um de seus interesses em uma carreira. Ela não era capaz de permanecer fazendo qualquer coisa por tempo suficiente para se tornar boa nisso. Embora não tenha mencionado, o modo como descreveu seus pais conjurou pessoas que eram intolerantes a seus sentimentos e necessidades. Eles queriam que ela crescesse o mais rápido possível e não gostavam do fato de ela ser um bebê dependente. Ela não havia sido amamentada. Se chorasse à noite, sua mãe não vinha atendê-la. As necessidades de sua mãe vinham em primeiro lugar. Sua mãe mal podia esperar para fugir das crianças, comprar roupas bonitas, ter um caso, desfrutar de suas férias. Outra pessoa sempre ficava na praia com as crianças. A mãe não estava muito interessada nelas ou em sua companhia. Pior ainda, quando Patti a incomodava, derrubando um vaso especial que sua mãe havia esquecido de pôr de lado por exemplo, sua mãe a atacava com fúria e batia nela. Ela era frequentemente punida. Patti cresceu sentindo-se desajeitada e burra e focava em se esforçar para agradar os outros sendo útil. Ela tentou ser uma pessoa adulta sensata, mas por dentro sempre se sentiu como uma menina em um mundo cheio de adultos, Alice no país das maravilhas, perdida sem o livro de regras. Ela tentava ter os sentimentos que se esperava que ela tivesse, mas tinha muita dificuldade em saber o que estava realmente sentindo. Seus relacionamentos pessoais nunca foram em frente e logo fracassavam por uma razão ou outra. Essa história é típica das experiências de um "transtorno da personalidade narcisista" – o tipo de experiência que poderá levar a uma vulnerabilidade à depressão.

A pessoa narcisista ou "neurótica" muitas vezes é descrita em termos de tentativas de ir em frente sem outras pessoas. Vários escritores têm tentado definir o narcisismo, mas a maior parte concorda sobre os sintomas típicos do narcisismo como:

- autoconsciência e vergonha (reações extremas ao ser criticado);
- senso inflado de si (grandiosidade);
- não saber quem é, estar fora da realidade em relação aos sentimentos;
- medo da inveja dos outros;
- ilusão de autossuficiência;
- sadomasoquismo e raiva escondida (baseado em Mollon 1993).

A maior parte dessas categorias contém o tipo de instabilidade envolvido em não ser bem conectado com os outros e não ser capaz de usá-los para ajudar a regular sentimentos. Sentimentos de poder pessoal e atuação flutuam, de modo que às vezes o indivíduo se sente capaz de grandes coisas, sem qualquer ajuda, e, em outras vezes, sente que os outros vão machucá-lo ou destruí-lo.

Allan Schore acredita que os problemas no espectro narcisista têm suas raízes na primeira infância. Ele acha que as pessoas com esses tipos de dificuldade provavelmente receberam cuidados bons o suficiente enquanto eram bebês para ter uma imagem corporal coerente e até mesmo para se sentir muito bem em relação a si mesmas às vezes, como fazem as crianças excitadas; contudo, o autor sugere que não tiveram o tipo de parentalidade que iria ajudá-los a gerenciar a vergonha e a recuperação da vergonha.

Muitos pais vão bem na fase de bebê, ao contrário dos pais que acabei de descrever como potenciais pais de pessoas *borderline*. Eles são capazes de desfrutar de seus bebês, porque se sentem necessários e poderosos. O bebê pode ser experimentado como uma extensão do corpo da mãe e está, em grande parte, sob seu controle. No entanto, quando o filho se torna uma criança com uma mente própria e um corpo que está sob seu próprio controle, eles poderão não gozar tanto da parentalidade. A mãe quer uma criança compatível que se encaixe nela e atenda às suas necessidades – possivelmente uma que não cresça nem se torne um ser separado. Ela, em certo sentido, quer assumir o controle sobre a criança (veja anteriormente sobre o medo do adulto narcisista de perder o controle).

Esses tipos de pais poderiam forjar um apego inseguro com seu filho. Eles podem ser pais inconsistentes que podem estar totalmente em sintonia com a criança em um momento, mas afastados, entediados ou não sintonizados no outro; ou podem ser pais mais consistentemente ressentidos e relutantes, como Patti parece ter sido.

Não importa qual o padrão de apego, a humilhação pode ser uma questão central que liga os indivíduos do espectro narcisista. Allan Schore acredita que seus "sintomas" surgem em grande parte da má regulação da vergonha, em particular. Durante a primeira infância, aspectos importantes da socialização estão ocorrendo, facilitando o importante desenvolvimento do cérebro. Como já descrito no Capítulo 3, é nesse momento que a área orbitofrontal do córtex pré-frontal amadurece e se conecta. À medida que o córtex orbitofrontal começa a desenvolver conexões com a amígdala, pode pará-la, por sua vez, ativando o hipotálamo e outras estruturas autônomas (Barbas 2007). Isso possibilita que a criança comece a ser capaz de controlar seu próprio comportamento em resposta à orientação dos pais e a optar por não reagir de modo impulsivo. Esse é um período fundamental, quando os pais podem começar a transmitir as suas regras aos filhos.

Uma maneira de fazer isso é por meio do afastamento em sintonia e do *feedback* positivo. À medida que o córtex orbitofrontal se desenvolve, torna-se mais hábil em "ler" rostos e avaliar situações sociais; agora a criança é capaz de começar a reconhecer a desaprovação e a negatividade no rosto dos pais. Por meio de suas conexões com o sistema nervoso autônomo, isso pode desencadear os desagradáveis sentimentos "viscerais" de humilhação, levando a uma queda na pressão arterial, bem como à liberação de cortisol.

Embora esse processo seja uma importante via para a aprendizagem das regras sociais, é igualmente vital para o relacionamento rompido ser rapidamente reparado antes que o sentimento de continuidade do bom relacionamento seja perdido. Essa é uma questão de julgamento e, talvez, pode ser prolongada conforme a criança cresça. Mas as crianças pequenas, que precisam de uma regulação muito mais contínua, não podem se dar ao luxo de perder o fio de seu relacionamento regulatório. Em um nível fisiológico, elas precisam restaurar a conexão afetuosa com seu pai a fim de dispersar o cortisol e outros hormônios do estresse e regular-se de volta a um ponto de ajuste normal.

Os pais que não são bons em regular os seus filhos podem deixar a criança em um estado angustiado por muito tempo. Eles podem ser pais que têm dificuldade em suportar sentimentos negativos, então podem tentar distanciar-se dos sentimentos da criança em vez de entrar neles e "contê-los". Esses pais muitas vezes provocam ou humilham uma criança em um estado de vergonha, dizendo coisas como "Eu sei por que as outras crianças perseguiram você no parquinho" ou "Não seja tão fraca". Se a criança está com raiva, em vez de conter a ira, o pai pode intensificá-la – "Não fale assim comigo!". Do mesmo modo, os pais podem ter dificuldade em responder à emoção e à alegria da criança, em responder e compartilhar esses sentimentos e em regulá-los a um nível administrável. Com esses tipos de dificuldades regulatórias, ao longo do tempo a criança pode perder a confiança em seu relacionamento com os pais e em sua bondade básica e capacidade de regulá-la. Como vimos no capítulo anterior, ela pode tornar-se propensa à depressão – facilmente mergulhada em desregulação por uma humilhação ou perda atual, porque sua resposta ao estresse é hipersensível durante a primeira infância.

ATRAVÉS DO ESPECTRO EM DIREÇÃO AO ABUSO

Embora isso seja verdade na infância de Patti, houve também uma insinuação mais profunda em sua experiência que foi mais difícil de alcançar e colocar em palavras. Havia indícios de que seus problemas não haviam se originado apenas de sua experiência quando criança pequena, mas que eram mais antigos, do início de sua vida quando bebê. Sua mãe havia tido dificuldades para amamentar. Ela não a segurou muito no colo. Houve incidentes que sugerem que sua mãe havia sido ativamente hostil com ela desde o início – um incidente de hipotermia quando ela foi deixada no carrinho de bebê por muito tempo, a mãe ter dito que ela era um bebê feio. Mais tarde, no início de sua própria adolescência, ela se deu conta da hostilidade contínua de sua mãe quando estavam em um acampamento de férias, e ela foi forçada a lavar calcinhas de sua mãe manchadas de sangue em público. Mas essas memórias eram poucas e sua consciência e capacidade de colocar essas coisas em palavras eram limitadas.

No entanto, em seu relacionamento com o terapeuta, Patti transmitiu sem palavras muitas coisas sobre a parte inicial de sua vida, em especial a sua profunda ambivalência em relação às mulheres. Seu corpo magro e inquieto transmitia tensão: ela tinha a tendência de tratar o terapeuta como um conhecido social, alguém com quem ela conversava em um ponto de ônibus, falando sobre os eventos da semana, em vez de com um parceiro regulatório íntimo em quem pudesse confiar para compreender e lidar com seus sentimentos mais difíceis. Ela também era crítica da terapia, mas uma frequentadora regular e pontual que tendia a ficar em frangalhos quando era dada uma pausa para férias. Ela frequentemente brincava com a possibilidade de outras terapias ou ameaçava romper o trabalho porque não podia pagar, ecoando o medo do abandono que sua mãe havia gerado nela. Essas experiências sugerem que Patti teve aspectos levemente *borderline* em sua história. Com pacientes *borderline*, a relação terapêutica muitas vezes é a evidência mais potente do mundo interior que foi criado por meio da experiência nas fases iniciais da vida dessa pessoa, uma vez que é a *falta* de confiança e a *falta* de expectativa de regulação que é o núcleo doloroso da vida da pessoa.

Muitos pesquisadores têm ligado a condição *borderline* ao abuso sexual, o que não era algo que Patti havia experimentado. Embora não pareça haver uma ligação forte (Linehan sugere que até 75% dos pacientes *borderline* podem ter sido abusados sexualmente, enquanto outros estudos sugerem índices muito mais baixos), esse pode não ser o fator principal para a experiência *borderline*. O abuso emocional, em particular, bem como os maus-tratos físicos ou a negligência são igualmente associados ao transtorno da personalidade *borderline* (Widom et al. 2009; Posner e Rothbart 2000).

Concordo com Linehan que provavelmente não é o abuso sexual por si só que desestrutura as pessoas. O abuso sexual pode ser um efeito secundário de uma família disfuncional invalidante ou mesmo um "marcador" da gravidade da disfunção familiar (Zanarini et al. 1997). Conforme apontado por Zulueta, o abuso é uma "forma especializada de rejeição" (Zulueta 1993). O que importa é que as necessidades emocionais da criança não são atendidas – mas o estado *borderline* parece envolver o duplo golpe da criança dependente de alguém que não está presente emocionalmente de forma confiável para ela e que abusa dela ou a rejeita de algum modo. Isso é destacado pela história de vida da poeta norte-americana Anne Sexton.

Anne era a caçula de três filhas, nascidas de um pai empresário proeminente e de uma mãe que gostava de escrever e de socializar – uma família rica, do tipo Scott Fitzgerald, amantes da festa e da bebedeira.

Mas os pais eram ambos muito imprevisíveis emocionalmente. Como Jane, uma das irmãs de Anne, disse: "O pai estava bêbado ou estava sóbrio, mas nunca se sabia, em relação à mãe, se ela estaria agindo de modo horrível ou agradável. No instante em que você achava que sabia como ela estava, ela se voltava contra você". Anne também se lembrou de quão "malvado" o pai poderia ser quando estava bêbado: "Sentava-se e olhava para você como se você tivesse cometido algum crime terrível" (Middlebrook 1991). Suas humilhações incluíam queixas de que odiava a sua acne da adolescência: "Eu não consigo comer quando ela está na mesa de jantar", disse ele, enquanto a mãe menosprezava o que ela escrevia, enviando seus poemas adolescentes a um especialista para verificar se ela estava plagiando alguém.

Desde a infância, Anne e sua irmã foram supervisionadas por uma enfermeira que era descrita como rígida e reservada. Ela cuidava de sua aparência e de suas maneiras. Elas eram vestidas para se juntar a seus pais para jantar ou para serem apresentadas em uma festa, mas não viam muito a mãe, a quem adoravam. Anne cresceu tímida e solitária, descrevendo-se como "um nada agachado no armário". Embora tenha sido difícil conseguir qualquer atenção positiva de sua mãe, ela tinha atenção negativa e humilhação. Quando ela tinha uns 4 anos, sua mãe costumava inspecionar seus órgãos genitais, "dizendo como mantê-los limpos e que eles não devem ser tocados". Suas evacuações também foram inspecionadas diariamente, e ela foi ameaçada com uma colostomia aos 12 anos se não evacuasse. Acabou sendo internada com uma constipação grave.

Um relacionamento parecia diferente – com a tia-avó Anna, que estava intimamente envolvida com a família durante a infância de Anne e foi abertamente afetuosa com a menina. Ela passou a morar com a família quando Anne tinha 11 anos, e passavam enormes quantidades de tempo juntas: almoçando, jogando cartas em seu quarto, fazendo lição de casa, indo ao cinema depois da escola e abraçando Nana diariamente quando estavam deitadas na cama. As evidências dizem que parece ter havido também um contato sexual; Anne mais tarde abusou sexualmente de uma de suas filhas (Magai e Hunziker 1998: 384). Nana não tinha parceiro sexual adulto e talvez tenha encontrado em Anne o conforto que não conseguiu encontrar em nenhum outro lugar ou talvez estivesse buscando descarregar sua tensão sexual ou raiva usando a criança como um veículo para alguma dinâmica emocional não resolvida em si mesma. Quaisquer que sejam seus motivos, o agressor adulto deixa de reconhecer as necessidades emocionais da criança, colocando as suas próprias em primeiro lugar. É claro que as crianças como Anne que são emocionalmente necessitadas e desprotegidas pelos próprios pais são fáceis de manipular em situações sexuais.

Uma das consequências para a criança abusada sexualmente é que ela pode sentir que não há nenhum lugar onde buscar conforto, como Felicity de Zulueta apontou. O fato de o abuso sexual estar ocorrendo na família significa que a criança perdeu a proteção de ambos os pais, e não apenas do agressor. Um evento esmagador e fisiologicamente excitante que ocorreu sem qualquer meio de regulá-lo. Essas personalidades *borderline* que sofreram esse tipo de ausência de apoio e regulação tendem a ter uma resposta ao estresse hiper-reativa (Lyons-Ruth 2011; Rinne et al. 2002).

Crianças como Anne têm de lidar com altos níveis de afeto negativo e uma amígdala hiperativa em decorrência do abuso físico ou emocional que sofreram (Brendel et al. 2005). No entanto, as partes do cérebro que poderiam gerenciar essa emoção – o córtex orbitofrontal e o cingulado anterior – não estão bem conectadas à amígdala. Elas estão subativadas e falham em "se conectar" para lidar com os estados negativos, como fazem os indivíduos emocionalmente mais fortes (Silbersweig et al. 2007; New et al. 2007). Seus cérebros direitos também podem ter uma capacidade embotada de regular a emoção porque seus receptores de dopamina são menos sensíveis (Schore 2003). Isso os torna propensos a serem oprimidos por sentimentos intensos como a raiva. Como Horowitz descreveu: "Não são pensamentos, são sentimentos. Ele quer detonar e destruir as pessoas que o frustram. Ele não tem ciência de alguma vez ter amado ou mesmo gostado um pouco do objeto. Ele não tem consciência de que sua raiva é uma paixão que vai diminuir. Ele acredita que vai odiar o objeto para sempre" (Horowitz 1992, citado em Schore 2003).

Anne Sexton teve problemas de regulação emocional ao longo da vida. Quando se sentia oprimida por estados intensos, ela usava álcool ou comprimidos para dormir para se tranquilizar ou entrava em "transe" e ficava olhando para a frente por horas, completamente dissociada de seus sentimentos. A dissociação é uma das defesas mais primitivas contra a dor mental – uma cruel tentativa de cortar o contato com outras pessoas que possam gerar ainda mais excitação (desagradável) do sistema nervoso simpático. As pessoas em um estado dissociado têm ativado o complexo vagal dorsal do tronco cerebral, provocando uma desaceleração fisiológica, com diminuição da pressão arterial e da frequência cardíaca, como os animais que se "fingem de mortos" quando são capturados por um predador. Isso é conhecido por ser uma defesa psicológica, muitas vezes usada por crianças com um apego "desorganizado". Quando não sabe se deve se aproximar ou evitar, você "foge para dentro" (Schore 2003).

Incentivada por sua psicoterapeuta a escrever, Anne tentou usar sua poesia, bem como a terapia para regular a si mesma de modo mais construtivo. Sua poesia articulou brilhantemente seus intensos e extremos sentimentos, e ela se tornou uma poeta bem-sucedida, ganhando reconhecimento e até mesmo adulação de homens e mulheres, com quem teve muitos relacionamentos sexuais. As tensões envolvidas nas histórias dos *borderline* frequentemente produzem grande criatividade. No entanto, quando seu terapeuta encerrou abruptamente seu tratamento, ela cometeu suicídio, aos 46 anos.

Uma criança que sofre desse tipo de experiência não só está sendo prejudicada fisicamente, mas também está sendo envenenada com crenças tóxicas dos pais sobre relacionamentos. Os sobreviventes têm testemunhado que o dano físico imposto a eles não é necessariamente o principal impacto da experiência. Como disse uma mulher: "Posso aceitar que me bateram e estupraram, mas não consigo superar ser odiada" (Chu 1998: 12). O sentimento de ser uma coisa banal para outra pessoa drena o sentido e o valor de si. Se os pais não amam o filho, qual é o seu valor? Anne Sexton deu voz a esse sentimento de ter somente valor transitório para os outros em um verso:

> Vamos enfrentar a situação, eu tenho sido momentânea.
> Um luxo. Um barco a vela vermelho vivo no porto.
> Meu cabelo subindo como fumaça pela janela do carro.
> Mexilhão fora de época.

(Sexton 2000)

O BURACO NEGRO

A desumanização e a falta de valor emocional são o cerne dos relacionamentos do *borderline*. Desde o início, os pais têm dificuldades em reconhecer seu bebê como um ser intencional com estados mentais. Peter

Fonagy estudou questões-limite tanto do ponto de vista da pesquisa do apego quanto de uma perspectiva clínica, psicanalítica. Ele colocou uma grande ênfase sobre o que ele chama de "mentalização" – a capacidade de reconhecer outras mentes. Ele sugere que o *borderline* cresce evitando pensar e mentalizar porque isso implicaria reconhecer esse ódio ou a falta de amor na atitude de seus pais em relação a ele. Mas apagar os maus-tratos e pensamentos relacionados a isso torna impossível para a pessoa encontrar alguma maneira de se recuperar disso (Fonagy et al. 1997).

As pessoas gravemente *borderline* muitas vezes têm grande dificuldade em pensar sobre as suas experiências, particularmente aquelas com seus pais. É insuportável saber que seus pais desconsideram seus sentimentos e podem até tê-lo odiado de algum modo. Isso torna o processo terapêutico uma tarefa muito difícil. É verdade que as pessoas *borderline* precisam entender o que aconteceu com elas e terão dificuldade em ter uma noção segura de si até que possam enfrentar a natureza dolorosa das suas experiências de infância e encontrar uma maneira de aceitá-las. No entanto, na minha opinião, a ênfase de Fonagy na mente-espírito e na articulação verbal dos sentimentos tende a subestimar a importância da primeira infância. Ele não dá importância suficiente às dificuldades básicas com a regulação dos sentimentos que as pessoas na categoria *borderline* invariavelmente experimentam; dificuldades que concordo com Allan Schore se originam na experiência do bebê de não ser regulado.

Os sentimentos que são vivenciados por pessoas *borderline* evocam a intensidade e o terror de um bebê desamparado, sem cuidados. Na pior das hipóteses, o *borderline* às vezes cai no que tem sido chamado de "buraco negro da vergonha", um estado não verbal de vazio: horror atemporal, não ligado a um espaço determinado. Está ligado a sentimentos de cair no vazio – de não ser segurado no colo, de não ser contido com segurança nos braços de uma mãe. O *borderline* é dominado por sentimentos negativos e tem a tendência de ter o que os outros experimentam como uma resposta exagerada. Quando as coisas vão mal, tudo fica ruim, não há fim à maldade possível. Ele sente que ele próprio é ruim. Seus sentimentos são vergonhosos, já que ninguém pode entendê-los nem sequer conhecê-los. Ele odeia a si mesmo. Bons sentimentos do passado não existem e não podem ser recuperados. Como Patti me disse uma vez: "Não posso manter boas experiências". Bons sentimentos escorrem pelos dedos como areia, talvez porque não se possa confiar em nada de bom em um mundo em que nossos pais foram tão ambivalentes conosco. Essa incapacidade de fazer uso do aconselhamento ou apoio é particularmente uma característica da condição *borderline*.

É como se não houvesse o suficiente de *self* lá para processar a experiência – *self* no sentido de uma autorregulação. Afinal, a "individualidade" é muito dependente da capacidade de gerenciar as emoções de um modo consistente que os outros possam reconhecer e comentar. Quando os outros percebem que "você é sempre tão calmo, controlado, persistente, rápido para agir, distraído, firme ou prático", estão comentando sobre o seu estilo de gerenciamento emocional. O senso de si é muito dependente desse *feedback* dos outros. Precisamos saber como os outros nos veem e desenvolver uma "personalidade" ou um estilo de gerenciamento emocional consistente. Mas, se a resposta dos pais é sempre negativa ou ausente, podemos nos sentir "exterminados", invalidados e basicamente ruins. Torna-se muito mais difícil pensar sobre os sentimentos sem uma estrutura de apoio permanente, e o senso de *self* se torna cada vez mais tênue.

Minha paciente Dilys estava na casa dos 40 anos, ainda vivia em um estado de quase confusão e caos regulatório. Quando ela veio a mim, questionava infinitamente o seu comportamento, murmurando em um ritmo acelerado "Não deveria ter vindo de carro, não posso pagar pela gasolina, deveria ter vindo a pé. Por que eu fiz isso?", lamentava-se. "Minha filha quer que eu compre para ela um vestido de aniversário, mas não sei o que escolher para ela – não consigo decidir – não consigo pensar. Pensei em comprar algo rosa, mas agora não sei se rosa combina com ela. Rosa é uma boa cor? Seu pai não gosta de rosa. Deveria tê-la colocado para dormir ontem à noite, em vez de deixar que ficasse assistindo ao filme. Sou uma idiota – o filme não era assim tão bom. Sua professora me menospreza, ela acha que Elly está sempre cansada. Sei que sou uma péssima mãe. Eu me esqueci de dar banho nela hoje de manhã, mas você não precisa tomar banho todas as manhãs, né?" – e assim por diante. Dilys não tinha algo em sua própria realidade que a enraizasse em seus próprios sentimentos. Ela agia e falava impulsivamente, sem um princípio de organização que lhe possibilitasse priorizar suas experiências e fazer escolhas sobre como agir. Para a maior parte de nós, o princípio organizador são os nossos sentimentos e o significado que atribuímos a eles. Mas Dilys não sabia o que sentia. Seus ataques constantes contra si mesma eram um convite para que ela se sentisse mal. Ela transmitia a impotência de um bebê, que precisava de alguém em algum lugar que cuidasse dela e desse sentido a tudo. Ela própria era filha de uma mãe alcoolista e de um pai criminoso e havia sido abusada sexualmente por um tio quando era criança.

Na falta de mecanismos de regulação adequados, estava propensa a entrar em pânico, principalmente quando se sentia abandonada por outras pessoas. O *borderline* geralmente tem um medo desesperado de rejeição ou abandono. Muitas pessoas *borderline* (20 a 40%) tiveram, de fato, uma separação traumática de um ou ambos os pais no início da infância, algo que também havia acontecido com Dilys (Bradley e Westen 2005). Mas também é possível sentir-se abandonado e não cuidado quando a figura paterna está fisicamente presente, se ela não estiver atenta ou responsiva. Em ambos os casos, quando os relacionamentos fundamentais estão ameaçados, ou o *borderline* imagina que estão ameaçados, ele se sente como se o mundo estivesse caindo aos pedaços. Nesse ponto, a pessoa *borderline* precisa confiar em seus próprios meios de autorregulação, que frequentemente são muito rudimentares. Ela tende a agir impulsivamente e muitas vezes de modo destrutivo. Como ela tem estratégias regulatórias mentais inadequadas, tende a tentar gerenciar sentimentos por meio da ação direta – entrando no carro e dirigindo a 160 km/h para aliviar a tensão interna ou batendo o telefone quando ficava irritada por uma conversa. Ela pode cortar-se para aliviar a dor mental ou tentar apagá-la com sono, drogas ou álcool. Quando a mãe de Dilys morreu inesperadamente, ela foi até a estação ferroviária local, pensando em pular sobre os trilhos.

Muitos comportamentos *borderline* são autodestrutivos, em vez de destrutivos aos outros, embora eles muitas vezes tenham impacto negativo sobre outras vidas. No próximo capítulo vou falar sobre como o comportamento criminoso também pode ser uma forma de comportamento *borderline*, em alguns casos, que lida com a raiva produzida por maus-tratos no início da vida de modo muito diferente: atacando os outros.

9

Pecado original

Como os bebês que são tratados com rispidez podem não desenvolver empatia pelos outros

As crianças violentas do futuro são os bebês de agora.

Se no meio da noite você se deparar com um assaltante adolescente na rua, a última coisa sobre a qual você pensará será na infância dele. No entanto, o medo e a raiva provocados em você são, provavelmente, os mesmos sentimentos que estiveram com ele desde a primeira infância, que foram instrumentais na transformação desse bebê especial em um bandido antissocial. Suas ações acabam por infectar suas vítimas com seu próprio medo e raiva.

Como vítimas ou potenciais vítimas, nós o retaliamos com pensamentos de punição e prisão. A linguagem que usamos transmite a nossa rejeição e repulsa. De modo acusador, referimo-nos a ele como arruaceiro, valentão, vândalo, ladrão, agressor, criminoso, bandido, assassino. São palavras que evocam imagens terríveis de um jovem desbocado que cospe, carrega facas, ameaça outros e ameaça nossa segurança. Nossa atitude parece ser: ele claramente não se preocupa com as outras pessoas – então por que devemos nos preocupar com ele? É muito difícil até mesmo nos darmos ao trabalho de imaginar que essa ameaça já foi um bebê. Quanto mais grave sua violência, mais longe da preocupação humana ele fica. O jovem que atira em um estranho na rua para roubar seu celular ou o adolescente que bate em uma mulher idosa para tomar suas parcas economias estão além da nossa compreensão. Como eles podem perder de vista a humanidade de outra pessoa a tal ponto? Uma resposta, fornecida por Peter Fonagy, é que eles não tiveram as relações de apego significativas do início da vida que lhes possibilitariam se identificar com os outros (Fonagy et al. 1997). Os sentimentos de outras pessoas não parecem reais para eles porque os sentimentos deles não foram reais para as pessoas que importavam para eles.

Quando trabalhava com criminosos adolescentes em Tottenham, um bairro pobre da zona norte de Londres, surpreendeu-me muito descobrir quão vulneráveis frequentemente eram esses meninos embaixo de sua bravata mal-humorada. Um jovem adolescente negro chamado Delroy – um menino alto, tímido e desengonçado – estava engordando a sua ficha criminal por roubo e assalto e tornando-se um rosto familiar no Centro de Direito em que eu trabalhava na década de 1970. Costumava tomar declarações dele, consciente de suas tentativas de se esquivar da responsabilidade pelo que havia feito. Ele era arrogante e parecia pensar em suas ações como pecadilhos menores, apesar de, na sua mais recente aventura em um ônibus com seu amigo Manny, haver ameaçado casualmente uma mulher idosa com uma faca.

Quando foi preso, exigiu em sua petulância adolescente ver a identificação do policial e, segundo ele, foi recompensado pelo policial agarrando seus testículos e batendo-lhe no rosto, de modo que seu nariz sangrava. Ele foi então acusado de resistir à prisão. O dia de sua audiência chegou, mas ele ainda não estava consciente do que significavam para os outros as suas ações, expressando grande relutância em pegar uma folga pela manhã no seu novo trabalho em uma loja para comparecer ao tribunal. Foi também o dia de seu aniversário de 17 anos. Ainda me lembro de sua expressão ao ser "enviado" para Borstal, uma pena que ele jamais seria capaz de imaginar. Quando foi levado às celas abaixo da corte, ele parecia muito confuso e ferido, e muito jovem. Suas chaves, lanterna e canivete foram tomados dele, sendo dito com sarcasmo que "os guardas prisionais não gostam de ser esfaqueados, você sabe". Ele estava chorando. De repente me dei conta de que ele era o filho de alguém e que mal havia deixado a infância.

O que havia de errado com Delroy? Eram seus genes, sua educação ou suas próprias más escolhas morais? Esse debate foi retomado no livro de Steven Pinker, *The blank slate* (2002). Nele, o autor argumenta que os criminosos como Delroy são suscetíveis de serem geneticamente diferentes do restante de nós. Pinker afirma que temos de "considerar a possibilidade de que tendências violentas podem ser herdadas, assim como aprendidas" (Pinker 2002: 310). Ele afirma: "Há pouca dúvida de que alguns indivíduos são constitucionalmente mais propensos à violência do que outros"; homens, por exemplo, e especialmente aqueles que são "impulsivos, com pouca inteligência, hiperativos e com déficit de atenção". Esses traços, ele sugere, "surgem na primeira infância, persistem ao longo da vida e são em grande parte hereditários, mas não totalmente" (Pinker 2002: 315). Embora Pinker não afirme que a violência seja apenas uma questão de genética, esse retrato de criminosos violentos tem sim a tendência de possibilitar que sejam descritos como produtos de baixa qualidade de genes ruins.

AGRESSÃO ORIGINADA AO NASCIMENTO

A ênfase (qualificada) de Pinker sobre os genes como uma importante fonte de agressão, criminalidade ou comportamento antissocial baseou-se em estudos com gêmeos de 1980 e 1990. Esses trabalhos argumentavam que existia um "substancial" efeito genético do comportamento criminoso de cerca de 60% (Mealey 1995). Do mesmo modo, estudos com crianças adotadas feitos nesse mesmo período também descobriram que filhos de pais biológicos antissociais tinham maior probabilidade de se tornar antissociais, mesmo quando adotados por outra família (Mednick et al. 1984; Cadoret et al. 1995). Esses achados parecem ser uma poderosa evidência para a herança genética da violência e da criminalidade.

Apesar desse elevado nível de herdabilidade, os geneticistas têm lutado para identificar genes específicos que invariavelmente produzem comportamentos antissociais e criminosos. Um estudo recente do "genoma amplo" não conseguiu encontrar genes que tivessem uma associação significativa com o comportamento antissocial adulto (Tielbeek et al. 2012). À medida que a pesquisa continua, fica claro que o processo de passar a ter um comportamento antissocial deve ser um problema complexo. Afinal de contas, os genes não são capazes de codificar comportamentos definidos socialmente e não o fazem. O DNA codifica moléculas, não traços como o atletismo, o senso de moda ou a depressão (Meaney 2010). Simplesmente não existem genes suficientes para especificar todas as conexões em nosso cérebro e sistema nervoso com antecedência; o seu papel é uma via mais ampla, a de fornecer as estruturas básicas que organizam o comportamento, como saber *como* reagir diante do medo, mas não definir *do que* ter medo. Além disso, os mesmos genes em si podem dar origem a um comportamento diferente em ambientes distintos. Um exemplo que Michael Rutter dá é de que um gene de assumir riscos pode encontrar expressão tanto na atividade criminosa quanto na grande criatividade (Rutter 1996).

Na prática, a conduta é o resultado da aprendizagem; nossa bioquímica responde ao ambiente específico em que nos encontramos. Os genes não agem de modo independente dos ambientes, mas interagem com eles de um modo bastante flexível, ligam e desligam quando necessário, muitas vezes dentro de minutos ou horas. Enquanto o "genótipo" – o "disco rígido" genético de um indivíduo, se você preferir – evolui lentamente ao longo de centenas de anos, podendo dar origem a muitos "fenótipos" – ou seleções de características – diferentes para atender às demandas imediatas de um mundo em rápida mutação.

O novo pensamento na epigenética oferece outra perspectiva sobre como o comportamento antissocial pode ser transmitido ao longo das gerações. Por exemplo, quando uma pessoa vive em um bairro pobre e inseguro, ela e seus genes vão se adaptar a essas circunstâncias, e os genes envolvidos na resposta ao estresse podem se modificar. Um processo essencial é conhecido como "metilação" – um processo bioquímico que inativa os genes ou os impede de serem expressos. Surpreendentemente, essas alterações genéticas não só perduram – muitas vezes por toda a vida – mas, como vimos, também podem ser herdados por seus filhos (e, possivelmente, até mesmo pela geração seguinte também). Menos surpreendente é que, embora essas mudanças epigenéticas possam ocorrer a qualquer momento da vida, elas são suscetíveis de ter seu maior impacto durante a gestação e em resposta ao cuidado materno nas fases iniciais da vida, quando o fenótipo básico da criança está em desenvolvimento, como vimos no caso do estudo de Yehuda dos bebês nascidos após os ataques de 11 de setembro.

As pesquisas antigas às vezes não conseguiam aplicar uma perspectiva de desenvolvimento e considerar a enorme quantidade de coisas que acontecem no útero e no período pós-natal. Muitos estudos de adoção, por exemplo, não especificam claramente a idade em que ocorreu a adoção, deixando em aberto a possibilidade de que a criança adotada possa já haver desenvolvido uma resposta ao estresse hipersensível ou adquirido outros sistemas biológicos alterados por meio da transmissão epigenética. Adrian Raine, um pesquisador britânico que agora vive na Califórnia e é especialista nos cérebros de assassinos, destacou a história de um homem chamado Jeffrey Landrigan. Quando bebê, Jeffrey vivia em uma família disfuncional e aos 8 meses foi abandonado pela mãe. Ele posteriormente foi adotado por uma família "respeitável", dando-lhe um "recomeço perfeito", como Raine coloca. A história termina com a revelação de que, na idade adulta, Landrigan acaba se tornando um assassino, assim como seu pai havia sido. Raine vê isso como a evidência de transmissão genética da criminalidade, descontando o tempo gasto no ventre de sua mãe ou os 8 meses de desenvolvimento pós-natal (Raine 2013). No entanto, Remi Cadoret, autor de um grande estudo de adoção realizado em 1995, identificou a falha na maior parte das pesquisas de adoção, reconhecendo que os bebês são afetados por suas primeiras experiências e que os estudos precisam começar nas primeiras semanas de vida.

Talvez seja natural para os geneticistas preferir explicações que colocam os atributos de um bebê abaixo das diferenças genéticas ou do "temperamento". Qualquer um que tenha lidado com uma série de bebês diferentes irá confirmar que os bebês certamente *nascem* com um temperamento distinto, no sentido de ter uma propensão única a responder a estímulos externos. Alguns bebês ficam ansiosos em abordar os outros e estão abertos a novas experiências, outros são mais cautelosos. Alguns são fisicamente robustos e ativos, outros nem tanto. Alguns acham que é mais difícil se desligar do ambiente estimulante do que os outros, e esses bebês mais reativos terão mais dificuldade com a autorregulação. No entanto, essas características nem sempre são o resultado de genes herdados nem são necessariamente estáveis; os padrões de comportamento são mutáveis durante o primeiro ano de vida (Sroufe, 1995).

Pelo menos algumas dessas diferenças no nascimento têm muito a ver com as influências ambientais que já estão atuando por 9 meses, durante o período de gestação. Essas influências nas fases mais iniciais da vida estão cada vez mais desempenhando um papel na reflexão sobre a propensão ao comportamento criminoso ou antissocial. Em particular, há dois aspectos da experiência pré-natal que têm ligações muito fortes com tendências antissociais posteriores: o estresse e o tabagismo.

O ÚTERO INÓSPITO

Como já descrito no primeiro capítulo, uma mulher grávida que sofre de estresse crônico pode inadvertidamente afetar o feto – embora ainda não esteja claro como exatamente a sua ansiedade é passada – seja por meio do cortisol no líquido amniótico, por alterações na placenta, baixo peso ao nascer ou mudanças epigenéticas (Glover et al. 2009; O'Donnell et al. 2009). Qualquer que seja o mecanismo, os bebês de mães cronicamente estressadas estão em maior risco de ter um "temperamento" mais ansioso (Baibazarova et al. 2013), eles choram mais (Wurmser et al. 2005) e têm uma resposta ao estresse mais reativa aos 3 meses (Oberlander 2008a); eles também podem ter baixos níveis de serotonina (Field et al. 2006; Van Goozen e Fairchild 2006). Além disso, estão em maior risco de problemas de comportamento, como tornar-se antissocial posteriormente (Rice et al. 2010).

O sistema serotoninérgico em desenvolvimento também pode ser afetado pelo estresse no período pós-natal. Uma pesquisa recente com macacos descobriu que, quando esses animais foram privados de suas mães no início de suas vidas, sua serotonina diminuiu em até 23% em áreas do cérebro como a amígdala e o hipotálamo (envolvidas na resposta ao estresse), bem como o cingulado anterior, o caudado e o tálamo (Ichise et al. 2006). Eles também foram mais propensos a serem impulsivos e agressivos mais tarde na vida.

Riscos semelhantes surgem para os bebês que são expostos no útero à nicotina, ao álcool ou a outras drogas ou cuja mãe é malnutrida. Embora alguns pesquisadores tenham descoberto ligações diretas entre o consumo de álcool pela mãe durante a gestação e o comportamento antissocial posterior de seu filho, os achados não são considerados definitivos. No entanto, há um consenso esmagador sobre a ligação entre fumar mais de 10 cigarros por dia durante a gestação e o transtorno da conduta e agressividade futuros em seu filho: quanto mais cigarros, maior o risco (Huijbregts et al. 2012; Cornelius 2011; Wakschlag et al. 2011; Brion et al. 2010). Os efeitos também são de longa duração. Muitos pesquisadores ao longo da última década encontraram uma relação "dose-resposta" entre a quantidade de tabagismo pré-natal da mãe e o grau de comportamento agressor posterior. Mais recentemente, Marie Cornelius e sua equipe em Pittsburgh descobriram que os filhos de mães que fumaram durante a gestação tornaram-se adultos de 22 anos com maior propensão a serem agressivos e serem presos pela polícia (Cornelius 2012).

Como o estresse e o tabagismo durante a gestação têm tal impacto a longo prazo sobre o comportamento do indivíduo? Como vimos, o estresse altera os níveis de cortisol e pode afetar outros neurotransmissores. Do mesmo modo, a nicotina afeta o desenvolvimento normal dos sistemas de neurotransmissores e interfere na comunicação entre as células nervosas (Slotkin 1998). Pode igualmente levar a uma perda de células cerebrais e, em particular, pode ter efeito sobre a espessura do córtex orbitofrontal (Toro et al. 2008; Raine 2013).

Parece haver uma ligação direta entre esses eventos biológicos e o comportamento antissocial mais tarde na vida. Há evidências substanciais de que os baixos níveis de serotonina estejam fortemente associados a um comportamento agressivo (Douglas et al. 2011). Isso atua em uma variedade de maneiras, já que a serotonina apresenta multitarefas e tem influência em muitos sistemas. Primeiro, os baixos níveis de serotonina afetam as áreas orbital e ventromedial do córtex pré-frontal (onde há uma alta densidade de receptores de serotonina) e sua capacidade de fazer o trabalho de controle e inibição da agressão e da raiva (Phan 2005; Davidson et al. 2000). Em segundo lugar, a serotonina baixa não é capaz de gerenciar o sistema dopaminérgico de modo eficaz ou conter a ativação excessiva da dopamina. Nessa situação, o sistema dopaminérgico não contido pode ficar hiperativo, promovendo o comportamento impulsivo e a agressão (Seo e Patrick 2008).

Mesmo que essas ligações entre o ambiente fetal e os problemas de comportamento posteriores sejam muito fortes, os genes ainda podem desempenhar um papel importante. Uma sugestão é de que as mulheres que optam por fumar durante a gestação são diferentes das outras mães; elas são mais propensas a serem agressivas e antissociais e a passar isso a seus filhos (Ellingson et al. 2012; D'Onofrio 2008; Brion 2010). Outra linha de pensamento é a que afirma que existem genes específicos que conferem um maior risco de comportamento antissocial. Essa linha de pesquisa se deteve sobre determinados genes, como o gene da MAOA-G, os genes da dopamina DAT1, DR2 e DR4 e o alelo curto do gene transportador de serotonina. Há algum entusiasmo sobre as suas ligações com problemas sociais, com reivindicações descontroladamente exageradas sobre "genes guerreiros" agressivos.

Na verdade, esses genes não "causam" diretamente o comportamento antissocial. O que eles têm em comum é que todos estão envolvidos na regulação emocional (Buckholtz e Meyer-Lindenberg 2008). Então, os pesquisadores descobriram que as crianças com o gene MAOA-L são duas vezes mais propensas a ter dificuldade em controlar impulsos emocionais fortes ou gerenciar suas respostas à ameaça; as crianças com o alelo curto do gene transportador de serotonina (as sensíveis crianças "orquídeas"*) estão em maior risco de depressão em resposta ao estresse da rejeição, perda ou humilhação (Dodge 2009). Em outras palavras, esses genes intensificam as respostas da criança a outras pessoas. No entanto, com uma boa regulação parental, não há nenhuma evidência de que elas não serão outra coisa além de boas. Afinal, cerca de 40% da população têm o gene MAOA-L, e muito poucos indivíduos já cometeram algum crime.

Cada vez mais parece que a possibilidade de se comportar de modo antissocial surge dentro de uma matriz de eventos que interagem entre si. Pode começar com genes de risco ou com comportamento materno de risco ou uma combinação dos dois, mas essa não é toda a história. Fatores pós-natais são tão importantes quanto os anteriores. A má regulação emocional que pode surgir como resultado de qualquer um desses fatores ainda pode ser corrigida na primeira infância – ou agravada, dependendo do cuidado que está disponível.

ELEMENTOS NO IMPACTO DA PARENTALIDADE

A intoxicação por nicotina, a nutrição inadequada ou altos níveis de cortisol podem ter um impacto sobre os sistemas de regulação emocional do feto em desenvolvimento. Mas, após o nascimento, alguns desses bebês serão submetidos a um duplo golpe se também tiverem cuidadores que não são capazes de responder a eles e a regulá-los bem, assim como macacos com temperamentos sensíveis têm problemas quando são criados por mães irritáveis, mas se dão muito bem quando são criados por mães calmas (Suomi1999). Uma parte fascinante da pesquisa de Adrian Raine descobriu que o vínculo estabelecido entre o tabagismo e o comportamento antissocial mais tarde na vida ocorre apenas se a mãe sentiu rejeição por seu bebê e considerou fazer um aborto ou colocou o filho em instituições durante seu primeiro ano de vida (Raine et al. 1997a). Em outras palavras, não importa quão neurobiologicamente vulnerável

* N. de R.T.: Termo utilizado pelos pesquisadores em desenvolvimento humano, Bruce Ellis e Thomas Boyce, que sugere que, como uma orquídea, essas crianças são extremamente sensíveis ao ambiente, principalmente no que diz respeito aos cuidados maternos e paternos que recebem. Quando negligenciadas, definham rapidamente, mas se bem cuidadas, sobrevivem e, até mesmo, podem se destacar. As crianças dentes-de-leão seriam o oposto, parecem ter a capacidade de sobreviver em quaisquer circunstâncias, podendo "florescer" em ambientes adversos. São psicologicamente resilientes.

o bebê era, a qualidade do cuidado no período pós-natal foi crucial para o desfecho. Do mesmo modo, a criança que já é vulnerável por causa da exposição à bioquímica depressiva da mãe durante a gestação e que, então, experimentou parentalidade severa ou abusiva tinha um risco 12 vezes maior de desenvolver depressão ou transtorno da conduta (Pawlby et al. 2011).

O mesmo processo de duas fases está envolvido na concretização de predisposições genéticas. Um estudo de referência realizado por Avshalom Caspi, em 2002, concluiu que ter a versão de risco do gene MAOA não leva a comportamento violento ou antissocial futuro a menos que essas crianças também sejam maltratadas (Caspi et al. 2002). Esse estudo já foi repetido várias vezes. Do mesmo modo, as crianças com o gene variante que é parte do sistema da dopamina (alelo DRD4-7) – que predispõe a uma insensibilidade relativa às recompensas sociais e punições – têm uma maior propensão a reagir a seus sentimentos de raiva e frustração sem autocontrole, mas apenas se os seus pais as tratarem de modo insensível. Quando os pais cuidam delas com sensibilidade, elas ficam menos propensas a se comportarem daquele modo (Bakermans-Kranenburg et al. 2008; Bakermans-Kranenburg e van Ijzendoorn 2011). Similarmente, uma criança com o alelo curto do gene transportador de serotonina só tem problemas com o gerenciamento de suas emoções se estiver em uma relação de apego insegura, mas ainda pode ser emocionalmente bem regulada em caso de apego seguro (Kochanska 2009). Claramente, o impacto da sensibilidade neurobiológica ou genética é muito maior quando a relação pai-filho não é adequada.

ESPIRAL NEGATIVA

Qualquer tipo de apego inseguro aumenta o risco de comportamento antissocial futuro. Como um leva ao outro na prática? Mais uma vez, as evidências apontam para problemas com a mãe e o bebê em se adaptar um ao outro e aprender a entrar em sintonia entre si. Muitos pais não sabem como prestar atenção à linguagem corporal do bebê ou não são hábeis em regular suas emoções. Mas, sem a ajuda deles, como o bebê pode aprender a desenvolver a sua capacidade de prestar atenção ou se autorregular? Na verdade, as crianças que não conseguem prestar atenção ou se autorregular são aquelas mais propensas a desenvolver problemas de externalização* (Belsky et al. 2007; Hill et al. 2006; Eiden 2007, 2009).

Pesquisas recentes sugerem que os pais podem desempenhar um papel importante no estabelecimento de uma boa regulação emocional desde o início. O trabalho de Paul Ramchandani na Universidade de Oxford descobriu que, quando os pais eram distantes e sem envolvimento, os bebês tinham mais problemas de externalização com 1 ano (Ramchandani et al. 2013).

Quando uma relação positiva não foi estabelecida na primeira infância, o próximo estágio de socialização da criança em um comportamento aceitável fica infinitamente mais difícil. O pai não pode recorrer a um vínculo seguro atado ao bom humor e compreensão mútua e não pode exigir que a criança contenha seus impulsos a fim de manter esse bom relacionamento. Em vez disso, a criança já está na defensiva e espera tratamento ríspido, de modo que tem pouco a perder ao desafiar os desejos dos pais.

O problema pode ser agravado por pais que não têm autoestima ou um forte senso de si. Esses são pais que acham que é mais difícil ser "autoritário" e atender às demandas de seu filho de uma maneira firme. Isso involuntariamente reforça o comportamento negativo e resistente da criança. Sabemos o que pode acontecer a seguir: os pais em seu juízo recorrem a táticas coercitivas, como ameaçar, gritar ou assediar moralmente a criança a se comportar.

A parentalidade hostil, coercitiva e severa está fortemente ligada à dificuldade da criança em regular emoções e aumenta a probabilidade de a criança reagir e expressar em ações a sua raiva (Sellers et al. 2013; Xu et al. 2009; McKee et al. 2008). Encontram-se aqui algumas diferenças de gênero, com os meninos sendo mais propensos a se expressar por meio da agressão física (Hill et al. 2006), enquanto as meninas podem ser especialmente boas no que Hyun Rhee e Waldman (2002) chamam de "agressão relacional", como danos mal-intencionados à reputação de outra pessoa ou exclusão de outros do grupo de colegas.

---

* N. de R.T.: Os problemas de externalização referem-se a conflitos com o ambiente. Estão ligados à manifestação da agressividade, impulsividade e de comportamentos delinquentes. O termo problemas de externalização parece mais adequado no caso de crianças menores, evitando-se com isto o estigma implícito no termo antissocial. Os problemas de internalização envolvem depressão, ansiedade, retraimento social e queixas somáticas e, portanto, envolvem conflitos com o *self*. Fonte: Pacheco, J.; Alvarenga, P.; Reppold, C.; Piccinini, C. & Hutz, C. Estabilidade do comportamento antissocial na transição da infância para a adolescência: uma perspectiva desenvolvimentista. *Psicologia. Reflexão e Crítica*, vol 18, n.1, 2005.

Em outras palavras, as crianças que não são bem tratadas são mais propensas a se tornarem antissociais. Toda a gama de "experiências adversas da infância", de abuso emocional ou negligência a violência física e abuso sexual, está ligada a uma maior incidência de comportamento antissocial futuro (Teisl e Ciccetti 2008; Douglas et al. 2011). Embora a hostilidade adulta ativa provavelmente tenha uma reação mais forte sobre a criança, qualquer tipo de parentalidade ineficaz, como um pai que é afastado ou "assombrado" por suas próprias mágoas do passado ou que não é capaz de impor limites claros, desestabilizará a criança. Quando as crianças experimentam qualquer tipo de parentalidade prejudicial ou provocadora de ansiedade, elas não têm refúgio seguro para onde ir: a mesma pessoa que deveria estar acalmando seus temores a está assustando (Madigan et al. 2006).

Isso deixa essas crianças em risco muito elevado de desenvolver um apego desorganizado. Na população média, cerca de 15% acabam com a forma mais problemática de apego, mas em crianças maltratadas essa taxa é de pelo menos 51% (Van Ijzendoorn e Bakermans-Kranenburg 2009; Cyr 2010). Com falta de apoio emocional suficiente dos pais, essas crianças são mais propensas a desenvolver problemas de comportamento "externalizantes", bem como modos mais complexos de psicopatologia (Fearon et al. 2010; Cyr et al. 2010).

O CORPO TENSO

No entanto, o impacto não se dá apenas sobre o desenvolvimento psicológico da criança. As crianças que passam por essas experiências também são afetadas fisiologicamente. A criança maltratada acaba se tornando não só mais atenta e vigilante, mas também tem o lado direito do cérebro mais ativo (processamento de sentimentos negativos) e uma frequência cardíaca muito maior quando provocada por seus colegas (Lenneke et al. 2009). Ela tem a tendência de antecipar hostilidade dos outros, muitas vezes interpretando o comportamento de outras pessoas como agressivo e antagônico, mesmo quando não é (Dodge e Somberg 1987).

A criança que teve uma parentalidade exigente e crítica ligada à coerção e punição física também pode estar em risco de doença cardíaca. Ray Rosenman e Meyer Friedman foram os criadores do conceito Tipo A, que então foi refinado e ajustado por uma pesquisa subsequente. Encontrou-se que seu aspecto central era uma atitude de hostilidade para com os outros e uma expectativa de ser maltratado pelos outros, o que pode resultar em um comportamento paranoico, desconfiado e impaciente. De acordo com o incisivo Robert Sapolsky, biólogo e autor do brilhante *Why zebras don't get ulcers* (2004), Friedman sabia tudo sobre ser um Tipo A. Sapolsky o descreveu como um "filho da mãe enérgico e cruel" antes de ter um ataque cardíaco, embora ele tenha se transformado em um homem gentil e "cortês" na velhice.

Conforme cresce, a criança aprende a ser tão rígida quanto seus pais a criaram. Ela pode acabar com uma resposta de estresse hiperativa e um sistema nervoso simpático hiperexcitado. Encontram-se altos níveis de norepinefrina nessas pessoas (e também em criminosos antissociais). A noradrenalina pode aumentar a pressão arterial e com ela a carga de trabalho do coração, mas também danifica o revestimento das artérias, o que possibilita que o colesterol se infiltre através delas e as entupa. O hiper-reativo altamente excitado, com sua mandíbula apertada e prontidão para reagir, tem grande dificuldade em ativar seu sistema nervoso parassimpático, que é responsável por acalmá-lo. Portanto, esse tipo de padrão regulatório tem sido fortemente associado à doença cardíaca. Os elevados níveis de norepinefrina também bloqueiam a atividade de uma parte do sistema imunológico, os macrófagos, e também podem explicar o fato de que personalidades do Tipo A também são vulneráveis a úlceras, enxaqueca, cânceres, herpes e problemas de visão.

O que também foi aprendido nesses anos iniciais da vida é um modo de regulação emocional. Um estudo incomum de homens idosos negros realizado por Harburg e colaboradores (1991) descobriu que aqueles que tinham a tendência de externar sua raiva, que batiam portas e diziam coisas agressivas aos outros eram os que apresentavam pressão arterial elevada, enquanto aqueles que continham a expressão de raiva e tentavam resolver seus problemas com outras pessoas tinham uma pressão arterial significativamente mais baixa.

A "DESCULPA DO ABUSO"

É evidente que a criança que vemos como um problema social não teve o tipo de apoio e cuidados de que precisava. Muito provavelmente ela experimentou rejeição ou negligência de algum modo ou forma. Steven Pinker dispõe de pouco tempo para o que ele chama de "desculpa do abuso". Ele zomba da afirmação de que "a maior parte das pessoas não comete crimes horrendos sem que coisas profundamente horríveis tenham acontecido com elas". Ele argumenta que apenas as pessoas ingênuas repetem o "mantra" de que "a violência é um comportamento aprendido" (Pinker 2002: 178, 308).

A história de Robert Thompson e Jon Venables, dois meninos de 10 anos que cometeram um assassinato, desafia esses pressupostos. Eles sequestraram um menino de 2 anos em um *shopping* e o levaram a uma linha de trem próxima, onde o amarraram à linha, jogaram tijolos e uma barra de ferro sobre ele e o deixaram morrer. O caso despertou horror e repulsa, como despertam os assassinos de crianças. Como crianças poderiam ser tão cheias de ódio? Até que ponto eles eram responsáveis por suas más ações?

Steven Pinker plausivelmente sugere que a violência é uma resposta humana instintiva a obstáculos em nosso caminho e que o nosso instinto básico é buscar nossos desejos sem considerar os de outras pessoas. Quando outros seres humanos são o obstáculo, estamos propensos a reduzi-los a "coisas" ou a desumanizá-los, a fim de nos libertar para eliminá-los do nosso caminho. Entretanto, a vítima do assassinato, James Bulger, não era um "obstáculo" para Robert Thompson e Jon Venables. Eles não estavam perseguindo interesse próprio. Estavam descarregando seu ódio sobre um objeto seguro, alguém mais fraco do que eles.

De onde vem esse ódio? O ódio não é genético, é uma resposta. Sua experiência anterior havia criado um estoque de ódio pronto para encontrar expressão certa manhã, quando os dois meninos fugiram da escola e foram matar tempo em um *shopping*. Embora se saiba relativamente pouco sobre os ambientes em que eles cresceram, acredito que isso desempenhe um papel decisivo nos acontecimentos daquele dia. Robert Thompson foi o quinto de sete filhos. Nessa grande família de meninos, Robert e seus irmãos foram em grande parte deixados à deriva com seus próprios meios, especialmente depois que seu pai saiu de casa, quando Robert tinha 5 anos, e sua mãe passou a beber excessivamente. A família tinha uma linhagem de violência. A mãe de Robert havia sido espancada durante toda a sua infância; em seu terror, ela ainda molhava a cama aos 15 anos. Ela fugiu para um casamento precoce com 18 anos – com outro homem violento. Os irmãos cresceram com castigos físicos e ameaças como a norma e eram pouco contidos quando externavam suas frustrações descontando-as nos outros, mordendo, batendo, agredindo e ameaçando as pessoas com facas (Morrison 1997). Um filho por fim pediu para ser levado pelo serviço social e, quando mais tarde voltou ao seio de sua família, tentou o suicídio tomando uma *overdose* de analgésicos. A mãe de Robert também havia tentado o suicídio. É difícil de imaginar o sofrimento o pesar dessa família. Ela parecia não ter um centro, sem ninguém capaz de assumir a responsabilidade e fornecer a atenção amorosa de que todos precisam. A mãe de Robert pouco foi ao tribunal para apoiar seu filho de 10 anos quando ele enfrentou o calvário de um julgamento.

A família de Jon Venables parecia ter sido menos caótica, mas também foi descrita como instável e infeliz. Os pais de Venables se divorciaram. Embora o Sr. Venables cuidasse dos filhos por alguns dias por semana, a imprensa nada relatou sobre o seu cuidado. No entanto, a Sra. Venables foi descrita pela imprensa como preocupada com sua aparência, em busca de um novo homem, com uma sucessão de namorados em casa. Ela teve sérios "problemas depressivos" e também havia tentado se matar. Na sequência de experiências de negligência em sua própria infância, ela não se preocupou com os outros que a denunciaram aos serviços sociais por uma vez haver deixado seus filhos pequenos sozinhos em casa por várias horas. Ela acreditava que era uma boa mãe porque dava tudo o que seus filhos precisavam do ponto de vista material, mas seu sofrimento aparentemente a tornou uma mãe severa e relatou-se que Jon tinha medo dela. Certamente seu comportamento era altamente perturbado. Ele era conhecido por cortar-se, esconder-se embaixo das cadeiras, grudar papel em seu rosto. Ele havia sido diagnosticado como "hiperativo" e tentou estrangular um menino na escola.

Jon e Robert frequentemente fugiam da escola, furtavam lojas e estavam envolvidos em incidentes violentos. Após o evento, vizinhos relataram que os meninos haviam atirado em pombos com uma pistola de ar, haviam roubado caixas de coleta de caridade e, em uma antecipação arrepiante do que fizeram para James Bulger, haviam amarrado coelhos na linha férrea. Esses tipos de atividades de infância cruéis são comuns nas histórias de assassinos adultos. Trata-se de crianças que não foram ensinadas a gerenciar seus impulsos agressivos. Elas foram negligenciadas, muitas vezes abusadas fisicamente, privadas das relações positivas que poderiam tê-las ajudado a gerenciar seus sentimentos. Se nasceram com temperamentos sensíveis, é difícil ver como seus pais infelizes poderiam ter fornecido os bons cuidados de que tais temperamentos necessitam.

Pinker aponta que temos uma quantidade limitada de "círculo de simpatia" pelos outros e que a moralidade depende de quão longe estendemos nosso "círculo de simpatia". Muitos crimes são perpetrados pela desumanização das vítimas e por excluí-las do círculo de simpatia – mais notavelmente o Holocausto, mas a maior parte das guerras, conflitos e crimes envolvem essa negação da humanidade do outro. Claramente, Robert e Jon não conseguiram reconhecer a humanidade de James Bulger naquela tarde. Pinker acredita que colocar estranhos fora do círculo é a "configuração padrão" do humano, pelo qual ele reivindica certa lógica evolutiva.

No entanto, a peculiaridade da cultura humana é que ela não depende de tais programas instintivos para autodefesa agressiva ou busca agressiva de nossos objetivos. Não está em questão se o comportamento violento é aprendido por imitação ou se é nossa primeira reação instintiva a obstáculos. O que importa é se uma cultura de empatia é ou não passada dos pais para os filhos. Os pais reconhecem e respeitam os sentimentos dos filhos? Eles ensinam seus filhos a gerenciar conflitos e sentimentos negativos? Essas são as questões-chave que transcendem qualquer ligação básica que pode levar à violência e agressão. No entanto, em vez de reconhecer a importância da paternidade em passar sobre esse aspecto vital da cultura humana, Pinker parece preferir ver o problema como uma força de vontade individual e propensões genéticas individuais. É por isso que ele defende a punição para manter as pessoas na linha, em vez de classes de parentalidade. Mas, na verdade, famílias abusivas não possuem as habilidades regulatórias que são necessárias para desenvolver a empatia com os outros. Essas habilidades não foram aprendidas pelos pais e, por isso, não podem ser transmitidas.

Alguns pesquisadores documentaram as habilidades específicas que são necessárias para controlar os impulsos. As três estratégias principais são a autodistração, a busca de conforto e a busca de informações sobre o obstáculo aos nossos objetivos. Um estudo descobriu que crianças de 3 anos que estavam hábeis em usar as três estratégias mostraram o comportamento menos agressivo e externalizante (Gilliom et al. 2002). Elas foram capazes de se controlar o suficiente para se afastar da fonte de frustração e se concentrar em outra coisa e eram menos propensas a atacá-la. Elas também conseguiam questionar quando a situação seria menos penalizante, o que foi muito útil na dissolução da raiva. Somente quando se sentiam muito angustiadas ou oprimidas usavam a estratégia de busca de conforto. No entanto, encontrou-se que as crianças que não têm esse repertório e usam apenas uma estratégia são mais agressivas. Essas estratégias são aprendidas – são modeladas pelo comportamento e incentivo dos pais, não são de origem genética.

CÓRTEX PRÉ-FRONTAL POUCO DESENVOLVIDO

Grande parte da habilidade envolvida está na inibição de comportamento para o bem dos outros. Essa habilidade depende também do desenvolvimento do cérebro, do bom desenvolvimento do córtex pré-frontal, que desempenha esse papel inibitório. No entanto, como uma retroalimentação, o desenvolvimento dessa parte do cérebro é muito dependente dos relacionamentos – das relações afetivas táteis iniciais que gerarão a abundância de opioides que ajudam o órgão a crescer. Os pais que conseguem se sintonizar com o estado de espírito do bebê e fornecer grande quantidade de *feedback* estão ajudando a consolidar sua autoconsciência, que com o tempo será refletida em um córtex pré-frontal ventromedial bem conectado (Mah et al. 2005; Kolb et al. 2012). Uma vez que essa parte do cérebro o ajuda a acabar com medos e ansiedades, também desempenha um papel importante na autorregulação (Milad et al. 2005). Em cima disso, ajuda a regular suas respostas fisiológicas, já que o córtex pré-frontal ventromedial está ligado ao sistema nervoso e pode aumentar ou diminuir a pressão arterial e a frequência cardíaca (Hilz et al. 2006; Hansel e Kanel 2008). A capacidade da criança de gerenciar suas emoções em todas essas formas depende muito da parentalidade afetuosa e apoiadora em primeiro lugar (Eisenberg et al. 2010).

Conforme o córtex pré-frontal do bebê se desenvolve, ele pode usar sua crescente autoconsciência para perceber o que a linguagem corporal de outras pessoas está lhe dizendo. Com uma crescente capacidade de dirigir seu próprio corpo, ele é mais capaz de controlar seu próprio comportamento em resposta às suas expectativas. Esse autocontrole em maturação estabelece a via neural crucial entre as áreas pré-frontais orbital e medial "superiores" e a amígdala mais impulsiva "inferior". Os pais podem ajudar a construir conexões sinápticas ao longo dessa via ao incentivar o bebê de modo gentil, mas firme, a dominar seu próprio comportamento. Consegue-se isso ao oferecer desafios moderadamente estressantes, mas gerenciáveis, seguido por ajudar o bebê a restaurar seus bons sentimentos sobre si mesmo. O bebê pode aprender então, gradual mente, a usar seu cérebro superior para suprimir suas respostas mais impulsivas a experiências negativas.

Quando os bebês não recebem uma quantidade suficiente de boas experiências para construir esses circuitos, a sua capacidade de dominar seu próprio comportamento e gerenciar o estresse ou a ansiedade é enfraquecida. Pior ainda, as experiências de maus-tratos podem reduzir o volume do cérebro nessas áreas regulatórias (Van Harmelen et al. 2010; Cerqueira et al. 2005). Isso torna muito mais difícil para a criança saber como regular sentimentos ou sentir-se confiante em se voltar a outras pessoas em busca de ajuda em situações desafiadoras. Em vez disso, a criança maltratada introvertida aprende a esconder seus sentimentos e pode tentar desesperadamente agradar aos outros para ter suas necessidades atendidas, enquanto o "externalizador" tenta fazer seus sentimentos serem notados causando impacto sobre os outros ou tirando o que quer das outras pessoas, independentemente de seus sentimentos. Ambas as estratégias, no entanto, decorrem da mesma falha nas relações regulatórias iniciais. Uma característica curiosa é a diferença de gênero na escolha da estratégia: as mulheres tendem a tomar o caminho depressivo, enquanto os homens tendem a tomar a via agressiva. No entanto, isso não é inevitável.

É PREVISÍVEL

É possível prever problemas futuros já entre os 6 e 10 meses, mais pelo comportamento dos pais junto com o temperamento do bebê do que apenas pelo temperamento do bebê. As mães que não são "contingentemente" sensíveis às comunicações do bebê, que não são capazes de atender às suas necessidades em particular e que impõem suas próprias metas ao bebê podem involuntariamente ajudar a incubar a agressão e o transtorno da conduta futuros.

Se nada for feito, essa situação passará à primeira infância, quando a mãe e a criança já se rejeitam e se agridem mutuamente. Os pais insuficientemente regulados são irritáveis e propensos a explodir de frustração sob o estresse de cuidar de uma criança. Eles têm a tendência de culpar a criança. Podem achar que é pouco natural elogiar seu bom comportamento ou ajudá-las a construir o tipo de autocontrole que eles mesmos não têm. Mas a má regulação nessa fase já prediz o comportamento de externalização futuro (Lenneke 2009). Um estudo com meninas de 2 anos descobriu que a má regulação emocional e os problemas de comportamento externalizantes andam juntos (Hill et al. 2006).

Se o pai é ativamente hostil ou usa o castigo físico, a criança pode começar a antecipar hostilidade dos outros e a desenvolver um "viés de negatividade" (com um hemisfério direito hiperativo). Experiências repetidas de violência ou testemunhar a violência podem dessensibilizar a criança, levando à suposição de que isso é normal. Nesse sentido, os filhos daqueles que usam a violência *aprendem* a usá-la também.

Uma ilustração angustiante é fornecida pelos psicólogos de Harvard Catherine Ayoub e Gabrielle Rappolt-Schlichtmann (2007) a partir de seu trabalho com crianças maltratadas. Um menino chamado Donald, de 2 anos e meio, é convidado a utilizar dois bonecos para mostrar como ele brinca muito bem com seu amigo. Donald mergulha em um diálogo agressivo: "Cara, você quer lutar? Vou te derrubar. Ele bate nele. Eles lutam. Quer brigar? Eu vou brigar com você. Come a minha bunda, come". Quando lembram-no de que a história é para ser "agradável", Donald tenta novamente, só que dessa vez ele diz: "Pegue aqui um pouco de massa de modelar, cara, não me deixe, por favor, não me deixe". Como os autores sugerem, Donald já espera a agressividade e a perda em vez de bondade e atenção sustentada.

Os problemas que existem aos 2 anos tendem a ser estáveis e a persistir. Já aos 2 anos encontrou-se que a ausência de afeto positivo prediz problemas posteriores (Belsky et al. 1998), enquanto uma relação nas fases iniciais da vida mutuamente agradável e responsiva leva a um melhor comportamento e a uma maior disposição para obedecer aos pais (Kochanska 2005).

Se a criança ainda não aprendeu autocontrole aos 3 anos, seu comportamento tende a ser consistentemente problemático ao longo da infância, ficando mais propensas a demonstrar transtorno da conduta mais tarde (Caspi et al. 1996). Um grande estudo que seguiu um amplo grupo de crianças ao longo de muitos anos descobriu que as crianças de 3 anos com baixo autocontrole eram mais propensas a serem condenadas por um crime aos 32 anos (Moffitt 2010).

Do mesmo modo, encontrou-se que as crianças de 4 anos que estão em uma relação coerciva com um dos pais têm falta de consciência e moralidade. Elas não conseguem se colocar no lugar do outro. Não conseguem pensar sobre o impacto de seu comportamento sobre os outros; em parte, porque ninguém fez isso por elas e, em parte, porque não têm o autocontrole para se conter em favor dos interesses dos outros.

Particularmente quando a parentalidade rígida envolve o abuso e a agressão física, o resultado frequentemente será o comportamento agressivo na escola e, mais tarde, um maior risco de ser preso por crimes violentos (Lansford et al. 2007). Aos 10 ou 11 anos, a criança inquieta e negativa com frequência se torna mais abertamente antissocial, mostrando o que é conhecido como "transtorno da conduta". Esse é um problema grave que afeta uma grande quantidade de crianças – cerca de 6% das crianças em idade escolar.

Um exemplo muito extremo do que pode acontecer quando as crianças crescem com falta de autocontrole é a violência grave ou até mesmo o assassinato. Claro, é raro as crianças irem tão longe quanto Thompson e Venables, que claramente não tinham capacidade de empatia com o sofrimento que estavam causando a James Bulger, de 2 anos, nem de imaginar a dor de sua família. Eles pareciam estar completamente desconectados dos sentimentos dos outros, preocupados com a sua própria necessidade de vingança contra pais e irmãos rígidos ou negligentes. Mas assassinos adultos têm dificuldades semelhantes.

Adrian Raine estudou o cérebro de 41 assassinos e os comparou ao cérebro de 41 "controles" da mesma idade e sexo. Ele descobriu que os assassinos tinham um córtex pré-frontal pouco desenvolvido. Na falta de experiências de início de vida que os ensinasse as habilidades sociais de empatia e autocontrole, sem a estrutura cerebral que poderia facilitar a sua prática, eles eram na verdade pessoas invisíveis, com problemas que tiveram de contar com respostas mais primitivas para conseguir o que queriam. Eles assassinaram "impulsivamente" em vez de planejar um assassinato a sangue-frio, incapazes de controlar seu comportamento (Raine et al. 1997a). No entanto, como Raine reconhece em seu às vezes contraditório livro, é a privação social, emocional e nutricional nas fases iniciais da vida que altera o cérebro – e, com ele, o comportamento. Como ele metaforicamente comenta, "o ambiente social, longe de tomar o banco traseiro nessa viagem genética e biológica até a violência, está dirigindo essa carruagem pelo Velho Oeste" (Raine 2013: 260).

Embora o ambiente social no sentido mais amplo seja importante, ele tem principalmente um impacto sobre os bebês por meio do efeito sobre os pais. Pais estressados muitas vezes são agressivos, e a falta de recursos sociais e financeiros é altamente estressante. No entanto, os pais agressivos têm uma variedade de personalidades, níveis educacionais e circunstâncias de vida. O que todos eles tendem a compartilhar é um analfabetismo emocional. Em muitos casos, as suas próprias necessidades de dependência nunca foram totalmente atendidas, de modo que eles não são totalmente capazes de assumir o papel de adultos da parentalidade. Eles ainda estão procurando outras pessoas para cuidar deles. Muitos se sentem sem apoio, sem uma rede familiar ou social que irá amortecer as dificuldades. Isso agrava as dificuldades no atendimento às necessidades de seus filhos.

A HISTÓRIA DE BILLY

Na biografia do comediante escocês Billy Connolly, sua esposa Pamela Stephenson descreve um exemplo clássico de uma infância abusiva (Stephenson 2002). Billy nasceu de uma mãe adolescente pobre que se sentiu isolada e deprimida quando de repente se deparou com dois bebês, enquanto seu marido igualmente jovem foi combater na guerra. Ela não estava preparada para a responsabilidade de ter filhos e lidou com isso ignorando as suas necessidades, tanto quanto possível. Billy e sua irmã Florence foram negligenciados e brincavam nas ruas na primeira infância. Aos 4 anos, Billy havia tido pneumonia três vezes. Então, um dia, sua mãe simplesmente "bateu a porta e nunca mais voltou", deixando-os sozinhos em seu apartamento. Vizinhos foram alertados para a situação pelas crianças chorando. Eles nunca mais viram sua mãe durante a infância. Depois de algumas brigas familiares, eles por fim foram pegos por suas tias paternas. No entanto, apesar das boas intenções, essas tias também não conseguiam lidar com eles. Tia Mona, em particular, jogou suas frustrações sobre Billy, como Pamela Stephenson relata:

> No início, eram agressões verbais. Ela o chamava de "preguiçoso que não servia para nada", declarava que ele "não iria dar em nada na vida" e "infeliz o dia em que ela o conheceu". Ela logo passou a humilhar Billy, seu método favorito era segurá-lo pela parte de trás de seu pescoço e esfregar cuecas sujas em seu rosto. Ela aumentou seu repertório batendo nas suas pernas, golpeando-o com panos molhados, chutando-o e batendo na sua cabeça com sapatos de salto alto. Ela normalmente esperava até que estives-

> sem sozinhos, então o encurralava e batia nele quatro ou cinco vezes por semana, durante anos a fio.
>
> Billy, no entanto, havia tido alguns problemas no pátio da escola e havia decidido que um tapa na boca não era assim tão doloroso. Quanto mais experiências de dor física ele tinha, mais sentia que podia tolerá-las. "Qual a pior coisa que ela pode fazer para mim?", ele se perguntava. "Ela poderia me pegar e me bater[...] mas alguns caras já fizeram isso comigo e não foi assim tão ruim[...] Não morri nem nada".
>
> Na verdade, quanto mais abuso físico, emocional e verbal ele recebia, mais ele os esperava, por fim acreditando no que diziam a ele: que era um inútil, sem valor e burro, um medo que ele mantém em algum lugar muito profundo até hoje. (p. 44)

O livro descreve a pouca regulação adequada que essa criança havia recebido; ele havia sofrido estresse desde a infância. Em resposta, se tornou desafiador e com uma atitude "cada um que se cuide sozinho". Como explicou a sua esposa, ele se habituou à dor física (e, inevitavelmente, emocional). Em um nível fisiológico, sugeri que isso pode ser o que está acontecendo nos cérebros dessas crianças: o corpo se torna habituado a altos níveis de cortisol e os infrarregula, fecha receptores, alegando que não são mais necessários. Como o estresse pode surgir a qualquer momento, não há nenhum ponto acelerando o corpo em antecipação temerosa, como os depressivos o fazem – ele está sempre lá. O baixo cortisol foi encontrado especialmente em meninos que são agressivos desde a tenra idade (McBurnett et al. 2000), somando-se à possibilidade de que o comportamento agressivo é o resultado de maus-tratos crônicos.

Billy Connolly se acostumou a viver no limite. Ele se tornou alguém que vive assumindo riscos. Uma de suas brincadeiras de criança era chamada de "salto suicida" em edifícios. Ele participava de brincadeiras perigosas que impunham risco de lesão física, como dar choques elétricos nas pessoas. Era como se ele estivesse repetindo ativamente as experiências que teve com os outros, que seu corpo não se dava conta e podia receber qualquer tipo de abuso. Mas, inevitavelmente, ele também tinha pouco respeito pelos corpos de outras pessoas, sendo suscetível a "entrar nas pessoas" e dar-lhes uma "olhada severa" quando provocado, o que não era difícil de se fazer de acordo com Stephenson. Em outras palavras, ele era imprudente e violento. A história de Billy é um precursor clássico da personalidade antissocial.

Então como Billy Connolly se tornou um comediante famoso, em vez de um notório criminoso? Talvez porque sua alienação das outras pessoas tenha sido temperada com investimentos emocionais. Uma relação em particular, com a sua amorosa irmã mais velha Florence, forneceu-lhe bondade humana. Ela sempre agiu como sua protetora. Ele também se envolveu em atividades masculinas que estavam dentro da lei, e não fora dela – particularmente em atividades com escoteiros, que eram importantes para ele. Por meio dos escoteiros e suas rondas, ele conheceu um homem de classe média que teve um caloroso interesse nele e conversou com ele enquanto Billy limpava os sapatos do homem; ele se sentiu valorizado. Ele tinha professores que o achavam engraçado e inteligente. Mais tarde, como um adolescente aprendiz, ele conheceu soldadores mais velhos no estaleiro que tinham uma grande habilidade de manter conversas fiadas; sua própria capacidade verbal foi presumivelmente desenvolvida por meio de tais experiências, ganhando-lhe a atenção positiva. Combinadas com seu relacionamento afetuoso com Florence, essas experiências foram suficientes para possibilitar que Billy construísse conexões com outras pessoas. As rejeições iniciais, que são um combustível tão potente para comportamentos antissociais, foram temperadas por relacionamentos positivos.

A história de DJ Goldie tem pontos similares. Abandonado por sua mãe alcoolista aos 3 anos, passou por abrigos e instituições de acolhimento. Goldie relatou ao jornalista Lynn Barber como sua infância havia sido uma página em branco e como entrou em "modo de sobrevivência" atacando e questionando tudo, enquanto abaixo da raiva ele estava "realmente com medo, porque você não tem ninguém com quem contar". Ao contrário de seu irmão, que acabou na prisão, Goldie foi salvo por Whispering Wheels, um rinque de patinação, onde ele encontrou "normalidade", porque "a normalidade é o que você não tem nos serviços sociais. E apenas sair para patinar lhe dá liberdade suficiente para criar o pensamento, criar a ideia de que há algo melhor lá fora" (*The Observer*, em 27 de outubro de 2002). Ele jogou hóquei sobre patins para a equipe B inglesa e, em seguida, aprendeu sozinho a dançar *break*. Posteriormente, tornou-se um artista de grafite e se juntou a cineastas que o levaram a Nova Iorque para conhecer outros grafiteiros. Essas experiências encontraram uma alternativa ao mundo do crime.

A partir de uma posição de impotência e estresse, tanto DJ Goldie quanto Billy Connolly encontraram uma fonte alternativa de valor e poder pessoal. Eles se edificaram sobre os elementos em suas vidas que lhes deram esperança, que os conectaram de volta às pessoas. No entanto, a carreira de Billy como comediante carregou o elemento antissocial ao longo de sua vida adulta. Suas piadas são projetadas para chocar, bem como para divertir. Ele rompeu barreiras ao falar livremente sobre "transar" e "peidar" muito antes de isso se infiltrar na cultura popular em geral. Ao desenhar sua inteligência formidável, ele transcendeu a grosseria, transformando suas histórias pessoais em algo mitológico. Mas sua violência verbal foi uma solução única – uma forma de expressar a raiva armazenada dentro dele desde a infância, sem machucar os outros – talvez até mesmo proporcionar alívio às muitas outras crianças feridas e enfurecidas em seu público adulto.

Mesmo assim, de acordo com sua esposa Pamela Stephenson, a vida adulta de Billy Connolly sofreu pela privação e pelos maus-tratos de seu início de vida. Por exemplo, o estresse nas fases iniciais da vida pode ter afetado a sua capacidade de reter informações. Embora ele adorasse ler, não conseguia se lembrar do que havia lido e tinha dificuldades de aprendizado na escola. É comum que o hipocampo no cérebro seja afetado pelo estresse crônico, afetando o estabelecimento de memórias. Stephenson também descreve como Billy era nervoso e "hipervigilante" quando ela o conheceu. Ele não podia suportar ser tocado e se encolhia com os movimentos bruscos dos outros, inconscientemente esperando sempre ser atingido. Ele reagia excessivamente a críticas. É trágico que um homem tão adorável e inteligente tenha tido sua personalidade moldada dessa maneira. Pensamos menos amigavelmente em Robert Thompson e Jon Venables, ou Ian Brady, mas eles foram moldados por forças semelhantes.

O que sabemos é que a agressão e o comportamento antissocial que começam na infância são os mais prejudiciais para a sociedade. Eles são os mais consistentes ao longo da vida, os mais ligados à criminalidade adulta e ao abuso de drogas e violência conjugal. É muito dispendioso para a sociedade (Scott et al. 2001). No entanto, embora o crime esteja sempre no topo da agenda política e cada vez mais o comportamento antissocial de meninos e homens jovens seja visto como um alvo principal de várias iniciativas, há pouca tentativa de ligar esse comportamento problema aos maus-tratos nas fases iniciais da vida. Em vez de reconhecer as suas raízes na infância e primeira infância, o foco está no manejo do comportamento problema atual. Na verdade, a moda é ser cada vez mais rígido em relação aos infratores, treinando-os para se comportarem melhor, forçando-os a assumir a responsabilidade por suas ações. Uma jornalista liberal argumentou que "era necessário mostrar que os valentões não são assim tão bons quanto as pessoas pensam" e que ela estava cansada de toda essa "psicobaboseira" de baixa autoestima (Toynbee 2001). Em outras palavras, ela não conseguia criar empatia por pessoas que causavam tanto mal e sofrimento aos outros. No entanto, esse é precisamente o tratamento com o qual esses meninos estão acostumados. O problema deles é que nunca receberam empatia de seus pais. Seus sentimentos e necessidades foram ignorados. Eles foram maltratados fisicamente e agredidos verbalmente quando estavam em conflito com os pais. Eles tiveram de reprimir a sua raiva perante aqueles pais poderosos.

É essa raiva que não tem para onde ir que é o problema para a sociedade em geral. Quando não é expressa, manejada e modulada no momento adequado, ela não desaparece simplesmente. Ela permanece no corpo e espera seu tempo. Quando novas circunstâncias desencadeiam a raiva, e é mais seguro expressá-la já que seu novo instigador é menos poderoso do que o pai original, a raiva é externada. Reações desproporcionais a colegas ou adultos fracos são o resultado disso, porque os sentimentos nunca foram regulados, e a criança não aprendeu a regulá-los.

Billy Connolly lutou para regular a si mesmo e recorreu ao álcool ao mesmo tempo. Há uma grande sobreposição entre crime e uso de álcool e drogas, uma vez que estes podem desinibir o comportamento. Mas tanto a criança maltratada quanto a negligenciada não aprenderam a controlar seus sentimentos a fim de preservar relacionamentos preciosos ou manter uma autoestima. Elas não se sentem valorizadas e estimadas pelos outros. Elas controlam e retêm sentimentos apenas por medo e, quando não têm mais medo, elas os externaliza.

O infame *Moors Murderer* (o assassino de Moors, em tradução livre) da década de 1960, Ian Brady, matou crianças que pegava na rua. Em correspondência com o escritor Colin Wilson, ele revelou sua necessidade de vingança. Ele nasceu ilegítimo e foi dado para a adoção por sua mãe. Essa rejeição nas fases iniciais da vida, junto com uma vida familiar infeliz, pontuou a existência de Brady. Muito inteligente, ele sempre se sentiu em segundo plano e incapaz de atingir o seu potencial. Ele sentia que o mundo o tratava injustamente, sobretudo depois que recebeu uma sentença de prisão punitiva em sua adolescência por ajudar um companheiro no mercado de frutas a carregar seu caminhão com o que acabou por ser mercadorias roubadas. De acordo com Wilson, essa injustiça o transformou em "um bom odiador" que deixou de acreditar na bondade. Quando ele matou a primeira de várias crianças raptadas, gritou para o céu "Tome isso, seu filho da mãe", como se Deus o houvesse traído e estivesse extorquindo sua vingança sobre o conjunto da vida (Wilson 2001).

Enquanto uma criança ainda é dependente de seus pais, ela não é capaz de retaliá-los totalmente, porque o risco de perder os pais pode pôr em risco a sua sobrevivência, mas a sua dependência psicológica é de igual importância. A criança dependente não pode definir a si mesma como uma pessoa. Enquanto a maior parte de nós obtém nosso senso de nós mesmos por pessoas ao nosso redor e como elas reagem a nós e o que nos dizem, o senso de *self* em evolução da criança dependente é ainda mais agudamente focado nos adultos importantes em sua vida. A sobrevivência psicológica depende de manter a todo custo uma relação com esses outros e aceitar a sua versão sobre nós, embora negativa.

Mesmo formas sutis de rejeição podem ter um impacto duradouro no senso de *self* em desenvolvimento da criança. Um de meus clientes ouviu de sua mãe que ela o amava como as mães o fazem, mas que ela não gostava dele. Isso pontuou seu sentimento de sua própria dignidade ao longo da juventude e meia-idade. Outro cliente ouviu que ele não tinha uma personalidade que encantava os outros. Essas pessoas sofriam de depressão crônica na idade adulta. Entretanto, quando os pais batem em seus filhos e os tratam com hostilidade aberta, como no caso de Billy Connolly, eles poderosamente transmitem a mensagem de que são inúteis e ruins, como Billy testemunhou.

O comportamento antissocial é, em essência, uma vontade de perseguir seus próprios objetivos sem levar em conta os dos outros. Ele sugere uma alienação das outras pessoas e a falta de crença no contato humano agradável. Isso não pode ser especificado geneticamente, assim como a falta de autocontrole. Tudo o que os genes podem fazer é fornecer a matéria-prima: os genes predispõem a pessoa a ser do tipo forte e descontraída ou do tipo cautelosa e sensível, genes que ajudam ou dificultam a regulação emocional. Mas o que realmente importa é se os pais atendem a essas inclinações de temperamento – ou alterações neurobiológicas causadas por experiências no útero – com o tipo de resposta que o bebê precisa para estabelecer uma relação de confiança e de amor.

As crianças que são emocionalmente seguras e bem reguladas raramente se tornam indivíduos antissociais do futuro. A criança que quer resolver um conflito com o pai ou que está disposta a esperar por seu sorvete para agradar a mãe é a criança que é confiante em seus relacionamentos. Essa criança tem menor probabilidade de precisar de socialização por meio do medo e da punição porque está começando a entender o efeito de suas próprias ações sobre outras pessoas e estar ciente de seus sentimentos. Isso só acontece porque seus cuidadores adultos foram sensíveis aos seus sentimentos no passado e as convenceram de que os relacionamentos são uma fonte de prazer e conforto e, portanto, valem a pena ser preservados.

Parte III

Muitas informações, poucas soluções: para onde vamos agora?

10

"Se tudo falhar, abrace seu ursinho de pelúcia"

Reparando os danos

Às vezes, quando apresento as informações reunidas neste livro em alguma palestra, eu me deparo com uma reação desesperada: "Há alguma coisa que pode ser feita uma vez que tudo isso ocorreu ou é tarde demais?". As informações podem pesar sobre as pessoas e também induzir a sentimentos de culpa conforme os pais da plateia repassam na memória o relacionamento com seus filhos.

Ao trazer à cena a importância da infância, é fácil perder de vista as sutilezas do desenvolvimento humano ao longo da vida. A fase de bebê é um momento intenso e concentrado de desenvolvimento que pode ter um impacto desproporcional sobre nossas vidas, mas não é a história toda, de modo algum. Vias importantes continuam sendo estabelecidas ao longo da infância, especialmente até os 7 anos. Em seguida, no início da adolescência, há outro momento intenso de reorganização cerebral, até que o cérebro esteja em plena capacidade de atividade aos 15 anos. Mas, mesmo depois disso, as mudanças e o desenvolvimento continuam, porque a vida é um processo contínuo de adaptação. Só tende a ocorrer em uma velocidade muito mais lenta. Os padrões do início da vida se tornam hábitos que nos possibilitam responder rapidamente sem precisar laboriosamente descobrir tudo de novo a cada vez que nos deparamos com uma experiência específica. Temos a tendência de preservar a maneira como respondemos, a menos que haja um poderoso desafio aos sistemas estabelecidos.

Os psicanalistas às vezes descrevem essa tendência como "resistência". Mesmo as pessoas que são infelizes o suficiente para entrar em tratamento psicoterápico acham que é difícil mudar e muitas vezes são involuntariamente "resistentes" a novas maneiras de pensar e de se relacionar, mesmo que conscientemente queiram muito mudar. Isso não é motivo para desespero – psicoterapias de vários tipos podem ajudar e acelerar o processo de mudança para muitas pessoas, enquanto a meditação de atenção plena* pode ajudar a melhorar a autorregulação (Holzel et al. 2011).

No entanto, na minha opinião, é melhor prevenir do que remediar. Há um crescente reconhecimento de que encontrar maneiras de melhorar o relacionamento entre os pais e os bebês é uma maneira muito mais rentável (e menos angustiante) de melhorar a saúde mental do que qualquer quantidade de tratamentos terapêuticos adultos. Nas últimas décadas, os médicos têm fornecido ajuda psicoterapêutica a pais e bebês em várias situações. Eu mesma comecei em uma instituição de caridade em Oxford em 1998, fornecendo o tipo de serviço especializado que acredito que deve ser a base de todos os cuidados de saúde. No entanto, apesar do valor comprovado desse tipo de serviço (Barlow et al. 2008), parece haver algum bloqueio em torná-lo universalmente disponível a todas as famílias que precisam dele.

Embora existam alguns impressionantes documentos de política governamental que reconheçam a importância dos primeiros anos de vida de uma pessoa, parece haver uma estranha desconexão entre as políticas governamentais e a prática na área. Apesar de alguns departamentos governamentais reconhecerem que uma série de problemas sociais tem suas raízes no início do desenvolvimento, não é essa a história que tem encontrado apelo popular na imprensa ou nos departamentos governamentais que lidam com as difíceis questões de justiça criminal ou de cuidados de saúde. Nem aqueles que tomam as decisões políticas nem o público abraçaram totalmente as excitantes possibilida-

* N. de R.T.: Técnica de meditação com o objetivo de possibilitar ao indivíduo uma maior tomada de consciência de seus processos mentais e de suas ações. A atenção plena, originalmente um conceito da meditação budista, desempenha um papel importante em várias formas recentes de psicoterapia, como a terapia comportamental dialética e o programa de redução de estresse.

des de intervenção precoce e o que elas poderiam fazer por todos nós. Como colocou Graham Allen, um membro do parlamento britânico e autor do *Allen Report*, é como se "tivéssemos a cura para o câncer e continuássemos ignorando-a" (Allen 2013).

Um obstáculo é que aqueles que controlam os orçamentos ainda precisam ser convencidos de que essa teoria faz todo sentido do ponto de vista econômico quando os ganhos financeiros não são considerados apenas a curto prazo. Como resultado, os recursos não têm sido deslocados para os primeiros anos de vida. Embora tenhamos alguma ideia de quanto a doença mental nos custa (pelo menos £ 116 bilhões na Grã-Bretanha [Cylharova et al. 2010] e uma quantia até mais surpreendente de bilhões de dólares nos Estados Unidos), é difícil provar que podemos economizar uma grande parte dessa despesa futura ajudando bebês a desenvolver uma boa regulação emocional por meio de bons relacionamentos iniciais.

O pesquisador que mais fez para estabelecer os benefícios sociais da intervenção precoce foi David Olds, nos Estados Unidos, cujo programa de visita domiciliar durante a gestação e os dois primeiros anos de vida produziu evidências claras de benefício financeiro e prevenção de problemas sociais, como o comportamento antissocial e menores taxas de maus-tratos e negligência infantil e problemas de saúde mental na criança (Olds 1998; Kitzman et al. 2010; Eckenrode et al. 2010). O economista ganhador do Prêmio Nobel, James Heckman, estimou que para cada dólar gasto nesse programa mais de US$ 5 de custos sociais são economizados mais adiante (Heckman et al. 2006). Esse modelo de "parceria enfermeiro-família" está agora sendo testado no Reino Unido.

Há muitos outros bons modelos de intervenção precoce – como o Watch, Wait and Wonder, o Video Interaction Guidance e o Circle of Security, que têm pesquisas para apoiá-los. Embora possa ser útil ter técnicas e programas, em minha opinião, o principal fator em qualquer medida preventiva é a relação de apoio positiva entre o profissional auxiliar e a família e seu incentivo para refletir sobre o que o bebê está sentindo e como apoiar seu desenvolvimento. Isso pode fazer toda a diferença para um pai que está lutando para se relacionar com um bebê ou uma criança pequena.

Heckman calculou que o investimento em intervenções precoces como essas fornece uma melhor taxa de retorno do que aquelas voltadas a crianças mais velhas. Isso ocorre precisamente porque os bebês são muito adaptáveis e estão em um período de crescimento mental acelerado, de modo que podem se recuperar do cuidado deficiente e formar novos hábitos emocionais muito mais rapidamente do que crianças mais velhas ou adultos. Isso pode ocorrer surpreendentemente rápido. A mudança pode ocorrer de uma semana para a outra. Em meu trabalho com pais e bebês, tenho testemunhado bebês enfadonhos e sem vida que não estabelecem contato visual semana após semana e de repente ganham vida conforme a depressão da mãe melhora, ou a mãe começa a responder a ele de modo mais eficaz. O bebê se torna mais alerta, começa a estabelecer contato visual, sorri e tem uma presença mais relaxada. As relações entre a mãe e o bebê caracterizadas por hostilidade ou indiferença podem rapidamente se transformar em apego mútuo apaixonado e prazer. Como psicoterapeuta acostumada a trabalhar com clientes adultos que podem levar anos para superar uma depressão ou desenvolver novas formas de se relacionar com os outros, às vezes me parece surpreendentemente fácil facilitar a relação entre uma mãe e seu bebê. Isso não significa negar que há muitos problemas muito mais difíceis de serem tratados – eles podem ser – mas, nesses casos, geralmente é porque o adulto acha muito difícil mudar, o bebê não.

O QUE TODOS NÓS PRECISAMOS, MAS OS BEBÊS PRECISAM AINDA MAIS

O fator X, o misterioso estimulante que possibilita que os bebês desabrochem assim que o obtêm, é a capacidade de resposta. Se pudéssemos, engarrafaríamos e venderíamos "Receptividade cordial". Mas há determinados fatos a se notar sobre o tipo de resposta que os bebês necessitam. Pesquisadores refinaram nosso conhecimento ao ponto em que agora podemos dizer que os bebês não precisam de muito, nem de muito pouco, mas apenas da quantidade certa de capacidade de resposta – não do tipo que corre ansiosamente para atender a todas as suas necessidades, nem do tipo que os ignora por muito tempo, mas o tipo de resposta que os pais descontraídos confiantes tendem a ter. Essa é uma das coisas estranhas nas pesquisas nessa área. Depois de desenvolver experimentos engenhosos e controles rigorosos, os frutos de seus trabalhos tendem a ser óbvios. No entanto, pelo menos agora nós "sabemos", no sentido mais científico da palavra "sabemos", que há evidências para o que é autoevidente.

E mais: a melhor resposta para os bebês é a do tipo "contingente". Isso significa que o pai precisa responder às necessidades reais do seu bebê em particular, e não à sua própria ideia do que um bebê pode precisar. Um bebê tímido precisa de uma resposta diferente da de um bebê extrovertido, e um bebê cansado precisa de algo diferente de um entediado. Cada bebê precisa de uma resposta ajustada a ele, e não de um tipo "pronto para uso", embora benigno. Se o bebê está angustiado, ele precisa ser segurado no colo e ninado. Se está entediado, precisa de uma distração. Se está com fome, precisa de comida. Se seu pé está preso no cobertor, ele precisa ser solto. Cada situação exige a sua própria resposta apropriada e contingente, apropriada à personalidade do bebê em particular. Claramente, não é muito útil receber um chocalho se você está com fome ou ser ninado se seu pé está desconfortavelmente preso.

Se você pensar em sua própria experiência como adulto, você pode tomar ciência de que também precisa de respostas contingentes. A "gentileza" geral, como quando as pessoas são "boas" quando você está chateado por algum motivo, pode ser bastante inútil; passa sem efeito sobre você. Na verdade, essa gentileza muitas vezes é uma tentativa de afogar seus sentimentos e fazê-los ir embora, exatamente como o faz uma resposta punitiva. O que funciona muito melhor é sentir outras pessoas dispostas a entrar no seu coração – a compreender o modo específico como você está se sentindo, a ajudá-lo a se expressar e a pensar em soluções com você. Essa é a essência da regulação emocional: alguém respondendo ao que efetivamente está acontecendo no momento, processando os sentimentos com você. Trata-se de um reconhecimento do *self* psicológico, do pensamento e do sentimento propriamente dito.

Isso é também o que os bebês precisam para desenvolver um forte senso de *self*. Na verdade, esse reconhecimento dos estados do bebê é o que traz o *self* completamente ao ser. Os pais podem aprender a ser mais contingentemente responsivos a seu filho ao seguir os comandos do bebê, seguindo as pistas dadas por ele, observando seus humores e desejos e pensando sobre como as coisas são para o bebê. Isso pode ser um caminho rápido de volta à harmonia com seu bebê e ao desdobramento de um relacionamento muito mais gratificante ao longo da infância. Pode parecer simples demais, mas os médicos que trabalham com a relação pai-bebê estão usando várias técnicas para alcançar esse objetivo básico. Contudo, há muitos obstáculos no caminho; mais notavelmente, as dificuldades do próprio pai em regular a si mesmo, o que pode tornar menos provável que ele seja capaz de regular bem o seu filho. Essas dificuldades muitas vezes são muito mais difíceis de resolver e se sobrepõem a outros modos de terapia que visam a curar a "angústia mental" dos adultos.

O FLUXO DE SENTIMENTOS

Como tenho sugerido que muitas formas de disfunção mental adulta têm suas raízes na primeira infância e na maneira como os bebês aprendem a se autorregular, a questão está sobre como um sistema frágil pode ser melhorado mais tarde na vida. Como já delineei, quando os bebês não têm responsividade contingente suficiente para ficar bem regulados, eles tendem a tentar se regular da melhor maneira possível. Isso geralmente envolve a criação de padrões de regulação emocional que são defensivos, quer na direção de tentativas de ser autossuficiente, ou no sentido de ser mais exigente emocionalmente ou oscilante de um para o outro. A canalização emocional é bloqueada de alguma maneira – inundada ou não operacional. Inevitavelmente, essas estratégias criadas no início da vida para ter as nossas necessidades atendidas pelos outros ou para nos proteger de outros tendem a persistir, sobretudo porque raramente estamos conscientes das nossas próprias manobras defensivas.

No entanto, o oposto da atitude defensiva é a abertura. A vida emocional saudável flui sem impedimentos. Os sentimentos vêm e vão. Eles são notados, são respondidos, são processados à medida que surgem. Eles não ficam aprisionados. O indivíduo com uma boa regulação também tem a capacidade de coordenar seus estados com outras pessoas, podem se ajustar a seus humores e exigências e podem fazer suas próprias demandas sobre os outros. Fundamentalmente, há um fluxo não só dentro do indivíduo, mas também entre o indivíduo e as outras pessoas.

Isso é muito diferente do modelo psicanalítico tradicional que entendia a saúde emocional como a capacidade de controlar e dominar os impulsos sexuais e agressivos primitivos. Esse tipo de pensamento freudiano surgiu de um paradigma iluminista de alcançar o domínio sobre a natureza e aplicou o mesmo raciocínio sobre a vida emocional individual. Mas o modelo via a pessoa como uma unidade isolada, responsável pela aplicação da força de vontade para enfrentar o poder da natureza (humana). Ele não reconhecia o indivíduo como o produto das interações com os outros, como alguém moldado pela regulação do início da vida que ele experimentou com os outros e mantido emocionalmente pelas outras pessoas quando adulto. No entanto, ironicamente, o método que Freud descobriu para curar seus pacientes era um método dialético, a "cura pela fala", que envolvia duas pessoas. Ele sem querer encontrou a fórmula mais potente para a mudança. Conversar com os outros, manter um relacionamento com alguém que ouve como você se sente, é o principal elemento na desobstrução do encanamento emocional e na formulação de novas e mais eficazes estratégias de emoção. Infelizmente, Freud definiu essa atividade, principalmente em termos de controle dos impulsos biológicos, como o processo de tornar conscientes os sentimentos primitivos, para que eles pudessem ser mais bem controlados. Ele exagerou o papel da sexualidade e muitas vezes não conseguiu ouvir os "sentimentos reais" de seus pacientes. Em um de seus primeiros casos famosos, o caso de uma jovem mulher a quem ele deu o nome de Dora, a paciente deixou abruptamente a sua análise porque não sentia que Freud havia ouvido seus sentimentos com precisão.

Há um fundo de verdade no modelo de Freud do *self* primitivo sendo gerenciado por um *self* mais consciente. Isso se encaixa em nossa compreensão da estrutura do cérebro. Sabemos agora que o córtex pré-frontal é um elemento-chave no comportamento social avançado. Em vez de simplesmente reagir a alguém que tem raiva de você ou a quem você deseja (o comportamento que era a norma nas sociedades humanas primitivas), agora colocamos em jogo a nossa consciência social. Usamos o córtex pré-frontal para explorar o impacto social dos comportamentos possíveis e para modular nosso comportamento. Na verdade, nos círculos de classe média do século XIX e início do século XX, havia talvez uma tendência para o uso excessivo do cérebro "superior" e para negar sentimentos e desejos por completo, por medo das consequências de descumprir regras sociais muito exigentes, o que levou a uma incapacidade de regular os sentimentos. Deixar os sentimentos presos, incapaz de respirar livremente ou de se sentir livre, não é propício para uma boa regulação. Isso levou a muitos dos sintomas que Freud observou em seus pacientes, como a paralisia histérica.

A boa regulação depende de os sentimentos fluírem livremente pelo corpo, tendo o indivíduo a capacidade mental de percebê-los e refletir sobre eles e escolher se deve ou não agir em relação a eles. A mente trabalha com os sentimentos "primitivos"; não se submete a eles, nem os nega.

Não tenta controlar os sentimentos por meio de um ato de vontade, mas os reconhece e os usa como um guia para a ação dentro do contexto social. O *self* mundano que está ligado corporalmente a outras pessoas por meio da sexualidade, do parto, da amamentação, da proteção mútua e da defesa de território é regulado pelos cálculos mais complexos do cérebro social mais elevado.

Esse processo pode dar errado de muitas maneiras diferentes, mas é seguro dizer que pessoas que estão deprimidas ou são raivosamente antissociais, ou anoréxicas, traumatizadas, alcoolistas, ou estão perturbadas e inseguras não são capazes de aceitar seus sentimentos nem de gerenciá-los bem em relação a outras pessoas. Suas relações com outras pessoas frequentemente são uma fonte de dor, em vez de uma fonte de validação e regulação. Sugeri que a base dessas dificuldades muitas vezes fossem os padrões regulatórios que são estabelecidos no início da vida. Esses padrões surgem porque são a melhor maneira de sobreviver a pais com dificuldades regulatórias, mas são uma desvantagem, uma vez que a criança começa a se relacionar com outras pessoas fora da família. Uma criança com um pai hostil que se torna muito autossuficiente levará essa autossuficiência a relacionamentos posteriores, em que pode ser útil ou não. Uma criança cujo padrão é chamar a atenção de sua mãe por meio de birras e lágrimas vai descobrir que outras pessoas não respondem do mesmo modo.

Todos nós tentamos gerenciar nossos relacionamentos por meio de estratégias antigas que são familiares para nós, as que funcionaram até certo ponto. No entanto, as estratégias de crianças inseguras não são muito boas. Elas carecem de flexibilidade, porque são essencialmente defensivas. São projetadas para lidar com um parceiro que não responde, mas não fornecem um plano para se relacionar com pessoas que são sensíveis. As crianças seguras, no entanto, esperam que outras pessoas respondam a elas e sejam muito mais capazes de responder a outros comportamentos diferentes. Se experimentam uma pessoa não responsiva e danosa, são propensas a recorrer a alguém mais confiável em busca de consolo.

Esses padrões iniciais são persistentes porque estão inscritos nas redes neuronais e químicas do nosso cérebro. Eles são aprendidos de modo inconsciente e se tornam hipóteses sobre o mundo sobre as quais provavelmente o *self* mais consciente, que surge durante a infância, não tem ciência. Eles se tornam nossos hábitos emocionais, adquiridos assim como hábitos corporais, como escovar os dentes pela manhã, assoar o nariz em lenços ou ir dormir em um determinado momento. Esses hábitos emocionais também são sustentados por nossa química interna, conforme o corpo da criança se habitua a um nível específico de neurotransmissores e hormônios do estresse, que passa a ser sentido como "normal". O corpo então tenta manter o nível, mesmo que ele seja muito baixo, muito alto ou de algum modo desequilibrado em relação a outros neuro-hormônios. Se a resposta ao estresse for afetada ou o córtex pré-frontal for de fraca potência por causa da experiência inicial, o indivíduo então terá uma capacidade fisiológica reduzida de atender a situações emocionais difíceis na vida adulta.

PODEMOS MUDAR NOSSOS CÉREBROS?

Essa programação biológica básica tende a ser estável uma vez que foi estabelecida. O modo de nos regularmos quando crianças pode continuar afetando a nossa capacidade de nos controlarmos quando adultos (Moutsiana et al. 2014). Enfim, ele pode ser alterado? Até agora, há poucas pesquisas substanciais sobre o processo de reconstrução do cérebro emocional na idade adulta. No entanto, uma vez que a plasticidade do cérebro é bastante considerável, e as conexões continuam sendo feitas, é provável que alguma mudança seja possível. Uma fonte de boas notícias é a descoberta de que as alterações epigenéticas podem ser reversíveis. Evidências recentes sugerem que, quando as condições sociais ou dietéticas mudam, mesmo células totalmente maduras podem responder à mudança e modificar o modo como o DNA é expresso (Meaney 2010; Herb et al. 2012). Claramente, assim como o ambiente é poderoso o suficiente para "metilar"* o DNA inicialmente, também é poderoso o suficiente para "desmetilá-lo". (Os pesquisadores estão ainda fazendo experiências com fármacos que também podem ser capazes de desfazer uma metilação prévia [Roth et al. 2009; Weaver et al. 2005].)

Ainda não se sabe se os sistemas do cérebro "social" em início de desenvolvimento podem se recuperar completamente do estresse ocorrido em uma fase precoce por meio da experiência social tardia mais positiva. Os pesquisadores que seguiram o destino dos bebês romenos que passaram parte de seus primeiros anos de vida no sofrimento de um orfanato em Ceausescu descobriram que suas vidas continuaram sendo afetadas, mesmo depois de muitos anos de adoção. A menos que

* N. de R.T.: Metilação refere-se a um processo bioquímico que inativa os genes ou impede que sejam expressos.

tivessem sido adotados antes dos 6 meses, muitos desses adolescentes ainda tinham dificuldades emocionais. Embora em muitos casos o seu desenvolvimento cognitivo tenha se recuperado, a amígdala ainda estava afetada (Mehta et al. 2009; Rutter et al. 2010; Tottenham et al. 2010). (Os volumes cerebrais também tendiam a ser até 18% menores, provavelmente em decorrência da privação total a que foram submetidos quando crianças pequenas [Mehta et al. 2009].) Os pesquisadores ficaram surpresos ao descobrir que os problemas emocionais, como a depressão e a ansiedade, tendiam a aumentar à medida que eles envelheciam e que uma alta proporção deles ainda tinha problemas de apego (Kumsta et al. 2010).

No entanto, em circunstâncias menos drásticas, há evidências crescentes de que os efeitos do estresse nas fases iniciais da vida podem ser reparados se bons cuidados estiverem disponíveis de modo suficientemente rápido. Por exemplo, o efeito do estresse pré-natal sobre o hipocampo do bebê pode ser corrigido desde que ele receba cuidados pós-natais atenciosos (Buss et al. 2012; Lemaire et al. 2006). E, como vimos, mesmo as crianças com os genes da orquídea "de risco", com menor acesso à serotonina, são mais responsivas e mais capazes de mudar em uma direção positiva quando há disponibilidade de apoio social. Mesmo intervenções psicológicas feitas mais tarde na vida têm um efeito sobre a expressão genética no cérebro (Yehuda et al. 2013; Feinstein e Church 2010).

No entanto, olhando mais especificamente para determinadas áreas do cérebro envolvidas no processamento da emoção, todas são igualmente sensíveis à mudança? Por exemplo, o ponto de ajuste de vários sistemas de neurotransmissores pode ser "reiniciado" mais tarde?

A síntese de serotonina no cérebro começa no útero e aumenta ao longo dos dois primeiros anos de vida, alcançando o seu ápice aos 5 anos (Chugani et al. 1999). Durante esse período, o estresse pode alterar o modo como o sistema serotoninérgico se desenvolve e pode criar tendências ao longo da vida de disfunção da serotonina e vulnerabilidade a ansiedade, depressão e agressividade (Whitaker-Azmitia 2010). Esse sistema pode se recuperar mais tarde na vida? Não está claro se o cérebro pode recuperar a sua própria capacidade endógena de sintetizar serotonina ou se um sistema danificado precisa confiar continuamente em fatores externos para reequilibrar os níveis de serotonina. (Esses fatores externos podem incluir tratamentos farmacêuticos como o Prozac, nutrição pelos fatores dietéticos corretos ou apoio afetuoso que reduz os hormônios do estresse que podem danificar o sistema serotoninérgico.)

Há evidências emergentes de que a resposta ao estresse do eixo HHS se mantém aberta à mudança e recuperação. Foi feito um trabalho promissor com crianças de um orfanato que sugere que pode ser possível alterar o cérebro por meio do tipo certo de cuidado. Em um estudo realizado por Philip Fisher e colaboradores, cuidadores adotivos foram especialmente treinados para ver a si mesmos como a "pessoa de regulação da criança": aquele que daria suporte sensível no manejo de situações estressantes. Esse tipo de abordagem de "re-parentalidade" teve um efeito benéfico sobre a resposta ao estresse da criança; ao longo de um período de 8 ou 9 meses a resposta foi "normalizada" (Fisher et al. 2006). Do mesmo modo, uma pesquisa com pessoas deprimidas mostrou que, após o sucesso do tratamento, seus níveis de cortisol caíram a um nível normal e isso por si só é um sinal de recuperação da depressão.

Ainda não está claro até que ponto as *estruturas* do cérebro afetadas pelo estresse também podem ser capazes de se recuperar. Por exemplo, há uma controvérsia em curso sobre a possiblidade de crescimento de novos neurônios no hipocampo do indivíduo estressado na idade adulta, além do período oportuno* que existe no início da vida. Alguns cientistas acreditam que os antidepressivos podem ajudar a dar um aumento rápido na neurogênese** nessa parte do cérebro. Encontrou-se também que os exercícios aumentam o volume do hipocampo (Carlson et al. 2009; Davidson e McEwen 2012). Outros dizem que não há evidências convincentes de qualquer neurogênese no córtex humano na idade adulta (Costandi, 2012).

Também não está claro se o córtex pré-frontal medial pode se recuperar da atrofia causada pelo estresse nas fases iniciais da vida. As evidências atuais baseadas em pesquisas com ratos são esperançosas: elas sugerem que a atrofia pode ser reversível caso se viva uma existência relativamente livre de estresse durante um período substancial de tempo (Radley et al. 2005), embora a probabilidade de recuperação diminua conforme o indivíduo cresça (Bloss 2010; Radley e Morrison 2005; Liston et al. 2009).

---

* N. de R.T.: Janelas de oportunidade são os períodos importantes do desenvolvimento nos quais o cérebro responde a certos tipos de estímulos para criar ou consolidar conexões entre os neurônios.

** N. de R.T.: Geração de novas células cerebrais.

Quanto à amígdala, os resultados são mistos. Em caso de dano grave, como aconteceu com os órfãos romenos, pode haver um período oportuno limitado no início da infância para a amígdala encolher, de volta ao normal. No entanto, pode haver uma maior flexibilidade para aqueles com problemas relativamente menores. Um estudo com adultos comuns, mas estressados, descobriu que era necessário apenas oito semanas de meditação de atenção plena para reduzir o volume da massa cinzenta da amígdala direita (Holzel et al. 2010). O fascinante trabalho de Britta Holzel também descobriu que a meditação de atenção plena aumenta conexões regulatórias importantes entre a amígdala e o cérebro superior, especialmente o cingulado anterior (Holzel et al. 2013).

DIETA E ESTILO DE VIDA

O modelo predominante de cura é usar a medicação para corrigir nossos males. Previsivelmente, a psiquiatria tem incidido em tratamentos que possam restabelecer os sistemas cerebrais a partir do exterior com fármacos sintéticos. Apesar de seu sucesso limitado em doenças como a depressão, esses tratamentos se tornaram onipresentes.

Abordagens mais benignas para restaurar o equilíbrio químico do corpo envolvem incentivar o organismo a produzir seus próprios neuroquímicos (endógenos). É bem conhecido que o exercício regular e leve pode estimular as endorfinas; algumas evidências também sugerem que ele pode estimular a liberação de serotonina (Young 2007). O exercício é cada vez mais visto como um antidepressivo eficaz (NICE 2009). Do mesmo modo, a massagem corporal tem um bom efeito sobre a depressão, reduzindo os hormônios do estresse e aumentando a serotonina (Field 2001; Field et al. 2005; Hou et al. 2010; Rapaport et al. 2012). A prática regular de meditação de atenção plena também pode reduzir os níveis de cortisol e pode acalmar as ansiedades, diminuindo a hiperativação da amígdala (Goldin e Gross 2010; Jacobs et al. 2013; Brand 2012; Holzel 2011). Meditadores experientes tendem a gerenciar melhor o estresse (Matousek 2010).

A comida que ingerimos pode ter um grande efeito sobre nosso bem-estar emocional bem como físico. Em particular, os ácidos graxos essenciais, que estão concentrados no sistema nervoso central, são vitais para a saúde. Encontrados em peixes oleosos, como sardinhas, eles têm um poderoso efeito anti-inflamatório e podem diminuir a produção de citocinas (Calder 2006). O sulforafano, encontrado no brócolis e na couve-flor, é outra substância que defende o organismo contra doenças inflamatórias. Quando a dieta carece desses constituintes, o indivíduo é menos protegido contra a inflamação, que, como vimos, está ligada à depressão, bem como a uma série de doenças que vão da artrite à doença cardíaca.

Os ácidos graxos essenciais também podem afetar o equilíbrio de neurotransmissores. Quando os níveis de ômega 3 são baixos e os de inflamação são altos, os neurônios serotoninérgicos podem ser afetados, o que talvez explique a ligação entre os baixos níveis de ômega 3 e a irritabilidade e o comportamento antissocial.

Contudo, mais uma vez, a experiência nas fases iniciais da vida pode ser crucial. Analisando o estado de saúde da mãe durante o período perinatal, descobriu-se que os ácidos graxos passam através da placenta e do leite materno e podem afetar vários sistemas no cérebro de seus descendentes durante períodos críticos do desenvolvimento. Em particular, a deficiência de ômega 3 nas fases iniciais da vida pode afetar o funcionamento da serotonina e da dopamina no córtex frontal (Hibbeln et al. 2006). A falta de ômega 3 também afeta os níveis de fator neurotrófico derivado do cérebro (BDNF), que é necessário para estabelecer conexões sinápticas no córtex frontal, hipotálamo e hipocampo (Bhatia et al. 2011; Rao et al. 2007). Os pesquisadores ainda não estão confiantes em dizer se esses efeitos do desenvolvimento neurológico que têm origem na infância podem ser corrigidos tomando suplementos de ômega 3 mais tarde na vida. Em ratos, uma dieta melhorada certamente é capaz de restaurar a função normal durante a primeira infância, mas, uma vez que o filhote é desmamado, essa oportunidade é perdida (Kodas et al. 2002; Bhatia et al. 2011; Hibbeln et al. 2006).

Há evidências menos fortes em relação a seres humanos. No entanto, as pesquisas estão agora ganhando ímpeto. Elas sugerem que o ômega 3 na dieta atual ainda possa fazer a diferença. Evidências anteriores de que fornecer ácidos graxos ômega 3 a ratos melhora seus comportamentos de transtorno de déficit de atenção/hiperatividade (TDAH) agora precisam ser confirmadas em seres humanos. O ômega 3 também pode fazer a diferença para as crianças com diagnóstico de TDAH (Richardson 2006; Kine et al. 2012). Pode também ajudar as crianças que têm problemas mais gerais de autocontrole. Por exemplo, um estudo controlado que administrou suplementos de ômega 3 para jovens infratores descobriu que aqueles que receberam os suplementos cometeram 37% menos infrações disciplinares do que aqueles que receberam comprimidos placebo (Gesch et al. 2002). Na atualidade, novos estudos da Universidade de Oxford começaram a voltar os holofotes a crianças com desenvolvimento típico de escolas regulares; o pesquisador Paul Montgomery descobriu que o nível de ácidos graxos ômega 3 no sangue "predizia significativamente o comportamento e a capacidade de aprender de uma criança" (Montgomery et al. 2013).

Esses meios naturais de reequilibrar os neurotransmissores, reduzir o estresse e prevenir condições inflamatórias têm recebido pouco apoio da classe médica até o momento. A sua dependência de tratamentos farmacêuticos talvez tenha dificultado o reconhecimento do impacto da nutrição na saúde e no bem-estar. Felizmente, há sinais de que pelo menos a meditação de atenção plena e o exercício estão se tornando tratamentos mais aceitáveis, mesmo que tais prescrições ainda sejam um desafio para o modelo médico dominante. Elas têm mais a ver com um estilo de vida e são difíceis de estabelecer com pessoas que não são boas em cuidar de si mesmas. No entanto, todos esses métodos têm a mesma limitação: a sua aplicação deve ser contínua. Tanto com comprimidos quanto com suplementos vitamínicos, o benefício muitas vezes perdura apenas enquanto estiverem sendo tomados.

Todas essas abordagens podem melhorar tanto o estado de espírito de uma pessoa quanto a sua capacidade de se regular emocionalmente. Caso se tornem um modo de vida, podem ter um impacto drástico, mas não vão necessariamente alterar os padrões de regulação emocional em relação a outras pessoas. O adulto autossuficiente que foi uma criança insegura não vai começar a se voltar aos outros em busca de ajuda como resultado de uma mudança na dieta. Então, como é que vamos chegar a esse estado ideal de autoaceitação, associado à capacidade de levar a sério os sentimentos dos outros – se sentir à vontade, mas também controlar nossos sentimentos em resposta aos outros?

A CHANCE DE CRESCER NOVAMENTE

A tradição psicoterapêutica independente oferece um tipo diferente de cura. Por meio do estabelecimento de uma relação pessoal apenas para fins terapêuticos, o indivíduo pode explorar a maneira como regula a si mesmo em relação a outras pessoas e pode tentar modificar velhos hábitos emocionais e introduzir novos. No entanto, os hábitos emocionais levam tempo para serem formados e tempo para serem mudados. Primeiro, eles precisam ser despertados. Você só pode alterar o processamento emocional ao fazê-lo de modo diferente. Quando um sentimento particular é despertado, neurotransmissores são liberados do subcórtex e as redes neurais antigas automaticamente são ativadas para gerenciar esse estado de excitação da maneira antiga. Mas, com a ajuda de um terapeuta, novas formas de regulação podem ser praticadas. Se seu terapeuta aceita seus sentimentos, eles não precisam ser negados pela rede neural que normalmente faz isso ou ser colocados em prática pela rede neural que normalmente responde dessa maneira. A aceitação do terapeuta possibilita um espaço mental para refletir sobre os sentimentos e considerar como responder de modo diferente. Enquanto os sentimentos estão vivos e ativos, assim também estão os hormônios do estresse que ajudarão na produção de novas sinapses corticais (cérebro superior) em resposta aos sinais subcorticais. Junto com o terapeuta, novas redes podem ser desenvolvidas.

Um pouco desse trabalho pode envolver lidar com o negócio inacabado do início da vida, os sentimentos de medo de ser abandonado ou rejeitado que existiam com força total quando você era uma criança dependente; os sentimentos que eram insuportáveis e incontroláveis sem pais reguladores; os sentimentos de raiva que seus pais não o ajudaram a controlar utilizando sentimentos particulares; muitos sentimentos que foram retidos porque não era seguro senti-los enquanto você era criança, tão dependente dos pais para regulá-lo e mantê-lo vivo. Esses sentimentos muitas vezes não desaparecem. De algum modo, eles estão adormecidos, não processados, suscetíveis de serem externados em momentos de estresse quando o adulto "acorda" e libera a enorme raiva ou o medo que parece incompreensível para os outros, uma vez que é tão desproporcional ao evento atual.

Há um equívoco comum de que a psicoterapia esteja relacionada com o ódio à sua mãe. Por exemplo, o suspense de John Katzenbach *The analyst* começa com esta descrição do negócio do analista:

> No ano em que ele esperava morrer, passou a maior parte de seu quinquagésimo terceiro aniversário como fazia a maior parte dos outros dias: ouvindo as pessoas se queixarem de suas mães. Mães sem noção, mães cruéis, mães sexualmente provocativas. Mães mortas que permaneciam vivas nas mentes de seus filhos. Mães vivas a quem seus filhos queriam matar. (Katzenbach 2003).

No entanto, na minha experiência, é muito mais comum a dificuldade em reclamar das mães. A maior parte dos meus clientes protege muito a suas mães. Eles as idealizam porque anseiam por seu amor e aprovação e nunca se sentiram seguros com elas. Eles relutam em criticar. O progresso da terapia muitas vezes depende da capacidade de enfrentar as fraquezas humanas e falhas de seus pais e abandonar a esperança de que um dia eles vão receber o carinho que não receberam no início da vida. Eles crescem quando percebem com grande compaixão que seus pais são seres humanos falíveis e que o amor materno ou paterno perfeito é inalcançável. Aceitar que os pais são apenas seres humanos imperfeitos e em luta leva ao aumento da autoaceitação.

Sem a aceitação e a regulação de seus sentimentos na primeira infância, os pacientes geralmente têm recorrido a uma tentativa de defesa para gerenciar a si mesmos. Eles tentam viver de acordo com algum *self* ideal que acreditam que seria amado pelo pai ideal (muitas vezes, um que não tem necessidades) e, naturalmente, continuam falhando uma e outra vez; ou negam que têm quaisquer sentimentos incômodos ou que as relações importam tanto assim.

A falta de experiência em ter sentimentos reconhecidos e autorizados por outra pessoa, particularmente de ter sentimentos fortes tolerados por outra pessoa, é suprida pelo terapeuta. E o mais importante de tudo: quando o terapeuta e o paciente não conseguem se entender ou discordam sobre alguma coisa importante e há uma "ruptura" na relação, o terapeuta demonstra que os relacionamentos podem ser "reparados". Esse ciclo de ruptura e reparação é o segredo para relacionamentos seguros. Saber que não importa quais falhas na comunicação possam ocorrer que elas podem ser reparadas é a base de confiança em um relacionamento e o conhecimento de que a regulação será restaurada. Lentamente, por meio desses tipos de experiência com um psicoterapeuta, um novo músculo se desenvolve, a capacidade de ser ouvido e ouvir, para ouvir e ser ouvido. Os estados emocionais podem ser compartilhados, tanto verbalmente quanto não verbalmente.

Essas são experiências que, como vimos no Capítulo 2, são aprendidas na primeira infância. Na fase mais precoce da vida, a segurança e a aceitação são transmitidas pelo toque. Mas, à medida que amadurecemos, cada vez mais usamos as palavras para "sustentar" um ao outro. Bebês deprimidos, abusados ou negligenciados perdem essas experiências de sustentação física e verbal. Seus sentimentos e estados não são bem reconhecidos, aceitos nem regulados. Eles não aprendem que todos os estados podem ser "sustentados" e que falhas na aceitação ou regulação podem ser reparadas. Em vez disso, eles precisam encontrar alguma maneira de se manterem juntos e isso é feito defensivamente. Em seguida, eles tentam passar a vida usando essas estratégias defensivas, cortando permanentemente o fluxo de regulação mútua com os outros. Eles sabem que há algo errado, que falta algo. Eles são infelizes. Eles se voltam às drogas ou à comida ou outros vícios para aliviar a sua dor interior.

A psicoterapia oferece a oportunidade de reformular as estratégias emocionais, mas esse trabalho leva bastante tempo e muito dinheiro. Não é suficiente organizar novas redes no cérebro oferecendo novas experiências emocionais. Para que essas redes se estabeleçam, uma nova forma de regulação deve acontecer uma e outra vez até que sejam consolidadas. Mas, uma vez que o são, o indivíduo tem um sistema de regulação portátil que pode ser utilizado com outras pessoas para manter o bem-estar mental. Algum grau de cura real pode ser alcançado.

11 Nascimento do futuro

Nos primeiros seis meses de vida da Albertine, eu cuidava dela em casa, enquanto meu marido continuava trabalhando fora. Essa poderosa experiência me revelou algo para o qual nunca havia dado muita atenção: o fato de que, depois do nascimento de uma criança, as vidas de sua mãe e seu pai divergem, de modo que, no lugar de viver em um estado de certa igualdade como antes, agora existe entre eles uma relação do tipo feudal. Um dia em casa cuidando de uma criança não poderia ser mais diferente do que um dia trabalhando em um escritório. Quaisquer que sejam seus relativos méritos, eles são dias passados em lados opostos do mundo.

Rachel Cusk 2001: 5

Este livro pode parecer sugerir que uma grande responsabilidade depende da capacidade das mulheres de cumprir o seu papel de mães. Embora se referindo a "pais", o livro transmitiu a expectativa de que a tarefa de cuidar dos bebês será quase que inevitavelmente cumprida por mulheres, não por homens. No entanto, na verdade, a capacidade de regular emocionalmente os outros e ser regulado por eles não é específico de um gênero. Todos nós fazemos isso. É perfeitamente possível que o cuidado e a regulação dos bebês pequenos também sejam feitos por qualquer adulto que esteja em sintonia e disponível e empenhado em proporcionar a continuidade dos cuidados para a criança. Cada vez mais, os pais estão participando desse cuidado. Em alguns casos, estão até mesmo se tornando o cuidador principal, embora estatísticas recentes sugiram que isso é menos comum do que muitos gostariam de acreditar.

Vendo pelo lado positivo, em 2012 havia pouco mais de 6 mil homens a mais ficando em casa em tempo integral cuidando de bebês e crianças pequenas no Reino Unido do que havia há 10 anos, de acordo com o Office of National Statistics. Isso parece uma mudança definitiva no sentido da igualdade de gênero na criação dos filhos. No entanto, como Gideon Burrows salienta, no mesmo período, 44 mil mulheres a menos ficaram em casa para cuidar dos filhos. A lacuna é maioritariamente preenchida por avós e creches pagas, não pais (Burrows 2013). Na verdade, muitos homens nem sequer assumem o seu direito à licença paternidade de duas semanas e muito menos as 26 semanas de licença parental remunerada que já está disponível no Reino Unido (se a mãe não a usar). Quando os pais tiram um tempo de folga após o nascimento do bebê, eles também são mais propensos a se envolverem no cuidado de suas crianças mais tarde (Tanaka e Waldfogel 2007). Essa escolha muitas vezes é feita quando a mãe vai voltar ao trabalho em tempo integral com o bebê ainda pequeno (Norman et al. 2013). Talvez esses pais instintivamente reconheçam a necessidade de cuidado pessoal dedicado ao bebê ou, talvez, – uma vez que tenham passado algum tempo sozinhos com o bebê – tenham mais confiança de que podem ter uma relação estreita com o bebê ou a criança pequena (Premberg et al. 2008).

O fato de essa tarefa ter sido quase sempre atribuída à mulher é em grande parte resultado de nossa cultura particular, que evoluiu de imperativos biológicos anteriores. Entretanto, no mundo moderno, a atribuição dessas funções às mulheres é cada vez mais problemática também para as mulheres. Elas agora raramente participam do processo de criação dos filhos até que eles tenham seus próprios filhos e muitas vezes têm pouca confiança em sua capacidade de entrar em sintonia com um bebê, espelhando a incerteza que os homens têm tido em assumir esse papel.

Minha experiência de cuidar de meus filhos quando bebês foi certamente a do choque cultural, como Rachel Cusk descreve. Minha vida movimentada de trabalho foi substituída por longos dias que pareciam passar em câmera lenta, presos no mundo do bebê. Eu orbitava em torno de meu filho, focada em suas necessidades – fazendo malabarismos na tentativa de manter os quartos limpos, fazer o jantar e sair de casa e encontrar outros adultos com quem conversar. Vivendo com um bebê, o tempo assume um ritmo diferente da vida agitada e barulhenta em um escritório com a qual eu estava acostumada, lidar com colegas, com a papelada, telefonemas, máquinas. No início, era um pouco como estar debaixo d'água em um fascinante e sombriamente iluminado aquário, lutando para me movimentar e conseguir fazer tudo o que precisava ser feito.

Descobri que nesse Mundo do Bebê ninguém sabe nem se importa com o que você pensa, o que você fez, quem você amou. Você é simplesmente a "mãe com o bebê". Esse papel agrupa todos os outros *selves* que você foi ou queria ser. Para muitas mulheres, isso é intolerável. Para outras, é um agradável mundo dos sonhos que elas não querem deixar, livre do peso de ser um *self* esforçado, conquistador. Mas, provavelmente, para a maior parte das mulheres que tem um sentido de identidade com base em suas vidas de trabalho, é um ajuste muito difícil. Conforme aumentaram as oportunidades de trabalho para o sexo feminino, mais e mais mulheres tiveram dificuldade em resistir ao apelo de sua antiga identidade. Ao longo das últimas décadas, uma crescente quantidade de novas mães voltou a trabalhar e deixou os bebês sob o cuidado de outras pessoas, por mais dilaceradas que elas pudessem se sentir e por mais que se distanciassem dos bebês enquanto estavam no trabalho.

Essa abordagem tem sido sancionada pelos políticos. As licenças maternidade e paternidade são muito curtas e não são garantidas a todos os trabalhadores. Essas concessões não são baseadas nas necessidades do bebê, mas se tratam de um gesto para dar aos pais tempo para se recuperarem do impacto de um novo bebê. Eles ainda apressam o retorno dos pais ao trabalho. Na verdade, várias políticas governamentais do Reino Unido e dos Estados Unidos têm incentivado ativamente as mães solteiras a voltar ao trabalho, em vez de cuidar de seus bebês e reivindicar benefícios de bem-estar do estado. Isso envia a mensagem de que a maternidade não é uma atividade valorizada em seu próprio direito e que os papéis públicos são os únicos que realmente importam.

Os argumentos de cada lado continuam se enfrentando. Comparações entre as mulheres de alto perfil exemplificam as diferenças entre as mães. De um lado estão os crescentes números de mulheres corporativas bem remuneradas, com MBA, que começaram a "optar" por ficar com seus bebês, de acordo com um estudo (Herr e Wolfram 2011); do outro lado, profissionais da alta cúpula, como a presidente-executiva da empresa de internet Yahoo, Marissa Meyer, mostram o seu compromisso apaixonado pelo trabalho ignorando a licença maternidade que está disponível para elas. Talvez por causa das mensagens implícitas enviadas por políticos, a pressão para continuar trabalhando é a nota dominante. Certamente, muitas novas mães costumam achar que querem desesperadamente ficar com seus adoráveis bebês, mas sentem que, se não retornarem ao trabalho depois de três ou seis meses, serão vistas como pessoas que estão deixando tudo de lado depois do enorme esforço que as mulheres tiveram para serem levadas a sério como profissionais ou assalariadas. Elas também podem ter medo de perder suas habilidades e redes sociais e enfrentar a perspectiva de serem prejudicadas na fila da promoção.

Outras mulheres podem simplesmente ser obrigadas por necessidade financeira a manter seus empregos. No entanto, estudos têm mostrado de modo consistente ao longo de muitos anos que, se as mulheres pudessem escolher livremente, a maior parte preferiria trabalhar em tempo parcial e ser mãe na outra parte do tempo (Pew Research Center 1997, 2007, 2012; Newell 1992). Parece irônico que, depois de todas as mudanças pelas quais o *status* das mulheres passou ao longo dos séculos nas sociedades ocidentais, no final das contas as mulheres querem o que nossos antepassados tinham como certo: ser parte das coisas, estar envolvidas em um grupo social e participar da vida ocupacional, enquanto desfruta de cuidar e criar seus filhos.

Também é altamente provável que isso seja o que as crianças querem, embora talvez nunca ninguém lhes tenha perguntado. Este livro delineou as necessidades dos bebês em particular, que não podem falar por si mesmos. No passado, algumas feministas, como Stephanie Lawler, resistiram à noção de tais "necessidades" afirmando que as "necessidades" ditas são altamente políticas e socialmente definidas, não intrínsecas. Como outras antes dela, ela se opôs à maneira como as boas mães são definidas – como aquelas cujas necessidades são "congruentes com as da criança" –, enquanto "as mulheres como mães se tornam invisíveis externamente à sua capacidade de atender a essas necessidades" (Lawler 1999: 73). Seus protestos certamente soam verdadeiros no contexto de nossos arranjos sociais atuais. No entanto, as condições atuais da maternidade que forçam as mulheres a viver em isolamento com seus bebês, em grande parte afastadas do convívio social normal, não são de modo algum inevitáveis. Não são as "necessidades" que são falsas, mas a maneira como organizamos nossas vidas em torno dessas necessidades que as transformam em uma tirania.

Neste livro, demonstrei que essas necessidades não são imaginárias, nem uma ferramenta de propaganda para aqueles que querem subjugar as mulheres, mas têm uma base biológica. Durante o "período primal",* como Michel Odent chamou o tempo da infância dependente (1986), os bebês têm necessidades muito exigentes. Elas são exigentes porque são contínuas, às vezes difíceis de entender sem o auxílio da linguagem e não fazem concessões às necessidades dos adultos. Você não pode pedir a um bebê que espere enquanto você faz uma chamada telefônica ou termine de almoçar. Uma vez que o lamento ocorre, há uma urgência em aquietá-lo, o que tem precedência sobre tudo. O bebê não pode esperar porque ele não tem noção de tempo e, portanto, nenhuma capacidade de antecipar que suas necessidades serão atendidas em 10 minutos.

Quando os pais respondem aos sinais do bebê, eles estão participando de muitos processos biológicos importantes. Eles estão ajudando o sistema nervoso do bebê a amadurecer de modo que ele não fique estressado. Eles estão ajudando as vias da bioamina** a serem definidas em um nível moderado. Eles estão contribuindo para um sistema imunológico forte e uma resposta de estresse robusta. Eles estão ajudando a construir o córtex pré-frontal e a capacidade da criança de reter informações na mente, a refletir sobre os sentimentos e a conter os impulsos, os quais serão uma parte vital de sua capacidade futura de se comportar socialmente.

Isso soa como uma tarefa assustadora. Eu certamente gostaria de ter tido mais conhecimentos a respeito quando estava cuidando dos meus filhos. No entanto, na verdade, os pais não precisam estar conscientes desses processos para fornecê-los. Qualquer adulto com razoável sensibilidade e vontade de responder provavelmente fará tudo isso automaticamente. Os bebês podem desabrochar nas mais estranhas circunstâncias, recebendo atenção suficiente. Os problemas surgem somente quando eles não recebem atenção suficiente ou quando essa atenção é hostil e crítica – experiências que podem variar em intensidade em um

* N. de R.T.: Período que inclui a vida fetal, o período perinatal e o primeiro ano de vida.

** N. de R.T.: Neurotransmissores de aminas (p. ex., norepinefrina, serotonina e dopamina) estão implicados em uma vasta gama de comportamentos (variando de funções homeostáticas centrais a fenômenos cognitivos, tais como a atenção). A regulação dos neurotransmissores de bioamina encontra-se alterada em uma variedade de distúrbios psiquiátricos.

continuum que pode levar a problemas psicológicos leves ou a graves distúrbios na idade adulta. Mas os pais (ou padrasto/madrasta) hostis, críticos ou negligentes são, inevitavelmente, pais estressados e, invariavelmente, alguém que teve pais aquém do ideal.

Isso é importante porque o sistema nervoso do bebê é mais vulnerável na fase inicial do que mais tarde. As primeiras experiências podem alterar a bioquímica do cérebro. Como Joseph LeDoux disse: "algumas conexões extras aqui, um pouco mais ou um pouco menos de neurotransmissores acolá, e os animais começam a agir de maneira diferente" (LeDoux 2002). O que para um observador podem parecer diferenças muito pequenas no comportamento – entre um pai que atende seu bebê assim que ele chora ou aquele que termina sua xícara de café primeiro, entre um pai que fala positivamente sobre seu bebê ou aquele que o considera "um grande tormento" – pode, cumulativamente, ter consequências significativas. Os pais que são relutantes, estressados, hostis, ausentes ou indiferentes a seus filhos não serão capazes de fornecer o tipo de ambiente que um bebê precisa para o desenvolvimento ideal de seus recursos emocionais subjacentes. Seus bebês podem estar bem alimentados e atender a todos os marcos de desenvolvimento, podem até ser cognitivamente "brilhantes" se receberem outros tipos de estimulação, mas podem, contudo, se desenvolver mal do ponto de vista emocional.

Descrevi como a qualidade da relação entre os pais e o filho influencia tanto na bioquímica quanto na estrutura do cérebro. Os comportamentos mais frequentes das figuras parentais, tanto da mãe quanto do pai, serão registrados nas vias neurais do bebê como guias para se relacionar. Essas experiências repetidas se transformam em aprendizado e, em termos das vias envolvidas na emoção, consistem principalmente em aprender o que esperar dos outros em relacionamentos íntimos. As outras pessoas são sensíveis às necessidades e aos sentimentos ou eles precisam ser escondidos? Será que elas ajudarão a regulá-los e me ajudarão a me sentir melhor ou vão me ferir ou me decepcionar? A nossa organização psicológica básica é aprendida com nossas experiências generalizadas nos primeiros meses e anos.

Outra razão pela qual essa aprendizagem social é tão crucial é que ela fornece os meios para se recuperar do sofrimento. Ter confiança que os entes queridos responderão quando você precisar deles torna possível passar por situações difíceis. Saber como se distrair de sentimentos desconfortáveis quando você não pode fazer nada sobre eles o ajuda a sobreviver a eles. Ter maneiras de se acalmar por meio de palavras ou música pode restaurar o equilíbrio. Essas habilidades regulatórias são a base do bem-estar emocional, e a psicopatologia surge quando há um problema com esses mecanismos de recuperação.

As pessoas que não estão bem equipadas com essas ferramentas acham que é difícil manter o equilíbrio. Sua excitação fica presa na posição "ligada" ou "desligada". Na posição "ligada", elas ficam facilmente perturbadas e chateadas; seus pensamentos agravam seu sofrimento; elas fazem demandas inadequadas sobre os outros e não conseguem obter o apoio de que necessitam. Na posição "desligada", elas suprimem sentimentos, evitam outras pessoas, não falam sobre seu sofrimento e continuam afligidas embora menos conscientes disso. Essas duas tendências são muito próximas às categorias "resistente" e "evitativa" de apego inseguro; o "desordenado" pode passar de um tipo para o outro. Na verdade, uma pesquisa recente sobre a resposta ao estresse e o desenvolvimento inicial do cérebro expandiu nossa compreensão das bases biológicas desses termos de apego e confirmou que a psicologia do apego é cientificamente verossímel.

Quando os pais lutam para atender às necessidades de seus bebês porque estão deprimidos, solitários, mal equipados para se autorregular, com parceiros que não conseguem prestar um apoio adequado e assim por diante, então os delicados processos de desenvolvimento nas fases iniciais da vida podem se tornar distorcidos e as mesmas dificuldades na regulação da excitação podem ser transmitidas. Os bebês então desenvolvem os mesmos tipos de estratégias inseguras para lidar com altos e baixos emocionais e estão em risco de pegar um declive utilizando diversas vias em direção à psicopatologia quando se deparam com desafios emocionais mais tarde na vida. Descrevi algumas dessas vias neste livro. A pessoa deprimida está constantemente estimulada, com pensamentos agitados, incapaz de se acalmar. A pessoa traumatizada está ainda mais excitada e é incapaz de desligar a sua resposta ao estresse. A dor emocional nas perturbações da personalidade também envolve excitação semelhante, que não pode ser modulada. No outro extremo do *continuum*, aqueles que sofrem de doenças psicossomáticas tendem a reprimir seus sentimentos. Aqueles que reprimem sentimentos de raiva dentro de suas famílias podem se tornar imprevisivelmente violentos em outro lugar, e assim por diante. As origens de muitos distúrbios emocionais são, em essência, regulatórias. Nunca foi fácil defini-los como "doenças" específicas, porque há muita sobreposição entre elas ou "comorbidades".* O que parece mais provável é que os distúrbios emocionais sejam o resultado de uma complexa cadeia de eventos, enraizada em vias regulatórias das fases iniciais da vida, influenciadas por circunstâncias posteriores e subsequente aprendizagem. Combinações específicas, como a ansiedade com depressão ou o pânico com ansiedade, podem surgir em determinadas circunstâncias.

Embora a psiquiatria responda com interesse ao fluxo constante de pesquisas sobre a resposta ao estresse, parece que ela ainda não compreendeu plenamente o significado das experiências de início de vida da criança, em particular na formação da resposta ao estresse e das vias da bioamina. A ex-presidente da American Psychiatric Association, Nancy Andreasen, reconhece que a resposta ao estresse provavelmente está implicada em uma variedade de problemas de saúde mental. Ela cita que o cortisol pode desempenhar algum papel causal em muitos tipos de doença mental (Andreasen 2001: 107), embora não reconheça que a resposta ao estresse propriamente dita possa ser condicionada e alterada pela experiência de início de vida no útero e no período primal.

Ao mesmo tempo, Nancy relata que a depressão está crescendo maciçamente (estatísticas recentes confirmam que ela aumentou 400% nos Estados Unidos desde o final dos anos 1980 [Pratt et al. 2011]). Outros pesquisadores também afirmam que o comportamento antissocial em crianças está aumentando massivamente. Andreasen coloca que tudo isso é decorrente de uma forma de vida mais estressante, que é mais intensamente competitiva do que antes, com menos valores corretos para orientar as pessoas, em uma época de cinismo e materialismo (Andreasen 2001: 239). Seja ou não esse o caso, ela não menciona que a vida das mulheres certamente mudou nesse período. Uma maior participação das mulheres na economia, cada vez mais enquanto seus filhos são muito pequenos, tornou muito mais difícil para elas equilibrar as exigências de uma carreira com as exigências da maternidade. Durante esse período, quando a depressão aparentemente aumentou muito, mais e mais bebês foram cuidados por estranhos durante o dia e por seus pais no final de um dia cheio de trabalho.

No processo, acredito que oscilamos de uma situação inviável para outra, em que as mães ou as crianças pagam o preço. Betty Friedan des-

* N. de R.T.: Refere-se à ocorrência de duas ou mais patologias em um mesmo indivíduo.

creveu pela primeira vez a opressão das jovens mães na década de 1960, sufocadas em suas casas, incapazes de desempenhar qualquer papel social, exceto o de "mães" ou esposas. No entanto, a nossa situação atual pode ser igualmente opressiva para bebês e crianças pequenas que estão cada vez mais sendo desviados para creches ou berçários baratos, colocados na frente de televisões, ajustando-se às vidas ocupadas de seus pais que estão em outros lugares. Como essas crianças aprendem a regular suas emoções?

A mensagem implícita dessas práticas é a de que os relacionamentos não são uma prioridade, o trabalho é a prioridade. Os relacionamentos se tornaram uma espécie de "deleite", encapsulado no conceito de "tempo de qualidade". O aspecto regulatório dos relacionamentos íntimos foi absolutamente perdido nessa abordagem. Enquanto os adultos conseguem conviver com uma conversa no final do dia ou um telefonema quando é necessária regulação de seu parceiro (ou muitas vezes acabam sendo regulados por seus colegas de trabalho), as crianças precisam de uma regulação muito mais contínua. Isso geralmente só está disponível em creches mais caras, onde existe a possibilidade de que se tenha atenção de boa qualidade de um adulto familiar. O cuidado substituto em uma escala mais econômica tem menor probabilidade de fornecer esse tipo de atenção e privará a criança do aprendizado emocional essencial que caracteriza esse período de início de vida.

As qualidades de bons pais (e de relacionamentos íntimos em geral) são essencialmente regulatórias: a capacidade de ouvir, de perceber, de moldar o comportamento e de ser capaz de restaurar bons sentimentos por meio de algum tipo de contato físico, emocional ou mental, utilizando o toque, um sorriso, um modo de colocar os sentimentos e pensamentos em palavras. Essas capacidades são pessoais, mas não podem ser expressas totalmente em uma cultura que relega as crianças às margens. Ser capaz de perceber e responder aos sentimentos dos outros toma tempo. Requer um tipo de espaço mental em que são alocados os sentimentos e uma vontade de priorizar relacionamentos. Esse é um desafio para uma sociedade orientada à meta .

Recentemente em um restaurante notei um homem alto de boa aparência, cabelo grisalho, que estava dificultando a vida dos garçons. Ele se queixou da lentidão do serviço e, em seguida, questionou se haviam trazido as bebidas certas. Então perguntou por que não haviam oferecido a ele queijo parmesão. Ele estava tão agitado para que suas necessidades físicas fossem atendidas que parecia não estar ciente do estado emocional dos outros clientes à sua mesa, que pareciam cada vez mais desconfortáveis e envergonhados. A conversa, que estava animada quando eles se sentaram, definhou conforme a atmosfera se tornava cada vez mais tensa. Em alguns aspectos, essa pequena cena parece típica da mentalidade que é tão focada em ter as coisas feitas, fazer as coisas e alcançar metas que perde o controle sobre os relacionamentos. Esse homem não estava considerando os sentimentos dos outros. Ele não estava pensando em como o garçom se sentia nem as pessoas com quem ele estava jantando. Seu objetivo era fazer a refeição certa no momento certo. Ele perdeu o contato com o prazer da companhia, da conversa, de relaxar em conjunto com outras pessoas – o processo de jantar juntos, em vez de alcançar a meta de ter uma refeição bem-sucedida.

A mentalidade orientada à meta é a mesma mentalidade que escreve colunas em jornais ridicularizando a necessidade de autoestima, a mesma mentalidade que fala sobre "chafurdar" em sentimentos. Ela engloba o estilo frio de alguém que não demonstra suas emoções em público, a ética de trabalho dos protestantes e os aspectos da "doença da pressa" de nossa cultura. A força de vontade e o esforço são apreciados em detrimento da responsividade e do desejo de se demorar em algo. A vida é dura, eles vão dizer, então apenas siga em frente. Desse modo, as divisões entre mente e corpo, pensamento e sentimento, pessoal e público se perpetuam. Ouvir os sentimentos, os seus ou os de outra pessoa, pode desacelerá-las. Pode atrasar o cumprimento das metas.

Durante os últimos 200 anos ou mais, a nossa cultura ocidental perseguiu seus objetivos materiais por meio de uma explosão de ciência e tecnologia. Vivemos tão bem materialmente que quase todos nessas sociedades têm luz e aquecimento, sempre que necessário, têm entretenimento ao apertar um botão, comunicação de longa distância com o mundo todo sem qualquer esforço e uma variedade de alimentos preparados facilmente disponíveis em todos os supermercados. Estamos saturados com bens e serviços, até o ponto em que se tem argumentado que há um limite máximo de riqueza além da qual não há um aumento no bem-estar. Talvez seja por isso que agora temos o luxo de fazer a pergunta de como podemos melhorar nossas vidas de maneiras não materiais.

Muitas das descobertas científicas no campo da emoção procuram como reinventar a roda. Elas afirmam a importância do toque, da responsividade, de dar tempo para as pessoas. Como podemos legislar para termos essas coisas? Talvez seja um sonho imaginar que os legisladores poderiam ter um efeito sobre a qualidade da parentalidade no início da vida. Não é esse um caso muito particular que ocorre somente em lares específicos? O que mais poderia ser feito além do que já está sendo feito em termos de promover mais licenças maternidade e paternidade e estimular os empregadores a adotar mais flexibilidade no horário de trabalho? Neste livro não cabe fornecer respostas a essas perguntas, mas questionar se podemos nos dar ao luxo de deixar a parentalidade de início de vida na esfera do privado e pessoal.

Subjacente à privacidade da educação do início da vida da criança se encontra uma suposição, creio eu, de que a maternidade é algo inato. É verdade que o parto e a amamentação são processos intensamente físicos e biológicos, como a relação sexual. Há uma "preparação" biológica inata para passar por essas experiências. No entanto, como a atividade sexual, a maternidade também é altamente cultural. Em sociedades que vivem de modo mais simples, os bebês e as crianças estão sempre presentes. São amplas as oportunidades de segurar bebês no colo, acalmá-los, discipliná-los e aprender sobre eles. Em outras palavras, há uma preparação psicológica para se tornar um pai por meio da aprendizagem social e da observação. Mas, nas sociedades ocidentais, em que as pessoas se separam fisicamente umas das outras por suas casas e apartamentos elaborados, e o trabalho é rigidamente separado da vida doméstica, essas oportunidades não surgem. Há pouca chance de observar como uma mãe experiente lida com um bebê ou uma criança e menos chance ainda de praticar com os filhos dos outros. Nessas circunstâncias, as únicas fontes de informação são os livros e programas de televisão. Mais frequentemente, os novos pais confiam apenas em sua aprendizagem inconsciente baseada em sua própria experiência de ser um bebê e uma criança pequena. Esses "instintos" irão encaminhá-los. É por isso que os padrões não adaptativos se repetem ao longo das gerações.

Se continuarmos insistindo incansavelmente na primazia da produção, atraindo todos os adultos, incluindo os pais de crianças pequenas, para a busca de objetivos materiais e carreiras, então podemos ter que lidar com os problemas emocionais. Sem adultos atentos para proteger seus sistemas nervosos em desenvolvimento, que possibilitem que as crianças se desenvolvam em adultos emocionalmente fortes, capazes de enfrentar os desafios e manter relacionamentos, há um preço a pagar. Esses problemas têm um enorme impacto social e geram custos gigantescos. Somente o custo com antidepressivos vai além de US$ 10 bilhões por ano nos Estados Unidos (Insel 2011). No entanto, os políticos, como os médicos, tendem a responder a sintomas. Quando confrontados com as atividades antissociais de homens jovens ou com a depressão de mulheres jovens, é compreensível que procurem maneiras de frear esses comportamentos e aliviar o sofrimento. No entanto, temos informações para ir muito além disso.

As novas informações que a ciência tem oferecido nas últimas décadas deixam claro que algo pode ser feito para aliviar muitos problemas sociais e de saúde mental. Para reverter a situação, dando a mais crianças o início ideal para estarem emocionalmente preparadas para lidar com a vida, precisamos investir na parentalidade do início de vida. Esse investimento vai ser caro. Obter as condições em que cada bebê tem o tipo de cuidado ágil de que precisa para se desenvolver bem significa que os adultos que fazem esse trabalho devem ser valorizados e apoiados em sua tarefa. Isso por si só implicaria uma mudança radical em nossas atitudes culturais. Em vez de esconder a amamentação, nós a aceitaríamos e valorizaríamos. Em vez de isolar as mulheres em suas casas com um bebê, a parentalidade – quem quer que assuma o papel – seria muito mais baseada na comunidade local de adultos.

Considerar como reduzir as tensões individuais do isolamento e inexperiência que afligem a parentalidade nos países com economia avançada irá envolver alguma reflexão radical das condições em que ela ocorre. Isso implica a necessidade de proporcionar uma maior flexibilidade nas práticas de trabalho, opções de cuidado parental compartilhado, bem como ferramentas comunitárias. Do mesmo modo, se os pais preferem trabalhar e delegar a educação de seus filhos a outros, esses cuidadores substitutos devem ser bem orientados e treinados nas necessidades dos bebês e receber incentivos (incluindo melhores salários) para ter um compromisso altamente desenvolvido para com o seu trabalho – tudo isso requer apoio financeiro.

Além de olhar para o futuro, devemos considerar também o legado dos cuidados inadequados que tendem a se repetir ao longo das gerações. Não é suficiente aliviar o estresse externo, deixando de abordar o mundo interno dos pais. Precisamos fazer as duas coisas. Aqueles que cresceram com dificuldades em gerenciar o estresse por causa de suas próprias experiências iniciais não necessariamente vão tratar seus filhos de maneira muito diferente, mesmo que eles se sintam mais apoiados pela comunidade em geral. Esse acúmulo de problemas emocionais também deve ser tratado se queremos impedir que o ciclo de má regulação seja involuntariamente passado adiante.

Há muitas maneiras de ir adiante; todas elas custam dinheiro. A licença maternidade/paternidade totalmente integralizada, mais longa e mais flexível é uma prioridade, mas possibilitar que os pais estejam presentes para cuidar de seus bebês é apenas o primeiro passo. Precisamos também treinar mais psicoterapeutas mãe-bebê para ajudar os pais que querem parar a repetição de padrões emocionais danosos. Precisamos de mais profissionais de saúde ou pessoas que visitem domicílios para fornecer orientações diretas e incentivo à parentalidade, para cada pai/mãe que precisa de apoio. Programas para pais devem estar disponíveis a todos os novos pais. Soluções como essas não seriam difíceis de estabelecer e estão provando eficácia onde foram tentadas (Stewart-Brown e Macmillan 2010; Lieberman et al. 1991; Olds et al. 1998). Em uma fase anterior, as escolas poderiam fazer mais para educar as crianças sobre a paternidade e para incentivar os meninos a pensar em si mesmos como futuros pais (por exemplo, usando o programa *Roots of Empathy** [Gordon 2012]). Todas essas soluções já existem de modo fragmentado. O que precisamos agora é de vontade para que estejam universalmente disponíveis, o que poderia ser a base para um Serviço Nacional de Bem-Estar Emocional (National Emotional Well-being Service [NEWS]). Embora os cálculos financeiros sejam desafiadores e complexos, as evidências apontam para enormes economias a longo prazo com os custos sociais do crime, ao colocar as crianças sob cuidado e lidar com as consequências da má regulação emocional (Conti e Heckman 2012).

As evidências que apresentei neste livro tornam imperativo, creio eu, que façamos algo. Os bebês nascidos agora e nos próximos anos serão os adultos que cuidarão de nós na velhice, que gerenciarão nossa indústria, que nos entreterão, que viverão muito próximos. Que tipo de adulto eles serão? Será que serão emocionalmente equilibrados o suficiente para contribuir com seus talentos ou serão incapacitados por sensibilidades ocultas? A fase inicial de sua vida e o grau em que se sentiam amados e valorizados certamente desempenharão um papel importante na determinação disso.

---

* N. de R.T.: Raízes da Empatia é um programa canadense de sala de aula, fundado por Mary Gordon, que tem o objetivo de desenvolver a empatia, elevar a competência social e emocional e reduzir a agressividade e o *bullying* entre crianças em idade escolar (da educação infantil ao final do ensino fundamental). O programa espalhou-se por diversos países, incluindo os Estados Unidos, Reino Unido, Nova Zelândia e Alemanha.

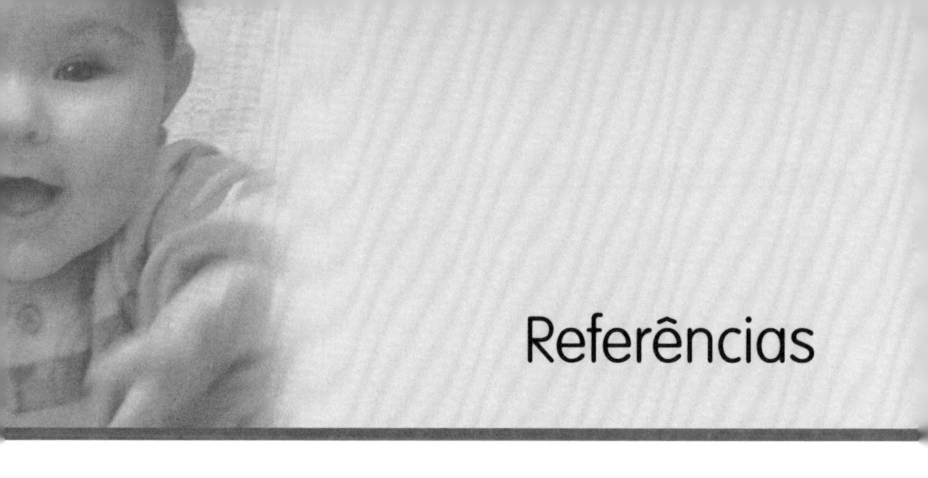

Referências

Abraham, S. and Llewellyn-Jones, D. (2001) *Eating Disorders-The Facts,* Oxford: Oxford University Press.

Ader, R. and Cohen, N. (1981) "Conditioned immunopharmacologic responses", in R. Ader (ed.) *Psychoneuroimmunology,* New York: Academic Press.

Agrawal, H., Gunderson, J., Holmes, B. and Lyons-Ruth, K. (2004) "Attachment studies with borderline patients: a review", *Harvard Review of Psychiatry* 12 (2): 94-104.

Ainsworth, M., Blehar, M., Waters, E. and Wall, S. (1978) *Patterns of Attachment: A Psychological Study of the Strange Situation,* Hillsdale, NJ: Lawrence Erlbaum Associates, Inc.

Allen, G. (2011) "Early intervention: the next steps. An independente report to Her Majesty"s Government", London: HM Government.

Allen, G. (2013) Comment made at Westminster Social Policy Forum July 2013.

Allen, J. (2001) *Traumatic Relationships and Serious Mental Disorders,* Chichester: Wiley.

Alpern, L. and Lyons-Ruth, K. (1993) "Preschool children at social risk", *Development and Psychopathology* 5: 371-87.

American Psychiatric Association. (2013) *Diagnostic and Statistical Manual of Mental Disorders,* 5th edn, Washington, DC: APA.

Anda, R., Felitti, V., Bremner, D., Walker, J., Whitfi eld, C., Perry, B. et al. (2006) "The enduring effects of abuse and related adverse experiences in childhooD', *European Archives of Psychiatry and Clinical Neuroscience* 256 (3): 174-86.

Anderson, S., Tomada, A., Vincow, E., Valente, E., Polcari, A. and Teicher, M. (2008) "Preliminary evidence for sensitive periods in the effect of childhood sexual abuse on regional brain development", *The Journal of Neuropsychiatry and Clinical Neurosciences* 20 (3).

Andreasen, N. (2001) *Brave New Brain: Conquering Mental Illness in the Era of the Genome,* Oxford: Oxford University Press.

Ansorge, M., Morelli, E. and Gingrich, J. (2008) "Inhibition of serotonin but not norepinephrine transport during development produces delayed, persistent perturbations of emotional behaviors in mice", *The Journal of Neuroscience* 28 (1): 199-207.

Antoni, M., Lutgendorf, S., Cole, S., Dhabhar, F., Sephton, S., McDonald, P. et al. (2006) "The infl uence of bio- behavioural factors on tumour biology: pathways and mechanisms", *Nature Reviews Cancer* 6 (3): 240-8.

Appleyard, B. (1992) *Understanding the Present,* London: Picador.Arnsten, A. (2009) "Stress signaling pathways that impair pré-frontal structure and function", *Nature Reviews Neuroscience* 10: 410-22.

Ashman, S., Dawson, G., Panagiotides, H., Yamada, E. and Wilkins, C. (2002) "Stress hormone levels of children of depressed mothers", *Development and Psychopathology* 14 (2): 333-49.

Ayoub, C. and Rappolt-Schlichtmann, G. (2007) "Child maltreatment and the development of alternate pathways in biology and behavior", in D. Coch et al. (eds), *Human Behavior, Learning and the Developing Brain,* New York: Guilford Press.

Badanes, L., Dmitrieva, J. and Watamura, S. (2012) "Understanding cortisol reactivity across the day at child care", *Early Child Research Questions* 27 (1): 156-65.

Baibazarova, E., van de Beek, C., Cohen-Kettenis, P., Buitelaar, J., Shelton, K. and van Goozen, S. (2013) "Influence of prenatal maternal stress, maternal plasma cortisol and cortisol in the amniotic fl uid on birth outcomes and child temperament at 3 months", *Psychoneuroendocrinology* 38 (6): 907-15.

Bakermans-Kranenburg, M., van Ijzendoorn, M., Pijlman, F., Mesman, J. and Juffer, F. (2008) "Experimental evidence for differential susceptibility: DRD4 VNTR moderates intervention effects on toddlers" externalizing behaviour in a randomized controlled trial", *Developmental Psychology* 44: 293-300.

Bakermans-Kranenburg, M. and van Ijzendoorn, M. (2011) "Differential susceptibility to rearing environment depending on dopamine- related genes: new evidence and a meta- analysis", *Development and Psychopathology* 23: 39-52.

Barbas, H. (2007) "Flow of information for emotions through temporal and orbitofrontal pathways", *Journal of Anatomy* 211: 237-49.

Barker, D. (1992) *Fetal and Infant Origins of Adult Disease,* London: British Medical Journal.

Barlow, J., McMillan, A., Kirkpatrick, S.B., Ghate, D., Smith, M. and Barnes, J. (2008) "Health-led parenting interventions in pregnancy and early years", Rearch Report No. DCSF-RW070.

Bates, J., Pettit, G., Dodge, K. and Ridge, B. (1998) "Interaction of temperamental resistance to control and restrictive parenting in the development of externalising behaviour, *Developmental Psychology* 34: 982.

Beals, J. (2010), "PTSD linked to epigenetic changes in imune function genes", Medscape, 4 May.

Beebe, B. (2002) Unpublished talk at Bowlby Memorial Lecture.

Beebe, B. and Lachmann, F. (2002) *Infant Research and Adult Treatment,* Hillsdale, NJ: Analytic Press.

Bellis, M., Hughes, K., Jones, A., Perkins, C. and McHale, P. (2013) "Childhood happiness and violence: a retrospective study of their impacts on adult well-being", BMJ Open 3:e003427.

Belsky, J. (1995) "The origins of attachment security", in S. Goldberg, R. Muir and J. Kerr (eds) *Attachment Theory: Social, Developmental and Clinical Perspectives,* Hillsdale, NJ: Analytic Press.

Belsky, J. and Fearon, R. (2002) "Infant–mother attachment security, contextual risk, and early development: a moderational analysis", *Development and Psychopathology* 14: 293-310.

Belsky, J. and Pluess, M. (2009) "Beyond diasthesis stress: differential susceptibility to environmental influences", *Psychological Bulletin* 135 (6): 885-908.

Belsky, J., Fearon, P. and Bell, B. (2007) "Parenting, attention and externalizing problems", *Journal of Child Psychology and Psychiatry* 48 (12): 1233-42.

Belsky, J., Hsieh, K. and Crnic, K. (1998) "Mothering, fathering and infant negativity as antecedents of boys" externalising problems and inhibition at age 3 years: differential susceptibility to rearing experience?", *Development and Psychopathology* 10: 301-19.

Bench, C., Friston, K., Brown, R. and Dolan, R. (1993) "Regional cerebral blood fl ow in depression measured by positon emission tomography: the relationship with clinical dimensions", *Psychological Medicine* 23: 579-90.

Bennett, C. (2013) "Pregnant women deserve more than this infantile advice", *Observer,* 9 June.

Bergman, K., Sarkar, P., Glover, V. and O"Connor, T. (2008) "Quality of child- parent attachment moderates the impact of antenatal stress on child fearfulness", *Journal of Child Psychology and Psychiatry* 49 (10): 1089-98.

Bergman, K., Sarkar, P., Glover, V. and O"Connor, T.G. (2010) "Maternal prenatal cortisol and infant cognitive development: moderation by infant–mother attachment", *Biological Psychiatry* 67: 1026-32.

Berk, M., Williams, L., Jacka, F., O"Neil, A., Pasco, J., Moylan, S. et al. (2013) "So depression is an infl ammatory disease, but where does the infl ammation come from?", *BMC Medicine* 11: 200.

Bernard, K. and Dozier, M. (2010) "Examining infants" cortisol responses to lab tasks among children varying in attachment disorganization: stress reactivity or return to baseline?", *Developmental Psychology* 46 (6): 1771-8.

Bernier, A., Carlson, S. and Whipple, N. (2010) "From external regulation to self-regulation: early parenting precursors of young children's executive functioning", *Child Development* 81 (1): 326-39.

Bhatia, H., Agrawal, R., Sharma, S., Huo, Y-X., Ying, Z. and Gomez-Pinilla, F. (2011), "Omega-3 fatty acid defi ciency during brain maturation reduces neuronal and behavioral plasticity in adulthooD', *Plos One* 6 (12): e28451.

Bilbo, S. and Schwartz, J. (2009) "Early- life programming of laterlife brain and behavior: a critical role for the immune system", *Frontiers in Behavioral Neuroscience* 3 (14).

Blalock, E. (1984) "The immune system as a sensory organ", *Journal of Immunology* 132: 1067.

Blass, E., Fitzgerald, E. and Kehoe, P. (1986) "Interactions between sucrose, pain, and isolation distress", *Pharmacology, Biochemistry and Behaviour* 26: 483-89.

Bloss, E., Janssen, W., McEwen, B. and Morrison, J. (2010) "Interactive effects of stress and ageing on structural plasticity in the prefrontal cortex", *Journal of Neuroscience* 30 (19): 3726-31.

Blum, D. (2003) *Love at Goon Park: Harry Harlow and the Science of Affection*, Chichester: Wiley.

Bohman, M. (1996) "Predisposition to criminality: Swedish adoption studies in retrospect", in M. Rutter (ed.) *Genetics of Criminal and Antisocial Behaviour*, Chichester: Wiley.

Bonne, O., Brandes, D., Gilboa, M., Gomori, J., Shenton, M., Pitman, R. and Shater, M. (2001) "Longitudinal study of hippocampal volume in trauma survivors with PTSD', *American Journal of Psychiatry* 158: 1248-51.

Bowlby, J. (1969) *Attachment*, London: Pelican.

Bradley, S. (2000) *Affect Regulation and the Development of Psychopathology*, New York: Guilford Press.

Bradley, R. and Westen, D. (2005) "The psychodynamics of borderline personality disorder", *Development and Psychopathology* 17: 927-57.

Bradshaw, J. (2001) *Developmental Disorders of the Frontostriatal System*, Hove: Psychology Press.

Branchi, I., Curley, J., D'Andrea, I., Cirulli, F., Champagne, F. and Alleva, E. (2012) "Early interactions with mother and peers independently build adult social skills and shape BDNF and oxytocin receptor brain levels", *Psychoneuroimmunology* http://dx.doi, org/10.1016/j.psyneuen.2012.07.010.

Brand, S., Holsboer-Trachsler, E., Naranjo, J. and Schmidt, S., (2012) "Influence of mindfulness practice on cortisol and sleep in long- term and short- term meditators", *Neuropsychobiology* 65 (3): 109-18.

Braun, J., Kahn, R., Forelich, T., Auinger, P. and Lanphear, B. (2006) "Exposures to environmental toxicants and ADHD in US children", *Environmental Health Perspectives* 114: 1904-9.

Bremner, J.D. (2002) *Does Stress Damage the Brain? Understanding Trauma Related Disorders from a Mind-Body Perspective*, New York: Norton.

Bremner, J.D. (2006) "Traumatic stress: effects on the brain", *Dialogues in Clinical Neuroscience* 8 (4): 445-61.

Bremner, J.D., Southwick, S., Johnson, D., Yehuda, R. and Charney, D. (1993) "Child hood physical abuse and combat- related PTSD in Vietnam veterans", *American Journal of Psychiatry* 150: 235-39.

Bremner, J.D., Staib, L., Kaloupek, D., Southwick, S., Soufer, R. and Charney, D. (1999) "Neural correlates of exposure to traumatic pictures and sound in Vietnam combat veterans with and without post-traumatic stress disorder: a PET study", *Biological Psychiatry* 45 (7): 806-16.

Bremner, J.D., Innis, R., Southwick, S., Staib, L., Zoghbi, S. and Charney, D. (2000 a) "Decreased benzodiazepine receptor binding in prefrontal cortex in combat- related post-traumatic stress disorder, *American Journal of Psychiatry* 157 (7): 1120-26.

Bremner, J.D., Narayan, M., Staib, L., Anderson, E., Miller, H. and Charney, D. (2000 b) "Hippocampal volume reduction in major depression", *American Journal of Psychiatry* 157 (1): 115-17.

Bremner, J.D., Randall, P., Scott, T., Bronen, R., Seibyl, J., Southwick, S. et al. (1995) "MRI-based measurement of hippocampal volume in PTSD", *American Journal of Psychiatry* 152: 973-81.

Bremner, J.D., Randall, P., Vermetten, E., Staib, L., Bronen, R., Capelli, S. et al. (1997) "Magnetic resonance image- based measurement of hippocampal volume in PTSD related to childhood physical and sexual abuse: a preliminary report", *Biological Psychiatry* 41: 23-32.

Brendel, G., Stern, E. and Silbersweig, D. (2005) "Neuroimaging of borderline personality disorder", *Development and Psychopathology* 17: 1197-206.

Brennan, P., Grekin, E. and Mortensen, E. (2002) "Relationship of maternal smoking during pregnancy with criminal arrest and hospitalisation for substance abuse in male and female adult offspring", *American Journal of Psychiatry* 159 (1): 48-54.

Brier, A., Albus, M. and Pickar, D. (1987) "Controllable and uncontrollable stress in humans: alterations in mood, neuroendocrine and psychophysiological function", *American Journal of Psychiatry* 144: 1419-25.

Brion, M-J., Victora, C., Matijasevich, A., Horta, B., Anselmi, L., Steer, C. et al. (2010) "Maternal smoking and child psychological problems: disentangling causal and non-causal effects", *Pediatrics* 126 (1): e57-e65.

Brown, G. and Harris, T. (1978) *Social Origins of Depression*, London: Tavistock.

Bruinsma, K. and Taren, D. (2000) "Dieting, essential fatty acid intake, and depression", *Nutrition Review* 58 (4): 98-108.

Bucci, W. (1997) *Psychoanalysis and Cognitive Science*, New York: Guilford Press.

Buckholtz, J. and Meyer Lindenberg, A. (2008) "MAOA and the neurogenetic architecture of human aggression", *Trends in Neuroscience* 31 (3): 120-9.

Buckingham, J., Gillies, G. and Cowell, A.-M. (eds) (1997) *Stress, Stress Hormones and the Immune System*, Chichester: Wiley.

Buehler, C. and O"Brien, M. (2011), "Mothers" part- time employment: associations with mother and family well- being", *Journal of Family Psychology* 25 (6): 895-906.

Burrows, G. (2013) "Childcare-why don"t men pull their weight?", *Guardian* 5 July.

Buss, C., Davis, E., Shahbaba, B., Pruessner, J., Head, K. and Sandman, C. (2012) "Maternal cortisol over the course of pregnancy and subsequent child amygdala and hippocampus volumes and affective problems", *PNAS* 109 (2): e1312-e1319.

Butik, C., Thornton, L., Pinheiro, A., Kaye, W. et al. (2008) "Suicide attempts in anorexia nervosa", *Psychosomatic Medicine* 70: 378-83.

Buydens-Branchey, L., Branchey, M. and Hibbeln, J. (2008) "Associations between increases in plasma N-3 polyunsaturated fatty acids following supplementation and decreases in anger and anxiety in substance abusers", *Progress in Neuropsychopharmacology and Biological Psychiatry* 32 (2): 568-75.

Cadoret, R., Yates, W., Troughton, E., Woodworth, G. and Stewart, M. (1995) "Genetic–environmental interaction in the genesis of aggressivity and conduct disorders", *Archives of General Psychiatry* 52: 916.

Calder, P. (2006) "n-3 polyunsaturated fatty acids, infl ammation and infl ammatory diseases", *American Journal of Clinical Nutrition* 83: 1505s-19s.

Caldji, C., Diorio, J. and Meaney, M. (2000) "Variations in maternal care in infancy regulate the development of stress reactivity", *Biological Psychiatry* 48: 1164-74.

Caldji, C., Tannenbaum, B., Sharma, S., Francis, D., Plotsky, P. and Meaney, M. (1998) "Maternal care during infancy regulates the development of neural systems mediating the expression of fearfulness in the rat", *Proceedings of the National Academy of Sciences USA* 95 (9): 5335-40.

Calkins, S. and Fox, N. (2002) "Self regulatory processes in early personality development: a multilevel approach to the study of childhood social withdrawal and aggression", *Development and Psychopathology* 14: 477-98.

Campbell, P. and Cohen, J. (1985) "Effects of stress on the imune response", in T. Field, P. McCabe and N. Schneiderman (eds) *Stress and Coping*, Hillsdale, NJ: Lawrence Erlbaum Associates, Inc.

Capitanio, J., Mendoza, S., Lerche, N. and Mason, W. (1998) "Social stress results in altered glucocorticoid regulation and shorter survival in simian acquired immune defi ciency syndrome", *Proceedings of the National Academy of Sciences of the USA* 95 (8).

Cardinal, M. (1984) *The Words To Say It*, London: Picador.

Carlson, E., Egeland, B. and Sroufe, A. (2009) "A prospective investigation of development of borderline personality symptoms", *Development and Psychopathology* 21 (4): 1311-34.

Carlson, V., Ciccetti, D., Barnett, D. and Braunwald, K. (1989) "Finding order in disorganisation: lessons from research on maltreated infants" attachments to their caregivers", in D. Ciccetti and V. Carlson (eds) *Child Maltreatment: Theory and Rese-*

arch on the Causes and Consequences of Child Abuse and Neglect, Cambridge: Cambridge University Press.

Carpenter, H. (1999) *Dennis Potter: A Biography*, London: Faber and Faber.

Carr, D., House, J., Kessler, R., Sonnega, J. and Wartman, C. (2000) "Marital quality and psychological adjustment to widowhood among older alduts: a longditudinal analysis", *Journals of Gerontology Series B: Psychological Sciences and Social Sciences* 55.

Carroll, J., Gruenewald, T., Taylor, S., Janicki-Deverts, D., Matthews, K. and Seeman, T. (2013) "Childhood abuse, parental warmth and adult multisystem biological risk in the coronary artery risk development in young adults study", *PNAS* 110 (42): 17149-53.

Carroll, R. (2001) "The autonomic nervous system: barometer of emotional intensity and internal confl ict", unpublished lecture. Carver, C. and Scheier, M. (1998) *On the Self-Regulation of Behaviour*, Cambridge: Cambridge University Press.

Caspi, A., Moffi t, T., Newman, D. and Silva, P. (1996) "Behavioural observations at age 3 predict adult psychiatric disorders: longitudinal evidence from a birth cohort", *Archives of General Psychiatry* 53: 1033-9.

Caspi, A., Henry, B., McFee, R., Moffi t, T. and Silva, P. (1995) "Temperamental origins of child and adolescent behaviour problems: from age three to age fifteen", *Child Development* 66: 55-68.

Caspi, A., McClay, J., Moffi tt, T., Mill, J., Martin, J., Craig, I., Taylor, A. and Poulton, R. (2002) "Role of genotype in the cycle of violence in maltreated children", *Science* 297 (5582): 851-4.

Cerqueira, J., Pego, J., Taipa, R., Bessa, J., Almeida, O. and Sousa, N. (2005) "Morphological correlates of corticosteroid- induced changes in prefrontal cortex- dependent behaviors", *The Journal of Neuroscience* 25 (34): 7792-800.

Chalmers, D., Kwak, S., Mansour, A. and Watson, S. (1993) "Cortisosteroids regulate brain hippocampal 5HT-1A receptor mRNA expression", *Journal of Neuroscience* 13: 914-23.

Chalon, S. (2006) "Omega-3 fatty acids and monoamine neurotransmission", *Prostaglandins, Leukotrienes and Essential Fatty Acids* 75 (4): 259-69.

Chambers, R.A., Bremner, J., Moghaddam, B., Southwick, S., Charney, D. and Krystal, J. (1999) "Glutamate and PTSD', *Seminars in Clinical Neuropsychiatry* 4 (4): 274-81.

Charuvastra, A and Cloitre, M. (2008), "Social bonds and PTSD', *Annual Review Psychology* 59: 301-28.

Chen, E., Miller, G., Kobor, M. and Cole, S. (2010) "Maternal warmth buffers the effects of low early- life socioeconomic status on proinfl ammatory signaling in adult hood", *Molecular Psychiatry* 16 (7): 729-37.

Chida, Y., Hamer, M., Wardle, J. and Steptoe, A (2008) "Do stressrelated psychosocial factors contribute to cancer incidence and survival?", *Nature Reviews Clinical Oncology* 5: 466-75.

Chisholm, K., Carter, M., Ames, E. and Morison, S. (1995) "Attachment security and indiscriminately friendly behaviour in children adopted from Romanian orphanages", *Development and Psychopathology* 7: 283-94.

Chopra, D. (1989) *Quantum Healing,* New York: Bantam. Chu, J. (1998) *Rebuilding Shattered Lives,* Chichester: Wiley.

Chugani, H. (1997) "Neuroimaging of developmental nonlinearity and developmental pathologies", in R. Thatcher et al. (eds) *Developmental Neuroimaging,* New York: Academic Press.

Chugani, H., Behen, M., Muzik, O., Juhasz, C., Nagy, F. and Chugani, D. (2001) "Local brain functional activity following early deprivation: a study of post-institutionalised Romanian orphans", *Neuroimage* 14: 1290-301.

Chugani, D.C., Muzik, O., Behen, M., Rothermel, R., Janisse, J.J., Lee, J. and Chugani, H.T. (1999) "Developmental changes in brain serotonin synthesis capacity in autistic and nonautistic children", *Annals of Neurology* 45 (3): 287-95.

Ciccetti, D. (1994) "Development and self-regulatory structures of the mind", *Development and Psychopathology* 6: 533-49.

Ciccetti, D. and Rogosch, F. (2001) "Diverse patterns of neuroendocrine activity in maltreated children", *Development and Psychopathology* 13 (3): 759-82.

Cima, M., Smeets, T. and Jelicic, M. (2008) "Self- reported trauma, cortisol levels and aggression in psychopathic and non- psychopathic prison inmates", *Biological Psychology* 78: 75-86

Clyman, R. (1991) "The procedural organisation of emotions", in T. Shapiro and R. Emde (eds) *Affect, Psychoanalytic Perspectives,* New York: International Universities Press.

Coan, J., Schaefer, H. and Davidson, R. (2006) "Lending a hand: social regulation of neural response to threat", *Psychological Science* 17 (12): 1032-9.

Cockburn, F. (2013) "Alcohol and health: a paediatrician's perspective", *Fetal Alcohol Forum,* 9.

Cohen, J. and Crnic, L. (1982) "Glucocorticoids, stress and the immune response", in D. Webb (ed.) *Immunopharmacology and the Regulation of Leucocyte Function,* New York: Marcel Dekker.

Cohen, R., Grieve, S., Hoth, K., Paul, R. Sweet, L., Tate, D. et al. (2006), "Early life stress and morphometry of the adult ACC and caudate nuclie", *Biological Psychiatry* 59 (10): 975-82.

Cohn, J., Campbell, S., Matias, R. and Hopkins, J. (1990) "Face-to-face interactions of postpartum depressed and nondepressed mother–infant pairs at 2 months", *Developmental Psychology* 26 (1): 15-23.

Cole, J., Costafreda, S. and McGuffi n, P. (2011), "Hippocampal atrophy in first episode depression: a metaanalysis of MRI studies" *Journal of Affective Disorders* 134 (1–3): 483-7.

Collins, A., Maccoby, E., Steinberg, L., Hetherington, M. and Bornstein, M. (2000) "Contemporary research on parenting: the case for nature and nurture", *American Psychologist* 55 (2): 218-32.

Collins, P. and Depue, R. (1992) "A neurobehavioural systems approach to developmental psychopathology: implications for disorders of affect", in D. Ciccetti and S. Toth (eds) *Rochester Symposium on Developmental Psychopathology,* vol. 4, Rochester: University of Rochester Press.

Collins, W., Maccoby, E., Steinberg, L., Hethenrigten, E. and Bornstein, M. (2000) "Contemporary research on parenting", *American Psychologist* 55: 218.

Colombo, J., Kannass, K., Shaddy, D., Kundurthi, S., Maikranz, J. and Anderson, C. (2004) "Maternal DHA and the development of attention in infancy and toddlerhood", *Child Development* 75: 1254-67.

Connan, F. and Treasure, J. (1998) "Stress, eating and neurobiology", in H. Hoek, J. Treasure and M. Katzman (eds) *Neurobiology in the Treatment of Eating Disorders,* Chichester: Wiley.

Conti, G. and Heckman, J. (2012), "The economics of child wellbeing", Discussion Paper 6930.

Cooper, P. and Murray, L. (1998) "Post- natal depression", *British Medical Journal* 316: 1884-6.

Cornelius, M., Goldschmidt, L. and Day, N. (2012), "Prenatal cigarette smoking: long- term effects on young adult behavior problems and smoking behavior", *Neurotoxicology Teratology* 34 (6): 554-9.

Cornelius, M., De Genna, N., Leech, S., Willford, J., Goldschmidt, L. and Day, N. (2011) "Effects of prenatal cigarette smoke exposure on neurobehavioral outcomes in 10 year old children of teenage mothers", *Neurotoxiology Teratology* 33 (1): 137-44.

Costandi, M. (2012) "Does your brain produce new cells? A skeptical view of human adult neurogenesis", *Guardian,* 23 February.

Crow, S., Peterson, C., Swanson, S. et al (2009) "Increased mortality in bulimia nervosa and other eating disorders", *American Journal of Psychiatry* 166: 1342-6.

Cusk, R. (2001) *A Life's Work: On Becoming a Mother,* London: Fourth Estate.

Cyhlarova, E., McCulloch, A., McGuffi n, P. and Wykes, T. (2010) *Economic Burden of Mental Illness Cannot be Tackled Without Research Investment,* London: Mental Health Foundation.

Cyr, C., Euser, E., Bakermans-Kranenburg, M. and Van Ijzendoorn, M. (2010), "Attachment security and disorganization in maltreating and high risk families: a series of meta- analyses", *Development and Psychopathology* 22: 87-108.

Damasio, A. (1994) *Descartes' Error,* London: Pan Macmillan.

Danese, A., Pariante, C., Caspi, A., Gaylor, A and Poulton, R. (2007) "Childhood maltreatment predicts adult infl ammation in a lifecourse study", *PNAS* 104 (4): 1319-24.

Danese, A., Moffi tt, T., Pariante, C., Ambler, A., Poulton, R. and Caspi, A. (2008) "Elevated inflammation levels in depressed adults with a history of childhood maltreat ment", *Arch Gen Psychiatry* 65 (4): 409-15.

Daniels, L., Mallan, K., Nicholson, J., Battistutta, D. and Magarey, A. (2013) "Outcomes of an early feeding practices intervention to prevent childhood obesity", *Pediatrics* 132 (1): e109.

Dannlowski, U., Ohrmann, P., Konrad, C., Domschke, K., Bauer, J., Kugel, H. et al. (2009) "Reduced amygdala- prefrontal coupling in major depression: association with MAOA genotype and illness severity", *International Journal of Neuropsychopharmacology,* 12: 11-22.

Dantzer, R., O"Connor, J., Freund, G., Johnson, R. and Kelley, K., (2008) "From inflammation to sickness and depression: when the immune system subjugates the brain", *Nature Reviews Neuroscience* 9 (1): 46-56.

Das, U. (2001) "Is obesity an infl ammatory condition?", *Nutrition* 17: 953-66.

Das, U. (2008) "Can essential fatty acids reduce the burden of disease?", *Lipids in Health and Disease* 7: 9.

Davidson, R. (1992) "Anterior cerebral asymmetry and the nature of emotion", *Brain and Cognition* 20 (1): 125-51.

Davidson, R. (1994) "Asymmetric brain function, affective style, and psychopathology: the role of early experience and plasticity", *Development and Psychopathology* 6: 741-58.

Davidson, R. and Fox, N. (1992) "Asymmetrical brain activity discriminates between positive v. negative affective stimuli in human infants", *Science* 218: 1235-7.

Davidson, R. and McEwen, B. (2012) "Social influences on neuroplasticity: stress and interventions to promote well- being", *Nature Neuroscience* 15 (5): 689-95.

Davidson, R., Putnam, K. and Larson, C. (2000) "Dysfunction in the neural circuitry of emotion regulation-a possible prelude to violence", *Science* 289: 591-4.

Davies, J. (2013) *Cracked: Why Psychiatry is Doing More Harm Than Good,* London: Icon Books.

Davis, E. and Sandman, C. (2007) "The timing of prenatal exposure to maternal cortisol and psychosocial stress is associated with human infant cognitive development", *Child Development* 81 (1): 131-48.

Dawson, G., Groter-Klinger, L., Panagiotides, H., Hill, D. and Spieker, S. (1992) "Frontal lobe activity and affective behaviour in infants of mothers with depressive symptoms", *Child Development* 63: 725-37.

Dawson, G., Ashman, S. and Carver, L. (2000) "The role of early experience in shaping behavioural and brain development and its implications for social policy", *Development and Psychopathology* 12: 695-712.

Dayan, J., Creveuil, C., Dreyfus, M., Herlicoviez, M., Baleyte, J-M. et al. (2010) "Developmental model of depression applied to prenatal depression: role of present and past life events, past emotional disorders and pregnancy stress", *PLoS ONE* 5 (9): e12942.

De Bellis, M., Keshavan, M., Shiffl ett, H., Iyengar, S., Beers, S., Hall, J. and Moritz, G. (2002) "Brain structures in pediatric maltreatment- related PTSD: a sociodemographically matched study", *Biological Psychiatry* 52: 1066-78.

De Brito, S., Viding, E., Sebastian, C., Kelly, P., Mechelli, A., Maris, H. and McCrory, E. (2013) "Reduced orbitofrontal and temporal grey matter in a community sample of maltreated children", *Journal of Child Psychology and Psychiatry* 54 (1).

De Kloet, E., Oilzl, M. and Joels, M. (1993) "Functional implications of brain corticosteroid receptor diversity", *Cellular and Molecular Neurobiology* 13: 433-55.

Denham, S., Workman, E., Cole, P., Weissbrod, C., Kendziora, K. and Zahn-Wexler, C. (2000) "Prediction of externalising behaviour problems from early to middle childhood: the role of parental socialisation and emotion expression", *Development and Psychopathology* 12: 23-45.

Depue, R. and Collins, P. (1999) "Neurobiology of the structure of personality: dopamine, facilitation of incentive motivation, and extraversion", *Behavioural and Brain Sciences* 22: 491-569.

Depue, R., Luciana, M., Arbisi, P., Collins, P. and Leon, A. (1994) "Dopamine and the structure of personality: relation of agonistinduced dopamine activity to positive emotionality", *Journal of Personality and Social Psychology* 67: 485-98.

Derryberry, D. and Rothbart, M. (1997) "Reactive and effortful processes in the organisation of temperament", *Development and Psychopathology* 9: 633.

Dettling, A., Gunnar, M. and Donzella, B. (1999) "Cortisol levels of young children in full-day childcare centres", *Psychoneuroendocrinology* 24: 519-36.

Dettling, A., Feldon, J. and Pryce, C. (2002) "Repeated parental deprivation in the infant common marmoset", *Biological Psychiatry* 52: 1037-46.

Dettling, A., Parker, S., Lane, S., Sebanc, A. and Gunnar, M. (2000) "Quality of care and temperament determine changes in cortisol concentrations over the day for young children in childcare", *Psychoneuroendocrinology* 25: 819-36.

Di Pietro, J., Novak, M., Costigan, K., Atella, L. and Reusing, S. (2006) "Maternal psychological distress during pregnancy in relation to child development aged 2", *Child Development* 77 (3): 573-8.

Di Santis, K., Hodges, E., Johnson, S. and Fisher, J. (2011) "The role of responsive feeding in overweight during infancy and toddlerhood: a systematic review", *International Journal of Obesity* 35: 480-92.

Dickerson, S. and Kemeny, M. (2004) "Acute stressors and cortisol responses: a theoretical integration and synthesis of laboratory research", *Psychological Bulletin* 130 (3): 355-91.

Dodge, K. (2009), "Mechanisms of gene-environment interaction effects in the development of conduct disorder", *Perspectives in Psychological Science* 4 (4): 408-14.

Dodge, K. and Somberg, D. (1987) "Hostile attributional biases among aggressive boys are exacerbated under conditions of threats to the self", *Child Development* 58: 213-24.

Dodic, M., Peers, A., Coghlan, J. and Wintour, M. (1999) "Can excess glucocorticoid in utero predispose to cardiovascular and metabolic disorder in middle age", *Trends in Endocrinology and Metabolism* 10: 86-910.

Dokoupil, T. (2012) "A new theory of PTSD and veterans: moral injury", www.the-dailybeast.com/newsweek/2012/12/02.

D'Onofrio, B., van Hulle, C., Waldman, I., Rodgers, J., Harden, K., Rathouz, P and Lahey, B. (2008) "Smoking during pregnancy and offspring externalizing problems: an exploration of genetic and environmental confounds", *Development and Psychopathology* 20: 139-64.

Douglas, K., Chan, G., Gelernter, J., Arias, A.J., Anton, R.F., Poling, J. et al. (2011) "5-HTTLPR as a potential moderator of the effects of adverse childhood experiences on risk of antisocial personality disorder", *Psychiatric Genetics* 21 (5): 240-8.

Drevets, W., Gadde, K. and Krishnan, K. (1999) "Neuroimaging studies of mood disorders", in D. Charney, E. Nestler and B. Bunney (eds) *Neurobiology of Mental Illness,* Oxford: Oxford University Press.

Drevets, W., Price, J., Simpson, J., Todd, R., Reich, T., Vannier, M. and Raichle, M. (1997) "Subgenual prefrontal cortex abnormalities in mood disorders", *Nature* 386: 824-7.

Duman, R., Heninger, G. and Nestler, E. (1997) "A molecular and cellular theory of depression", *Archives of General Psychiatry* 54: 597-606.

Eckenrode, J., Campa, M., Luckey, D., Henderson, C., Cole, R., Kitzman et al. (2010) "Long-term effects of prenatal and infancy nurse home visitation on the life course of youths", *Archives of Pediatric and Adolescent Medicine* 164 (1): 9-15.

Egeland, B. and Sroufe, A. (1981) "Attachment and early maltreatment", *Child Development* 52: 44-52.

Eiden, R., Edwards, E. and Leonard, K. (2007) "A conceptual model for the development of externalizing behavior problems among kindergarten children of alcoholic families", *Developmental Psychology* 43 (5): 1187-201.

Eiden, R., Colder, C., Edwards, E. and Leonard, K. (2009) "A longitudinal study of social competence among children of alcoholic and non- alcoholic parents: role of parental psychopathology, parental warmth and self- regulation", *Psychology of Addictive Behavior* 23 (1): 36-46.

Eisenberg, N., Spinrad, T. and Eggum, N. (2010) "Emotion-related self-regulation and its relation to children's maladjustment", *Annual Review of Clinical Psychology* 6: 495-525.

Ellingson, J., Rickert, M. and D'Onofrio, B. (2012) "Disentangling the relationships between maternal smoking during pregnancy and co-occurring risk factors", *Psychological Medicine* 42 (7): 1547-57.

Ellis, B. and Boyce, T. (2008), "Biological sensitivity to context", *Current Directions in Psychological Science* 17 (3): 183-7.

Elovainio, M., Ferrie, J., Singh-Manoux, A., Gimeno, D., De Vogli, R., Shipley, M. et al. (2010) "Organisational justice and markers of infl ammation: the Whitehall II study", *Occupational and Environmental Medicine* 67: 78-83.

Eluvathingal, T., Chugani, H., Behen, M., Juhasz, C., Muzik, O., Maqbool, M. et al. (2006) "Abnormal brain connectivity in children after early severe socioemotional deprivation: a diffusion tensor imaging study", *Pediatrics* 117 (6): 2093-100.

Emde, R. (1988) "Development terminable and interminable", *International Journal of Psycho-Analysis* 69: 23-42.

Emde, R. et al. (1992) "Temperament, emotion and cognition at 14 months", *Child Development* 63: 1437-55.

Entringer, S., Buss, C., Swanson, J., Cooper, D., Wing, D., Waffarn, F. and Wadhwa, P. (2012) "Fetal programming of body composition, obesity, and metabolic function: the role of intrauterine stress and stress biology", *Journal of Nutrition and Metabolism* volume 2012: article 632548.

Essex, M., Klein, M., Cho, E. and Kalin, N. (2002) "Maternal stress beginning in infancy may sensitise children to later stress exposure: effects on cortisol and behaviour", *Biological Psychiatry* 52: 776-84.

Etkin, A. and Wager, T. (2007) "Functional neuroimaging of anxiety", *American Journal Psychiatry* 164 (10): 1376-488.

Etkin, A. and Wager, T. (2010) "Brain systems underlying anxiety disorders: a view from neuroimaging", in Simpson, H et al. (eds), *Anxiety Disorders,* Cambridge: Cambridge University Press.

Fairbairn, R. (1952) *Psychoanalytic Study of the Personality,* London: Routledge and Kegan Paul.

Fearon, P., Bakermans-Kranenburg, M., Van Ijzendoorn, M., Lapsley, A-M. and Roisman, G. (2010) "The significance of insecure attachment and disorganization in the development of children's externalizing behavior: a meta-analytic study", *Child Development* 81 (2): 435-56.

Feilhauer, J., Cima, M., Korebrits, A. and Nicolson, N. (2013) "Salivary cortisol and psychopathy dimensions in detained antisocial adolsescents", *Psychoneuroendocrinology* 38 (9): 1586-95.

Feldman, R., Gordon, I., Infl us, M., Gutbir, T. and Ebstein, R. (2013) "Parental oxytocin and early caregiving jointly shape children's oxytocin response and social reciprocity", *Neuropsychopharmacology* 38: 1154-62.

Felitti, V., Anda, R., Nordenberg, D., Williamson, D., Spitz, A., Edwards, V. et al. (1998) "Relationship of childhood abuse and household dysfunction to many of the leading causes of death in adults: the Adverse Childhood Experiences (ACE) Study", *American Journal of Preventive Medicine* 14: 245-58.

Feinman, S. (ed.) (1992) *Social Referencing and the Social Construction of Reality in Infancy,* New York: Plenum Press.

Feinstein, D. and Church, D. (2010), "Modulating gene expression through psychotherapy: the contribution of noninvasive somatic interventions", *Review of General Psychology* 14 (4): 283-95.

Field, T. (1985) "Attachment as psychological attunement", in T. Field and M. Reite (eds) *The Psychobiology of Attachment and Separation,* New York: Academic Press.

Field, T. (1995) "Infants of depressed mothers", *Infant Behavior and Development* 18: 1-13.

Field, T. (2001) *Touch,* Cambridge, MA: MIT Press.

Field, T., Diego, M. and Hernandez-Reif, M. (2006) "Prenatal depression effects on the fetus and newborn: a review", *Infant Behavior and Development* 29: 445-55.

Field, T., Hernandez-Reif, M. and Diego, M. (2005) "Cortisol decreases and serotonin and dopamine increase following massage therapy", *International Journal of Neuroscience* 115: 1397-413.

Field, T., Healy, B., Goldstein, S., Perry, S. and Bendell, D. (1988) "Infants of depressed mothers show "depressed" behaviour even with non- depressed adults", *Child Development* 59: 1569-79.

Fisher, P., Gunnar, M.D., Sozier, M., Bruce, J. and Pears, K. (2006) "Effects of therapeutic interventions for foster children on behavioral problems, caregiver attachment and stress regulatory neural systems", *Annals of New York Academy of Science* 1094: 215-25.

Flack, W., Litz, B., Hsieh, F., Kaloupek, D. and Keane, T. (2000) "Predictors of emotional numbing, revisited: a replication and extension", *Journal of Trauma and Stress* 13 (4): 611-18.

Flandera, V. and Novakova, V. (1974) "Effect of mother on the development of aggressive behaviour in rats", *Developmental Psychobiology* 8 (1): 49-54.

Fleshner, M. (2013), "Stress-evoked sterile infl ammation, DAMPS, MAMPS and the infl ammasome", *Brain Behavior and Immunity* 27 (1): 1-7.

Fonagy, P. (2003) "The development of psychopathology from infancy to adulthood: the mysterious unfolding of disturbance in time", *Infant Mental Health Journal* 24 (3): 212-39.

Fonagy, P., Target, M., Steele, M., Steele, H., Leigh, T., Levinson, A. and Kennedy, R. (1997) "Morality, disruptive behaviour, borderline personality disorder, crime and their relationships to security of attachment", in L. Atkinson and K. Zucker (eds) *Attachment and Psychopathology,* New York: Guilford Press.

Fox, N. (ed.) (1994) *The Development of Emotion Regulation,* monograph of the Society for Research in Child Development.

Fox, N., Rubin, K., Calkins, S., Marshall, T., Coplan, R., Porges, S. et al. (1995) "Frontal activation asymmetry and social competence at four years of age", *Child Development* 66 (6): 1770-84.

Francis, D., Champagne, F., Liu, D. and Meaney, M. (1997) "Maternal care, gene expression and the development of individual differences in stress reactivity", *Annals of the New York Academy of Sciences* 896: 66-81.

Frankl, V. (1973) *The Doctor and the Soul,* Harmondsworth: Penguin.

Fries, E., Hesse, J., Hellhammer, J. and Hellhammer, D. (2005), "A new view on hypocortisolism", *Psychoneuroendocrinology* xx: 1-7

Frodi, A. and Lamb, M. (1980) "Child abusers" responses to infant smiles and cries", *Child Development* 51: 238-41.

Frodl, T., Reinhold, E., Koutsouleris, N, Reiser, M, Meisenzahl, E, (2010) "Interaction of childhood stress with hippocampus and frefrontal cortex volume reduction in major depression", *Journal Psychiatric Research* 44 (13): 799-807.

Furman, E. (1992) *Toddlers and their Mothers,* New York: International Universities Press.

Gapp, K., Jawaid, A., Sarkies, P. Mansuy, I. et al. (2014) "Implication of sperm RNAs in transgenerational inheritance of the effects of early trauma in mice", *Nature Neuroscience* 17: 667-9.

Garber, J. and Dodge, K. (1991) *The Development of Emotion Regulation and Dysregulation,* Cambridge: Cambridge University Press.

Garcia-Segura, L. (2009), *Hormones and Brain Plasticity,* Oxford University Press.

Garland, C. (2001) *Woman and Home,* April.

Gendlin, E. (1978) *Focusing,* New York: Bantam.

Gergely, G. and Watson, J. (1996) "The social biofeedback theory of parental affect-mirroring", *International Journal of Psychoanalysis* 77: 1181-212.

Gesch, B., Hammond, S., Hampson, S., Eves, A. and Crowder, M. (2002) "Influence of supplementary vitamins, minerals and essential fatty acids on the antisocial behaviour of young adult prisoners", *British Journal of Psychiatry* 181: 22-8.

Gilbertson, M., Shenton, M., Ciszewski, A., Kasai, K., Lasko, N., Orr, S. and Pitman, R. (2002) "Smaller hippocampal volume predicts pathologic vulnerability to psychological trauma", *Nature Neuroscience* 5 (11): 1242-6.

Gilliom, M., Shaw, D., Beck, J., Schonberg, M. and Lukon, J. (2002) "Anger regulation in disadvantaged pre-school boys", *Developmental Psychology* 38 (2): 222.

Gillman, M., Rich-Edwards, J., Huh, S., Majzoub, J., Oken, E., Taveras, E. and Rifas-Shiman, S (2006) "Maternal CRH levels during pregnancy and offspring adiposity", *Obesity* 14 (9): 1647-53.

Gimeno, D., Kivimaki, M, Brunner, E., Elovainio, M., De Vogli, R., Steptoe, A. et al. (2009) "Associations of C-reactive protein and interleukin-6 with cognitive symptoms of depression: 12 year follow-up of the Whitehall II study", *Psychological Medicine* 39 (3): 413-23.

Gitau, R., Fisk, N., Teixeira, J., Cameron, A. and Glover, V. (2001 a) "Fetal hypothalamic- pituitary- adrenal stress responses to invasive procedures are independent of maternal responses", *Journal of Clinical Endocrinology and Metabolism* 86 (1): 104.

Gitau, R., Menson, E., Pickles, V., Fisk, N., Glover, V. and Maclachlan, N. (2001 b) "Umbilical cortisol levels as an indicator of the fetal stress response to assisted vaginal delivery", *European Journal of Obstetrics and Gynecology and Reproductive Biology* 98 (1): 14-17.

Glaser, D. (2000) "Child abuse and neglect and the brain-a review", *Journal of Child Psychology and Psychiatry* 41 (1): 97-116.

Glover, V. (2011) "Annual research review: prenatal stress and the origins of psychopathology: an evolutionary perspective", *Journal of Child Psychology and Psychiatry* 52 (4): 356-67.

Glover, V., O"Connor, T. and O"Donnell, K. (2010) "Prenatal stress and the programming of the HPA axis", *Neuroscience and Biobehavioral Reviews* 35: 17-22.

Glover, V., Bergman, K., Sarkar, P. and O"Connor, T. (2009) "Association between maternal and amniotic fl uid cortisol is moderated by maternal anxiety", *Psychoneuroendocrinology* 34 (3): 430-5.

Gluckman, P. and Hanson, M. (2004) *The Fetal Matrix: Evolution, Development and Disease,* Cambridge: Cambridge University Press.

Goeden, N., Velasquez, J. and Bonnin, A. (2013), "Placental tryptophan metabolism as a potential novel pathway for the developmental origins of mental diseases", *Translational Developmental Psychiatry* 1: 20593.

Gold, P., Drevets, W. and Charney, D. (2002) "New insights into the role of cortisol and the glucocorticoid receptor in severe depression", *Biological Psychiatry* 52: 381-5.

Goldberg, S., Muir, R. and Kerr, J. (eds) (1995) *Attachment Theory: Social, Developmental and Clinical Perspectives,* Hillsdale, NJ: Analytic Press.

Goldin, P. and Gross, J. (2010) "Effects of mindfulness-based stress reduction on emotion regulation in social anxiety disorder", *Emotion* 10: 83-91.

Golding, J., Steer, C., Emmett, P., Davis, J. and Hibbeln, J. (2009) "High levels of depressive symptoms in pregnancy with low omega-3 fatty acid intake from fish", *Epidemiology* 20 (4): 598-603.

Goleman, D. (1996) *Emotional Intelligence,* London: Bloomsbury.

Gonzalez-Pardo, H. and Alvarez, M. (2013). "Epigenetics and its implications for psychology", *Psicothema* 25 (1): 3-12.

Goosens, K. and Sapolsky, R. (2007) "Stress and glucocorticoid contributions to normal and pathological aging", in Riddle, D. (ed.) *Brain Aging,* Boca Raton: CRC Press.

Gordon, M. (2012), *The Roots of Empathy: Changing the World Child by Child,* New York: The Experiment.

Gouin, J-P., Glaser, R., Malarkey, W., Beversdorf, D. and Kiecolt- Glaser, J. (2012, "Childhood abuse and infl ammatory responses to daily stressors", *Annals of Behavioral Medicine* 44 (2): 287-92.

Green, B. (2003) "PTSD symptom profi les in men and women", *Currents in Medical Research and Opinion* 19 (3): 200-4.

Greenough, W. and Black, J. (1992) "Induction of brain structure by experience", *Developmental Behavioural Neuroscience,* Hillsdale, NJ: Lawrence Erlbaum Associates, Inc.

Gross, J. and Levenson, R. (1993) "Emotional suppression: physiology, self-report and expressive behaviour", *Journal of Personality and Social Psychology* 64: 970-86.

Gross, J. and Levenson, R. (1997) "Hiding feelings: the acute effects of inhibiting negative and positive emotion", *Journal of Abnormal Psychology,* 106 (1): 95-103.

Grove, W., Eckert, E., Hesten, L., Bouchard, T., Segal, N. and Lykken, D. (1990) "Heritability of substance abuse and antisocial behaviour", *Biological Psychiatry* 27.

Gunnar, M. and Donzella, B. (2002) "Social regulation of the cortisol levels in early human development", *Psychoneuroendocrinology* 27: 199-220.

Gunnar, M. and Nelson, C. (1994) "Event related potentials in year old infants: relations with emotionality and cortisol", *Child Development* 65: 80.

Gunnar, M. and Vazquez, D. (2001) "Low cortisol and a fl attening of expected daytime rhythm: potential indices of risk in human development", *Development and Psychopathology* 13 (3): 515-38.

Gunnar, M., Malone, S. and Fisch, R. (1985 b) "The psychobiology of stress and coping in the human neonate: studies of adrenocortical activity in response to aversive stimulation", in T. Field, P. McCabe and N. Schneiderman (eds) *Stress and Coping,* Hillsdale, NJ: Lawrence Erlbaum Associates Inc.

Gunnar, M., Kryzer, E., Van Ryzin, M and Phillips, D. (2010) "The rise in cortisol in family daycare: associations with aspects of care quality, child behavior and child sex", *Child Development* 81 (3): 851-69.

Gunnar, M., Malone, S., Vance, G. and Fisch, R. (1985 a) "Coping with aversive stimulation in the neonatal period: quiet sleep and plasma cortisol levels during recovery from circumcision", *Child Development* 56: 824-34.

Gunnar, M., Morison, S., Chisholm, K. and Schuder, M. (2001) "Salivary cortisol levels in children adopted from Romanian orphanages", *Development and Psychopathology* 13 (3): 611-28.

Gunnar, M., Brodersen, L., Nachmias, M., Buss, K. and Rigatuso, J. (1996) "Stress reactivity and attachment security", *Developmental Psychobiology* 29: 191-204.

Gutman, D. (n.d.) "Remission in depression and the mind–body link", www.medscape.com.

Hackman, D., Betancourt, L. Brodsky, N, Kobrin, L. Hurt, H, Farah, M (2013) "Selective impact of early parental responsivity on adolescent stress reactivity", *PLoS ONE* 8 (3): e58250.

Hakim, C., Bradley, K, Price, E. and Mitchell, L (2008) *Little Britons: Financing Childcare Choice,* London: Policy Exchange.

Hammen, C., Burge, D., Burney, E. and Adrian, C. (1990) "Longitudinal study of diagnoses in children of women with unipolar and bipolar affective disorder", *Archives of General Psychiatry* 47: 1112-17.

Hansel, A. and Kanel, R. (2008) "The ventromedial prefrontal cortex: a major link between the autonomic nervous system, regulation of emotion, and stress reactivity?", *BioPsychoSocial Medicine* 2: 21.

Hanson, J., Chung, M., Pollak, S. et al. (2010) "Early stress is associated with alterations in the orbitofrontal cortex: a tensor- based morphometry investigation of brain structure and behavioral risk", *Journal of Neuroscience* 30 (22): 7466-72.

Harburg, E., Gleiberman, L., Russell, M. and Cooper, M. (1991) "Anger-coping styles and blood pressure in black and white males: Buffalo, New York", *Psychosomatic Medicine* 53 (2): 153-64.

Hay, D., Pawlby, S., Angold, A., Harold, G. and Sharp, D. (2003) "Pathways to violence in the children of mothers who were depressed postpartum", *Developmental Psychology* 39 (6): 1083-94.

Heckman, J., Grunewald, G. and Reynolds, A. (2006) "The dollars and cents of investing early: cost-benefit analysis in early care and education", *Zero To Three* 26 (6): 10-17.

Heim, C. and Nemeroff, C. (2001) "The role of childhood trauma in the neurobiology of mood and anxiety disorders: preclinical and clinical studies", *Biological Psychiatry* 49 (112): 1023-39.

Heim, C., Ehlert, U. and Hellhammer, D. (2000 a) "The potential role of hypocortisolism in the pathophysiology of stress- related bodily disorders", *Psychoneuroendocrinology* 25: 1-35.

Heim, C., Newport, D., Bonsall, R., Miller, A. and Nemeroff, C. (2001) "Altered pituitary adrenal axis responses to provocative challenge tests in adult survivors of childhood abuse", *American Journal of Psychiatry* 158 (4): 575-81.

Heim, C., Newport, J., Wagner, D., Wilcox, M., Miller, A. and Nemeroff, C. (2002) "The role of early adverse experience and adulthood stress in the prediction of neuroendocrine stress reactivity in women: a multiple regression analysis", *Depression and Anxiety* 15: 117-25.

Heim, C., Newport, J., Heit, S., Graham, Y., Wilcox, M., Bondall, R., Miller, A. and Nemeroff, C. (2000 b) "Pituitary-adrenal and autonomic responses to stress in women after sexual and physical abuse in childhood", *Journal of the American Medical Association* 284 (5): 592-7.

Hennebelle, M., Balasse, L., Latour, A., Champeil-Potokar, G., Denis, S., Lavialle, M. et al. (2012) "Influence of Omega-3 fatty acid status on the way rats adapt to chronic restraint stress", *PLoS ONE* 7 (7): e42142

Hennessy, M. (1997) "HPA responses to brief social separation", *Neuroscience and Biobehavioural Reviews* 21 (1): 11-29.

Henry, J. (1993) "Psychological and physiological responses to stress, the right hemisphere and the HPA axis", *Integrative Physiological and Behavioural Science,* 28: 368-87.

Henry, J., Haviland, M., Cummings, M., Anderson, D., Nelson, J., MacMurray, J. et al. (1992) "Shared neuroendocrine patterns of post-traumatic stress disorder and alexithymia", *Psychosomatic Medicine* 54 (4): 407-15.

Herb, B., Wolschin, F., Hansen, K., Aryee, M., Langmead, B., Irizarry, R. et al. (2012) "Reversible switching between epigenetic states in honeybee behavioral subcastes", *Nature Neuroscience* 15 (10): 1371-3.

Herr, J. and Wolfram, C. (2011) "Work environment and "opt-out" rates at motherhood across high- education career paths", National Bureau of Economic Research Working Paper no.14717.

Hertsgaard, L., Gunnar, M., Erickson, M. and Nachmias, M. (1995) "Adrenocortical responses to the strange situation in infants with disorganised/disoriented attachment relationships", *Child Development* 66: 1100-06.

Hertzman, C. (1997) "The biological embedding of early experience and its effects on health in adulthood", *Annals of the New York Academy of Sciences:* 85-95.

Herzman, C. and Boyce, T. (2010) "How experience gets under the skin to create gradients in developmental health", *Annual Review of Public Health* 31: 329-47.

Herzog, A., Edelheit, P., Jacobs, A. and McBurnett, K. (2001) "Low salivary cortisol and persistent aggression in boys referred for disruptive behaviour", *Archives of General Psychiatry* 58 (5): 513-15.

Hessler, D. and Katz, L. (2007), "Children's emotion regulation: self report and physiological response to peer provocation", *Developmental Psychology* 43 (1): 27-38.

Hibbeln, J., Ferguson, T. and Blasbalg, T. (2006) "Omega-3 fatty acid defi ciencies in neurodevelopment, aggression and autonomic dysregulation: opportunities for intervention", *International Review of Psychiatry* 18 (2): 107-18.

Hill, A., Degnan, K., Calkins, S. and Keane, S. (2006), "Profi les of externalizing behavior problems for boys and girls across preschool", *Developmental Psychology* 42 (5): 913-28.

Hilz, M., Devinsky, O., Szczepanska, H., Borod, J., Marthol, H. and Tutaj, M. (2006) "Right ventromedial prefrontal lesions result in paradoxical cardiovascular activation with emotional stimuli", *Brain* 129: 3343-55.

Hoek, H., Treasure, J. and Katzman, M. (1998) *Neurobiology in the Treatment of Eating Disorders,* Chichester: Wiley.

Hofer, M. (1995) "Hidden regulators: implications for a new understanding of attachment, separation and loss", in S. Goldberg, R. Muir and J. Kerr (eds) *Attachment Theory: Social, Developmental and Clinical Perspectives,* Hillside, NJ: Analytic Press.

Holmes, J. (2002) Unpublished talk at John Bowlby Memorial Conference.

Holsboer, F. (2000) "The corticosteroid receptor hypothesis of depression", *Neuropsychopharmacology* 23 (5): 477-507.

Holzel, B., Lazar, S., Gard, T., Schuman-Olivier, Z., Vago, D., and Ott, U. (2011) "How does mindfulness meditation work? Proposing mechanisms of action from a conceptual and neural perspective", *Perpectives in Psychological Science* 6 (6): 537-59.

Holzel, B., Carmody, J., Evans, K., Hoge, E., Dusek, J., Morgan, L. et al. (2010) "Stress reduction correlates with structural changes in the amygdala", *Social Cognitive and Affective Neuroscience* 5 (1): 11-17.

Holzel, B., Hoge, E., Greve, D., Gard, T. Creswell, D., Brown, K. et al. (2013), "Neural mechanisms of symptom improvements in generalized anxiety disorder following mindfulness training", *NeuroImage: Clinical,* 2, 448-58.

Horowitz, M. (1992) "Formulation of states of mind in psychotherapy", in N. G. Hamilton (ed.) *From Inner Sources: New Directions in Object Relations Psychotherapy,* New York: Jason Aronson.

Hou, W., Chiang, P., Hsu, T., Chiu, S., Yen, Y. (2010) "Treatment effects of massage therapy in depressed people: a meta- analysis", *Journal of Clinical Psychiatry* 71 (7): 894-901.

Huijbregts, S., Seguin, J., Zoccolillo, M, Boivin, M and Tremblay, R. (2012) "Maternal prenatal smoking, parental antisocial behaviour and early childhood physical aggression", *Development and Psychopathology* 20 (2): 437-53.

Hyun Rhee, S. and Waldman, I. (2002) "Genetic and environmental influences on antisocial behaviour: a meta- analysis of twin and adoption studies", *Psychological Bulletin* 128 (3): 490-529.

Iacoboni, M. (2009) *Mirroring People: The Science of Empathy and How we Connect with Others,* 1st edition, London: Picador. Iacoboni, M., Molnar-Szakacs, I., Gallese, V., Buccino, G., Mazziotta, J., Rizzolatti, G. (2005) "Grasping the intentions of others with one's own mirror neurons", *PLoS Biology* 3 (3): e79.

Ichise, M., Vines, D., Gura, T., Anderson, G., Suomi, S., Higley, D. and Innis, R. (2006) "Effects of early life stress on (C)DASB positron emission tomography imaging of serotonin transporters in adolescent peer- and mother- reared monkeys", *The Journal of Neuroscience* 26 (17): 4638-43.

Insel, T. (2011) National Institute of Mental Health Director's blog. www.nimh.nih.gov/about/director/2011/antidepressants-acomplicated- picture.shtml.

Jacobs, T.L., Shaver, P.R., Epel, E.S., Zanesco, A.P., Aichele, S.R., Bridwell, D.A. et al. (2013) "Self-reported mindfulness and cortisol during a shamatha meditation retreat", *Health Psychology.* Advance online publication.

Jacobson, S., Bihun, J. and Chiodo, L. (1999) "Effects of prenatal alcohol and cocaine exposure on infant cortisol levels", *Development and Psychopathology* 11: 195-208.

Jaffee, S., Strait, L. and Odgers, C. (2012), "From correlates to causes: can quasi- experimental studies and statistical innovations bring us closer to identifying the causes of antisocial behavior?", *Psychological Bulletin* 138 (2): 272-95.

Jevning, R. Wilson, A. and Davidson, J. (1978) "Adrenocortical activity during meditation", *Hormones and Behaviour* 10 (1): 54-60.

Jones, N. and Field, T. (1999) "Massage and music therapies attenuate frontal EEG asymmetry in depressed adolescents", *Adolescence* 34 (135): 529-34.

Jones, N., Field, T., Fox, N., Davalos, M., Malphus, J. et al. (1997) "Infants of intrusive and withdrawn mothers", *Infant Behaviour and Development* 20: 175-86.

Kagan, J. (1999) "The concept of behavioral inhibition", in L. Schmidt and J. Schulkin (eds) *Extreme Fear, Shyness and Social Phobia,* New York: Oxford University Press.

Kalin, N., Shelton, S. and Davidson, R. (2000) "Cerebrospinal fl uid corticotropin-releasing hormone levels are elevated in monkeys with patterns of brain activity associated with fearful temperament", *Biological Psychiatry* 47 (7): 579-85.

Kalin, N., Larson, C., Shelton, S. and Davidson, R. (1998 a) "Individual differences in freezing and cortisol in infant and mother rhesus monkeys", *Behavioural Neuroscience* 112 (1): 251-4.

Kalin, N., Larson, C., Shelton, S. and Davidson, R. (1998 b) "Asymmetric frontal brain activity, cortisol and behaviour associated with fearful temperament in rhesus monkeys", *Behavioural Neuroscience* 112 (2): 286-92.

Kang, D., Davidson, R., Coe, C., Wheeler, R., Tomaraken, A. and Ershler, W. (1991) "Frontal brain asymmetry and immune function", *Behavioural Neuroscience* 105 (6): 860-9.

Kanter, E., Wilkinson, C., Radant, A., Petrie, E., Dobie, D., Peskin, E. and Raskind, M. (2001) "Glucocorticoid feedback sensitivity and adrenocortical responsiveness in PTSD', *Biological Psychiatry* 50 (4): 238-45.

Kaplan, L., Evans, L. and Monk, C. (2008) "Effects of mothers"prenatal psychiatric status and post-natal caregiving on infant biobehavioural regulation: can prenatal programming be modified?", *Early Human Development* 83 (4): 249-56.

Karr-Morse, R. and Wiley, M. (1997) *Ghosts from the Nursery,* New York: Atlantic Monthly Press.

Karatsoreos, I. and McEwen, B. (2011) "Psychobiological allostasis: resistance, resilience and vulnerability", *Trends in Cognitive Sciences* 15 (12): 576-82.

Kasai, K., Yamasue, H., Gilbertson, M., Shenton, M., Rauch, S. and Pitman, R. (2008) "Evidence for acquired pregenual anterior cingulate gray matter loss from a twin study of combat- related PTSD", *Biological Psychiatry* 63 (6): 550-6.

Katz, I., Corlyon, J., LaPlaca, V. and Hunter, S. (2007) *The Relationship Between Parenting and Poverty,* York: Joseph Rowntree Foundation.

Katzenbach, J. (2003) *The Analyst,* London: Corgi. Kaufman, J., Plotsky, P., Nemeroff, C. and Charney, D. (2000) "Effects of early adverse experiences on brain structure and function: clinical implications", *Biological Psychiatry* 48: 778-90.

Kelmanson, I., Erman, L. and Litvana, S. (2002) "Maternal smoking during pregnancy and behavioural characteristics in 2–4 month olds", *Klinische Padiatrie* 214 (6): 359-64.

Kendell-Tackett, K., Williams, L. and Finkelhor, D. (1993) "Impact of sexual abuse on children: a review and synthesis of recent empirical studies", *Psychological Bulletin* 113: 164-80.

Kern, S., Oakes, T., Stone, C., McAuliff, E. Kirschbaum, C. and Davidson, R. (2008) "Glucose metabolic changes in the prefrontal cortex are associated with HPA axis response to a psychosocial stressor", *Psychoneuroendocrinology* 33 (4): 517-29.

Kessler, R. and Ustun, T. (2011) *WHO World Mental Health Survey*, Cambridge: Cambridge University Press.

Kiecolt-Glaser, J., Gouin, J-P., Weng, N., Malarkey, W., Beversdorf, M. and Glaser, R (2011), "Childhood adversity heightens the impact of later life caregiving stress on telomere length and infl ammation", *Psychosomatic Medicine* 73 (1): 16-22.

Kim, M. and Whalen, P. (2009) "The structural integrity of an amygdala- prefrontal pathway predicts trait anxiety", *J Neurosci*, 29: 11614-8.

Kine, S., Roberg, B., Woien, G, Bogen, I., Sandvik, T., Sagvolden, T. et al. (2012) "Marine omega-3 polyunsaturated fatty acids induce sex-specific changes in reinforcer- controlled behaviour and neurotransmitter metabolism in a spontaneously hypertensive rat model of ADHD', *Behavioural and Brain Functions* 8 (1): 56.

King, J., Mandansky, D., King, S., Fletcher, K. and Brewer, J. (2001) "Early sexual abuse and low cortisol", *Psychiatry and Clinical Neuroscience* 55 (1): 71-4.

Kirsch, I. (2008), "Challenging received wisdom: antidepressants and the placebo effect", *McGill Journal of Medicine* 11 (2): 219-22.

Kitzman, H., Olds, D., Cole, R., Hanks, C., Anson, E., Arcoleo, K. et al. (2010), "Enduring effects of prenatal and infancy home visiting by nurses on children", *Archives of Pediatric and Adolescent Medicine* 164 (5): 412-18.

Klein, M. (1988) *Envy and Gratitude*, London: Virago Press.

Kochanska, G. (2001) "Emotional development in children with different attachment histories: the first three years", *Child Development* 72 (2): 474-90.

Kochanska, G., Philibert, R. and Barry, R. (2009) "Interplay of genes and early mother child relationship in the development of selfregulation from toddler to pre-school age", *Journal of Child Psychology and Psychiatry* 50 (11): 1331-8.

Kochanska, G., Forman, D. Aksan, N. and Dunbar, S. (2005) "Pathways to conscience: early mother- child mutually responsive orientation and children's moral emotion, conduct and cognition", *Journal of Child Psychology and Psychiatry* 46 (1): 19-34.

Kodas, E., Vancassel, S., Lejeune, B., Guilloteau, D. and Chalon, S. (2002) "Reversibility of n-3 fatty acid defi ciency- induced changes in dopaminergic neurotransmission in rats: critical role of developmental stage", *Journal of Lipid Research* 43 (8): 1209-19.

Koenigs, M. and Grafman, J. (2009) "Post- traumatic stress disorder: the role of medial prefrontal cortex and amygdala", *Neuroscientist* 15 (5): 540-8.

Kohler, E., Keysers, C., Umilta, M., Fogassi, L. Gallese, V. and Rizzolatti, G. (2002) "Hearing sounds, understanding actions: action representation in mirror neurons", *Science* 297 (5582): 846-8.

Kolb, B., Mychasiuk, R., Muhammad, A., Li, Y., Frost, D. and Gibb, R. (2012) "Experience and the developing prefrontal cortex", *PNAS*, www.pnas.org/cgi/doi/10.1073/pnas.1121251109.

Konyecsni, W. and Rogeness, G. (1998) "The effects of early social relationships on neurotransmitter development and the vulnerability to affective disorders", *Seminars in Clinical Neuropsychiatry* 3 (4): 285-301.

Krystal, H. (1988) *Integration and Self-Healing: Affect, Trauma, Alexithymia*, Hillsdale, NJ: Analytic Press.

Krystal, J. and Neumeister, A. (2009) "Noradrenergic and serotonergic mechanisms in the neurobiology of posttraumatic stress disorder and resilience", *Brain Research* 1293: 13-23.

Kumsta, R., Kreppner, J., Rutter, M., Beckett, C., Castle, J., Stevens, S. and Sonuga--Barke, E., (2010) "Deprivation specific psychological patterns", *Monographs of the Society for Research in Child Development* 75 (1): 48-78.

Lagercrantz, H. and Herlenius, E. (2001) "Neurotransmitters and neuromodulators", *Early Human Development* 65 (1): 139-59.

Lansford, J., Miller-Johnson, S., Berlin, L., Dodge, K., Bates, J. and Pettit, G., (2007) "Early physical abuse and later violent delinquency: a prospective longitudinal study", *Child Maltreatment* 12 (3): 233-45.

Larque, E., Demmelmair, H. and Koletzko, B. (2002) "Perinatal supply and metabolism of long- chain polyunsaturated fatty acids: importance for the early development of the nervous system", *Annals of the New York Academy of Sciences* 967: 299-310.

Laudenslager, M., Capitanio, J. and Reite, M. (1985) "Possible effects of early separation experiences on subsequent immune function in adult macaque monkeys", *American Journal of Psychiatry* 142: 7.

Laurent, H. and Ablow, J. (2012) "A cry in the dark: depressed mothers show reduced neural activation to their own infant"s cry", *Social Cognitive and Affective Neuroscience* 7: 125-34.

Lawler, S. (1999) "Children need but mothers only want: the power of "needs talk" in the constitution of childhooD', in J. Seymour and P. Bagguley (eds) *Relating Intimacies: Power and Resistance*, London: Macmillan.

LeDoux, J. (1998) *The Emotional Brain*, London: Weidenfeld and Nicholson.

LeDoux, J. (2002) *The Synaptic Self: How Our Brains Become Who We Are*, London: Macmillan.

Lee, D., Brooks-Gunn, J., McLanahan, S., Notterman, D. and Garfi nkel, I. (2013) "The great recession, genetic sensitivity and maternal harsh parenting", *PNAS* 110 (34): 13780-4.

Lemaire, V., Lamarque, S., Le Moal, M., Piazza, P-V. and Abrous, D. (2006) "Postnatal stimulation of the pups counteracts prenatal stress- induced deficits in hippocampal neurogenesis", *Biological Psychiatry* 59 (9): 786-92.

Lenneke, R., Cicchetti, D., Kim, J. and Rogosch, F. (2009) "Mediating and moderating processes in the relation between maltreatment and psychopathology: mother- child relationship quality and emotion regulation", *Journal of Abnormal Child Psychology* 37: 831-43.

LeShan, L. (1977) *You Can Fight for Your Life,* New York: Evans.

Levine, S. (1994) "The ontogeny of the hypothalamic- pituitary-adrenal axis", *Annals of the New York Academy of Sciences* 746: 275-88.

Levine, S. (2001) "Primary social relationships infl uence the development of the HPA axis in the rat", *Physiology and Behaviour* 73 (3): 255-60.

Lewis, M. and Ramsay, D. (1995) "Stability and change in cortisol and behavioural response to stress during the first 18 months of life", *Developmental Psychobiology* 28 (8): 419-28.

Liberzon, I., Taylor, S., Amdur, R., Jung, T., Chamberlain, K., Minoshima, S. et al. (1999) "Brain activation in PTSD in response to trauma- related stimuli", *Biological Psychiatry* 45 (7): 817-26.

Lichter, D. and Cummings, J. (eds) (2001) *Frontal-Subcortical Circuits in Psychiatric and Neurological Disorders,* New York: Guilford Press.

Lieberman, A., Weston, D. and Pawl, J. (1991) "Preventive intervention and outcome with anxiously attached dyads", *Child Development* 62: 199-209.

Lin, P and Su, K (2007), "A meta- analytic review of double- blind, placebo- controlled trials of antidepressant effi cacy of omega-3 fatty acids", *Journal Clinical Psychiatry* 68 (7): 1056-61.

Linehan, M. (1993) *Cognitive-Behavioural Treatment of Borderline Personality Disorder,* New York: Guilford Press.

Liston, C., McEwen, B., and Casey, B. (2009) "Psychosocial stress reversibly disrupts prefrontal processing and attentional control", *PNAS* 106 (3).

Liston, C., Miller, M., Goldwater, D., McEwen, B. et al. (2006) "Stress induced alterations in prefrontal cortex dendritic morphology", *Journal of Neuroscience* 26 (30): 7870-4.

Liu, D., Diorio, J., Tannenbaum, B., Caldji, C., Francis, D. and Freedman, A. (1997) "Maternal care, hippocampal glucocorticoid receptors and HPA responses to stress", *Science* 277: 1659-62.

Luby, J, Barch, D, Belden, A, Gaffrey, M, Tillman, R., Babb, C. et al. (2012), "Maternal support in early childhood predicts larger hippocampal volumes at school age", Proceedings of the National Academy of Sciences vol, 109 (8): 2854-2859 ,

Luby, J., Belden, A., Botteron, K., Marrus, N., Harms, M., Babb, C. et al. (2013), "The effects of poverty on childhood brain development: the mediating effect of caregiving and stressful life events", *JAMA Pediatrics* 167 (11): 1135-42.

Lupien, S., Parent, S., Evans, A., Tremblay, R. Zelazo, P. Corbo, V. et al. (2011) "Larger amygdala but no change in hippocampal volume in 10 year old children exposed to maternal depressive symptomatology since birth", *PNAS* 108 (34): 14324-9.

Lutgendorf, S., De Geest, K., Bender, D., Ahmed, A. et al. (2012) "Social influences on clinical outcomes of patients with ovarian cancer", *Journal of Clinical Oncology* 30 (23): 2885-90.

Luu, P. and Tucker, D. (1997) "Self-regulation and cortical development: implications for functional studies of the brain", in R. Thatcher et al. (eds) *Developmental Neuro-imaging,* Oxford: Academic Press.

Lyons, D., Lopez, J., Yang, C. and Schatzberg, A. (2000 a) "Stress level cortisol treatment impairs inhibitory control of behaviour in monkeys", *Journal of Neuroscience* 20 (20).

Lyons, D., Yang, C., Mobley, B., Nickerson, J. and Schatzburg, A. (2000 b) "Early environmental regulation of glucocorticoid feedback sensitivity in young adult monkeys", *Journal of Neuroendocrinology* 12: 723-8.

Lyons-Ruth, K. (1992) "Maternal depressive symptoms, disorganised infant–mother attachments and hostile–aggressive behaviour in the preschool classroom: a prospective longitudinal view from infancy to age five", *Rochester Symposium on Developmental Psychopathology* 4: 131-71.

Lyons-Ruth, K. (1996) "Attachment relationships among children with aggressive behaviour problems: the role of disorganised early attachment patterns", *Journal of Consulting and Clinical Psychology* 64 (1): 64-73.

Lyons-Ruth, K. and Jacobovitz, D. (1999) "Attachment disorganisation: unresolved loss, relational violence, and lapses in behavioural and attentional strategies", in J. Cassidy and P. Shaver (eds) *Handbook of Attachment,* London: Guilford Press.

Lyons-Ruth, K., Connel, D. and Zoll, D. (1991) "Patterns of maternal behaviour among infants at risk for abuse", in D. Ciccetti and V. Carlson (eds) *Child Maltreatment,* Cambridge: Cambridge University Press.

Lyons-Ruth, K., Choi-Kain, L., Pechtel, P. and Gunderson, J. (2011) "Perceived parental protection and cortisol responses among young females with borderline personality disorder and controls", *Psychiatry Research* 189 (3): 426-32.

Lyons-Ruth, K., Bureau, J., Holmes, B., Easterbrooks, A. and Brooks, N. (2013) "Borderline symptoms and suicidality and selfinjury in adolescence: prospectively observed correlates in infancy and childhooD', *Psychiatry Research* 206 (2): 273-81.

MacLean, F. (1970) "The triune brain emotion and scientific bias", in F. Schmitt (ed.) *The Neurosciences Second Study Program,* New York: Rockefeller University Press.

McBurnett, K., Lahey, B., Rathouz, P. and Loeber, R. (2000) "Low salivary cortisol and persistent aggression in boys referred for disruptive behaviour", *Archives of General Psychiatry* 57 (1): 38-43.

McCarthy, M. (1963) *The Group,* London: Weidenfeld and Nicholson.

McEwen, B. and Margarinos, A. (1997) "Stress effects on morphology and function of the hippocampus", *Annals of the NewYork Academy of Sciences* 821: 271-84.

McEwen, B. (1999) "Lifelong effects of hormones on brain development", in L. Schmidt and J. Schulkin (eds) *Extreme Fear, Shyness and Social Phobia,* Oxford: Oxford University Press.

McEwen, B. (2000) "Effects of adverse experiences for brain structure and function", *Biological Psychiatry* 48: 721-31.

McEwen, B. (2001) "Plasticity of the hippocampus", *Annals of the New York Academy of Sciences* 933: 265-77.

McEwen, B., Eiland, L., Hunter, R. and Miller, M. (2012) "Stress and anxiety: structural plasticity and epigenetic regulation as a consequence of stress", *Neuropharmacology* 62 (1): 3-12.

McGowan, P., Meaney, M. and Szyf, M. (2011) "Epigenetics, phenotype, diet and behavior", in V Preedy et al. (eds) *Handbook of Behavior, Food and Nutrition,* New York: Springer Science.

McKee, L., Colletti, C., Rakow, A., Jones, D. and Forehand, R. (2008) "Parenting and child externalizing behaviors: are the associations specific or diffuse?", *Aggression and Violent Behavior* 13 (3): 201-15.

McNamara, R. and Carlson, S. (2006), "Role of omega-3 fatty acids in brain development and function: potential implications for the pathogenesis and prevention of psychopathology", *Prostaglandins, Leukotrienes and Essential Fatty Acids* 75 (4-5): 329-49.

Madigan, S., Bakermans-Kranenburg, M., Van Ijzendoorn, M., Moran, G., Pederson, D. and Benoit, D. (2006) "Unresolved states of mind, anomalous parental behavior, and disorganized attachment: a review and meta- analysis of a transmission gap", *Attachment and Human Development* 8 (2): 89-111.

Maes, M., Christophe, A., Delanghe, J., Altamura, C., Neels, H. and Meltzer, H. (1999) "Lowered omega3 polyunsaturated fatty acids in serum phospholipids and cholesteryl esters of depressed patients", *Psychiatry Research* 85 (3): 275-91.

Magai, C. and Hunziker, J. (1998) ""To Bedlam and part way back": discrete emotions theory and borderline symptoms", in W. Flack and J. Laird (eds) *Emotions in Psychopathology,* Oxford: Oxford University Press.

Maguen, S., Metyzler, T., Litz, B., Seal, K., Knight, S. and Marmar, C. (2009). "The impact of killing in war on mental health symptoms and related functioning", *Journal of Trauma and Stress* 22 (5): 435-43.

Mah, L., Arnold, M. and Grafman, J. (2005), "Deficits in social knowledge following damage to ventromedial prefrontal cortex", *Journal of Neuropsychiatry and Clinical Neuroscience* 17: 66-74.

Maier, S. and West, J. (2001) "Drinking patterns and alcohol related birth defects", *Alcohol Research and Health* 25 (3): 168-74.

Main, M. and Goldwyn, R. (1985) "Adult attachment classifi cation system", unpublished manuscript, Berkeley: University of California.

Maiorana, A., Del Bianco, C. and Cianfarani, S. (2007) "Adipose tissue: a metabolic regulator", *The Review of Diabetic Studies* 4 (3): 134-46.

Main, M. and Solomon, J. (1990) "Procedures for identifying infants as disorganised–disoriented during the strange situation", in M. Greenberg et al. (eds) *Attachment in the Pre-School Years: Theory, Research and Intervention,* Chicago: University of Chicago Press.

Makino, S., Gold, P. and Schulkin, J. (1994) "Effects of corticosterone on CRHmRNA and content in the bed nucleus of the stria terminalis: comparison with the effects in the central nucleus of the amygdala and the paraventricular nucleus of the hypothalamus", *Brain Research* 657: 141-9.

Martin, B. and Hoffman, J. (1990) "Conduct disorders", in M. Lewis and S. Miller (eds) *Handbook of Developmental Psychopathology,* London: Plenum.

Martin, P. (1997) *The Sickening Mind,* London: HarperCollins.

Mason, J., Wang, S., Yehuda, R., Riney, S., Charney, D. and Southwick, S. (2001) "Psychogenic lowering of urinary cortisol levels linked to increased emotional numbing and a shamedepressive syndrome in combat- related posttraumatic stress disorder", *Psychosomatic Medicine* 63: 387-401.

Mathers, C. and Loncar, D. (2005) "Updated projections of global mortality and burden of disease 2002–2030", World Health Organisation.

Matousek, R. H., Dobkin, P. L. and Pruessner, J. (2010) "Cortisol as a marker for improvement in mindfulness- based stress reduction", *Complementary Therapies in Clinical Practice* 16: 13-19.

Matthews, S. and Phillips, D. (2010) "Minireview: transgenerational inheritance of the stress response: a new frontier in stress research", *Endocrinology* 151 (1): 7-13.

McEwen, B. (2012) "Brain on stress: how the social environment gets under the skin", *PNAS* 109 (2).

Mealey, L. (1995) "The sociobiology of sociopathy: an integrated evolutionary model", *Behavioural and Brain Sciences* 18: 523-99.

Meaney, M. (2010) "Epigenetics and the biological defi nition of gene x environment interactions", *Child Development* 81, 41-79.

Mednick, S., Gabrielli, W. and Hutchings, B. (1984) "Genetic influences in criminal convictions: evidence from an adoption cohort", *Science* 224: 891-4.

Mehedint, M., Craciunescu, C. and Zeisel, S. (2010) "Maternal dietary choline defi ciency alters angiogenesis in fetal mouse hippocampus", *PNAS* 107 (29): 12840-5.

Mehta, M., Golembo, N., Nosarti, C., Colvert, E., Mota, A., Williams, S. et al. (2009) "Amygdala, hippocampal and corpus callosum size following severe early institutional deprivation: the English and Romanian adoptees study pilot", *Journal of Child Psychology and Psychiatry* 50 (8): 943-51.

Middlebrook, D.W. (1991) *Anne Sexton: A Biography,* London: Virago Press.

Milad, M., Quinn, B., Pitman, R., Orr, S., Fischl, B. and Rauch, S. (2005) "Thickness of ventromedial prefrontal cortex in humans is associated with extinction memory", *PNAS* 102 (30): 10706-11.

Mileva-Seitz, V., Steiner, M., Atkinson, L., Meaney, M., Levitan, R., Kennedy, J. et al. (2013) "Interaction between oxytocin genotypes and early experience predicts quality of mothering and postpartum mood", *PLoS ONE* 8 (4): e61443.

Miller, E. and Cohen, J. (2001) "An integrative theory of prefrontal cortex function", *Annual Review Neuroscience* 24: 167-202.

Miller, G and Chen, E. (2010), "Harsh family climate in early life presages the emergence of a proinfl ammatory phenotype in adolescence", *Psychological Science* 21 (6): 848-56.

Miller, G., Chen, E. and Parker, K. (2011), "Psychological stress in childhood and susceptibility to the chronic diseases of ageing", *Psychological Bulletin* 137 (6): 959-97.

Miller, S. and Seligman, M. (1980) "The reformulated model of helplessness and depression: evidence and theory", in R. Neufeld (ed.) *Psychological Stress and Psychopathology,* New York: McGraw-Hill.

Miluk-Kolasa, B., Obiminski, Z., Stupnicki, R. and Golec, L. (1994) "Effects of music treatment on salivary cortisol", *Experimental and Clinical Endocrinology* 102 (2): 118-20.

Minagawa-Kawai, Y., Matsuoka, S., Dan, I., Naoi, N., Nakamura, K. and Kojima, S. (2009) "Prefrontal activation associated with social attachment: facial-emotion recognition in mothers and infants", *Cerebral Cortex* 19: 284-92.

Mizoguchi, K., Yuzurihara, M., Ishige, A., Sasaki, H., Chui, D. and Tabira, T. (2001) "Chronic stress differentially regulates glucocorticoid negative feedback response in rats", *Psychoneuroendocrinology* 26 (5): 443-59.

Moberg, K. (2011), *The Oxytocin Factor,* London: Pinter and Martin.

Moffi tt, T., Arseneault, L., Belsky, D., Dickson, N., Hancox, R., Harrington, H. et al. (2010) "A gradient of childhood self-control predicts health, wealth, and public safety", *PNAS* www.pnas.org/ cgi/doi/10.1073.

Moghaddam, B., Bolinao, M., Stein-Behrens, B. and Sapolsky, R. (1994) "Glucocorticoids mediate the stress- induced accumulation of glutamate", *Brain Research* 655 (1-2): 251-4.

Mollon, P. (1993) *The Fragile Self,* London: Whurr.

Montgomery, P., Burton, J., Sewell, R., Spreckelsen, T. and Richardson, A. (2013) "Low blood long chain omega-3 fatty acids in UK children are associated with poor cognitive performance and behaviour: a cross-sectional analysis from the DOLAB Study", *Plos One* 8 (6): e66697.

Moriguchi, Y., Ohnishi, T., Lane, R., Maeda, M., Mori, T., Nemoto, K. et al. (2006) "Impaired self- awareness and theory of mind: an fMRI study of mentalising in alexythymia", *Neuroimage* 32 (3): 1472-82.

Moriguchi, Y. and Komaki, G. (2013) "Neuroimaging studies of alexithymia: physical, affective and social perspectives", *BioPsychoSocial Medicine* 7 (8).

Morrell, J. and Murray, L. (2003) "Parenting and the development of conduct disorder and hyperactive symptoms in childhood: a prospective longitudinal study from 2 months to 8 years", *Journal of Child Psychology and Psychiatry* 44 (4): 489-508.

Morrison, B. (1997) *As If,* London: Granta Books.

Morrison, R. (1999) *The Spirit in the Gene,* Ithaca, NY: Cornell University Press.

Moutsiana, C., Fearon, P., Murray, L., Cooper, P., Goodyer, I., Johnstone, T. and Halligan, S. (2014) "Making an effort to feel positive: insecure attachment in infancy predicts thenural underpinnings of emotion regulation in adulthood", *Journal of Child Psychology and Psychiatry.*

Murgatroyd, C. and Spengler, D. (2011) "Epigenetics of child development", *Frontiers in Psychiatry* 2 (16).

Murmu, M., Salomon, S., Biala, Y., Weinstock, M., Braun, K. and Bock, J. (2006) "Changes of spine density and dendritic complexity in the prefrontal cortex in offspring of mothers exposed to stress during pregnancy", *European Journal of Neuroscience* 24 (5): 1477-87.

Murray, L. (1992) "The impact of post-natal depression on infant development", *Journal of Child Psychology and Psychiatry* 33 (3): 543-61.

Murray, L. and Cooper, P. (eds) (1997) *Postpartum Depression and Child Development,* London: Guilford Press.

Murray, L., Halligan, S., Goodyer, I. and Herbert, J. (2010) "Disturbances in early parenting of depressed mothers and cortisol secretion in offspring: a preliminary study", *Journal of Affective Disorders* 122 (3): 218-23.

Murray, L., Arteche, A., Fearon, P., Halligan, S., Goodyer, I. and development of depression in offspring up to 16 years of age", *Journal of the American Academy of Child and Adolescent Psychiatry* 50 (5): 431-4.

Murrough, J., Czermak, C., Neumeister, A. et al. (2011) "The effect of early trauma exposure on serotonin type 1B receptor expression", *Archives of General Psychiatry* 68 (9): 892-900.

Nachmias, M., Gunnar, M., Mangelsdorf, S., Parritz, R. and Buss, K. (1996) "Behavioural inhibition and stress reactivity: the moderating role of attachment security", *Child Development* 67 (2): 508-22.

National Institute for Health and Clinical Excellence (NICE) (2009) "Depression in adults", NICE clinical guideline 90.

Nemiah, J. and Sifneos, P. (1970) "Affect and fantasy in patients with psychosomatic disorders", in O. Hill (ed.) *Modern Trends in Psychosomatic Medicine,* vol. 2, Oxford: Butterworths.

Neugebauer, R., Hoek, H. and Susser, E. (1999) "Prenatal exposure to wartime famine and development of antisocial personality disorder in early adulthooD', *Journal of the American Medical Association* 282 (5): 455-62.

New, A., Hazlitt, E., Buchsbaum, M., Goodman, M., Mitelman, S., Newmark, R. et al. (2007) "Amygdala prefrontal disconnection in borderline personality disorder", *Neuropsychopharmacology* 32: 1629-40.

Newell, S. (1992) "The myth and destructiveness of equal opportunities: the continued dominance of the mothering role", *Personnel Review* 21 (9): 37-47.

Norman, H., Elliot, M. and Fagan, C. (2013) "An investigation of the predictors of paternal involvement", CCSR Paper 2013-04. Oberlander, T. (2012) "Fetal serotonin signaling: setting pathways for early childhood development and behavior", *Journal of Adolescent Health* 51 (2 supplement): s9-s16.

Oberlander, T., Weinberg, J., Papsdorf, M., Grunau, R., Misri, S. and Devlin, A. (2008 a) "Prenatal exposure to maternal depression, neonatal methylation of human glucocorticoid receptor gene and infant cortisol stress responses", *Epigenetics* 3 (2): 97-106.

Oberlander, T., Grunau, R., Mayes, L., Riggs, W., Rurak, D., Papsdorf, M. et al. (2008 b) "HPA axis function in 3 month old infants with prenatal SSRI antidepressant exposure", *Early Human Development* 83 (10): 689-97.

Odent, M. (1986) *Primal Health,* London: Century Hutchinson.

O"Connor, T., Heron, J., Golding, J., Beveridge, M., Glover, V., (2002) "Maternal antenatal anxiety and children's behavioural/ emotional problems at 4 years", Report from the Avon Longitudinal Study of Parents and Children. *British Journal of Psychiatry* 180: 502-8.

O"Connor, T., Heron, J., Golding, J., Glover, V. and ALSPAC Study Team (2003) "Maternal antenatal anxiety and behavioural/emotional problems in children: a test of a programming hypothesis", *Journal of Child Psychology and Psychiatry* 44 (7): 1025-36.

O"Doherty, J., Critchley, H., Deichmann, R. and Dolan, R. (2003) "Dissociating valence of outcome from behavioural control in human orbital and ventral prefrontal cortices", *Journal of Neuroscience* 23 (21): 7931-9.

O"Donnell, K., O"Connor, T. and Glover, V. (2009) "Prenatal stress and neurodevelopment of the child: focus on the HPA axis and role of the placenta", *Developmental Neuroscience* 31 (4): 285-92.

Olds, D., Henderson, C., Cole, R., Eckenrode, J., Kitzman, H., Luckey, D. et al. (1998) "Long term effects of nurse home visitation on children's criminal and antisocial behaviour: 15 year follow- up of a randomised controlled trial", *Journal of the American Medical Association* 280: 1238-44.

Ouellet-Morin, I., Odgers, C., Danese, A., Bowes, L., Shakoor, S, Papadopoulos, A. et al. (2011) "Blunted cortisol responses to stress signal social and behavioural problems among maltreated/ bullied 12 year old children", *Biological Psychiatry* 70 (11): 1016-23.

Out, D., Bakermans-Kranenburg, M. and van Ijzendoorn, M. (2009) "The role of disconnected and extremely insensitive parenting in the development of disorganized attachment: the validation of a new measure", *Attachment and Human Development* 11 (5): 419-43.

Pace, T., Mletzko, T., Alagbe, O., Musselman, D., Nemeroff, C., Miller, A. and Heim, C. (2006) "Increased stress- induced infl ammatory responses in male patients with major depression and increased early life stress", *American Journal of Psychiatry* 163 (9): 1630-3.

Panksepp, J. (1998) *Affective Neuroscience,* Oxford: Oxford University Press.

Paternain, L., Garza, A. Batlle, M., Milagro, F, Martinez, J. and Campion, J. (2013) "Prenatal stress increases the obesogenic effects of a high fat sucrose diet in adult rats in a sex-specific manner", *Stress* 16 (2): 220-32.

Paul, A.M. (2010) *Origins: how the nine months before birth shape the rest of our lives,* London: Hay House.

Pawlby, S., Hay, D., Sharp, D., Waters, C. and O"Keane, V. (2009) "Antenatal depression predicts depression in adolescent offspring: a prospective longitudinal community-based study", *Journal of Affective Disorders* 113: 236-43.

Pawlby, S., Hay, D., Sharp, D., Waters, C. and Pariante, C. (2011) "Antenatal depression and offspring psychopathology: the infl uence of childhood maltreatment", *British Journal of Psychiatry* 199: 106-12.

Pearson, R., Evans, J., Kounali, D., Lewis, G., Heron, J., Ramchandani, P., O'Connor, T. and Stein, A. (2013) "Maternal depression during pregnancy and the post-natal period, risks and possible mechanisms for offspring depression at age 18 years", *JAMA Psychiatry* 70 (12): 1312-19.

Peet, M. and Horrobin, D. (2002) "A close-ranging study of the effects of ethyl- eicosapentaenoate in patients with ongoing depression despite apparently adequate treatment with standard drugs", *Archives of General Psychiatry* 59 (10): 913-19

Peet, M., Murphy, B., Shay, J. and Horrobin, D. (1998) "Depletion of omega 3 fatty acid levels in red blood cell membranes of depressed patients", *Biological Psychiatry* 43 (5): 315-19.

Pennebaker, J. (1993) "Putting stress into words", *Behaviour Research and Therapy* 31 (6): 539-48.

Perry, B. (1997) "Incubated in terror: neurodevelopmental factors in the "cycle of violence", in J. Osofsky (ed.) *Children in a Violent Society,* New York: Guilford Press.

Pert, C. (1998) *Molecules of Emotion,* New York: Simon and Schuster.

Phan, K., Fitzgerald, D., Nathan, P., Moore, G., Uhde, T. and Tancer, M. (2005) "Neural substrates for voluntary suppression of negative affect: a fmri study", *Biological Psychiatry* 57: 210-19.

Pilgaard, K., Mosbech, T., Grunnet, L., Eiberg, H., Hall, G., Fallentin, E. et al. (2011) "Differential nongenetic impact of birth weight vs third trimester growth velocity on glucose metabolism and MRI abdominal obesity in young healthy twins", *Journal of Clinical Endocrinology and Metabolism* 96 (9): 2835.

Pilowsky, D., Wickramaratne, P., Talati, A., Tang, M., Hughes, C., Garber, J. et al. (2008) "Children of depressed mothers 1 year after the initiation of maternal treatment", *American Journal of Psychiatry* 165 (9): 1136-47.

Pinker, S. (2002) *The Blank Slate,* Harmondsworth: Penguin Allen Lane.

Pitchot, W., Herrera, C. and Ansseau, M. (2001) "HPA axis dysfunction in major depression: relationship to 5HT(1A) receptor activity", *Neuropsychobiology* 44 (2): 74-7.

Plant, D., Barker, E., Waters, C., Pawlby, S. and Pariante, C. (2013) "Intergenerational transmission of maltreatment and psychopathology: the role of antenatal depression", *Psychological Medicine* 43: 519-28.

Plomin, R. (ed.) (1993) *Nature, Nurture and Psychology,* Washington, DC: APA.

Plotsky, P. and Meaney, M. (1993) "Early post-natal experience alters hypothalamic CRF mRNA", *Brain Research* 18 (3): 195-200.

Pluess, M. and Belsky, J. (2013), "Vantage sensitivity: individual differences in response to positive experiences", *Psychological Bulletin* 139 (4): 901-16.

Poeggel, G., Nowicki, L. and Braun, K. (2003) "Early social deprivation alters monoaminergic afferents in the orbital prefrontal cortex of octodon degus", *Neuroscience* 116: 617.

Posner, M. and Rothbart, M. (2000) "Developing mechanisms of selfregulation", *Development and Psychopathology* 12: 427-41.

Posner, M., Rothbart, M., Sheese, B. and Tang, Y. (2007) "The anterior cingulated gyrus and the mechanism of self- regulation", *Cognitive, Affective & Behavioural Neuroscience* 7 (4): 391-5.

Post, R. and Weiss, S. (1997) "Emergent properties of neural systems: how focal molecular neurobiological alterations can affect behaviour", *Development and Psychopathology* 9: 907-29.

Powell, J., Lewis, P., Roberts, N., Garcia-Finana, M. and Dunbar, R. (2012) "Orbital prefrontal cortex volume predicts social network size: an imaging study of individual differences in humans", *Proceedings of the Royal Society,* 279 (1736): 2157-62.

Pratt, L., Brody, D. and Gu, Q. (2011) "Antidepressant use in persons aged 12 and over: United States, 2005–2008", National Center for Health Statistics Number 76.

Premberg, A., Hellstrom, A-L. and Berg, M. (2008) "Experiences of the first year as father", *Scandinavian Journal of Caring Sciences* 22: 56-63.

Pulkkinen, L. and Pitkanen, T. (1993) "Continuities in aggresive behaviour from childhood to adulthood", *Aggressive Behaviour* 19: 263.

Radley, J. and Morrison, J. (2005) "Repeated stress and structural plasticity in the brain", *Ageing Research Reviews* 4 (2): 271-87.

Radley, J., Rocher, A., Janssen, W., Hof, P., McEwen, B. and Morrison, J. (2005) "Reversibility of apical dendritic retraction in the rat medial prefrontal cortex following repeated stress", *Experimental Neurology* 196 (1): 199-203.

Raine, A. (2002) "Annotation: the role of prefrontal deficits, low autonomic arousal, and early health factors in the development of antisocial and aggressive behaviour in children", *Journal of Child Psychology and Psychiatry* 43 (4): 417-34.

Raine, A. (2013) *The Anatomy of Violence*, London: Allen Lane.

Raine, A., Brennan, P. and Mednick, S. (1994) "Birth complications combined with early maternal rejection at age 1 year predispose to violent crime at age 18", *Archives of General Psychiatry* 51: 984.

Raine, A., Brennan, P. and Mednick, S. (1997 c) "Interaction between birth complications and early maternal rejection in predisposing individuals to adult violence", *American Journal of Psychiatry* 154 (9): 1265-71.

Raine, A., Buchsbaum, M. and LaCasse, L. (1997 a) "Brain abnormalities in murderers indicated by PET", *Biological Psychiatry* 42: 495-508.

Raine, A., Brennan, P., Farrington, D. and Mednick, S. (eds) (1997 b) *Biosocial Bases of Violence,* London: Plenum.

Raison, C. and Miller, A. (2013) "The evolutionary signifi cance of depression", *Molecular Psychiatry* 18: 15-37.

Ramchandani, P., Stein, A., Evans, J., O"Connor, T. and ALSPAC study team (2005) "Paternal depression in the post-natal period and child development: a prospective population study", *The Lancet* 365 (9478): 2201-5.

Ramchandani, P., Domoney, J., Sethna, V., Psychogiou, L., Vlachos, H. and Murray, L. (2013) "Do early father- infant interactions predict the onset of externalizing behavours in young children? Findings from a longitudinal cohort study", *Journal of Child Psychology and Psychiatry* 54 (1): 56-64.

Rao, J., Ertley, R., Lee, H-J., Demar, J., Arnold, J., Rapoport, S. and Bazinet, R. (2007) "n-3 Polyunsaturated fatty acid deprivation in rats decreases frontal cortex BDNF via a p38 MAPK-dependent mechanism", *Molecular Psychiatry* 12: 36-46.

Rao, H., Betancourt, L., Giannetta, J., Brodsky, N., Korczykowski, M., Avants, B. et al. (2010) "Early parental care is important for hippocampal maturation", *Neuroimage* 49 (1): 1144-50.

Rapaport, M., Schettler, P. and Bresee, C. (2012) "A preliminary study of the effects of repeated massage on HPA and immune function in healthy individuals", *Journal of Alternative and Complementary Medicine* 18 (8): 789-97.

Rauch, S., Van der Kolk, B., Fisler, R., Alpert, N., Orr, S., Savage, C. et al. (1996) "A symptom provocation study using PET and script driven imagery", *Archives of General Psychiatry* 53: 380-7.

Renken, B., Egeland, B., Marvinney, D., Mangelsdorf, S. and Sroufe, A. (1989) "Early childhood antecedents of aggression and passivewithdrawal in early elementary school", *Journal of Personality* 57: 2.

Reuters (1998) Column 412.

Rice, F., Harold, G., Boivin, J., van den Bree, M., Hay, D. and Thapar, A. (2010) "The links between prenatal stress and offspring development and psychopathology: disentangling environmental and inherited influences", *Psychological Medicine* 40 (2): 335-45.

Rich, A. (1977) *Of Woman Born,* London: Virago Press.

Richardson, A. (2006) "Omega-3 fatty acids in ADHD and related neurodevelopmental disorders", *International Review of Psychiatry* 18 (2): 155-72.

Rifkin-Graboi, A., Bai, J., Chen, H., Hameed, W., Sim, L., Tint, M. et al. (2013) "Prenatal maternal depression associates with microstructure of right amygdala in neonates at birth", *Biological Psychiatry* 74 (11): 837-44.

Riley, E. and McGee, C. (2005) "Fetal alcohol spectrum disorders: an overview with emphasis on changes in brain and behavior", *Experimental Biology and Medicine* 230 (6): 357-65.

Riley, V. (1975) "Mouse mammary tumours: alteration of incidence as apparent function of stress", *Science* 189: 465-7.

Rinne, T., de Kloet, E.R., Wouters, L., Goekoop, J., DeRijk, R. and van den Brink, W. (2002) "Hyperresponsiveness of HPA axis to combined dexamethasone/CRH challenge in female borderline personality disorder subjects with a history of sustained childhood abuse", *Biological Psychiatry* 52: 1102-12.

Rodrigues, A., Leao, P., Carvalho, M., Almeida, O. and Sousa, N. (2011) "Potential programming of dopaminergic circuits by early life stress", *Psychopharmacology* 214 (1): 107-20.

Rogeness, G., Javors, M. and Pliszka, S. (1992) "Neurochemistry and child and adolescent psychiatry", *Journal of the American Academy of Child and Adolescent Psychiatry* 31: 765-81.

Rolls, E. (1999) *The Brain and Emotion,* Oxford: Oxford University Press.

Rolls, E. and Grabenhorst, F. (2008) "The orbitofrontal cortex and beyond", *Progress in Neurobiology* 86: 216-44.

Roseboom, T., de Rooij, S. and Painter, R. (2006) "The Dutch famine and its long-term consequences for adult health", *Early Human Development* 82: 485-91.

Rosen, J. and Schulkin, J. (1998) "From normal fear to pathological anxiety", *Psychological Review* 105 (2): 325-50.

Rosenblum, L., Coplan, J., Friedman, S., Bassoff, T., Gorman, J. and Andrews, M. (1994) "Adverse early experiences affect noradrenergic and serotonergic functioning in adult primates", *Biological Psychiatry* 35 (4): 221-7.

Roth, T., Lubin, F., Funk, A. and Sweatt, D. (2009) "Lasting epigenetic infl uence of early life adversity on the BDNF gene", *Biological Psychiatry* 65 (9): 760-9.

Rothbart, M. (1994) "Temperament and social behaviour in childhood", *Merill-Palmer Quarterly* 40: 221-39.

Rothbart, M., Evans, D. and Ahadi, S. (2000) "Temperament and personality: origins and outcomes", *Journal of Personality and Social Psychology* 78 (1): 122-35.

Rothschild, B. (2000) *The Body Remembers,* New York: Norton.

Royal College of Obstetricians and Gynaecologists (2006) "Alcohol consumption and the outcomes of pregnancy", RCOG Statement No. 5.

Rubin, K., Hastings, P., Sheu, X., Stewart, S. and McNichol, K. (1998) "Intrapersonal and maternal correlates of aggression, confl ict and externalising problems in toddlers", *Child Development* 69 (6): 1614-29.

Rushworth, M. and Behrens, T. (2008), "Choice, uncertainty and value in prefrontal and cingulate cortex", *Nature Neuroscience* 11 (4): 389-97.

Rutter, M. (ed.) (1996) *Genetics of Criminal and Antisocial Behaviour,* Chichester: Wiley.

Rutter, M., Sonuga-Barke, E., Beckett, C., Castle, J., Kreppner, J., Kumsta, R. et al. (2010) "Deprivation- specific psychological patterns: effects of institutional deprivation: 75–1", Monographs of the Society for Research in Child Development.

Ruttle, P., Shirtcliff, E., Serbin, L., Fisher, D., Stack, D. and Schwartzman, A. (2011) "Disentangling psychobiological mechanisms underlying internalizing and externalizing behaviors in youth: longitudinal and concurrent associations with cortisol", *Hormones and Behavior* 59 (1): 123-32.

Russo, R., Murrough, J., Han, M-H., Charney, D. and Nestler, E. (2012) "Neurobiology of resilience", *Nature Neuroscience* 15 (11): 1475-84.

Rymer, R. (1994) *Genie: A Scientifi c Tragedy,* London: Penguin.

Sanchez, M., Ladd, C. and Plotsky, M. (2001) "Early adverse experience as a developmental risk factor for later psychopathology: evidence from rodent and primate models", *Development and Psychopathology* 13 (3): 419-49.

Sandman, C., Davis, E., Buss, C. and Glynn, L. (2011) "Prenatal programming of human neurological function", *International Journal of Peptides* Article ID 837596.

Sandman, C. and Davis, E. (2012) "Neurobehavioral risk is associated with gestational exposure to stress hormones", *Expert Review of Endocrinology and Metabolism*, 7 (4): 445-59.

Sapolsky, R. (1992) *Stress: The Aging Brain and the Mechanisms of Neuron Death,* Cambridge, MA: MIT Press.

Sapolsky, R. (1995) "Social subordinance as a marker of hypercortisolism: some unexpected subtleties", *Annals of the New York Academy of Sciences* 771: 626-39.

Sapolsky, R. (2002) "Chickens, eggs and hippocampal atrophy", *Nature Neuroscience* 5 (11): 1111-13.

Sapolsky, R. (2004) *Why Zebras Don't Get Ulcers,* New York: W.H. Freeman, St. Martin"s Griffi n.

Schieche, M. and Spangler, G. (2005) "Individual differences in biobehavioral organization during problem- solving in toddlers: the infl uence of maternal behavior, infant–mother attachment, and behavioral inhibition on the attachment- exploration balance", *Developmental Psychobiology* 46 (4): 293-306.

Schmidt, U, Holsboer, F. and Rein, T. (2011) "Epigenetic aspects of post-traumatic stress", *Disease Markers* 30: 77-87.

Schore, A. (1994) *Affect Regulation and the Origin of the Self,* Hillsdale, NJ: Lawrence Erlbaum Associates Inc.

Schore, A. (2003) *Affect Dysregulation and Disorders of the Self,* New York: Norton.

Schulkin, J. (1999) *Neuroendocrine Regulation of Behaviour,* Cambridge: Cambridge University Press.

Scott, S., Knapp, M., Henderson, J. and Maugham, B. (2001) "Financial cost of social exclusion: follow up study of antisocial children into adulthood", *British Medical Journal,* 323: 191-4.

Seckl, J. (2008) "Glucocorticoids, developmental "programming" and the risk of affective dysfunction", *Progress in Brain Research* 167: 17-34.

Seckl, J. and Meaney, M. (2006) "Glucocorticoid "programming" and PTSD risk", *Annals of New York Academy of Science* 1071: 351-78.

Segerstrom, S. and Miller, G. (2004) "Psychological stress and the human immune system: A meta- analytic study of 30 years of inquiry", *Psychological Bulletin* 130 (4): 601-30.

Segman, R., Cooper-Kazazz, R., Macciardi, F., Goltser, T., Halfon, Y., Dobroborski, T. and Shalev, A. (2002) "Identifi cation of the first gene in posttraumatic stress disorder", *Molecular Psychiatry* 7 (8): 903-7.

Seligman, M. and Beagley, G. (1975) "Learned helplessness in the rat", *Journal of Comparative and Physiological Psychology* 88: 534-41.

Sellers, R., Harold, G., Elam, K., Rhoades, K., Potter, R., Mars, B. et al. (2013) "Maternal depression and co- occurring antisocial behaviour: testing maternal hostility and warmth as mediators of risk for offspring psychopathology", *Journal of Child Psychology and Psychiatry* 22: 108-14.

Seo, D. and Patrick, C. (2008) "Role of serotonin and dopamine system interactions in the neurobiology of impulsive aggression", *Aggression and Violent Behavior* 13 (5): 383-95.

Sexton, A. (2000) *Selected Poems of Anne Sexton,* New York: First Mariner Books.

Shair, H., Barr, G. and Hofer, M. (eds) (1991) *Developmental Psychobiology*, Oxford: Oxford University Press.

Shin, L. (2009) "The amygdala in PTSD", in P. Shiromani, T. Keane and J. LeDoux (eds) *Neurobiology of PTSD*, Totowa, NJ: Humana Press.

Shin, L., McNally, R. and Kosslyn, S. (1999) "Regional cerebral blood fl ow during script- driven imagery in childhood sexual abuserelated PTSD", *American Journal of Psychiatry* 156: 575-84.

Shin, L., Whalen, P., Pitman, R. et al. (2001) "An fMRI study of anterior cingulate function in PTSD', *Biological Psychiatry* 50: 932-42.

Shipman, K. and Zeman, J. (2001) "Socialisation of children's emotion regulation in mother–child dyads", *Development and Psychopathology* 13: 317-36.

Shirtcliff, E., Granger, D, Booth, A and Johnson, D. (2005) "Low salivary cortisol levels and externalizing behavior problems in youth", *Development and Psychopathology* 17: 167-84.

Shoda, Y., Mischel, W. and Peake, P. (1990) "Predicting adolescent cognitive and self-regulatory competencies from pre-school delay of gratifi cation", *Developmental Psychology* 26 (6).

Siegel, D. (1999) *The Developing Mind*, New York: Guilford Press.

Silbersweig, D., Clarkin, J., Goldstein, M. and Kernberg, O. (2007) "Failure of frontolimbic inhibitory function in the context of negative emotion in borderline personality disorder", *American Journal of Psychiatry* 164: 1832-41.

Slavich, G., Way, B., Eisenberger, N. and Taylor, S. (2010) "Neural sensitivity to social rejection is associated with infl ammatory responses to social stress", *PNAS* 107 (33): 14817-22.

Slotkin, T. (1998) "Fetal nicotine or cocaine exposure: which one is worse?", *Journal of Pharmacology and Experimental Therapy* 285 (3): 931-45.

Solomon, A. (2001) *The Noonday Demon*, London: Chatto and Windus.

Solomon, J. and George, C. (eds) (1999) *Attachment Disorganisation*, New York: Guilford Press.

Sompayrac, L. (2012) *How the Immune System Works*, Wiley- Blackwell.

Speltz, M. et al. (1999) "Attachment in boys with early onset conduct problems", *Development and Psychopathology* 11: 269.

Sroufe, A. (1995) *Emotional Development*, Cambridge: Cambridge University Press.

Sroufe, A. (1997) "Psychopathology as an outcome of development", *Development and Psychopathology* 9: 251-68.

Steele, H., Steele, M. and Fonagy, P. (1996), "Associations among attachment classifi--cations of mothers, fathers, and their infants", *Child Development* 67: 541-55.

Steingard, R., Renshaw, P., Hennen, J., Lenox, M., Cintron, C., Young, A. et al. (2002) "Smaller frontal lobe white matter volumes in depressed adolescents", *Biological Psychiatry* 52: 413-17.

Stephenson, P. (2002) *Billy,* London: HarperCollins.

Stern, D. (1985) *The Interpersonal World of the Infant,* New York: Basic Books.

Sternberg, E. (2000) *The Balance Within: The Science Connecting Health and Emotions,* New York: Freeman.

Sternberg, E. (2001) "Neuroendocrine regulation of autoimmune/ infl ammatory disease", *Journal of Endocrinology* 169 (3): 429-35.

Stewart-Brown, S. and McMillan, A. (2010), "Home and community based parenting support programmes and interventions", www2.warwick.ac.uk/fac"med/staff/stewartbrown.

Stoll, A., Severus, W., Freeman, M., Reuter, S., Zboyan, H., Diamond, E., Cress, K. and Marangell, L. (1999) "Omega 3 fatty acids in bipolar disorder: a preliminary double-bind, placebocontrolled trial", *Archives of General Psychiatry* 56 (5): 407-12.

Styron, W. (1991) *Darkness Visible: A Memoir of Madness,* London: Cape.

Sublette, E., Milak, M., Hibbeln, J., Freed, P., Oguendo, M., Malone, K. et al. (2009) "Plasma polyunsaturated fatty acids and regional cerebral glucose metabolism inmajor depression", *Prostaglandins Leukot Essent Fatty Acids* 80 (1): 57-64.

Sullivan, R. and Gratton, A. (2002) "Prefrontal cortical regulation of hypothalamic-pituitary-adrenal function in the rat and implications for psychopathology: side matters", *Psychoneuroendocrinology* 27: 99-114.

Suomi, S. (1997) "Early determinants of behaviour: evidence from primate studies", *British Medical Bulletin* 53: 170-84.

Suomi, S. (1999) "Developmental trajectories, early experiences and community consequences: lessons from studies with rhesus monkeys", in D. Keating and C. Hertzman (eds) *Children of the Information Age: Developmental Health as the Wealth of Nations,* Perth: Australian Research Alliance for Children and Youth.

Suttie, I. (1935) *The Origins of Love and Hate,* Harmondsworth: Penguin.

Swann, W. (1987) "Identity negotiation: where two roads meet", *Journal of Personality and Social Psychology* 53 (6): 1038-51.

Symington, N. (1993) *Narcissism,* London: Karnac.

Tanaka, S. (2005) "Parental leave and child health across OECD countries", *Economic Journal* 115.

Tanaka, S. and Waldfogel, J. (2007) "Effects of parental leave and work hours on fathers" involvement with their babies", Community, *Work and Family* 10 (4): 409-26.

Tarullo, A. and Gunnar, M. (2006) "Child maltreatment and the developing HPA axis", *Hormones and Behavior* 50: 632-9.

Taylor, A., Fisk, N.M. and Glover, V. (2000) Mode of delivery and subsequent stress response. *Lancet* 355: 120.

Taylor, G. (1987) *Psychosomatic Medicine and Contemporary Psychoanalysis,* New York: International Universities Press.

Taylor, G. (1992) "Psychosomatics and self- regulation", in J. Barron, M. Eagle and D. Wolitzky (eds) *Interface of Psychoanalysis and Psychology,* Washington DC: American Psychological Association.

Taylor, G., Bagby, M. and Parker, J. (1997) *Disorders of Affect Regulation: Alexithymia in Medical and Psychiatric Illness,* Cambridge: Cambridge University Press.

Teicher, M., Anderson, C. and Polcan, A. (2012) "Childhood maltreatment is associated with reduced volume in hippocampal subfi elds CA3, dentate gyrus and subiculum", *PNAS* 109 (9).

Teisl, M. and Ciccetti, D. (2008), "Physical abuse, cognitive and meotional processes and aggressive/disruptive behavior problems", *Social Development* 17: 1-23.

Temoshok, L. (1992) *The Type C Connection,* New York: Random House.

Temoshok, L., Wald, R. and Synowski, S. (2008) "Coping as a multisystem construct associated with pathways mediating HIV relevant immune function and disease progression", *Psychosomatic Medicine* 70: 555-61.

Tielbeek, J., Medland, S., Benyamin, B., Byrne, E, Heath, A., Madden, P., Martin, N., Wray, N. and Verweij, K. (2012) "Unraveling the genetic etiology of adult antisocial behavior: a genome- wide association study", *PLoS ONE* 7 (10): e45086.

Tiihonen, J., Virkkunen, M., Räsänen, P., Pennanen, S., Saino, E., Calloway, J. et al. (2001) "Free L-tryptophan plasma levels in antisocial violent offenders", *Psychopharmacology* 157 (4): 395-400.

Tolstoy, L. (1877 / 1995) *Anna Karenina,* Ware: Wordsworth.

Tomarken, A., Davidson, R. and Henriques, J. (1990) "Resting frontal brain asymmetry predicts affective responses to fi lms", *Journal of Personality and Social Psychology* 59: 791-801.

Tomarken, A., Davidson, R., Wheeler, R. and Doss, R. (1992) "Individual differences in anterior brain asymmetry and fundamental dimensions of emotion", *Journal of Personality and Social Psychology* 62: 676-87.

Toro, R., Leonard, G., Lerner, J., Lerner, R., Perron, M., Pike, G. et al. (2008) "Prenatal exposure to maternal cigarette smoking and the adolescent cerebral cortex", *Neuropsychopharmacology* 33: 1019-27.

Tottenham, N. (2012) "Human amygdala development in the absence of species-expected caregiving", *Developmental Psychobiology* 54 (6): 598-611.

Tottenham, N. and Sheridan, M. (2010) "A review of adversity, the amygdala and the hippocampus: a consideration of developmental timing", *Frontiers in Human Neuroscience* 3: 68.

Toynbee, P. (2001) *Guardian,* 28 December.

Tranter, R., O"Donovan, C., Chandarana, P. and Kennedy, S. (2002) "Prevalence and outcome of partial remission in depression", *Journal of Psychiatry and Neuroscience* 27 (4): 241-7.

Tronick, E. and Weinberg, M. (1997) "Depressed mothers and infants: failure to form dyadic states of consciousness", in L. Murray and P. Cooper (eds) *Postpartum Depression and Child Development*, New York: Guilford Press.

Tucker, D. (1992) "Developing emotions and cortical networks", in M. Gunnar and C. Nelson (eds) *Developmental Behavioural Neuroscience*, Hillsdale, NJ: Lawrence Erlbaum Associates, Inc.

Turner, E. et al. (2007) "Selective publication of antidepressant trials and its influence on apparent effi cacy", *New England Journal of Medicine* 358: 252-60.

Turner, J. (2000) *On the Origin of Human Emotions*, Palo Alto: Stanford University Press. Uhart, M., Oswald, L., McCaul, M. Chong, R. and Wand, G. (2006) "Hormonal responses to stress and family history of alcoholism", *Neuropsychopharmacology* 31 (10): 2255-63.

Valzelli, L. (1981) *The Psychobiology of Aggression and Violence*, New York: Raven Press.

Van den Boom, D. (1994) "The influence of temperament and mothering in attachment and exploration: an experimental manipulation of sensitive responses among lower-class mothers with irritable infants", *Child Development* 65: 1449.

Van der Kolk, B. and McFarlane, A. (1996) "The black hole of trauma", in Van der Kolk, B., McFarlane, A. and Weisaeth, L. (eds) *Traumatic Stress: the Effects of Overwhelming Experience on Mind, Body and Society*, New York: Guilford Press.

Van der Kolk, B., Burbridge, J. and Suzuki, J. (1997) "The psychobiology of traumatic memory: clinical implications of neuroimaging studies", in R. Yehuda and A. McFarlane (eds) *Psychobiology of PTSD*, New York: Annals of the New York Academy of Science.

Van der Wal, M., van Eijsden, M. and Bonsel, G. (2007) "Stress and emotional problems during pregnancy and excessive infant crying", *Journal of Developmental and Behavioral Pediatrics*, 28 (6): 431-7.

Van Goozen, S. and Fairchild, G. (2006) "Neuroendocrine and neurotransmitter correlates in children with antisocial behavior", *Hormone Behaviour* 50 (4): 647-54.

Van Harmelen, A-L., van Tol, M-J., van der Wee, N., Verltman, D., Aleman, A., Spinhoven, P. et al. (2010) "Reduced medial prefrontal cortex volume in adults reporting childhood emotional maltreatment", *Biological Psychiatry* 68: 832-8.

Van Ijzendoorn, M. and Bakermans-Kranenburg, M. (2009) "Attachment security and disorganization in maltreating families and orphanages", *Encyclopedia on Early Childhood Development*, CEECD.

Van Ijzendoorn, M., Bakermans-Kranenburg, M. and Ebstein, R. (2011) "Methylation matters in child development: toward developmental behavioral epigenetics", *Child Development Perspectives* 5 (4): 305-10.

Van Ijzendoorn, M., Schuengel, C. and Bakermans-Kranenburg, M. (1999) "Disorganized attachment in early childhood: metaanalysis of precursors, concomitants, and sequelae", *Development and Psychopathology* 11 (2): 225-49.

Varela, F., Thompson, E. and Rosch, E. (1996) *The Embodied Mind*, Cambridge, MA: MIT Press.

Villareal, G. and King, C. (2001) "Brain imaging in PTSD", *Seminars in Clinical Neuropsychiatry* 6: 131-45.

Viltart, O. and Vanbesien-Maillot, C. (2007) "Impact of prenatal stress on neuroendocrine programming", *Scientifi c World Journal* 7: 1493-537.

Virkkunen, M., Goldman, D. and Linnoila, M. (1996) "Serotonin in alcoholic violent offenders", in G.R. Bock and J.A. Goode (eds) *Genetics of Criminal and Antisocial Behaviour*, Chichester: Wiley.

Visintainer, M., Volpicelli, J. and Seligman, M. (1982) "Tumour rejection in rats after inescapable or escapable shock", *Science* 216: 437-9.

Vrijkotte, TR., van der Wal, M., van Eijsden, M., Bonsel, G. (2009) "First trimester working conditions and birthweight: a prospective cohort study, *American Journal of Public Health* 99 (8): 1409-16.

Vyas, A., Pillai, A., Chattarji, S. (2004) "Recovery after chronic stress fails to reverse amygdaloid neuronal hypertrophy and enhanced anxiety- like behavior", *Neuroscience* 128 (4): 667-73.

Vyas, A., Mitra, R., Shankaranarayana Rao, B. and Chattarji, S. (2002) "Chronic stress induces contrasting patterns of dendrites remodelling in hippocampal and amygdaloid neurons", *Journal of Neuroscience* 22 (15): 6810-18.

Vythilingan, M. et al. (2002) "Childhood trauma associated with smaller hippocampal volume in women with major depressive disorder", *American Journal of Psychiatry* 159: 2072-80.

Wainwright, P. (2002) "Dietary essential fatty acids and brain function: a developmental perspective on mechanisms", *Proceedings of the Nutrition Society* 61 (1): 61-9.

Wakshlak, A. and Weinstock, M. (1989) "Neonatal handling reverses behavioural abnormalities induced in rats by prenatal stress", *Physiology and Behaviour* 48: 289-92.

Wakschlag, L., Lahey, B., Loeber, R., Green, S., Gordon, R. and Leventhal, B. (1997) "Maternal smoking during pregnancy and the risk of conduct disorder in boys", *Archives of General Psychiatry* 54: 670-6.

Wakschlag, L., Henry, D., Blair, J., Dukic, V., Burns, J. and Pickett, K. (2011) "Unpacking the association: individual differences in the relation of prenatal exposure to cigarettes and disruptive behaviour phenotypes", *Neurotoxicology Teratology* 33 (1): 145-54.

Wall, P. and Messier, C. (2001) "The hippocampal formationorbitomedial pre- frontal cortex circuit in the attentional control of meaning", *Behaviour and Brain Research* 127 (1-2): 99-117.

Walter, M., Bureau, J-F., Holmes, B., Bertha, E., Hollander, M., Wheelis, J. et al. (2008) "Cortisol response to interpersonal stress in young adults with borderline personality disorder: a pilot study", *European Psychiatry* 23 (3): 201-4.

Wand, G., McCaul, M., Gotjen, D., Reynolds, J. and Lee, S. (2001) "Confirmation that offspring from families with alcohol dependent individuals have greater HPA axis activation", *Alcohol Clinical and Experimental Research* 25 (8): 1134-9.

Wang, W. (2013) "Mothers and work: what"s "ideal?"", Fact Tank, Pew Research Center. www.pewresearch.org/fact- tank/2013/08/19/mothers-and-work- whats-ideal/.

Watt, D. (2001) "Emotion and consciousness: implications of affective neuroscience for extended reticular thalamic activating system theories of consciousness". www.phil.vt.edu/ASSC/watt/default html.

Weaver, I. (2007) "Epigenetic programming by maternal behavior and pharmacological intervention", *Epigenetics* 2 (1): 22-8.

Weaver, I., Champagne, F., Brown, S., Dymov, S., Sharma, S., Meaney, M. and Szyf, M. (2005) "Reversal of maternal programming of stress responses in adult offspring through methyl supplementation: altering epigenetic marking later in life", *The Journal of Neuroscience* 25 (47): 11045-54.

Weissman, M., Pilowsky, D., Wickramaratne, P. et al. (2006) "Remissions in maternal depression and child psychopathology", *JAMA* 295 (12): 1389-98.

Welburn, V. (1980) *Post- natal Depression*, London: Fontana. Westen, D. (2000) "Integrative psychotherapy: integrating psychodynamic and cognitive-behavioural theory and technique", in C. Snyder and R. Ingram (eds) *Handbook of Psychological Change: Psychotherapy Processes and Practices for the 21st Century*, Chichester: Wiley.

Westen, D. and Harnden-Fischer, J. (2001) "Personality profiles in eating disorders", *American Journal of Psychiatry* 158 (4): 547-62.

Wheeler, R., Davidson, R. and Tomarken, A. (1993) "Frontal brain asymmetry and emotional reactivity: a biological substrate of affective style", *Psychophysiology* 30 (1): 82-9.

Whitaker-Azmitia, P. (2010), "Serotonin and development", in Muller, C. and Jacobs, B. (eds) *Handbook of the Behavioral Neurobiology of Serotonin*, San Diego, CA: Elsevier Academic Press.

Widom, C., Czaja, S. and Paris, J, (2009), "A prospective investigation of personality disorder in abused and neglected children followed up into adulthood", *Journal of Personality Disorders* 23 (5): 433-46.

Wiener, H. (1989) "The dynamics of the organism: implications of recent biological thought for psychosomatic theory and research", *Psychosomatic Medicine* 51: 608-35.

Willner, P. (1985) *Depression: A Psychobiological Synthesis*, Chichester: Wiley.

Wilson, C. (2001) "My friend Ian Brady has something to tell you", *Sunday Times*, 25 November.

Winnicott, D. (1992) "Primary maternal preoccupation", in D. Winnicott (ed.) *Collected Papers: Through Paediatrics to Psychoanalysis*, London: Karnac.

Wolff, P. (1987) *The Development of Behavioural States and the Expression of Emotions in Early Infancy*, Chicago: University of Chicago Press.

Wolke, D. and St. James-Robert, I. (1987) "Multi-method measurement of the early parent–infant system with easy and diffi cult newborns", in H. Rauh and H.-C. Steinhausen (eds) *Psychobiology and Early Development,* Oxford: Elsevier.

Woodside, D., Bulik, C. and Halmi, K. et al. (2002) "Personality, perfectionism, and attitudes toward eating in parents of individuals with eating disorders", *International Journal of Eating Disorders* 31: 290-9.

Woodward, S., Kuo, J., Schaer, M., Kaloupek, D. and Eliez, S. (2013) "Early adversity and combat exposure interact to infl uence anterior cingulated cortex volume in combat veterans", *NeuroImage: Clinical* 2: 670-4.

Wurmser, H., Rieger, M., Domogalla, C., Kahnt, A., Buchwald, J., Kowatsch, M. et al. (2005) "Association between life stress during pregnancy and infant crying in the first 6 months postpartum: a prospective longitudinal study", *Early Human Development* 82: 341-9.

Xu, Y., Farver, J-A., and Zhang, Z. (2009) "Temperament, harsh and indulgent parenting and Chinese children's pro- active and reactive aggression", *Child Development* 80 (1): 244-58.

Yajnik, C. (2004) "Early life origins of insulin resistance and type 2 diabetes in India and other Asian countries", *The American Society for Nutritional Sciences* 134: 205-10.

Yan, J., Jiang, X., West, A., Perry, C. Malysheva, O., Brenna, J. et al. (2013) "Pregnancy alters choline dynamics: results of a randomized trial using stable isotope methodology in pregnant and nonpregnant women", *American Journal of Clinical Nutrition* 98 (6): 1459-67.

Yehuda, R. (1999) "Linking the neuroendocrinology of PTSD with recent neuroanatomic findings", *Seminars in Clinical Neuropsychiatry* 4: 256-65.

Yehuda, R. (2001) "Biology of PTSD", *Journal of Clinical Psychiatry* 62: 41-6.

Yehuda, R. and Bierer, L. (2009), "The relevance of epigenetics to PTSD", *Journal of Trauma and Stress* 22 (5): 427-34.

Yehuda, R. and LeDoux, J. (2007) "Response variation following trauma: a translational neuroscience approach to understanding PTSD", *Neuron* 56: 19-32.

Yehuda, R. and Mcfarlane, A. (1995) "Conflict between current knowledge of PTSD and its original conceptual base", *American Journal of Psychiatry* 152: 1705-13.

Yehuda, R., Engel, S., Brand, S. (2005) "Transgenerational effects of PTSD in babies of mothers exposed to the World Trade Centre attacks", *Biological Psychiatry* 66: 708-11.

Yehuda, R., Kahana, N.B., Schmeidler, J., Southwick, S., Skyewilson, B. and Giller, E. (1995) "Impact of cumulative lifetime trauma and recent stress on current PTSD symptoms in Holocaust survivors", *American Journal of Psychiatry* 152: 1815-18.

Yehuda, R., Bierer, L., Schmeidler, J., Aferiat, D., Breslau, I. and Dolan, S. (2000) "Low cortisol and risk for PTSD in adult offspring of holocaust survivors", *American Journal of Psychiatry* 157: 1252-9.

Yehuda, R., Engel, S., Brand, S., Seckl, J., Marcus, S. and Berkowitz, G. (2005) "Transgenerational effects of PTSD in babies of mothers exposed to the World Trade Center attacks during pregnancy", *Journal of Clinical Endocrinology and Metabolism* 90 (7): 4115-18.

Yehuda, R., Daskalakis, N., Desarnaud, F., Makotkine, I. Lehrnher, A., Koch, E. et al. (2013) "Epigenetic biomarkers as predictors and correlates of symptom improvement following psychotherapy in combat veterans with PTSD", *Frontiers in Psychiatry* 4: 118.

Yovell, Y. (2000) "From hysteria to PTSD: psychoanalysis and the neurobiology of traumatic memories", *Neuropsychoanalysis* 2 (1): 171-81.

Young, S. (2007) "How to increase serotonin in the human brain without drugs", *Journal of Psychiatry and Neuroscience* 32 (6): 394-9.

Zanarini, M., Williams, A., Lewis, R., Reich, R., Soledad, C., Marino, M. et al. (1997) "Reported pathological childhood experiences associated with the development of borderline personality disorder", *American Journal of Psychiatry* 154: 1101-6.

Ziol-Guest, K., Duncan, G., Kalil, A. and Boyce, T. (2012) "Early childhood poverty, immune- mediated disease processes, and adult productivity", *Proceedings of the National Academy of Sciences* 109, Supplement 2.

Zulueta, F. de (1993) *From Pain to Violence: The Traumatic Roots of Destructiveness,* London: Whurr.

Zulueta, F. de (1997) "The treatment of trauma from the psychobiological perspective of attachment theory", Proceedings of conference on PTSD, St. George"s Hospital, London.

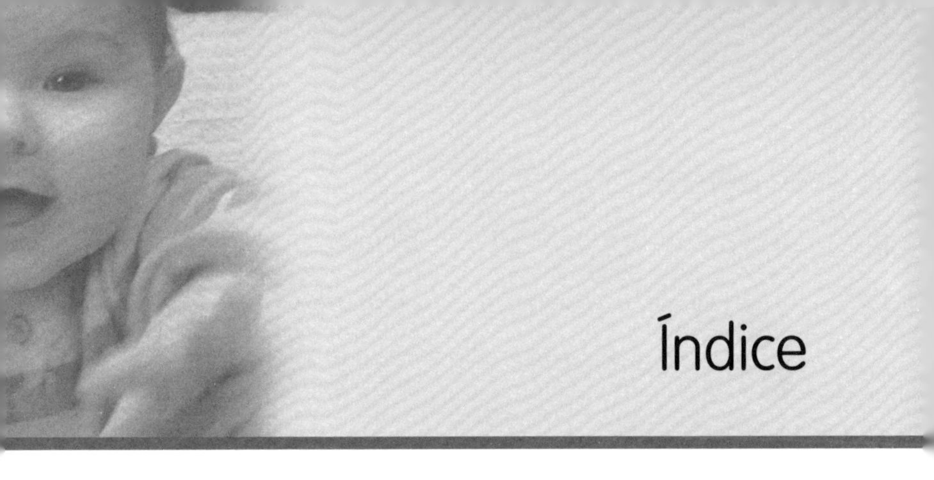

Índice

A

abuso 34-5
  cérebro direito 201-2
  comportamento antissocial 200-1
  excitação parental 176-7
  sexual 31, 183, 185-6
  volume cerebral 206-7
  ver também Pinker, S.
ácidos graxos ômega 3 19-20, 139-40
  depressão 139-41
  efeito anti-inflamatório 230-1
  serotonina 230-1
Ader, R. e Cohen, N. 121-2
adrenalina 75-6, 157-8
AGPI (ácidos graxos poli-insaturados) *ver* ácidos graxos ômega 3
agressão 191-2
  apego inseguro 199
  baixo cortisol 98-9, 210-1
  baixos níveis de serotonina 196-7
  gene MAOA-L 197-8
  parentalidade rígida 199-201, 208-9
  predisposição genética 192-5
  tabagismo 196-9
Ainsworth, M. 4-5
álcool 216-17
  dependência 127-8
  gravidez 14-5, 196
  parentalidade 91-2
  síndrome alcoólica fetal (SAF) 14-5
alexitimia 99-100, 114, 125-6
Allen, G. 220-1
Allen, J. 170
amamentação 138-40, 248
  AGPI 118-9, 231-2
  resposta ao estresse 137-8
amígdala xv, 18-9, 49-54, 169, 182
  abuso 185-6
  cingulado anterior 80-1, 229-30
  córtex pré-frontal 55-6
  cortisol 24-5, 82-3
  estresse pré-natal 18-9
  meditação de atenção plena 229-30
  medo 62-3, 69-70
  ocitocina 161
  resposta ao estresse 74-5, 78-9, 229-30
  serotonina 196
  transtorno de estresse pós-traumático (TEPT) 160
Andreasen, N. 244-5
anorexia e cortisol 127-8
  isentos de emoção 130-1
antidepressivos 134-5, 228-9, 230-1, 248
apego
  altos níveis de cortisol 169
  autorregulação 111

desorganizado 40-2, 168-9, 177-9, 186-7, 201-2
dilema aproximação/evitação 168-9
evitativo 39-41, 113, 131-2
feto 23-4
inseguro 89-90, 107-8
intervenção 85-6
maus-tratos 168-9, 201-2
narrativa pessoal 70-1
resistente 40-1
seguro e cortisol 88-9
sistema imunológico 123-4
Appleyard, B. 8-9
armazenamento de gordura 15-7
Auden, W.H. 13-4
autocontrole 43-4, 204-5, 217-9, 225-6, 231-2
medo 216-7
autoestima 108-9, 171
autorregulação 36-7, 81, 119-10, 120-1, 225-6
colocar sentimentos em palavras 115
fome 44-5
Ayoub, C. e Rappolt-Schlichtmann, G. 208

B

baixo peso ao nascer 17-8
Barber, L. 211-2
Bateson, G. 8-9
BDNF (fator neurotrófico derivado do cérebro) 152-3, 162, 231-2
ômega 2-3, 231-2
bebê de mãe deprimida e cérebro esquerdo 143-5
altos níveis de cortisol 143-5
amígdala maior 143-5
apego inseguro 143-5
risco de depressão 143-5
bebê, dificuldade do bebê 33-4
baixo peso ao nascer 17-8
deixar chorando 82-3, 110-1
desenvolvimento interativo 32
padrões de sono 82
Beebe, B. 45-6
Belsky, J. 33-4, 35-6, 217-8
Bennett, C. 20-1
berçário 64-5, 90-2
baixo cortisol 97-8
Bergman, I. 167-8
beta-endorfina 59-60
álcool 127-8
dependência de açúcar 126-8
Blalock, E. 122-3
Bowlby, J. 4-5, 9-10, 38-9
Brady, I. 214-5
Brown, G. e Harris, T. 149-50
Bulger, James (e Thompson e Venables) 203-5, 218-9
Burrows, G. 238-9

C

Cadoret, R. 195
câncer e estresse 123-4
Cardinal, M. 173-4, 180
Carroll, R. 41-2, 120-1
Carver, R. 133-4
Caspi, A. 199
cérebro do adolescente
cérebro "trino" 50-1
como antigo depósito de ferramentas 50-1
como máquina de antecipação 61-2
Einstein 60-1
incompleto ao nascimento 25-6
mielinização 19-20
hemisfério direito 52-4, 95-6, 141-2
plasticidade 54-5, 227-8
poda sináptica 61-2

reorganização 219-20
ressonância magnética computadorizada (IRMf) 3-4
trauma precoce 169
Chida, Y. 123-4
Chopra, D. 121-2
ciclo de ruptura e reparação 132, 151-2, 234
citocinas 9-10, 116-7, 118-9
desencadeamento para a depressão 148-9
Clyman, R. 38-9
Coleridge, S. T. 27-8
Connolly, B. 210-15
corpo caloso 19-20
córtex cingulado anterior 48-9, 51-3, 60-1
amígdala 80-1
autoconscientização consciente 63-4
comunicação 67-8
rejeição social 116-7
serotonina 161, 196
trauma 161
córtex frontal *ver* córtex orbitofrontal; córtex pré-frontal
córtex orbitofrontal 52-3, 147-8
abuso 55-7
controle da amígdala 182
estresse na fase inicial da vida 196-7
sorriso 543-5
maturação do 63-4, 65-7, 82-3
córtex pré-frontal 18-9, 225-6, 241-2
autoconsciência 43-4
desenvolvimento 60-1
estresse pré-natal 19-20
experiência social 25-6
ventromedial 205-6
ver também córtex orbitofrontal
córtex pré-frontal dorsolateral 67-70, 147-8
cortisol 75-7, 79, 82, 157-8
altos níveis de 95-6, 158-9
altos níveis e apego desorganizado 169
altos níveis e hipocampo 170
altos níveis e sentimentos negativos 151-2
anorexia 130-1
apego seguro 88-9
atravessar a placenta 18-9
baixo 96-8
baixo e agressão 98-9
baixo e doenças autoimunes 96-7, 99-100, 119-20
baixo e sistema imunológico 96-7, 116, 122-3, 161
baixo e transtorno de estresse pós-traumático (TEPT) 161, 99-100
berçário 64-5, 97-8
depressão pré-natal 24-5
desigualdade 87-8
padrões de sono 82
perda de controle 141-2
resposta inflamatória 158-9
criança 58-61, 64-6, 206-8
crianças "dentes-de-leão" e "orquídeas" 33-4
Curtiss, S. 70-1
Cusk, R. 36-7, 92-3, 237-8

D

Damasio, A. 3-6
definição de trauma 156-7
relacionamentos seguros 158-9
dependência 110-1
depressão 133-4, 141-3
altos níveis de cortisol 147-8, 159-50
amígdala aumentada 143-5
córtex pré-frontal esquerdo 142-5, 147-8

em ascensão 244-5
hipocampo 162-3
pobreza 145-6
pós-natal *ver* mães deprimidas
predisposição genética 134-6
rejeição e perda 135-6
serotonina 126-7, 134-5
taxa de depressão 137-8
Dettling, A. 64-5, 90-1, 97-8, 151-2
de Zulueta, F. 184-6
Di Pietro, J. 17-8
dissociação 186-7
DJ Goldie 211-2
Donald 217-8
dopamina 33-4, 59-60, 82, 121-2, 185-6
baixos níveis de serotonina 196-7
genes dopaminérgicos 196-7, 199
no córtex pré-frontal 138-9
privação 138-9

E

Einstein, A. 8-9, 60-1
embrião 14-5
empatia 52-3, 109-10, 204-5
epigenética 194
adversidade precoce 157-8
comportamento antissocial 194-5
herança 16
reversibilidade 227-8
transtorno de estresse pós--traumático (TEPT) 157-8
transmissão intergerações do estresse 94-5
Essex, M. 93-4
estresse 17-8
apego seguro 88-90
citocinas 116-7
definição de 74-5, 86-7, 98-9
desigualdade social 57-8 , 87-8
pré-natal 18-9
separação 89-90
estudo Adverse Childhood Experiences (ACE) 117-9
citocinas 118-9
sistema imunológico 117-9

F

Fairbairn, R. 152-3
família "ensimesmada" 129-30
Fanny and Alexander 167-8
Fearless 155-6, 160
Fellows, S. 156-7
fenótipo poupador 15-6
Field, T. 42-3, 230-1
Fonagy, P. 29, 114, 134-5, 187-8, 191-2
Frankl, V. 159-60
Freud, S. 6-7, 28-9, 43-4, 84-6, 224-6
Friedan, B. 244-5

G

Garber, J. 151-2
Gendlin, E. 71-2
gene MAOA-L xv, 196-9
genes 9-10, 33-4, 81
criminalidade 193, 215-6
genes dopaminérgicos 196-7, 199
transtorno de estresse pós--traumático (TEPT) 164
ver também crianças "dente-de--leão" e "orquídeas"; epigenética; gene MAOA-L
Genie 56-7, 70-2
gestação 13-4
álcool 14-5
mulheres que trabalham fora na 17-8, 20-3
tabagismo 196
glutamatos 170
Goleman, D. 52-3, 124-5
governo 2, 220-1, 239-40
Gunnar, M. 3-4, 151-2

H

Harlow, H. 55-6
Heckman, J. 221-2
Heisenberg, W. 8-9
Hipocampo xv, 18-21, 24-5, 60-1
  altos níveis de cortisol 148-9
  cortisol 82-3, 170
  depressão 162-3
  desenvolvimento do 164
  estresse 79
  estresse crônico 161, 163
  exercício 229-30
  memória 68-70
  neurogênese 229-30
  parentalidade 83-4
  recuperação pós-natal 25-6
  transtorno de estresse pós-traumático (TEPT) 164
  toque 82-3
hipotálamo 18-9, 74-6, 78-9, 157-8
Holmes, J. 169-9
Holzel, B. 220-1, 229-30

I

Iluminismo 5-6, 224-5
ínsula 48-9

K

Katzenbach, J. 233-4
Kochanska, G. 207-8
Krystal, H. 107-8, 130-1

L

Lawler, S. 240-1
LeDoux, J. 49-50, 53-4, 242-3
LeShan, L. 115
Ligocka, R. 159-60
Linehan, M. 179, 184
linfócitos 79, 116
luta ou fuga 75-6, 121-2, 157-8
  depressão 151-2
Lyons-Ruth, K. 145-6

M

MacLean, P. 50-1
mães deprimidas 34-5, 143-5, 154
  na gravidez 23-4
  depressão pós-parto 73-4
mães que trabalham fora 18-9, 20-2, 35-6, 244-5
  preferência por trabalhar em tempo parcial 35-6, 240-1
Main, M. 69-71
massagem 230-1
maus-tratos à criança, *ver* abuso
McCarthy, M. 73-4
meditação 220-1, 229-31, 232-3
memória de trabalho 67-8
mentalização 114, 187-8
Minegawa-Kawai, Y. 53-4
Mollon, P. 180-1
Montague, A. 57-8
Morrison, R. 50-1
movimento feminista 31

N

narrativa pessoal 69-70
neurônios-espelho 48-9
neurotransmissores 7, 82, 139-40, 231-2
norepinefrina 80-2, 138-40, 202-3

O

obesidade 16-7
Odent, M. 241-2
Olds, D. 221-2
órfãos romenos 55-7, 93-4, 147-8, 227-9
oxitocina 118-9, 138-9
  amígdala 161
  amamentação 118-9
  toque 118-9

separação na fase inicial da vida 23-4

P

pais 237-9
deprimidos 153-4
regulação emocional do bebê 200-1
Panksepp, J. 3-4, 48-9, 67-8
paradigma sistêmico 7-10
parentalidade rígida 117-8, 208-9
como treinador das emoções 38-9
doenças do coração 201-2
educação parental 249
estresse 209-10
mães abusivas 34-5
parentalidade afetuosa 205-6
qualidades de uma boa parentalidade 245-6
regulação emocional 200-1
transtorno da conduta 199, 208-9
ver também mães que trabalham fora
patagônios 22-3
personalidade do câncer 115, 119-20
Pert, C. 4-6, 76-7, 100-1, 120-2, 132
Pinker, S. 192, 193, 203-5
"desculpa do abuso" 202-3
placenta xv, 14-5, 18-9
pobreza (ou baixo *status* socioeconômico) 17-8, 57-8, 83-4, 87-8, 92-3
depressão 145-6
estresse 117-8
ponto de ajuste 32, 82, 94-5
Potter, D. 124-7
psicoterapia mãe-bebê 56-7, 177-9, 220-2, 249

R

Raine, A. 194, 197-8
cérebros dos assassinos 208-9
referência social, 58-9
regulação emocional 43-4, 91-2, 119-20, 120-1, 225-7, 245-6
depressão 151-2
psicopatologia 243-4
supressão da emoção 120-1
verbalizar 66-9, 70-2
relação da mãe deprimida com a própria mãe 146-7
ver também bebê de mãe deprimida e cérebro esquerdo
resposta ao estresse do eixo HHS 74-6, 84-5, 96-7,101
câncer 123-4
desenvolvimento 18-20, 170
epigenética 94-5
imprevisibilidade 91-3, 95-6
luta ou fuga 75-6, 121-2
na infância 93-4, 138
parto via fórceps 84-5, 86-7
período crítico do início da vida 93-4
programado no ventre 162
recuperação 228-30
sistêmica 7-10
resposta inflamatória 116
depressão 148-9
início da vida 149-50
neurogênese 152-3
Rico, A. 30-1
Rifkin-Graboi, A. 24-5
rostos 48-9, 58-9
contato visual 59-60
negativos 64-5, 66-7
Rutter, M. 193-4, 227-8

S

Sapolsky, R. 87-8, 140-1, 201-2
Schore, A. xiv, 4-5, 52-3, 58-60, 65-6, 175-6, 180-1, 187-8
Seligman, M. 140-1
separação 64-5, 89-91, 97-8, 117-8

serotonina 24-5, 33-4, 75-6, 121-3, 126-7
açúcar 126-7
circuito amígdala/cingulado anterior 161
comportamento antissocial 196-7
córtex orbitofrontal 196-7
cortisol 162
depressão 134-5, 126-7, 147-8
dopamina 196-7
estresse pós-natal 196, 228-9
níveis de ômega 3 230-2
recuperação 228-9
serotonina, alelo curto 196-7
apego seguro 199
desenvolvimento positivo 33-4, 228-9
Sexton, A. 184-8
Siegel, D. 61-2
sistema imunológico 121-3
"cérebro do corpo" 122-3
cortisol 116, 122-3
emoção 116-7
estudo ACE 117-9
estresse na fase inicial da vida 117-8
sangue 121-2
toque 118-9
sistema nervoso parassimpático 41-2, 65-6
Slavich, G. 116-7
Solomon, A. 141-2, 147-8
Stephenson, P. 209-10, 212-3
Stern, D. 3-4, 38-9
Suttie, I. 110-1, 113
Symington, N. 109-10

T

tabagismo e comportamento antissocial 196-7
Temoshok, L. 116
temperamento 33-4, 84-7, 195-6
teoria psicanalítica kleiniana 145-6
teste da situação estranha 4-5
tipo A 201-3
toque 57-9
sistema imunológico 118-9
hipocampo 82-3
transtorno alimentar 127-8
transtorno de déficit de atenção/hiperatividade (TDAH) 231-2
transtorno de estresse pós--traumático (TEPT) 157-8
ataque ao World Trade Center 162
genes 164
resposta inflamatória 161
veteranos do Vietnã 163
transtorno da personalidade *borderline* 173-4
abandono 189-90
abuso no início da vida 184
afastamento dos pais 175-8
regulação emocional 174-5
vergonha 187-8
transtorno da personalidade narcisista 180, 182
vergonha 182
Tucker, D. 53-4
Turner, J. 49-50, 58-9

V

Van den Boom, D. 85-6
Van der Kolk, B. 168-9
vergonha 65-7

W

Wait and Wonder 221-2
Watt, D. 29
Westen, D. 130-1
Wiener, N. 8-9
Winnicott, D. 138-9

Y

Yehuda, R. 162, 194

IMPRESSÃO:

Santa Maria - RS | Fone: (55) 3220.4500
www.graficapallotti.com.br